FEHMARN
HTER
T
HEILIGENHAFEN
Löhrstorff
aus
Ehlerstorff
OLDENBURG
Siggen
Farve
Gaarz
estorf
Petersdorf
Güldenstein
LENSAHN
Hasselburg
Brodau
NEUSTADT
LÜBECKER-
BUCHT

SCHLÖSSER UND HERRENHÄUSER IN OSTHOLSTEIN

von Henning von Rumohr

Ein Handbuch
mit 158 Aufnahmen und 8 Farbtafeln
neubearbeitet von Cai Asmus von Rumohr

Verlag Weidlich/Flechsig Würzburg

CIP-Titelaufnahme der Deutschen Bibliothek

Rumohr, Henning von:
Schlösser und Herrenhäuser in Ostholstein :
ein Handbuch / von Henning von Rumohr.
Neubearb. von Cai Asmus von Rumohr.
– 3., überarb. Aufl. – Würzburg : Weidlich/Flechsig, 1989
ISBN 3-8035-1303-0
NE: Rumohr, Cai Asmus von [Bearb.]

3., überarbeitete Auflage 1989

Gesamtherstellung: Kösel, Kempten
Printed in Germany
ISBN 3-8035-1303-0

Inhalt

Vorwort zur 1. Auflage

Der vorliegende Band stellt die Fortsetzung meines im Jahre 1968 erschienenen Werkes über die Schlösser und Herrenhäuser des Herzogtums Schleswig dar. Er behandelt die Herrenhäuser Ostholsteins, insgesamt 35 und erfaßt damit alle bedeutenderen Güter dieses Raumes. Der Begriff Ostholstein deckt sich nicht mit der heutigen Kreiseinteilung. Vielmehr wird hier Ostholstein als die natürliche Landschaft aufgefaßt, wie sie seit altersher im Bewußtsein der Bevölkerung lebt. Sie schließt demgemäß den bisherigen Kreis Oldenburg in Holstein in seiner Gesamtheit ein, vom Kreise Plön den bei weitem größten Teil. Eine klare Begrenzung Ostholsteins gibt es nur im Norden und Osten durch das Meer, nach Westen hin ist die Grenze weniger deutlich. Sie wird am ehesten auf der Linie des Limes Saxonicus gefunden werden können, also in etwa auf einer Linie von Kiel bis zur Südspitze des Plöner Sees. Die landesherrlichen und bischöflichen Schlösser wie Plön und Eutin werden in diesem Bande nicht behandelt, das hätte den Rahmen des Buches gesprengt.

Die Geschichte der Güter dieses Landes ist durch eine Reihe von Faktoren geprägt, die nirgendwo sonst wieder anzutreffen sind. Sie verläuft kontinuierlich von der Zeit der Eroberung des wendisch besiedelten Wagriens vor nunmehr 800 Jahren durch die holsteinischen Ritter, mit der nachfolgenden Belehnung dieser kampfeslustigen Schar durch den holsteinischen Landesherrn, die Grafen von Schauenburg, und der sich daraus ausbildenden Gestaltung von Territorien. Die Neuzeit, also das 16. Jahrhundert, brachte den wirtschaftlichen Umschwung, jetzt entstanden die Großlandwirtschaften, die bis zur Gegenwart hin Bestand gehabt haben, jetzt wurden die großen Wirtschaftshöfe erbaut, statt der kleinen Wasserburgen des Mittelalters die großen Herrenhäuser, die eine Zierde der Landschaft geworden sind, großartige Beispiele der ländlichen Baukunst des Nordens, die auch in ihrer Innenausstattung den Vergleich mit Schlössern des südlichen Deutschlands nicht zu scheuen brauchen.

In diese fast ungebrochene Entwicklung brachten die beiden Bodenreformen nach den zwei Weltkriegen entscheidende Änderungen. Nach dem Ersten Weltkriege wurden bei fast allen unseren Gütern die bisherigen Zeitpachtdörfer von den Höfen getrennt, die Bauern gegen geringe

Renten zu freien Eigentümern gemacht, solange hatte sich praktisch der mittelalterliche Begriff des Territoriums erhalten. Und nach dem Zweiten Weltkriege mußten fast alle Meierhöfe von den Gütern abgetrennt werden, als sogenannter Mehrfachbesitz, eine Maßnahme, die nur unter den politischen Aspekten der Nachkriegsjahre zu begründen war, wirtschaftlich gesehen hat sie sich als Fehlschlag erwiesen. In beiden Fällen hat der einheimische Landesadel sich nicht in den Schmollwinkel zurückgezogen, sondern tatkräftig an der Lösung der Probleme mitgearbeitet. Die Umwandlung der Zeitpachtdörfer in freies Eigentum beruhte im wesentlichen auf der Initiative des Grafen Christian zu Rantzau auf Rastorf, † 1939, die Bodenreform nach dem Zweiten Weltkriege erfolgte auf der Grundlage des 30 000-ha-Abkommens, das unter der Leitung des Herzogs Friedrich zu Schleswig-Holstein, † 1965, und des Grafen Conrad v. Brockdorff-Ahlefeldt auf Ascheberg, † 1959, zustande kam.

Ich möchte in erster Linie meinen Dank aussprechen an die Besitzer der hier behandelten Güter, sie haben mich fast ausnahmslos in großzügiger Weise unterstützt durch Öffnung ihrer Häuser und Archive. In gleicher Weise danke ich den amtlichen Stellen für ihre Hilfe, dem Schleswig-Holsteinischen Landesamt für Denkmalpflege in Kiel, dem Schleswig-Holsteinischen Landesarchiv in Schloß Gottorf, der Schleswig-Holsteinischen Landesbibliothek in Kiel. Prof. Dr. Wolfgang J. Müller hat mich fachkundig beraten bei der Würdigung der Gemälde in Neuhaus, in Nehmten und in Weissenhaus. Herr Otto Vollert vom Landesamt für Denkmalpflege hat eine große Anzahl von Fotos geliefert.

Der Ministerpräsident des Landes Schleswig-Holstein und der Kultusminister haben durch Gewährung von Beihilfen das Zustandekommen des Werkes tatkräftig unterstützt, dafür gebührt beiden Stellen ein aufrichtiger Dank.

Mein besonderer Dank gilt Herrn Flemming Jerk in Charlottenlund bei Kopenhagen. Er hat mich auf allen meinen Fahrten zu den Gütern begleitet, mich fachkundig beraten und eine Fülle von Fotos hergestellt. Endlich danke ich meinem Verleger Herrn Wolfgang Weidlich in Frankfurt am Main für die verständnisvolle und von gegenseitigem Vertrauen getragene Zusammenarbeit.

Drült, im Oktober 1973 — Henning von Rumohr

Vorwort zur 2. Auflage

Hiermit wird die 2. Auflage meines 1973 erschienenen Werkes über die Schlösser und Herrenhäuser in Ostholstein vorgelegt. Seit dem Erscheinen der 1. Auflage ist knapp ein Jahrzehnt vergangen, es zeigt sich, daß in diesen wenigen Jahren erstaunlich viele Veränderungen auf unseren Gütern vorgekommen sind. Einige Herrenhäuser sind völlig abgebrochen worden, wie z. B. Kühren und Lehmkuhlen, andere von ihren Gutsbetrieben getrennt wie Salzau, Bredeneek, Hasselburg, Rantzau, Dobersdorf, Ascheberg und Kletkamp. Dazu kommen in den übrigen Landesteilen Schleswig-Holsteins weitere hinzu.
Der Zug zur Trennung der schönen alten Herrenhäuser von den zugehörigen Gutsbetrieben ist unverkennbar. Die Herrenhäuser, die in der Hauptsache im 18. und 19. Jahrhundert entstanden sind, sind für die heutigen Wohnbedürfnisse viel zu groß und zu kostspielig geworden.
Im großen und ganzen stellt die 2. Auflage die gleichen Güter vor wie in der ersten, mit einer einzigen Ausnahme. Der Besitzer eines an sich bedeutenden und wichtigen Gutes in Ostholstein weigerte sich nachdrücklichst gegen das Wiedererscheinen eines Artikels über sein Haus. Selbstverständlich ist dem seitens des Verfassers Rechnung getragen worden, an seine Stelle ist neu hinzugekommen das Gut Schmoel. Im übrigen ist die Anzahl der Objekte gegenüber der 1. Auflage unverändert geblieben.
Diese Weigerung des Besitzers führt zu einer grundsätzlichen Betrachtung der Spannungsverhältnisse zwischen dem wißbegierigen Touristen und dem zurückgezogen leben wollenden Gutsherrn. Hier sind Fronten entstanden, die nur mit einiger Geduld und Flexibilität zu überwinden sind. Als ein schönes Beispiel dieser Art darf auf ein Gut im Kreise Ostholstein hingewiesen werden, wo der Besitzer während der Hauptsaison der Touristen allwöchentlich einmal zu einer Besichtigungsstunde auf seinem Gutshofe einlädt und hierbei den in der Regel zahlreich kommenden Besuchern die Anlage eines modernen Gutshofes mit alten Gebäuden erläutert. Eine Besichtigung der Innenräume ist hierbei nicht üblich, aber der Besitzer hat dadurch die Gelegenheit, die Touristen auf die Probleme der modernen Großlandwirtschaft und der Erhaltung wertvoller alter Gebäude hinzuweisen.

Hiermit in engem Zusammenhang steht die Frage, wieweit die Gutsbesitzer überhaupt ihre Häuser der Allgemeinheit öffnen können. Als Grundsatz muß hierbei stehen, daß fast alle hier vorgestellten Häuser auch heute noch von ihren Besitzern privat bewohnt werden, und daß daher ein Eindringen in die Innenräume ohne besondere Einführung nicht möglich ist.

Der Plan war, die beiden Schlösser Plön und Eutin in diesen Band mit aufzunehmen, aber dieses Vorhaben hat sich als undurchführbar erwiesen. Über das Schloß Eutin liegt bereits eine sehr gute Baubeschreibung vor, die im Deutschen Kunstverlag in München erschienen ist und mit guter Bebilderung alles Wesentliche enthält, was über dieses bedeutende Schloß zu sagen ist. Über das Schloß in Plön hat der Landrat des Kreises Plön gerade jetzt eine Studie in Auftrag gegeben über die Baubeschreibung des Schlosses, im übrigen wird das Schloß gegenwärtig einer Restaurierung unterzogen, so daß daher eine Aufnahme innerhalb meines Werkes untunlich ist.

In vielen Herrenhäusern in Ostholstein sind in den letzten Jahren bedeutende Restaurierungsarbeiten vorgenommen worden, nicht ohne erhebliche finanzielle Beteiligung der Besitzer, aber auch mit Beihilfen des Landesdenkmalsamtes. Hierbei sind vor allem zu erwähnen, die großen Häuser wie Salzau und Hasselburg, aber auch in Häusern wie Schönweide und Gaarz ist sehr viel für die Restaurierung und Verschönerung der Innenausstattung getan worden.

Ich danke allen den Vielen, die mir bei der Erstellung dieses Werkes behilflich gewesen sind, aufrichtig. Insbesondere sind hier zu nennen das Landesamt für Denkmalpflege in Kiel mit den beiden Fotografen, Herrn Otto Vollert und Herrn Alfred Demnick, dann das Landesarchiv Schleswig-Holstein in Schloß Gottorf. Mein Verleger, Herr Wolfgang Weidlich in Frankfurt am Main, hat sich zusammen mit seinen Mitarbeitern sehr um eine gute Aufmachung des Werkes bemüht. Alle die vielen privaten Besitzer haben mich durchweg mit allen meinen vielen Fragen und Wünschen bestens unterstützt. Ich möchte auch meinen besonderen Dank anbringen an Frau Wera Hoven in Bordesholm, die jetzt seit über 20 Jahren alle meine Manuskripte geschrieben hat, und ferner Herrn stud. theol. Christian Sievers in Kappeln, der nun schon zum dritten Male die Namensregister mit großer Sorgfalt bearbeitet hat.

Drült, im Herbst 1982 — Henning von Rumohr

Vorwort zur 3. Auflage

Die 2. Auflage – noch von meinem Vater gründlich durchgesehen und erweitert – ist nun restlos vergriffen. In dieser kurzen Zeitspanne hat sich erneut so viel geändert, daß eine Überarbeitung, auch im Bildteil, dringlich wurde, um dieses Handbuch auf dem angestrebten aktuellen Stand zu halten.
Die jetzige Bearbeitung fußt hauptsächlich auf Angaben, die mir dankenswerterweise von den Besitzern übermittelt wurden. Darüber hinaus erhielt ich viele weiterführende Daten, Hinweise und Hilfen, für die ich insbesondere wiederum Herrn C.-H. Seebach, Herrn O. Vollert, Frau H. Ramge und dem Landesamt für Denkmalpflege, Kiel, danken möchte.
Wie schon bei den 1987 und 1988 neuaufgelegten Bänden ‚Schlösser und Herrenhäuser im Herzogtum Schleswig' sowie ‚Schlösser und Herrenhäuser im nördlichen und westlichen Holstein' stand auch bei der vorliegenden Bearbeitung das Bestreben im Vordergrund, dem Werk meines Vaters gegenüber mit größter Behutsamkeit vorzugehen.

Drült, im Sommer 1989 — Cai Asmus von Rumohr

1 Schrevenborn

Kirchspiel Schönkirchen, heute Heikendorf Kreis Plön

Schon im Mittelalter wird Schrevenborn mehrfach genannt. Im ältesten Kieler Stadtbuch, das von 1264 bis 1289 reicht und das für uns eine wichtige Quelle darstellt, wird Hermannus de Grevesborn erwähnt, der Haus und Hof auf der Dänischen Straße in Kiel verkauft. Auch im Hebungsregister der Bischöflichen Tafel des Bischofs von Lübeck, das auf das Jahr 1286 zu datieren ist, wird das Dorf Grevenborn genannt, das keine eigene Pfarrstelle habe, sondern zur Kirche in Kiel gehört. Noch im Jahre 1341 wird das Dorf s'Grevenborn erwähnt.
Die Erklärung des Namens ist eindeutig: er besagt nichts weiter als ,,des Grafen Brunnen'', ähnlich wie das benachbarte Dorf Schrevendorf = des Grafen Dorf, in Kiel selber der Schreventeich = des Grafen Teich. Alle

diese Ortsbezeichnungen beziehen sich auf den Landesherrn, die Grafen von Schauenburg, die seit dem Jahre 1111 Holstein regierten. Vielleicht, daß sich um einen Brunnen inmitten eines gräflichen Jagdreviers eine Ansiedlung gebildet hat, jener Hermann ist sicherlich nicht adeliger Herkunft, auch gibt es keine Spuren einer mittelalterlichen Ritterburg. Das angrenzende adelige Gut Hagen wird im Mittelalter als indago comitis bezeichnet, als Wildgehege des Grafen. So spricht vieles dafür, daß wir es hier in waldreicher Umgebung mit einem Jagdrevier des Grafen von Holstein zu tun haben, das erst viel später als Lehen an einen Ritter vergeben wird.

Erst im 15. oder 16. Jahrhundert hat sich das Gut gebildet, offensichtlich gleich in großzügiger Anlage, wie die heute noch vorhandenen teilweise rechteckig angelegten Hausgräben beweisen, die Herrenhaus und Hof umschließen. Nach 1865 wurden die Hofgebäude abgebrochen und außerhalb der Wassergräben wieder neu aufgebaut; während des Zweiten Weltkrieges sind sie weitgehend zerstört worden. Der Hofplatz selber wurde zu einem Landschaftspark umgestaltet, in seiner Mitte steht ein Taufstein aus gotländischem Kalkstein aus dem 13. Jahrhundert, ursprünglich der Kirche in Schönkirchen zugehörig.

Altes Herrenhaus, 1944 durch Bomben zerstört

Von dem ältesten Herrenhaus, das im 16. Jahrhundert entstanden sein wird, besitzen wir keine Kenntnis, nur an Hand von Fundamentresten kann man die ungefähre Lage dieses Baues feststellen. Um 1750 erbaute Frau Wilhelmine Antoinette v. Mevius, geb. Gräfin Wachtmeister, das stattliche Herrenhaus, das bis in unsere Tage Bestand gehabt hat. Es war ein einfacher Querbau mit 9 Achsen und einem rundbogig geformten Abschluß des Mittelrisalits. Durch eine Luftmine wurde das Haus im Jahre 1944 so schwer beschädigt, daß es nach dem Kriege abgebrochen werden mußte. Etwa auf dem gleichen Platz wurde alsdann 1958 durch den Architekten Eberhard Gildemeister aus Bremen das jetzige mit Reth gedeckte Haus errichtet.
Nachdem das alte Herrenhaus abgerissen werden mußte, kann der neue Bau als ein Beispiel dafür verstanden werden, in welchem Maße, unter Zugrundelegung heutiger Verhältnisse ein Gut durch ein Herrenhaus zumutbar belastet werden kann. Man darf hierbei hinzufügen, daß die nach außen schlichte Form des heutigen Gutshauses vollständig dem Charakter des Erbauers, Dr. Jürgen Hagedorn, entspricht. Sein ganzes Leben stand unter der Devise: Mehr sein als scheinen.
Die ältesten uns bekannten Besitzer gehören dem Geschlecht Brockdorff an. Im Jahre 1494 wird Herr Hinrich Brockdorff auf Schrevenborn genannt, er begleitet den Herzog auf einer Reise über Berlin nach Polen. Im Jahre 1500 ist er in der Schlacht von Hemmingstedt zusammen mit vier Knechten gefallen. Er wird ausdrücklich als erbgesessen auf Schrevenborn bezeichnet. Sein Sohn Joachim wird 1533 und 1543 als Besitzer des Gutes genannt, 1588 dessen Sohn Detlev Brockdorff. 1613 kauft der Statthalter Gert Rantzau auf Breitenburg das adelige Gut Schrevenborn für 48000 Rthlr. von Detlev und Margarete Brockdorff, die drei Brüder Joachim, Asmus und Schack Rumohr siegeln mit als „Vorpfander", also offenbar als Gläubiger. Jetzt verbleibt das Gut für fast ein Jahrhundert bei den Rantzau; auf Gert Rantzau folgte im Jahre 1627 sein Sohn, der erste Reichsgraf Rantzau, Christian, † 1663, dann der Enkel Detlev, † 1697, gleichfalls Statthalter wie schon Vater, Großvater und Urgroßvater. Er verkauft Schrevenborn im Jahre 1688 an seinen Vetter Christian Albrecht Rantzau a. d. H. Putlos. Dieser besaß bereits damals das adelige Gut Bossee und nahm ein tragisches Ende. Er wurde am 29. November 1697 dort in seinem Bett erschossen aufgefunden. Der Täter blieb zunächst unbekannt, doch behauptete der ältere Bruder von Christian Albrecht, der Generalmajor Otto Rantzau, es könne sich nur um Josias Breide Rantzau gehandelt haben. Die Folge war ein Duell

zwischen den beiden Vettern, in dessen Verlauf der General tödlich verwundet wurde und der Täter flüchten mußte. Er ging dann ins Elsaß, wo er auch gestorben ist.
Christian Albrecht Rantzau behielt Schrevenborn nur ein Jahr, dann veräußerte er es weiter an Paul Kohlblatt auf Hemmelmark. Damit zieht erstmalig und schon in sehr früher Zeit ein bürgerlicher Gutsbesitzer auf einem der alten adeligen Güter ein, gleichzeitig ein Mann, dessen Besitzzeit von höchst langwierigen und seltsamen Prozessen erfüllt war. Ja, erst lange nach seinem Tode, im Jahre 1737, nach insgesamt 61 Jahren, kam der Streit um Schrevenborn durch einen Vergleich zu seinem Ende. Der Kanzler Johann Adolf Kielmann von Kielmannseck, der Begründer der Universität in Kiel, gehört zu den bedeutendsten Persönlichkeiten, die Schleswig-Holstein im 17. Jahrhundert hervorgebracht hat. Gegen Ende seines Lebens geriet er in den Konflikt zwischen König und Herzog hinein und wurde zusammen mit seinen drei Söhnen nach Kopenhagen verschleppt und dort ins Gefängnis geworfen. Der Kanzler starb bald darauf im Gefängnis im Jahre 1676; die Söhne erinnerten sich, daß der Vater dem Agenten Ägidius Henning in Hamburg 100000 Rthlr. zur Verwahrung übergeben hatte und ließen sich die Hälfte der Summe, 50000 Rthlr., nach Kopenhagen schicken, um damit ihre Freiheit zu erkaufen. Nach ihrer Freilassung forderten sie die zweite Hälfte der Summe, aber inzwischen war auch Ägidius Henning verstorben und das Geld war fort. Drei Buchhalter von Henning sagten unter Eid aus, daß die volle Summe von 100000 Rthlr. deponiert gewesen sei, so klagten jetzt die drei Brüder Kielmansegg gegen die beiden Schwiegersöhne von Ägidius Henning, Conrad v. Jerusalem und unseren Paul Kohlblatt auf Schrevenborn. Der erstere scheint bald darauf aus dem Prozeß ausgeschieden zu sein, um so heftiger tobte nun der Streit gegen Paul Kohlblatt. Bis zum Jahre 1711 gab es nicht weniger als 23 Urteile in dieser Sache; schließlich entschied das Reichskammergericht in Speyer zugunsten der Brüder Kielmansegg und verfügte ihre Einweisung in Schrevenborn. Aber die Freude war nur von kurzer Dauer, bald darauf besetzten die Franzosen Speyer und beschlagnahmten das Gebäude des Reichskammergerichts nebst allen Akten, so daß eine Zwangsvollstreckung nicht stattfinden konnte. Inzwischen war aber auch Paul Kohlblatt nicht müßig geblieben, er hatte sich unmittelbar an den Kaiser in Wien gewandt. Dieser übertrug die Angelegenheit dem Reichshofrat, der zugunsten von Paul Kohlblatt entschied und damit dem Urteil des Reichskammergerichts, doch auch

Rocaille Kamin aus dem alten Herrenhaus

einer obersten Reichsinstanz, direkt widersprach. So ging der Streit um Schrevenborn jetzt viele Jahre weiter, stets stand das Reichskammergericht auf der Seite der Kielmanseggschen Brüder, der Reichshofrat auf der Kohlblattschen.

Paul Kohlblatt selber war längst verstorben, auch seine Nichte Christina Kohlblatt, die ihn zunächst beerbt hatte. Dann kamen seine Schwiegerkinder v. Mevius, aus einer schwedischen Familie. Bei den Kielmansegg ging es ähnlich, die drei Brüder waren schon lange tot, ebenso die Nachkommen der nächsten Generation. Schließlich kam in der vierten Generation nach dem Kanzler ein Vergleich zustande zwischen dem Grafen Georg Ludwig v. Kielmansegg, damals Major bei der Garde zu Fuß in Hannover, später General der Infanterie, und den Erben Mevius, nämlich Frau Beate v. Walsleben, geb. v. Mevius, und den Brüdern Heinrich und Karl v. Mevius. Kielmansegg verzichtete gegen Zahlung von 19000 Rthlr. auf seine Ansprüche auf Schrevenborn. Die Prozesse dürften das Mehrfache dieser Summe gekostet haben. Tatsächlich hat die Kielmanseggsche Besitzzeit wohl nur von 1711 bis 1728 gedauert. Der

Vergleich wurde in Lübeck am 3. Juni 1736 geschlossen, aber erst am 17. Januar 1737 in Kiel ausgefertigt.
1755 wurde Daniel Conrad v. Mevius Besitzer, er errichtete ein Familienfideikommiß im Werte von 68 000 Rthl. Aber schon die nächste Generation vermochte es nicht mehr zu halten, der letzte Mevius mußte wegen Fälschereien fluchtartig das Land verlassen, im Jahre 1774 wurde der Konkurs eröffnet und das Gut versteigert. Jetzt folgen mehrere kurzlebige Besitzer, die Gebrüder Eitzen, der Agent C. L. Kuhlmann, Friedrich Ludwig Philipp v. Zastrow, Otto Johann Daniel Wulf auf Satjewitz. Im Jahre 1800 erwirbt es der Baron, spätere Graf Christian H. A. v. Hardenberg-Reventlow, Sohn des preußischen Staatskanzlers Fürst Carl August v. Hardenberg für 199 000 Rthlr., für seine Tochter Ida, die mit dem Grafen Harald Holck vermählt war. Der Vater hatte die Tochter, die ein rehartiges schlankes Mädchen war, als Kind zärtlich „meine Kitze" genannt. Als das junge Ehepaar jetzt auf Schrevenborn lebte, wurde auf einem Hügel nahe der Kieler Förde ein Teehäuschen

Teehaus auf dem Kitzeberg

erbaut, das nach Ida Holck den Namen „der Kitzeberg" erhielt. Noch bis in die 1920er Jahre wurde die Villenkolonie rund um den Kitzeberg als private Sphäre betrachtet, wer dort wohnte, trat in einen Club ein, in dem man unter sich war. Nachts wurden die wenigen Zufahrten in den Kitzeberg durch Tore verschlossen. Noch heute stehen die Torpfosten an den Einfahrten.

1833 ging das Gut über an Oberst August Wilhelm v. Witzendorff, von ihm auf seinen Sohn Carl Wilhelm Dietrich Bernhard v. Witzendorff. Dessen Tochter Ursula wurde die dritte Ehefrau des Bischofs von Holstein, D. Adolf Mordhorst, † 1951.

1865 kaufte der Großkaufmann Wilhelm Droege aus Hamburg Schrevenborn, jetzt für 987500,– Mark Courant. Ihm folgten Söhne, Schwiegersöhne und Enkel, schließlich wurde daraus eine Gesellschaft mit beschränkter Haftung unter dem Namen Schrevenborn GmbH gebildet. 1917 kaufte Dr. Fred Hagedorn, damals Landrat des Kreises Schleswig, später Staatssekretär im Reichsministerium für Ernährung, Landwirtschaft und Forsten das Gut an.

Zur Zeit des Ankaufes war Schrevenborn nurmehr 393 ha groß. In den Jahren von 1933–1936 konnte der Wald des adeligen Gutes Hagen in Größe von 150 ha hinzu erworben werden. Nach dem Tode von Dr. Fred Hagedorn im Jahre 1940 ging das Gut über auf den Generallandschaftsdirektor und Rechtsanwalt Dr. Jürgen Hagedorn. Sein besonderes Interesse galt der Land- und Forstwirtschaft. Im Rahmen der Bodenreform nach dem Kriege hat er sich sehr dafür eingesetzt, daß die erforderliche Landabgabe zugunsten deutscher Vertriebener durch eine freiwillige Vereinbarung des Schleswig-Holsteinischen Grundbesitzes erreicht werden konnte. Als Generallandschaftsdirektor der Schleswig-Holsteinischen Landschaft, der er mehr als 20 Jahre lang vorstand, bemühte er sich darum, die Landwirtschaft stärker mit der übrigen Wirtschaft zu verbinden. In seiner mehr als zwanzigjährigen Tätigkeit als Vorstandsvorsitzender der Arbeitsgemeinschaft des Grundbesitzes sowie in verschiedenen anderen land- und forstwirtschaftlichen Verbänden setzte er sich besonders für die Land- und Forstwirtschaft ein. Eine wirkungsvolle Ergänzung brachten die Tätigkeiten als Lehrbeauftragter für Landwirtschaftsrecht an der Universität Kiel und als erster Vorsitzender der Deutschen Gesellschaft für Agrarrecht in Bonn. Dr. Jürgen Hagedorn konnte durch weitere Zukäufe von Ackerland in den Jahren von 1960–1975 das Gut wesentlich vergrößern. Die ursprüngliche Größe von Schrevenborn hatte 1464 ha betragen. Hiervon

entfielen auf Heikendorf 462 ha. Heute umfaßt es eine Fläche von 713 ha, davon entfallen auf die landwirtschaftlich genutzten Flächen 477 ha, auf den Wald 230 ha, auf Möltenort 16 ha. Schon im 18. Jahrhundert wurden die Hintersassen zu Erbpächtern gemacht, erst 1884 wurden sie endgültig aus dem Bereich des adeligen Gutes entlassen, heute ist das Dorf Alt-Heikendorf fast zu einer vorstädtischen Siedlung erwachsen. Die Gemeinde Möltenort behielt durch Jahrzehnte eine Sonderstellung innerhalb des Status der Landgemeinden: ihre Grundfläche betrug nur 16 ha, aber sie hatte stets mehrere Hundert Einwohner.
Nach seinem Tode im Jahre 1981 ging das Gut über auf den jetzigen Besitzer, Rechtsanwalt Dr. Fred Hagedorn.

Adeliges Gut Schrevenborn

Besitzer: Dr. Fred Hagedorn

Besitzer		*Gut und Bauten*	
1494–1613	(v.) Brockdorff	1264	Grevesborn
1613–1689	(v.) Rantzau	16. Jahrh.	(?) erstes Herrenhaus
1689–1774	Paul Kohlblatt, dann dessen Erben v. Mevius	um 1750	zweites Herrenhaus
1774–1800	Verschiedene Eigentümer	nach 1865	Hof abgebrochen und außerhalb der Hausgräben neu erbaut
1800–1833	Graf Holck	1944	Zerstörung von Herrenhaus und Hof durch Luftminen
1833–1865	v. Witzendorff	1958	Bau des jetzigen Wohnhauses
1865–1917	Droege, dann Wentzel		
seit 1917	Hagedorn		

Hagen und Dobersdorf

Kirchspiel Probsteierhagen bzw. Schönkirchen   Kreis Plön

Die beiden großen adeligen Güter Hagen und Dobersdorf haben bis in das Zeitalter der Bodenreformen mit einer Grundfläche von fast 4000 ha einen der stattlichsten Besitze in Holstein gebildet. An sich sind es zwei voneinander getrennte selbständige Güter gewesen, aber da sie Jahrhunderte hindurch die gleichen Besitzer gehabt haben und in den letzten 150 Jahren in ein und derselben Familienstiftung zusammengefaßt waren, sollen sie hier gemeinsam behandelt werden.

Hagen wird schon im ältesten Kieler Stadtbuch von 1264 erwähnt als indago comitis, als Wildgehege des Grafen. Innerhalb des Gutes Hagen lag das kleine Instendorf Schrevendorf (=des Grafen Dorf), dessen Feldmark sicherlich in dem Areal des Hofes Hagen aufgegangen ist; unmittelbar angrenzend liegt das heutige große adelige Gut Schrevenborn (=des Grafen Brunnen). Alle diese Ortsnamen beziehen sich auf den Landesherren, die Grafen von Schauenburg, die seit dem Jahre 1111 als die Grafen von Holstein unser Land regierten.

Die Belehnung eines Ritters mit diesem Gebiet dürfte erst gegen Ausgang des Mittelalters erfolgt sein, erstmals im Jahre 1543 wird Hagen in der Hand von Christoph Pogwisch genannt. Er besaß auch Dobersdorf. Dobersdorf ist gleichfalls ein alter Besitz der Pogwisch. Als erster Herr auf Dobersdorf wird Hans Pogwisch genannt, der etwa zwischen 1380 und 1385 geboren sein wird, im Jahre 1406 war er mündig. Er war Verbitter des Klosters Itzehoe und erscheint häufig in Staatsgeschäften und privaten Rechtshandlungen. Er selber starb 1460, seine zweite Frau ein Jahr später. Ihrer beider Grabstein liegt noch heute in der Klosterkirche von Bordesholm, das Kloster hatte seit altersher eine enge Verbindung zu den Pogwisch, diese besaßen das erbliche Verbitteramt über dieses Kloster.

Hans Pogwisch eröffnet die lange Reihe der Herren v. Pogwisch sowohl auf Hagen wie auf Dobersdorf, auf ihn folgt Bertram, dann wieder ein Hans. In der Generation der Urenkel werden die Güter geteilt, Wolf erhält Dobersdorf, Christoph Hagen, nach dem frühen Tode des älteren Bruders erbt er auch noch Dobersdorf wieder hinzu. Als Christoph ohne Erben stirbt, werden in der nächsten Generation unter Bertram

Pogwisch, †1607, die Güter wieder in einer Hand vereinigt. Hagen verbleibt bei dessen Erben, erst dem Sohn Christoph, †1636, dann der Tochter des Enkels Sievert, Lucia Pogwisch. Sievert Pogwisch war ein bedeutender Mann, der vielfach in diplomatischen Missionen Verwendung fand, vom König von Dänemark im Jahre 1623 zum Kurfürsten von Sachsen und zum Kaiser in Wien entsandt wurde, 1625 nach Braunschweig und zu Tilly. Er ist als Generalkriegskommissar in der Schlacht von Lutter am Barenberge, einer der wichtigsten Schlachten des 30jährigen Krieges, gefallen, am 27. August 1626. Lucia Pogwisch, †1685, war die letzte aus dieser Linie. Sie brachte durch ihre Heirat mit Hinrich Blome das Gut Hagen in die Familie Blome ein, bei der es bis in das 20. Jahrhundert hinein verblieben ist.

Bei Dobersdorf lagen die Besitzverhältnisse etwas komplizierter, der letzte Pogwisch, der Dobersdorf besaß, war Hinrich Pogwisch, †1625. Dann ging das Gut an den Enkel Bertram Reventlow, von diesem an mehrere Besitzer aus den Familien Brockdorff und Rantzau, bis Cai Wilhelm Blome aus Hagen 1704 oder 1706 das Gut für 78000 Rthlr. ankaufte. Cai Wilhelm Blome starb unbeerbt im Jahre 1731, so fiel Dobersdorf an den damals noch lebenden Vater Wulf Blome, der der älteste Sohn von Lucia Pogwisch war und somit beide Güter wieder in einer Hand vereinigte. Seitdem hatte Dobersdorf bis zur Gegenwart hin die gleichen Besitzer wie Hagen.

Während der Blomeschen Zeit sind die beiden großen Herrenhäuser auf Hagen und auf Dobersdorf gebaut worden, Hagen im Jahre 1649 durch Hinrich Blome, Dobersdorf 1770/72 durch den Urenkel Christoph Blome. Beide Häuser gehören zu den schönsten und bedeutendsten Bauten auf unseren Gütern, Hagen steht am Anfang der Barockzeit, Dobersdorf an ihrem Ende, beide Häuser ein klarer Beweis für den starken Bauwillen ihrer Bauherren, beide sicherlich auch von ersten Architekten ihrer Zeit erbaut. Für Hagen ist der Baumeister unbekannt. Dobersdorf ist ein Werk George Greggenhoffers, der kurz zuvor das schloßartige Rundhof in Angeln gebaut hatte.

2 Hagen

Hinrich Blome hatte im Jahre 1646 Lucia Pogwisch geheiratet, der Bau des neuen Herrenhauses dürfte 1647 begonnen sein, 1649 war es fertig, wie die großen als Maueranker dienenden Buchstaben beweisen, H. B. L. B. 1649 (Hinrich Blome Lucia Blome). Die Kellergewölbe sind Tonnengewölbe. Das Hauptgebäude besteht aus einer dreiflügeligen Anlage mit schlankem und hohem viereckigem Turm nach der Hofseite, sicherlich ursprünglich dem Treppenturm, heute ist die Treppe in das Haus verlegt, und nur in den oberen Geschossen sind noch die Treppenläufe erhalten. Der Turm endigt in einem Schieferdach und wird gekrönt von einer offenen Laterne.

Im Eingang des Turmes befindet sich ein verhältnismäßig stark beschädigtes Portal aus Sandstein mit bossierten und mit Rosen geschmückten seitlichen Säulen, die eine große Wappendarstellung mit

den beiden Wappen Blome und Pogwisch tragen. Das Wappen Blome zeigt einen springenden Hund, das Wappen Pogwisch einen Wolf.
Das Hauptgebäude ist ursprünglich von Gräben rund herum um das Haus umgeben gewesen. Gegenwärtig ist nurmehr ein Rest gegen Nordwesten erhalten. An den übrigen Seiten ist der Graben erst in neuerer Zeit zugeschüttet worden, nur auf der Südseite muß er schon vor langer Zeit verschwunden sein, da ein Querflügel in voller Höhe des Hauptgebäudes nach Süden hin errichtet worden ist, wahrscheinlich erst im 18. Jahrhundert, und dieser Flügel sich über den früheren Hausgraben hin erstreckt. Die Giebel sind sämtlich als Treppengiebel ausgebildet, auch bei dem späteren Anbau.
Im Inneren ist die alte Einteilung in gewissen Hauptzügen erhalten geblieben. Der mittlere Flügel enthält eine sehr große Halle mit dem Zugang durch den Turm. An der westlichen Schmalwand befindet sich

Vorderfront

Portal

der alte Kaminplatz mit einem aus der Ursprungszeit des Hauses oder aus der Zeit um 1700 stammenden Sandsteinkamin. Über ihm ist eine Bauinschrift angebracht, die sicherlich aus der Zeit von Hinrich Blome stammt und die eingefaßt ist mit Stuckornamenten und Akanthusblättern in kräftigen barocken Formen: Die früheren Stuck-Supraporten sowie die Stuckdecke der Barockzeit wurden bei dem Umbau bald nach 1900 beseitigt. Die Halle mit ihrer Größe von über 100 qm erhielt eine

Stuckmotiv: Hagen

Balkendecke; über den Türen in den Ecken der Halle sind drei Supraporten angebracht, die von Caspar Peter Verbruggen aus Brabant gemalt sind und mit der Jahreszahl 1700 signiert sind. Sie stellen Kinder oder besser gesagt Putten dar, die mit Blumen und Früchten spielen, wahrscheinlich die Jahreszeiten. Über der vierten Tür ist die Supraporte nicht mehr vorhanden. Ein viertes Bild, das Caspar Peter Verbruggen signiert und mit der Jahreszahl 1698 versehen hat, befindet sich seit langer Zeit im Herrenhause von Helmstorf. Da die Tochter von Christoph Blome i. J. 1789 Wolf v. Buchwaldt heiratete, ist es nicht unwahrscheinlich, daß dieses Bild als die vierte Supraporte gedacht war, auch wenn die Maße der drei Supraporten mit diesem vierten Bilde nicht übereinstimmen. An den Wänden des Saales sind acht ovale Stuckrahmen vorhanden, die sicherlich ursprünglich die Ahnenbilder aufgenommen haben. Heute befinden sich diese Porträts im Schl.-Holst. Landesmuseum auf Schloß Gottorf. Die Türen der Halle dürften gleichzeitig mit den Supraporten entstanden sein, sind aber jetzt in imitiertem Eichenholz übermalt worden. Der ganze östliche Seitenflügel wird von einem großen Saal eingenommen, mit einer sehr schön stuckierten Decke in kräftigen Formen, sicherlich aus der Erbauungszeit des Hauses stammend. Wie

bei der jüngsten Restaurierung im Jahre 1988 zu Tage trat, handelt es sich bei der jetzigen Decke nicht um das Original, sondern um eine Abformung. Die ursprüngliche Decke wird ebenfalls hier vermutet. In der Mitte des großen Plafonds ist das Doppelwappen Blome/Pogwisch angebracht, in den Ecken Putten mit Trophäen, dazwischen Darstellungen der Schlösser Hagen, Farve und vielleicht Hornstorf, als viertes die Kirche in Probsteierhagen. An dem nördlichen Ende der Decke befindet sich die schöne Porträtbüste von Lucia Blome in einem Medaillon umgeben von Lorbeerkranz und von Putten gehalten, auf der südlichen Seite die Stuck-Porträtbüste angeblich ihrer Mutter in etwas einfacheren Formen. Außerdem sind noch verschiedene Ofennischen mit Rokokostukkaturen bewahrt worden, im westlichen Seitenflügel auch eine schöne Tür aus der Ursprungszeit mit kräftig gekrüppeltem Rahmenwerk und entsprechender Füllung.
Das Gut Hagen wurde im Jahre 1932 aufgesiedelt. Das Herrenhaus ging in den Besitz der Gemeinde Probsteierhagen über. Gegenwärtig befinden sich im Obergeschoß Mietwohnungen, im Erdgeschoß im rechten Seitenflügel eine Arztpraxis. Die übrigen Räume werden weiterhin für Kunstausstellungen, Konzerte, Sitzungen und dergleichen genutzt.

Adeliges Gut Hagen

a) *Schloß*
Besitzer: Gemeinde Probsteierhagen

b) *Adeliges Gut*

Besitzer

1543–1646	(v.) Pogwisch
1646–1814	(v.) Blome
1814–1932	(v.) Blomesche Familienstiftung
1932	Gut aufgesiedelt

Gut und Bauten

1265	indago comitis (= Wildgehege des Grafen)
17. Jahrh.	Hofscheunen erbaut
1649	Herrenhaus erbaut
1932–1969	Herrenhaus als Schule benutzt
seit 1969	Kulturzentrum der Gemeinde Probsteierhagen

3 Dobersdorf

Der Hof Dobersdorf liegt auf einer kleinen Anhöhe, die von Senken umgeben ist, unmittelbar am Dobersdorfer See. Möglicherweise verbirgt sich neben dem heutigen Herrenhause eine alte Burganlage unter einem Hügel. Von der gesamten Hofanlage ist nurmehr das Herrenhaus mit dem angrenzenden Kavalierhaus und der großen Scheune auf der Ostseite erhalten geblieben. Die westliche Scheune wurde im Jahre 1944 durch Bomben zerstört, das Torhaus ist vor kurzem abgebrochen worden.

Die große Scheune, die mit einer sehr schönen Giebelfront ausgestattet ist, besitzt jetzt eine harte Dachbedeckung, erhalten geblieben ist jedoch das Sandsteinwappen mit den Wappen Blome und Rantzau am Nordende der Scheune, am Südende ist die Jahreszahl 1728 angebracht. Schöne

Verblendungen in Vierpaßform mit Eckrisaliten deuten auf die Hand von Rudolph Matthias Dallin hin, der zur gleichen Zeit in Ascheberg und Rastorf gebaut hatte.

Das Herrenhaus steht auf einem Sockel von großen Granitquadern und erhebt sich in zwei Stockwerken, von denen das obere etwas niedriger ist. Die Fassade enthält 11 Achsen, die äußerste Achse zur linken und zur rechten ist etwas breiter, die mittleren drei Achsen springen aus einem etwas höher ausgestalteten Risalit vor und sind abgeschlossen von einer Attika mit Balustrade, ursprünglich auch mit einer großen Wappendarstellung, in Holz geschnitzt, die sich jetzt innerhalb des Hauses befindet und die Wappen Blome und Holstein zeigt. Die Vorderfassade ist ausgestattet mit Sandsteinschlußsteinen über den Fenstern sowie einem jetzt sehr stark verwitterten Sandsteinportal. Die Gartenfassade gegen Norden ist bedeutend einfacher gehalten und hat keine Sandsteinverzierungen.

Die Treppe geht in zwei Läufen nach oben, außerordentlich schön mit kräftig geschnitztem Geländer aus schwerem Holz, das einen leicht gewölbten Charakter bewahrt hat. Im Obergeschoß befindet sich ein großer Saal, der über die Halle und den Gartensaal hinweg läuft, mit Stuckdecke und zwei Ofennischen. Die Keller haben Kreuzrippengewölbe und sind verhältnismäßig hoch.

Vier Generationen der Blome haben auf Hagen gesessen, Hinrich, † 1676, der das Herrenhaus Hagen erbaut hatte, sein Sohn Wulf, † 1735, der gleichnamige Enkel, † 1761, und endlich Christoph, † 1814. Vor allem die beiden Erstgenannten waren bedeutende Persönlichkeiten, Hinrich hatte in Padua studiert und war in Venedig gewesen. Später wurde er Oberschenk des Königs Christian IV. von Dänemark. 1644 führte er eine Gesandtschaft zu König Vladislav von Polen an. Er erhielt ebenso wie sein Sohn Wulf den höchsten dänischen Orden, den Elephanten-Orden. Sein lebensgroßes vorzüglich gemaltes Porträt ist erhalten, er ist in der imponierenden Kleidung des Barock dargestellt, mit Perücke, gebauschten Ärmeln und Strümpfen, die Schnallenschuhe mit Schleifen besetzt, ein eindrucksvolles Bildnis eines großen Herren jener Zeit.

Auch von dem Sohne Wulf ist ein ähnliches Porträt vorhanden, aber er ist ganz anders aufgefaßt, in langem schwarzem Habit, eher ein Geistlicher als ein Diplomat oder Landjunker. In der Tat war Wulf Blome von 1701 an Klosterprobst des adeligen Klosters Preetz. Wohl von ihm veranlaßt stiftete der Prediger Scheele, der aus Preetz stammte, seine wertvolle Bibliothek von 6000 Bänden dem Kloster Preetz, sie stellt einen der kostbarsten Schätze dieses Klosters dar und füllt einen großen Raum in zwei Stockwerken im Gebäude des Remters. Wulf Blome veranstaltete auch innerhalb des Klosters eine erste Aufführung von Shakespeares Hamlet in plattdeutscher Sprache, nicht zur Erbauung der sittsamen Konventualinnen. Er ist es auch, während dessen Amtszeit das herrliche Chorgitter von Marx Dahl, dem Schmied von Spolsau, für die Klosterkirche geschaffen wurde, er ist es auch gewesen, der durch den italienischen Stukkateur Carlo Enrico Brenno den Chor der Kirche von Probsteierhagen großartig schmücken ließ.

Die beiden Porträts befinden sich heute auf Salzau.

Wulf Blome hatte zehn Söhne, aus seiner ersten Ehe mit Oelgard Catharine Rantzau sieben, aus der zweiten Ehe mit Magdalene Rumohr a. d. H. Roest weitere drei. Aber sechs Söhne verstarben jung, und nur je ein Sohn aus den beiden Ehen hatte Nachkommen, ein Sohn wurde der Begründer der Linie Salzau und Heiligenstedten, der Sohn Wulf setzte das Haus Hagen fort.

Dieser setzte alles daran, den einzigen Sohn Christoph – neben sieben Töchtern, die fast alle noch zu seinen Lebzeiten heirateten, und mehreren frühverstorbenen Kindern – baldigst zu verheiraten. Und in der Tat gelang es ihm noch kurz vor seinem Tode, die Verbindung des eben erst zwanzigjährigen Sohnes mit der nur fünfzehnjährigen Gräfin Lucia Charlotte Amalie v. Holstein-Holsteinborg vorzubereiten, die Hochzeit fand erst nach dem Tode des Vaters statt.

Aber das Ende des Hauses Hagen war nicht aufzuhalten. Aus der Ehe von Christoph Blome gab es nur einen einzigen Sohn, der nach Großvater und Urgroßvater den Namen Wulf erhielt, der aber die Schwindsucht hatte und als junger Student in Paris im Jahre 1803 starb. Zwei Töchter starben als kleine Kinder, so blieben nurmehr zwei Töchter, Benedicte Charlotte und Henriette, übrig. Beide Töchter heirateten, aber der Überlieferung nach waren beide Schwiegersöhne, obwohl höchst achtbare Männer, dem Vater nicht recht. Charlotte heiratete ihren rechten Vetter Wolf v. Buchwaldt auf Neudorff und Farve, Henriette den Justizrat Dr. jur. et med. Friedrich Adolf v. Heintze. Dieser war durch seinen Bruder, der Professor der Geschichte an der Universität Kiel war, ins Land gekommen, hatte zunächst als praktischer Arzt und Privatdozent in Kiel begonnen, dann das adel. Gut Schwartenbek bei Kiel gekauft. Im Jahre 1805 wurde er geadelt, bald darauf begründete er aus seinen Gütern bei Lübeck das Fideikommiß Weißenrode, sein Sohn Ernst wurde

Treppenhaus

unter dem Namen Frhr. v. Heintze-Weißenrode im Jahre 1845 in den Reichsfreiherrenstand erhoben.

Was immer Christoph Blome an seinen Schwiegersöhnen aussetzen mochte, die testamentarischen Bestimmungen, die er traf, waren bei aller Klarheit der Gedanken so weltfremd, daß sicher mancher seiner vielen Nachfahren seiner mit wenig schmeichelhaften Worten gedacht hat. Wie es einer von ihnen in einer Eingabe formulierte, waren die Bestimmungen für die Erben nicht nur belastend, sondern demütigend. Blome erneuerte das Fideikommiß, das schon sein Vater gestiftet hatte und erweiterte es noch um das 1804 hinzuerworbene adelige Gut

Schädtbek, das bis dahin zu Rastorf gehört hatte. Beide Töchter bzw. deren Nachkommen wurden zwar als Erben eingesetzt, aber unter so starken Beschränkungen, daß sie praktisch nur Rentenempfänger waren. Keine der beiden Töchter erhielt die Güter übereignet, vielmehr wurde aus dem Besitz eine fideikommissarisch gebundene Vermögensmasse unter der Verwaltung zweier Administratoren aus der Ritterschaft gebildet. Den ersten Administrator setzte Christoph Blome noch selber ein, dieser hatte die Aufgabe, sich seinen Mitadministrator selber zu wählen, und so sollte es nach seinen Bestimmungen auch in Zukunft gehalten werden. Die beiden Administratoren hatten praktisch die gesamte Verantwortung für die Bewirtschaftung der Güter zu tragen, sie hatten auch über die Verwendung der beiden großen Herrenhäuser zu bestimmen. Es wurde sogar erzählt, was allerdings nicht mit dem Testament von Christoph Blome übereinstimmt, daß jeder der Erben, der es wagen sollte, in eines der Herrenhäuser einzuziehen, damit ohne weiteres seiner Erbansprüche verlustig gehen solle. Zweifellos waren die Administratoren durch ihre Aufgabenstellung bei weitem überfordert. Wenn also Christoph Blome seinen Nachkommen Schaden zufügen wollte, so besorgte er das gründlich. Nur allzu bald zeigte sich, von welch weittragender Bedeutung seine testamentarischen Bestimmungen waren. Es handelte sich immerhin um drei Güter, zwei von ihnen sehr große, in denen eine Gutsherrschaft fehlte, die bereit war, mit den vielen Arbeitern und Bauern in guten wie in schlechten Tagen zusammenzustehen. Waren die Nachkommen der ersten Generation alle miteinander noch nahe verwandt, so mußte sich dieses Band von Generation zu Generation mehr lockern, bis es Erben gab, die unauffindbar oder verschollen waren oder im fernen Brasilien lebten.

Alsbald bildeten sich vier Zweige heraus oder Branchen, wie man derzeit sagte; von den Töchtern der ältesten Tochter vermählten Buchwaldt heiratete die eine einen Grafen Knuth-Liliendal in Dänemark, die andere den Grafen Ernst Reventlow auf Farve, so entstanden hier die Branchen Knuth und Reventlow. Von der Tochter Henriette vermählte Heintze stammten ab die Branchen Heintze und v. d. Malsburg. Die Einnahmen wurden auf diese vier Branchen aufgeteilt, innerhalb der Branchen wurde nach Prozentzahl entsprechend dem Verwandtschaftsgrad gerechnet. So kamen im Verlauf der Jahrzehnte immer abenteuerlichere Formen der Verteilung vor, als die Stiftung im Jahre 1955 endgültig aufgelöst wurde, gab es Bruchteile von $^{1}/_{420}$ und nicht weniger als 52 Berechtigte. Am besten schnitt die Branche Reventlow ab, hier gab es

nur mehr zwei Berechtigte, die mithin Anspruch auf ein Viertel der Einkünfte erheben konnten, am schlechtesten die Branche Heintze mit 32 Erben.
Schon 1834 setzten Versuche ein, diese unmöglichen Zustände zu beseitigen, sie wurden 1853 und 1861 fortgesetzt und letztmalig in den Jahren 1907 und 1908 wieder aufgenommen. Vor allem die Branche Heintze machte immer wieder praktikable Vorschläge, die Güter einem von ihnen zu übergeben und die übrigen Berechtigten mit Rentenansprüchen abzufinden. Aber stets fand sich bei diesem komplizierten Rechtsgebilde irgend jemand, der widersprach, einer der anderen Miterben, die Administratoren oder die aufsichtführenden Behörden. Scharfsinnig hatten die Heintze herausgefunden, daß es sich in Wahrheit nicht um ein Fideikommiß handelte, sondern um eine Familienstiftung. Das Oberlandesgericht schloß sich dieser Beweisführung an, aber in der Praxis war man damit immer noch nicht weitergekommen. Erst die Gesetzgebung zur Auflösung der Fideikommisse nach dem Ersten Weltkrieg schuf die Möglichkeiten, die dann freilich in wenig zweckentsprechender Weise genutzt wurden.
Schon während des Ersten Weltkrieges hatten die Administratoren sich über alle Bestimmungen hinweggesetzt und das Gut Schädtbek, das 231 ha groß war, verkauft, um Kriegsanleihe zu zeichnen, was mit der Erfüllung vaterländischer Pflicht begründet wurde. Heute dient Schädtbek der Universität Kiel als Versuchsgut.
1932 wurde Hagen an die Schleswig-Holsteinische Höfebank verkauft und in 72 kleinere und größere Siedlerstellen zerlegt, der Hof abgebrochen, die Dörfer zu freien Eigentümern gemacht und der Hauptteil des Waldes geschlossen an das adelige Gut Schrevenborn verkauft. Hagen besaß bis dahin eine Gesamtgröße von 1569 ha, hiervon entfielen auf den Hof Hagen selber 572 ha, auf den Wald 186 ha, auf die Dörfer Freienfelde, Muxall und Röbsdorf 548 ha, auf den Kasseteich 100 ha. Der Rest bestand im wesentlichen aus Wasserflächen.
Mit Dobersdorf nahmen die Dinge einen anderen Verlauf. Das Gut besaß eine Größe von 2475 ha, hiervon entfielen auf den Haupthof Dobersdorf 300 ha, auf den Meierhof Wulfsdorf 218 ha, auf den Wald 574 ha, auf einzelne Pachtstellen 103 ha, auf den Dobersdorfer See 355 ha. Die Dörfer Tökendorf, Jasdorf und Lilienthal umfaßten 925 ha.
1950 wurde auch dieses Gut aufgelöst. An die Schleswig-Holsteinische Landgesellschaft wurden der Haupthof, der Hof Wulfsdorf und das Dorf Tökendorf verkauft, die Familienstiftung behielt zunächst noch den

Wald mit dem See und einem Teil Ackerland. Am 28. Juni 1955 wurde dieses Areal an Walter v. Baum-Mühlenburg auf Mühlenburg bei Spenge in Westfalen verkauft, und zwar mit einer Gesamtgröße von 788 ha. Nach dem frühen Tode von Walter v. Baum erwarb 1960 Christoph-Ulrich v. Burgsdorff den Besitz und erweiterte ihn im Laufe der nächsten Jahre durch Hinzukäufe auf 900 ha, hiervon 150 ha Acker, 400 ha Wald, 350 ha Wasser. Er erbaute am anderen Ufer des Dobersdor-

Salon

fer Sees ein Haus in modernen Formen, das sich harmonisch in die Landschaft einfügt.
Die großen Häuser hatten ihre eigenen Schicksale. Die Gemeinde Probsteierhagen kaufte im Jahre 1932 das Herrenhaus Hagen an und richtete dort eine Volksschule ein, die bis 1969 Bestand hatte. Seitdem wird das Haus in seinem hinteren Flügel für Wohnungen, im übrigen als Kulturzentrum der Gemeinde genutzt. Hier finden in den schönen alten Räumen Kunstausstellungen moderner Künstler statt, hier werden Konzerte veranstaltet, kurz, es ist gelungen, dem Haus, das viele Jahre lang leer gestanden hat, wieder einen neuen Inhalt zu geben.
Der Ort Hagen besteht aus zwei Teilen, dem einen, der in der Probstei liegt und daher mit Recht Probsteierhagen heißt, und dem anderen, der durch die Hagener Au von ihm geschieden ist, dem alten adeligen Gut Hagen, einem der Güter des Kieler Güterdistrikts. Daher liest man zu Unrecht auch in neueren wissenschaftlichen Veröffentlichungen, daß das Gut Hagen in der Probstei liegt. Heute sind die beiden Hagen in ein und derselben Gemeinde vereinigt.
Christoph Blome hatte das Herrenhaus auf Dobersdorf sicherlich in der Erwartung eines Gutserben erbaut. Auch in den früheren Generationen war immer Hagen der Hauptsitz gewesen, während Dobersdorf dem jungen Gutserben als Wohnsitz zugewiesen wurde. Aber die Tragik der Geschehnisse wollte es, daß niemals ein Besitzer dieses schöne Haus bewohnt hat. Nach dem frühen Tode des einzigen Sohnes fehlte dem Hause jegliche Zweckbestimmung, leer und verlassen stand es da.
Mit Leben erfüllt waren die schönen Räume, als der Gesandte Kuno Graf zu Rantzau nach 1890 seinen Wohnsitz hierher verlegte. Er war verheiratet mit einer Tochter Bismarcks, der Gräfin Marie v. Bismarck-Schönhausen, und mußte seinen Abschied aus dem diplomatischen Dienst nehmen, als Bismarck gestürzt wurde. Das Ehepaar, vor allem die Gräfin, entfalteten auf Dobersdorf ein Leben, wie es nurmehr in Märchenbüchern vorkommt. Noch heute ist in der Umgebung eine Fülle von Geschichten lebendig, die sich um die Figur der Gräfin Rantzau ranken. Nicht alle eignen sich für die Wiedergabe durch den Chronisten, angefangen von der Haltung von 12 Teckeln bis hin zu den Kontroversen mit den drei Söhnen. Sie hatte die Gepflogenheit, ihre oft sehr langen Briefe nur durch Telegramm zu befördern, daher mußte eigens ihretwegen die Postagentur in Schönkirchen erweitert werden.
Nach ihrem Tode im Jahre 1926 stand das Herrenhaus Dobersdorf wiederum leer und verwaist da. 1953 kaufte Max Paulsen aus

Mannheim, der aus dem Kabarettfach kam, das Haus an und richtete dort eine Hotelpension ein. Max Paulsen behauptete, von den alten Pogwisch abzustammen und war nicht kleinlich in der Anbringung von alten Wappen vieler Familien über den Türen der einzelnen Appartements.
Nach seinem Tode im Jahre 1966 erwarb C.-U. v. Burgsdorff auch das Herrenhaus. Im Jahre 1977 wurde es neu eingedeckt, die vier Schornsteine neu aufgemauert und die Dachrinnen erneuert. Das Herrenhaus wird seither vermietet.

Adeliges Gut Dobersdorf

Besitzer: C.-U. v. Burgsdorff

Besitzer

ca. 1400–1625	(v.) Pogwisch
1625–1704	verschiedene Besitzer
1704–1814	(v.) Blome
1814–1950	(v.) Blomesche Familienstiftung
1955–1960	v. Baum-Mühlenburg
1960	Christoph-Ulrich v. Burgsdorff

Gut und Bauten

1728	Bau der großen Scheune
1770/72	Bau des Herrenhauses durch George Greggenhoffer
1950	Aufsiedlung des Gutes

4 Salzau

Kirchspiel Selent   Kreis Plön

Salzau gehört zu den Rittersitzen, die im ältesten Kieler Stadtbuch von 1264–1289 erwähnt werden: Königin Mechthild, Witwe des Königs Abel von Dänemark, hinterläßt dem Ritter Otto von Salzau (Ottoni de Salsov) 30 Mark. Zu welchem Geschlecht der Ritter gehört hat, ist unbekannt, eine besondere Familie Salzau hat es nicht gegeben. Und da wir sein Wappen nicht kennen, bleibt weitere Nachforschung vergeblich. Ebenso unvollständig bleibt die Reihe der Besitzer im Mittelalter. Im 14. Jahrhundert saßen hier das Geschlecht v. Rathlow, später die Brockdorff. Im Jahre 1420 und 1421 wird Heinrich v. Brockdorff als Besitzer genannt, 1422 ist Salzau bereits im Besitz des Geschlechts v. Siggen. Margarete v. Siggen bringt das Gut durch ihre Heirat im Jahre 1439 dem herzoglichen Rat Schack Rantzau zu. Nun bleibt Salzau durch drei Jahrhunderte bei den Rantzau, wenn auch in verschiedenen Linien. Auf Schack Rantzau folgt der Sohn Hartwig, dann der Neffe Andreas Rantzau, †1565. Dieser übertrug das Gut im Jahre 1556 auf seinen Adoptivsohn Ove Rantzau auf Wittenberg, dem sein Sohn Andreas als Besitzer nachfolgt. Dann erwirbt Salzau der Klosterprobst von Uetersen, Daniel Rantzau, †1589, wiederum gefolgt von Sohn und Enkel. Letzterer, wie der Großvater Daniel geheißen, mußte Salzau wegen wirtschaftlicher Nöte seinem Stiefbruder Franz, †1677, abtreten. Franz Rantzau hatte das Unglück, seinen guten Freund Christian Rathlow im Jahre 1631 „in liederlicher Weise" zu erstechen. Die beiden jungen Leute saßen in Nortorf bei Neumünster lustig beisammen, bis sie zum Scherz die Degen zogen. Sie banden die Degen, und wie es in einer alten Chronik heißt, hat der Rantzau den Rathlow erstochen. Die Mutter, Dorothea Rathlow, geb. Reventlow, war zutiefst empört und klagte bei König und Herzog Franz Rantzau wegen Totschlags an. Das Urteil, das die beiden Landesherren fällten, ist erhalten. Die beiden Fürsten befanden, daß Franz Rantzau von der Anklage des Totschlags freizusprechen sei, daß er aber für sein Tun gebührend bestraft werden sollte. Im allgemeinen war üblich, daß bei einem Duell der überlebende Teil für die Frist eines sächsischen Jahres das Land zu räumen hatte, das heißt, daß er die Herzogtümer zu verlassen hatte für ein Jahr, einen Monat und einen Tag. Hier wurde der Angeklagte zu einer gedoppelten Sachsenfrist verurteilt, ferner zur Abbitte bei der Mutter und deren Verwandten,

Luftbild

endlich zu einer Geldstrafe von 6000 Rthlr. zur Erbauung eines Gymnasiums. Franz Rantzau hat dies alles offensichtlich nicht geschadet, bald nach diesem Unglück heiratete er die Tochter des Statthalters Gert Rantzau auf Breitenburg und wurde selber später Klosterprobst von Preetz.

Auf ihn folgten im Besitz von Salzau jetzt zusammen mit Rethwisch der Reihe nach seine beiden Söhne Hans, †1703, und Christian, †1704, dann dessen ältester Sohn Bertram, †1730. Dieser wurde fast gleichzeitig mit seinen drei Brüdern im Jahre 1727 durch den Kaiser in den reichsgräflichen Stand erhoben. Er hat zweimal geheiratet, aber beide Ehen blieben kinderlos.

So ging Salzau nun endgültig aus dem Rantzauischen Besitz heraus. Käufer war der kgl. dänische Generalmajor Christian Ludwig v. Plessen, der schon umfangreichen Besitz in Dänemark hatte, Güter, die zum Teil bis zur Gegenwart hin in den Händen der Familie geblieben sind. Die Familie stammt aus Mecklenburg, aber schon der Vater Christian Siegfried v. Plessen, †1723, war in dänische Dienste getreten und war Präsident der Rentekammer geworden. Beide, Vater wie Sohn, erhielten die höchste dänische Auszeichnung, den Elephanten-Orden. Salzau ging nach seinem Tode 1752 zunächst auf seinen Sohn Christian Siegfried, dann auf sein zwölftes Kind, seinen sechsten Sohn Friedrich Christian v. Plessen über, der es jedoch schon 1758 für 160000 Rthlr. an den Geheimen Rath und Kammerherrn Wulf Blome weiterverkaufte. Der Kaufvertrag wurde freilich erst im Umschlag 1760 in Kiel ausgefertigt.

Damit beginnt die große Zeit Salzaus, die fast zwei Jahrhunderte andauert und dem ganzen Gut Bedeutung und Ansehen durch die überragenden Persönlichkeiten seiner Besitzer aus dem Geschlecht Blome verlieh. An Größe war Salzau seit jeher sehr bedeutend, es umfaßte ein Areal von fast 4000 ha und bestand bis in das 20. Jahrhundert hinein aus dem Haupthof, den Meierhöfen Sophienhof und Selkau, zu denen später noch die neu gebildeten Höfe Charlottenthal und Ottenhof hinzukamen, ferner den Dörfern Pratjau, Fargau, Schlesen und Stoltenberg, sowie dem Krug in Stoltenberg, der Erbpachtstelle war, – der Überlieferung nach als Belohnung für ein Schäferstündchen mit dem einen der beiden Plessen. Endlich mit großen und ansehnlichen Waldungen und bedeutenden Anteilen am Selenter und am Passader See. Wulf Blome war kein unbemittelter Mann, als er Salzau kaufte, ihm gehörten bereits von Vaters Seite her das adelige Marschgut Bahrenfleth in der Kremper Marsch und erhebliche Kapitalien. Bestimmend für ihn war der Wunsch, in die Nähe des schwiegerväterlichen Gutes Neuhaus zu kommen, das am gegenüberliegenden Ufer des Selenter Sees liegt. Hier wohnte Friedrich v. Hahn, † 1772, dessen Tochter Catharine Margarethe v. Hahn sich mit Wulf Blome im Jahre 1756 vermählt hatte. Aus dieser Beziehung zur Familie Hahn stammten die vielen geistigen Verbindungen, die Wulf Blome in den folgenden Jahren anknüpfte, mit dem Dichter und Schriftsteller Johann Gottfried Herder aus Riga, dem Philosophen und Arzt Dr. Johann Georg Ritter v. Zimmermann aus Hannover, dem Arzt Dr. Johann Albert Heinrich Reimarus aus Hamburg, um nur einige Namen zu nennen.

Wulf Blome hat sich eifrig als Bauherr betätigt, während seiner Besitzzeit wurden in allen Dörfern des Gutes Schulen gebaut, von ihnen sind heute noch erhalten die Schulgebäude in Fargau, Schlesen und Stoltenberg, die Schule in Pratjau ist um 1900 abgebrannt. Außerdem wurden die Mühle in Salzau und viele Wohnhäuser in Stoltenberg neu erbaut. Aller Wahrscheinlichkeit nach ist er auch der Erbauer des großen schloßartigen Herrenhauses, das 1881 niederbrannte. In der Plessenschen Zeit wird es kaum entstanden sein, die Plessen lebten zu jener Zeit mehr in Dänemark als in Holstein, auch der Stil des Hauses spricht mehr für einen Bau der zweiten Hälfte des 18. Jahrhunderts. Es nahm sich höchst stattlich aus, das corps de logis mit 11 Achsen, davon die mittleren drei in einem etwas vorspringenden Mittelrisalit, das von einem flachen Dreiecksgiebel gekrönt war, zu beiden Seiten je vierachsige Flügelbauten, die vielleicht erst einer späteren Epoche angehören, flankiert von zwei Ecktürmen, alle Dächer verhältnismäßig flach. Hinter dem Herrenhause legte Wulf Blome einen großen Landschaftspark im englischen Stil an, bis dicht an das Haus heran erstreckte sich ein großer Teich, der von anmutigen Wegen umgeben war. Der Kieler Professor C. C. L. Hirschfeld gab in den Jahren von 1779–1785 seine fünfbändige „Theorie der Gartenkunst" heraus und widmete hier im 4. Band (Leipzig 1782) dem Park von Salzau einen längeren Beitrag. Er bewundert die vierfachen Lindenalleen, die den Park durchziehen, preist die geschwungenen weißen Brücken, die über die Gräben führen und findet schwärmerische Ausdrücke des Ruhmes für die geschickte Vereinigung von Natur und Kunst. Seine Begeisterung ist vollkommen, als er an einer Bank die Inschrift findet:

„Si la vie est un songe, quel bonheur de rêver ici!"
(Wenn das Leben ein Traum ist, welches Glück hier zu träumen!)

Treppenhaus

Wulf Blome ist auch der Begründer der großen Bibliothek auf Salzau. Durch seine umfassende Bildung und seine großen finanziellen Mittel gelang es ihm, eine der bedeutendsten Bibliotheken zusammenzutragen, die wir je in Holstein gehabt haben. Sie umfaßte etwa 20000 Bände.
Wulf Blome hat auch vieles zur Verbesserung seines Besitzes getan. Durch den Hofjägermeister Johann Wilhelm v. Stolle ließ er das Gehölz Hohentannen im Forstrevier Burg am Selenter See anlegen. Die Tannen wurden in den Jahren von 1771–1773 angepflanzt und bildeten lange Zeit einen Schmuck für die ganze Gegend.
Als Wulf Blome selber im Jahre 1784 gestorben war, ließ die trauernde Witwe diesem tätigen Mann einen drei m hohen Marmor-Obelisken im Park von Salzau setzen.

Auf Wulf Blome folgte sein Sohn Friedrich Blome, der beim Tode des Vaters erst 15 Jahre alt war. Er selber ist im öffentlichen Leben wenig hervorgetreten, sein ernster, fast schwermütiger Charakter waren ihm sicherlich hinderlich.

Aber gerade in seiner Lebenszeit nahm das Geschlecht Blome einen gewaltigen Aufschwung, jetzt trat es aus der Enge der holsteinischen Heimat heraus und fand den Weg in die Diplomatie der großen Höfe und verband sich durch vielfache Heiraten mit dem europäischen Hochadel. Der Vatersbruder von Friedrich, Otto Blome, † 1803, der das adelige Gut Heiligenstedten bei Itzehoe besaß, war Gesandter in Paris gewesen, der Bruder von Friedrich, gleichfalls Otto mit Vornamen, war langjähriger dänischer Gesandter in St. Petersburg. Gleichzeitig mit Friedrichs ältestem Sohn, wiederum einem Otto, wurden Onkel und Neffe im Jahre 1819 in den dänischen Grafenstand mit dem Rang von lehnsbesitzenden Lehnsgrafen erhoben. Die Urkunde wurde erst am 1. Mai 1826 ausgefertigt. Otto Blome d. J. machte hierauf den Versuch, eine echte Lehnsgrafschaft in Holstein zu begründen und kaufte im Jahre 1829 das benachbarte adelige Gut Lammershagen von dem General Grafen Otto v. Baudissin an. Lammershagen war damals 2973 ha groß, so konnte Otto Blome seinen Besitz auf fast 7000 ha erweitern, sicherlich nach dänischem Recht eine ausreichende Grundlage für die Bildung einer Lehnsgrafschaft. Trotzdem hat er mit seinen diesbezüglichen Anträgen keinen Erfolg gehabt, es blieb bei dem Recht der Titelführung, von dem auch die letzten Generationen Gebrauch gemacht haben.

Friedrich Blome vermählte sich mit der Gräfin Charlotte Juliane v. Platen Hallermund aus dem standesherrlichen Hause, sein Sohn Otto aus erster Ehe mit der Prinzessin Agnes v. Sayn Wittgenstein-Hohenstein, in zweiter Ehe mit der Prinzessin Clementine Bagration, in dritter Ehe mit Gräfin Juliane v. Platen-Hallermund.

Als Friedrich Blome im Jahre 1818 gestorben war, unternahm zwei Jahre darauf seine Witwe, die damals erst 42 Jahre alt war, mit dem ältesten Sohne Otto und der Tochter Adelheid eine Reise nach Italien. Als Reisebegleiter schloß sich ihnen Otto Blomes Studienfreund, der damals dreiundzwanzigjährige Graf Joseph Reventlow-Criminil aus Emkendorf an. Sicher hatte man allgemein eine Verbindung mit der neunzehnjährigen Adelheid Blome erwartet. Alle Verwandten und Freunde waren daher sprachlos, als sie aus Italien die Nachricht von der bereits stattgefundenen Vermählung des jungen Grafen mit Adelheids Mutter erhielten. Der junge Kavalier hatte die schöne und geistreiche Mutter der sehr jungen, kaum der Pension entwachsenen Tochter vorgezogen. Adelheid Blome blieb unvermählt. Otto Blome starb erst 1884 im hohen Alter von 89 Jahren. Er ist 66 Jahre hindurch Besitzer von Salzau gewesen. Durch seinen Reichtum an Geist und Witz rechnet er zu den eigenwilligsten und interessantesten Persönlichkeiten, die der holsteinische Adel hervorgebracht hat.

Als sein einziger Sohn Gustav im Jahre 1853 zur katholischen Kirche übertrat, war der Vater höchst ergrimmt über diesen Schritt.

Von 1842 an erbaute Otto Blome die Blomenburg bei Selent; hierüber wird in einem besonderen Kapitel berichtet.

Die Spannungen zu seinem einzigen Sohne Gustav (die Mutter, die Prinzessin Bagration, war bei der Geburt verstorben) mehrten sich von Jahr zu Jahr, je mehr der Sohn im öffentlichen Leben hervortrat. In der Zeit der schleswig-holsteinischen Erhebung von 1848 stand der Sohn entschlossen auf der Seite seiner Landsleute, während der Vater unbeirrt zum dänischen König hielt. Die Folge war, daß er als Landesverräter gebrandmarkt wurde und es vorziehen mußte, Salzau für mehrere Jahre zu verlassen.

Im Jahre 1881 brannte das Schloß, angeblich infolge eines überheizten Kamins, ab, mit ihm ein großer Teil des wertvollen Inventars. Eine Spieluhr aus Paris, die Graf Blome von seinen Reisen mitgebracht hatte, fing infolge der Hitze an zu spielen und wurde auf diese Weise gerettet. Nach dem Brande fragte Otto Blome seinen Sohn Gustav, ob er für ihn ein kleines oder ein großes Schloß bauen solle. Der Sohn, der wohl ein großer Herr, persönlich aber bedürfnislos war, äußerte den Wunsch nach einem kleinen, handlichen Hause. Nun, erwiderte der Vater, dann baue ich eben ein großes Schloß.

Otto Blome war zu diesem Zeitpunkt bereits 86 Jahre alt. Er berief den Architekten J. E. Mose aus Schlesien, der auch sonst in jener Zeit viel in Holstein gebaut hat, und ließ durch ihn in nur einjähriger Bauzeit und mit einem Aufwand von einer halben Million Mark das riesige Schloß errichten, das mit seinen angeblich 90 Zimmern zu den größten Profanbauten in Schleswig-Holstein in der zweiten Hälfte des 19. Jahrhunderts zu rechnen ist. Ein stark zurücktretender Mittelbau, gekrönt mit einem überdimensionalen Blomeschen Wappen, wird flankiert von zwei mächtigen vierachsigen Flügelbauten, an die sich niedrigere Seitenflügel anschließen; der Bau wird beiderseits abgeschlossen durch zwei runde mit Laternen gekrönte Türme. Im Inneren erfuhren die Räume eine entsprechende Ausgestaltung, die säulengeschmückte Halle, die große Bibliothek, die stuckverzierten Räume des Gartensaales und der Salons, alles ins Übergroße gesteigert mit Raumhöhen bis zu 6 m. Der Bau ist nie fertig geworden. Als der Enkel, der Lehnsgraf Arnold Blome im Jahre 1906 den Besitz übernahm, stellte er in einem Bericht über den Zustand des Schlosses folgendes fest:

„das Schloß enthält:
a) Kellergeschoß: 13 heizbare Leutestuben, 10 Wirtschaftsräume, 2 Küchen, 2 Keller, und Korridor
b) im Erdgeschoß: 4 Salons, Räume mit einer Größe von 13 m, 12 m, 11 m zu 9,8 m. Mehrere Räume noch nicht einmal mit einem Fußboden versehen, die Wände zum großen Teil roh und nicht verputzt. Weiter 11 Wohn- und Schlafzimmer, ein Vestibül, ein Treppenhaus
c) im 1. Obergeschoß 20 Wohn- und Schlafzimmer, Treppenhaus und Lichtschacht
d) im 2. Obergeschoß 10 Stuben und Schlafräume
e) im Zwischengeschoß 6 kleine nicht heizbare Kammern."

Das Schloß mit Türmen hat eine Länge von 72,5 m, eine Höhe bis zum Dachfirst von reichlich 21 m, der Mittelbau eine Tiefe von reichlich 35 m, die Flügel eine Breite von 30 m.

Über dem Schlosse hat vom Tage seiner Erbauung an ein Unstern gehangen. Als die üblichen drei Hammerschläge bei der Grundsteinlegung erklangen, sprach Graf Otto Blome die Hoffnung aus, daß noch viele Generationen von Männern seines Geschlechts dies Haus bewohnen würden. Aber schon der Sohn Gustav, der österreichischer Staatsmann wurde, hat sich in dem neuen Schlosse nur vorübergehend aufgehalten, er bewohnte drei einfach eingerichtete Zimmer im Erdgeschoß. Sein Hauptwohnsitz war Wien und die Villa Giulia am Comer See.

Vergleicht man Vater und Sohn miteinander, so fällt das Urteil unbedingt zu Gunsten des Sohnes aus. Der Vater Otto Blome war sicherlich ein äußerst amüsanter, geistreicher und origineller Kopf, aber geistig nicht sehr hochstehend und äußerlichen Ehrungen und Prunkentfaltung in hohem Maße zugetan. Der Sohn Gustav Blome entwickelte sich zu einem sehr starken Charakter, der sich hohe Ziele im Leben gesteckt hatte. Er spielte in der österreichischen Politik der Mitte des 19. Jahrhunderts eine bedeutende Rolle und erwies sich als nahezu einziger, der Bismarck standhalten konnte. Seinem Einfluß ist es zu danken, wenn der Krieg zwischen Österreich und Preußen viele Jahre hindurch

vermieden werden konnte, bis es 1866 ganz gegen seinen Willen doch zur bewaffneten Auseinandersetzung kam. Als im Jahre 1865 der Vertrag von Gastein abgeschlossen wurde, der den Krieg für alle Zeiten gebannt zu haben schien, war es Gustav Blome, der die Verhandlungen für Österreich führte. Später wandte er sich sozialpolitischen und kirchlichen Bestrebungen zu. In der Sozialpolitik Österreichs trat er zusammen mit dem Baron Vogelsang und Latour du Pin führend hervor. An den Vorarbeiten für die Enzyklika „Rerum novarum", die Papst Leo XIII. im Jahre 1891 erließ, nahm er wesentlichen Anteil.
In der Zeit der Enkel gab es wenig Möglichkeit, das Schloß zu komplettieren. Dem Lehnsgrafen Arnold Blome, † 1926, folgte sein Bruder Graf Louis, † 1931, der schon damals sehr kränklich war und sich der Übernahme des großen Besitzes nicht gewachsen zeigte. Er hat daher auch den Besitz nicht angetreten, sondern zugunsten seines jüngeren Bruders auf die Nachfolge im Besitz verzichtet. So erbte Salzau der dritte Bruder Graf Hans Blome, der infolge seiner Heirat mit der rumänischen Prinzessin Martha Stirbey überwiegend auf seinen rumänischen Besitzungen, insbesondere Schloß Voila, lebte. Er starb als der letzte männliche Sproß des Geschlechts Blome im Jahre 1945 in Kronstadt in

Salzau vom Park aus

Ansicht von A. Hornemann um 1850

Siebenbürgen. Von ihm ging Salzau auf die einzige Tochter Josefine über, vermählt mit dem Grafen v. Thun und Hohenstein. Die Gräfin, zumeist in der Steiermark lebend, kehrte kurz vor ihrem Tode 1984 in die Heimat ihrer Blomeschen Vorväter zurück und ist in Fargau beigesetzt.

Das Schloß wurde im Jahre 1964 an den Bauunternehmer Wolfgang Mäser aus Wuppertal-Barmen verkauft, der aber bald darauf in Vermögensverfall geriet. Im Oktober 1971 wurde das Schloß zwangsversteigert. Den Zuschlag für den Preis von 778000,– DM erhielt die Frankfurter Hypothekenbank.

In den nächsten Jahren erfuhren sowohl der Besitz wie auch das Schloß erhebliche Änderungen. Die Eigentümerin von Salzau, die Gräfin Josefine von Thun und Hohenstein, unternahm 1973 eine Erbteilung des Besitzes zwischen ihren beiden Söhnen. Bei dieser Gelegenheit wurde ein Teil von Salzau an Günther Tönnis verkauft. Tönnis erwarb 160 ha landwirtschaftlicher Nutzfläche und 56 ha Wald und hat an Gebäuden nur das alte Pächterhaus mit gekauft. Anschließend erbaute er sich ein eigenes neues Haus und neue Wirtschaftsgebäude. Dadurch verringerte sich die Fläche von Salzau auf 275 ha Landwirtschaft, 250 ha Wald und etwa 20 ha Wasser. Die Besitzerin übergab diesen Teil von Salzau ihrem Sohn Romedio Graf von Thun und Hohenstein im Wege der Schenkung.

Romedio Graf Thun war auch schriftstellerisch hervorgetreten: 1976 erschien sein Werk „Das Holsteiner Pferd", einige Jahre später gab er in Mitarbeit mit anderen Autoren ein Werk über Wild und Jagd heraus, beide sehr anspruchsvolle und reich bebilderte Bücher. Er starb 1984 und hinterließ seinem Sohn Romedio-Galeazzo das Gut Salzau.
Auch das Schloß hatte in diesen Jahren wechselhafte Schicksale. Nachdem der erste Käufer des Schlosses in Konkurs ging, hat das Schloß verschiedentlich seine Besitzer gewechselt. Im Jahre 1973 hat der Hamburger Kaufmann Ottmar Schrayvogel das Schloß gekauft und mit großem Kapitalaufwand und Energie eine gut gemeinte Instandsetzung Salzaus betrieben. Nach neuem Außenanstrich im Material der Zeit spiegelte sich der großartige Charakter dieses stolzen prachtvollen Adelssitzes in nahezu altem Glanze im Teich, der Salzau, und im Erdgeschoß wurde zumindest Annäherung an die ursprüngliche Ausgestaltung angestrebt. Im noch innen teilweise unvollendeten Obergeschoß erfolgte ein Ausbau zu Gästeappartements für den neuen Zweck Salzaus als Schloßhotel. Auch Außenanlagen wurden hergerichtet und im Park mit seinen alten Gehölzen sogar Drainagen gegraben. Ferner verlegte der Besitzer seine Pferdezucht vom Gestüt Römerhof hierher.
Was unter Ottmar Schrayvogel zunächst so hoffnungsvoll für Salzau begann – aus privater Initiative mit Engagement und Geld eine große denkmalpflegerische Leistung ins Werk zu setzen – erlitt erneut Schiffbruch: das Vorhaben war nicht zu halten und endete im Konkurs. Es kam 1986 zur Zwangsversteigerung, aus der das Land Schleswig-Holstein das Schloß nebst Park sowie die Sägerei und den Pferdestall für einen mehrstelligen Millionenbetrag erwarb. Hier sollte das Kulturzentrum des Bundeslandes entstehen.
Alsbald erfolgte ein Umbau im Schloß, damit das Schleswig-Holsteinische Ballettinternat aus Kellinghusen unter Leitung von Nikita Gsovsky hier untergebracht werden konnte. Außerdem wurden für Tagungen entsprechende Konferenzräume und Unterbringungsmöglichkeiten geschaffen. Der Pferdestall wurde Wohngebäude mit 45 Bettplätzen, und in der Sägerei entstand ein Orchesterprobenraum.
Im Sommer 1987 konnte das Schleswig-Holstein Musik Festival unter seinem Initiator Justus Frantz – der sich mütterlicherseits auf die Familie Rumohr zurückführt – erstmalig auch auf Salzau ein Konzert geben. 1988 erwarb das Land noch weitere, vom Saatzuchtbetrieb Nordsaat gepachtete, Hofgebäude dazu, so daß die große Scheune zu einem Konzertsaal, einer „Konzertscheune" umgebaut werden konnte, wie

dies auch andernorts erfolgte, z. B. auf Hasselburg und Altenhof. Im gleichen Jahr entwickelte sich Salzau zum Mittelpunkt des Schleswig-Holstein Musik Festival: als Sitz des Festivalorchesters, der Orchesterakademie und von Meisterklassen. Die Landesregierung sieht in Salzau den geeigneten Ort für viele kulturelle Anliegen und eine weitere Belebung der Wirtschaft in Schleswig-Holstein.

Das Gut Salzau, ursprünglich in Größe von 3938 ha, erfuhr durch die Auflösung der Fideikommisse entscheidende Veränderungen. Durch den Familienschluß von 1923 verblieben dem Grafen Hans Blome, heute dessen Erben, der Haupthof Salzau, der Wald und die Wasserflächen, während der Lehnsgräfin Hedwig Blome, geb. Gräfin zu Stolberg-Stolberg, der Gemahlin des ältesten Bruders Arnold, alle Nebenhöfe und Dörfer als Wittum überlassen wurden. Der Hof Selkau wurde schon 1919 aufgesiedelt, die Dörfer Schlesen und Stoltenberg in freies Eigentum umgewandelt. Die Dörfer Fargau und Pratjau erhielten 1934 das freie Eigentum, der Hof Sophienhof wurde nach 1945 aufgesiedelt. Die Lehnsgräfin Hedwig Blome adoptierte im Jahre 1951 den Korvettenkapitän a. D. und Rechtsanwalt Heinrich v. Natzmer. Nach ihrem Tode 1964 erbte er den ihr verbliebenen Besitz, die beiden Höfe Charlottenthal und Ottenhof, dazu Anteile an Wald und Wasser.

Adeliges Gut Salzau

Besitzer der Ländereien: Romedio-Galeazzo Graf v. Thun und Hohenstein

Besitzer von Herrenhaus und den alten Wirtschaftsgebäuden: Das Land Schleswig-Holstein

Besitzer

1281	Ritter Otto de Salsov
14. Jahrh.	(v.) Rathlow
1420/21	(v.) Brockdorff
1422	Margarethe v. Siggen
1439–1733	(v.) Rantzau
1733–1758	v. Plessen
seit 1758	Blome, seit 1819 Grafen Blome, dann deren Erben die Grafen v. Thun und Hohenstein
ab 1987	Land Schleswig-Holstein von Herrenhaus und Hofgebäuden

Bauten

16. Jahrh.	Wasserburg nach der Rantzauischen Tafel
2. Hälfte des 18. Jahrh.	Bau des Schlosses durch Wulf Blome
Anfang des 19. Jahrh.	Erweiterungsbauten
1881	Brand des Schlosses
1882	Neubau
1988	Umbau von Hofgebäuden
1989	Renovierung des Herrenhauses

5 Rastorf

Kirchspiel Preetz   Kreis Plön

Zum ersten Male wird Rastorf im Anfang des 13. Jahrhunderts genannt, hier unter der Form Radesthorpe (=Rodungsdorf). Aber schon im Kieler Stadtbuch von 1264 bis 1289 kommt es unter der Form Rastorpe vor, gleichzeitig erscheinen in Urkunden des Klosters Preetz die Ritter von Rastorp. Marquard Rastorp ist 1285 Ritter, er hat einen Bruder Detlev (Detlevus dictus de Rastorp), dieser wiederum zwei Söhne Detlev und Otto. Die Herren von Rastorp gelten als ein Zweig des Geschlechtes Rumohr, das Wappen ist das gleiche, im linken Feld zwei rote Balken im

silbernen Feld, im rechten ein silberner Adlerflügel im blauen Feld, als Helmzier eine Bracke. Auch die Vornamen stimmen mit den uns bekannten Rumohrschen Namen völlig überein.
Auf Rastorf sitzen diese Ritter nur bis zur Mitte des 14. Jahrhunderts, dann gehen sie zunächst nach Pommern, später nach Dänemark. Gottschalk Rastorp ist der erste Mann des Geschlechts in Dänemark, er besitzt seit 1335 das Gut Seilstrup in der Børglum Harde. In Dänemark ändert das Geschlecht seinen Namen in das der dänischen Zunge geläufigere Rostrup. Es blüht in vielen Zweigen und auf vielen Gütern vor allem in Jütland bis in das 18. Jahrhundert hinein. Christopher Rostrup, † 1749, ist der letzte männliche Sproß. Sie haben sogar in Dänemark einen Spitznamen gehabt:

„de snaksomme Rostrup'er"
(die redseligen Rostrup)

Seit die Rastorp fortgezogen sind, erscheinen die Herren v. Rantzau als Besitzer, ob durch Kauf oder Erbschaft wissen wir nicht. Die Rantzau sind seitdem bis zur Gegenwart im Besitz von Rastorf geblieben, 600 Jahre lang, gewiß eine stolze Zeit, wenn man von einigen Jahrzehnten im 17. Jahrhundert absieht, als Rastorf mehrere Male den Besitzer unter den alten Adelsgeschlechtern wechselt.
Über die älteste Zeit sind wir nicht genügend unterrichtet. Die meisten Chroniken beginnen die Reihenfolge mit dem Ritter Schack Rantzau, der von 1387 bis 1445 genannt wird, und dessen Sohn Claus, von dem wir zwischen 1441 und 1473 häufig hören. Aber erst mit dem Enkel Ove Rantzau, gefallen im Jahre 1500 bei Hemmingstedt, beginnt die sichere Stammreihe. Nun folgen in der im holsteinischen Adel üblichen Namensfolge, bei der stets der älteste männliche Enkel den Namen des Großvaters väterlicherseits führt, auf Ove ein Claus, auf Claus ein Ove, bis mit Claus, † 1614, die Reihe abbricht. Dieser letzte Claus hat fünf Töchter, aber keinen Sohn. Hinzu kommt, daß Claus Rantzau stark verschuldet ist und auch mit seiner Ehe Schiffbruch erlitten hat, die Ehe wurde bereits im Jahre 1596 geschieden, Claus mußte zur Erziehung seiner Töchter 12 000 Rthlr. an die geschiedene Ehefrau auszahlen. So kam es zum Verkauf an seinen Vetter Breide Rantzau auf Hohenfelde im Jahre 1602, im gleichen Jahre ging Claus Rantzau in Konkurs, nach den Ereignissen um seine Tochter Appollonia ging er ins Ausland und wurde zuletzt als Rittmeister in Ungarn gesichtet.

Rastorf, Speisesaal

Bei dem Verkauf von Rastorf mag Claus Rantzau der Gedanke tröstlich gestimmt haben, daß seine älteste Tochter Appollonia den Sohn des Käufers, Henneke Rantzau, geheiratet hatte, daß mithin das Gut in der Familie blieb. Aber die Lebensführung der Tochter war nicht einwandfrei, sie hatte zunächst ein Verhältnis angefangen mit Bertram Reventlow auf Lammershagen, dann mit Joachim Brockdorff. Diesen letzteren stiftete sie an, ihren Mann zu ermorden. Die furchtbare Tat geschah am 8. September 1610 auf dem Hammer Felde bei Kiel, Henneke Rantzau blieb mit 32 Wunden tot am Platze. Joachim Brockdorff flüchtete, wurde aber von den Brüdern des Erschlagenen verfolgt, bei Winsen a. d. Luhe ergriffen und nach Flensburg gebracht. Hier wurde schon am 11. September das Urteil über ihn gesprochen. Der Landtag aberkannte ihm Ehre und Leben, Helm und Schild und verurteilte ihn zu der harten Strafe des Räderns. Die Ritterschaft legte sich ins Mittel und erreichte Milderung der Strafe durch Enthaupten. Am 16. September 1610 wurde die Strafe in Flensburg vollstreckt, nur 8 Tage nach dem Mord.

Von Appollonia Rantzau sagt der Chronist Asmus Bremer: eine schöne Frau von Leibe, aber nicht von Gemühte. Sie verließ das Land unmittelbar nach der Untat, ließ sich ihre schönen goldgelben Haare abschneiden und ging in Mannskleidern mit einem Schneider aus Preetz namens Ove Müller nach Schweden. Der eigene Vater, der ja damals noch lebte, äußerte hierzu, daß „sie an solch betrübten Fall nach allgemeinem Geschrei Mordstifterin gewesen, sich auch durch Flucht suspect und verdächtig gemacht habe".

So kommt es, daß Rastorf jetzt aus dem Rantzauischen Besitz herausgeht, aus der kurzen Ehe von Appollonia mit Henneke Rantzau gab es nur einen Sohn, der nicht verheiratet war und Kanonikus am Dom in Schleswig wurde. Käuferin war die Witwe von Friedrich v. Ahlefeldt auf Seegaard und Seestermühe, Frau Dorothea geb. Blome. 1619 wird sie auf Rastorf genannt. Das Gut ging nach ihrem Tode auf ihren jüngsten Sohn Bendix v. Ahlefeldt über, der aber in wirtschaftliche Schwierigkeiten geriet und daher Rastorf im Jahre 1632 an Wolf v. Buchwaldt auf Pronstorf verkaufte. Nun bleibt es in zwei Generationen bei den Herren v. Buchwaldt. Der ältere von ihnen, Wolf v. Buchwaldt, † 1637, war ein bedeutender und geehrter Mann. In seiner Jugend hatte er in Orléans studiert und große Reisen durch ganz Europa und den Orient bis nach Jerusalem und Arabien unternommen. Später wurde er Hofmarschall und seitens des Königs in vielen diplomatischen Missionen verwendet.

Es folgten Ernennungen zum Kriegskommissar und Amtmann von Hadersleben. Von 1631 bis zu seinem Tode war er Klosterprobst von Preetz. Von seinem Erben Friedrich v. Buchwaldt (nicht seinem Sohne) ist nur bekannt, daß er Rastorf im Jahre 1651 an Franz Rantzau auf Salzau verkaufte. Seitdem ist das Gut bei dessen Nachkommen verblieben.

Das älteste Wohnhaus, also das Haus des Mittelalters, dürfte nur ein Turm gewesen sein, sicher leicht zu schützen durch das Wasser der am Hof vorbeifließenden Schwentine. Daß dieser Turm sich in späteren Bauten verbirgt, wie man gemutmaßt hat, ist unwahrscheinlich. Auf der Rantzauischen Tafel und auf dem Stich von Henninges, beide um 1590, erscheint das Haus als einfacher Querbau von 5 Achsen mit in der Mitte davorstehendem rundem Treppenturm und seitlichen Anbauten. Vergleicht man damit den Stich von C. G. Voigts um 1800, so scheint es sich um das gleiche Haus zu handeln. Die Vorderseite ist ähnlich umgestaltet wie noch heute auf Wahlstorf, der Treppenturm ist auf beiden Seiten

Torhaus

Hof im Schnee

durch schmale hohe Anbauten erweitert, dem Querbau ist ein gleichgroßer Bau angefügt, so daß das Haus nunmehr als das in Holstein übliche Doppelhaus erscheint. In unserem Falle ist der gesamte Baukörper wesentlich vergrößert durch ein weiteres Doppelhaus, das etwas zurückgestaffelt hinter dem Hauptbau liegt und vielleicht als Kavalierhaus oder für Wirtschaftsräume benutzt wurde. Dieses große und ungefüge Bauwerk bot sicherlich bei der Bewirtschaftung erhebliche Schwierigkeiten, wohl mit als Grund für seinen Abbruch im Jahre 1800 anzusehen.

Mit Franz Rantzau, † 1677, beginnt die Stammreihe der neueren Linie auf Rastorf, die sich in ungebrochener Folge bis zur Gegenwart hin fortsetzt und die eine lange Reihe von starken Persönlichkeiten hervorgebracht hat, die dem Namen Rantzau Ruhm und Ansehen geben. Franz Rantzau verteilte seine Güter auf seine beiden Söhne, der ältere Hans, † 1703, erhielt Salzau, der jüngere Christian, † 1704, Rastorf. Nach dem unbeerbten Tode von Hans wurde Christian Besitzer beider Güter, hinzu kamen noch Bürau und Ascheberg. So vererbte Christian seinen Besitz auf die Söhne, die ihn überlebten: Bertram erhielt Salzau, zu dem noch Rethwisch gekommen war, Christian Rastorf und Bürau und Hans Ascheberg. Für die übrigen Söhne wurden weitere Güter hinzuerworben. Die Generation dieser Brüder (insgesamt waren es acht) ist ungewöhnlich hervorragend, vier von ihnen, Bertram, Christian, Hans und Detlev, wurden in den Jahren 1727 und 1728 vom Kaiser in Wien in den Stand eines Reichsgrafen erhoben, gewiß ein

bedeutender Vorgang, wenn man bedenkt, daß sich zur gleichen Zeit der tiefe Fall der Reichsgrafschaft Rantzau abgespielt hat, aber sicherlich auch aus dem Bestreben der vier Brüder zu erklären, dem Geschlecht zu neuem Ansehen zu verhelfen.

Christian, † 1729, der erste Graf Rantzau auf Rastorf, erwarb noch Weissenhaus im Lande Oldenburg und Lütjenhorn in Nordfriesland hinzu. Er war im militärischen Dienst tätig und brachte es bis zum Generalmajor. Vermählt war er mit einer ihm entfernt verwandten Cousine Rantzau aus der dänischen Linie. Er hinterließ außer sechs Töchtern und einen frühverstorbenen Sohn nur einen einzigen Sohn Christian Emil, † 1777, der seine Nachfolge auf den Gütern antrat.

Während der Lebenszeit des Generals, um 1720, brannte der ganze Hof bis auf das alte Herrenhaus ab. Nach dem Brande begann Christian Rantzau 1723 mit dem Wiederaufbau. Er berief mit sicherem Blick einen hochgradig befähigten Architekten, Rudolph Matthias Dallin, der damals Bauinspektor und Ingenieurcapitain am fürstbischöflichen Hofe in Eutin war.

Eindeutig belegt ist Dallins Mitarbeit nur für das Torhaus, hierüber gibt es einen Brief von Dallin aus dem Jahre 1726. Aber mit Sicherheit hat er sämtliche Gebäude geschaffen, man kann sich kaum eine größere Einheitlichkeit einer Hofanlage vorstellen. Das Herrenhaus, das ja stehengeblieben war, wurde als Mittelpunkt der gesamten Anlage aufgefaßt. Von hier aus errichtete Dallin in den Jahren 1723 und 1724 zunächst links und rechts zwei kleinere Gebäude, die als Reitstall und

Bedientenhaus gedacht waren. Dann kam 1724 die große Scheune auf der rechten Seite, 1726 zur linken das Kuhhaus, daran, endlich als Abschluß im Jahre 1729, das 130 m lange Torhaus mit dem Stall für die Baupferde an der Straße. Die Gebäude links und rechts des Hofes legte Dallin nicht in lotrechter Linie an, sondern er drehte sie etwas in Richtung auf das Herrenhaus ein, so daß der aus dem Herrenhause Heraustretende die am reichsten ausgestatteten Giebelseiten unmittelbar vor sich hatte. Der barocke Drang nach Steigerung der Wirkung und nach Zusammenfassung der Eindrücke auf einen einzigen Blickpunkt kommt hier zu einer großartigen Synthese.

Die Gebäude sind nach dem gleichen Schema gebaut, die niedrigen Mauern an den Ecken durch eine geweißte klare Imitierung im Zahnschnittmuster eingefaßt. Die mächtigen Satteldächer werden durch große Giebel begrenzt, auf die sich Schmuck und Gliederung beschränken. Im Ersten Weltkriege, im Jahre 1915, brannte der Kuhstall ab, wahrscheinlich infolge Sabotage durch Kriegsgefangene, wurde aber in den gleichen Formen wiederaufgebaut. Die Giebel auf der zum Torhause gerichteten Seite sind geradlinig begrenzt, zum Herrenhause hin tragen sie große Schweifgiebel. Die Umrißlinie wird von einem krönenden Halbkreis und je zwei durch Absätze getrennten Kurven bestimmt, horizontale Bänder trennen die vier Geschosse, in denen weiße Blendflächen als Rhombus, Vierpaß und Kreis erscheinen. Die Giebel sind breit und behäbig wie die großen Dächer und sicherlich aus der bäuerlichen Tradition heraus entstanden, aber mit einem weit darüber hinausgehenden künstlerischen Effekt durchgebildet. Die gleichen Ornamente wie an Scheune und Kuhstall sind an den Giebeln der beiden Kavalierhäuser wiederholt und gleichfalls besonders schön am Außengiebel des Torhauses über der Einfahrt, wo die ruhige Mauerfläche einen großen Vierpaß einschließt. Alles in allem gesehen dürfte die Hofanlage in Rastorf zu dem Schönsten rechnen, was ländliche Baukunst in Holstein hervorgebracht hat.

Christian Emil brachte es gleichfalls zu hohen Ehren im Rahmen des deutsch-dänischen Gesamtstaats. Er war Oberhofmeister der Königin Sophie Magdalene, Geheimer Rath, Großkreuz vom Dannebrog und Generalmajor. Durch seine Ehe mit Anna Sabine v. Buchwald aus dem dänischen Haus Gudumlund wurden die Beziehungen zum nördlichen Nachbarn noch verstärkt.

In der Halle von Rastorf hängt ein Bild, das diesen Christian Emil Rantzau zusammen mit Mutter und drei Schwestern, noch vor seiner eigenen Vermählung, zeigt. Wie so vieles auf einem alten Herrensitz hat auch dieses Bild seine Geschichte. Christian Emil hatte dem König von Dänemark Geld geliehen, konnte es aber nicht zurückerlangen, gewiß nicht erstaunlich, wenn man weiß, in wie bedrängten Umständen sich das Königshaus nur allzu oft befand. Um die Kosten des teuren Haushalts auf Rastorf einzusparen, ging Christian Emil mit Mutter und Schwestern für mehrere Jahre aufs Kloster in Preetz, wo es das sogenannte Rastorfer Haus gab, das zum Gut gehörte. Bei seiner Rückkehr nach Rastorf soll das Bild entstanden sein, also um 1770. Es stellt zweifellos nicht das Haus auf dem Preetzer Kloster dar, aller Wahrscheinlichkeit nach den Hauptwohnraum in dem alten Rastorfer Hause.

Das Bild erfuhr noch eine besondere Würdigung. Der amerikanische Botschafter James Watson Gerard kam anläßlich der Kieler Woche 1914 nach Rastorf und sah dieses Bild. In seinen sehr deutschfeindlichen Memoiren schildert er den Eindruck, den er von diesem Bilde empfangen habe: es lasse den militaristischen und junkerhaften Charakter dieser Familie klar in die Augen springen: der Hausherr sei in Militäruniform dargestellt, die Hände in den Hosentaschen und behaglich der Arbeit zusehend, die seine Damen für ihn leisten müßten. Aber weder war Christian Emil ein ostelbischer Junker noch trug er eine Militäruniform noch arbeiteten seine Damen für ihn, es war nichts weiter als die alltägliche Beschäftigung mit Handarbeiten, wie auch heute noch üblich.

Christian Emil Rantzau hatte erst mit 55 Jahren geheiratet, seine Frau Anna Sabine v. Buchwald war 34 Jahre jünger, aber die Ehe war sehr glücklich. Die Frau überlebte den Mann um 52 Jahre und verlieh ihrem Schmerz nach seinem Tode einen rührenden Ausdruck. Sie setzte ihrem verstorbenen Ehemanne im Amberg, am Ende der vom Hofe ausgehenden Lindenallee ein Denkmal, bestehend aus einer Grotte und einem Monument. An der Hinterwand der Grotte dicht unter der Decke war ursprünglich ein steinernes Haupt angebracht, durch das hindurch Quellwasser floß, um symbolisch Tränen darzustellen. Dieses Wasser ergoß sich nach rechts und links in auf Steinstufen stehende Kupferbekken. Das Geplätscher des in die Becken fallenden Wassers sollten Seufzer bedeuten. Schließlich endete das Wasser in einem am Boden befindlichen Bassin. Im Verlaufe der Zeit sind die Kupferbecken und das steinerne Haupt gestohlen und verschleppt worden.

Das Monument steht aber heute noch. Auf ihm befindet sich folgende Inschrift:

„Dem edelsten Gemahl, dem schon so manche Zähre,
So manch in Einsamkeit geweinte Zähre floß,
Sei dieses Monument. Zwar brauchts zu seiner Ehre
Nicht, daß der Marmor sag, wie gut er war, wie groß!
Ein Zeugnis sei er nur der wärmsten, treusten Liebe,
die, tief in Schmerz versenkt, kein irdisch Glück mehr kennt.
Ihm bleibt in meiner Brust, voll heißem Sehnsuchtstriebe,
Ein bessres Monument.

Von seinen beiden Söhnen begründete der ältere namens Christian Detlev Graf zu Rantzau, †1812, die Linie Oppendorf, zu der so bedeutende Persönlichkeiten gehören wie der erste Reichsaußenminister der Weimarer Republik und spätere Botschafter in Moskau Ulrich Graf Brockdorff-Rantzau, †1928.
Der jüngere Sohn Carl Emil Graf zu Rantzau, †1857, erbte Rastorf und kaufte für einige Jahrzehnte das benachbarte Rethwisch hinzu. Auch er erreichte hohe Ehrungen im Rahmen des deutsch-dänischen Gesamtstaats, wurde Kammerherr, Dannebrogsmann, später auch Großkreuz vom Dannebrog, Geheimer Conferenzrath und Mitglied der Ständeversammlung auf Grund königlicher Berufung. Er war verheiratet mit Emilie Gräfin Bernstorff, einer Tochter des dänischen Staatsministers Andreas Peter Graf v. Bernstorff. Durch diese Heirat kamen nicht nur eine große Anzahl vorzüglicher Porträts aus dem Bernstorffschen Familienkreis in das Haus, wichtiger vielleicht waren die geistigen Verbindungen, die sich dem jungen Grafen erschlossen.
Er ist der Erbauer des jetzigen Herrenhauses. Das alte Haus, das nicht mehr zeitgemäß erschien, wurde abgebrochen, aber der Turm erwies sich als so massiv, daß er mit Pulver gesprengt werden mußte. Kein Geringerer als Christian Friedrich Hansen wurde als leitender Baumeister berufen. Der ursprüngliche Plan sah die Errichtung eines zweistökkigen langgestreckten Hauses vor, später ging man anscheinend aus Ersparnisgründen, zu dem tatsächlich gebauten fast würfelförmigen dreistöckigen Bau über. Während des Zweiten Weltkrieges wurde das Haus von einer Sprengbombe getroffen, seitdem ist die linke Hälfte des Baues etwas verkürzt wiederhergestellt. Das jetzige Haus hat drei Geschosse, von denen das oberste nur die halbe Höhe der beiden anderen erreicht. Es ist ein Haus von sieben Achsen in der Front, von denen die seitlichen zum Zwecke der Achsenbetonung entsprechend hervorgehoben sind. Auf der Hofseite hat das Haus einen dreiteiligen Portalvorbau,

die Gartenseite zeigt einen halbrunden durch alle Geschosse gehenden Erkervorbau, mit einer Ballustrade als Abschluß. Gerade diese Ballustrade erzeugt eine großartige Wirkung für den gesamten Bau, insbesondere von dem freien Durchblick über das Wiesental von Spolsau her.
Rastorf ging von Carl Emil Rantzau nicht auf den Sohn Christian Andreas Friedrich über, Verbitter des adeligen Klosters Itzehoe und Gouverneur von Lauenburg, †1857, da dieser kurz vor dem Vater verstorben war, sondern unmittelbar auf den Enkel Christian Emil Heinrich Julius Graf zu Rantzau, †1888, Klosterprobst des adeligen Klosters Uetersen, kgl. preußischen Wirkl. Geheimen Rat mit dem Titel Excellenz und Landtagsmarschall des schleswig-holsteinischen Provincial-Landtages. Von ihm erbte es der älteste Sohn Christian, Generallandschaftsdirektor, Mitglied des preußischen Staatsrats, Verbitter des adeligen Klosters Itzehoe, Dr. h. c. und langjähriger Vorsitzender des schleswig-holsteinischen Provincial-Landtages, †1939. Dieser trat führend hervor in der Zeit nach dem Ersten Weltkriege auf dem Felde einer Änderung der Agrarstruktur. Er hatte klar erkannt, daß die schwere Zeit

Eingangshalle

Bildnis Christian Emil Rantzau mit Mutter und Schwestern

des Weltkrieges große soziale Spannungen nach sich ziehen mußte. So machte er sich mutig und gegen alle Widerstände zum Wortführer einer maßvollen Bodenreform. Er verstand es, seinen Standesgenossen klar zu machen, daß die Zeit gekommen sei, sich von den sogenannten Zeitpachtdörfern zu trennen und diese in freies Eigentum zu überführen. Mit seinen eigenen Dörfern Rastorfer Passau und Rosenfeld machte er den Anfang.

Mit ihm ging die Rastorfer Linie zu Ende, es gab nicht weniger als sechs Brüder, aber keiner hatte einen Sohn. Durch die Vermählung der ältesten Tochter Emma mit dem Grafen Hans Caspar zu Rantzau-Breitenburg blieb Rastorf dem Geschlechte Rantzau erhalten. Heutiger Eigentümer ist ein Enkel Christians, Graf Kuno zu Rantzau, * 1927.

Das Haus selber befindet sich in vorzüglichem Zustand, nicht nur was das Äußere des Bauwerks angeht, sondern auch die Innenausstattung an wertvollen Möbeln, Porzellanen und vor allem an Bildern.

Haus und Hof hatten während des Krieges schwere Bombenschäden erlitten, die in den schwierigen Jahren danach zunächst nicht zu beheben waren. Hinzu kam das hohe Alter der dort noch lebenden Witwe des Grafen Christian Rantzau – das gesamte Gut mit allen seinen Gebäuden verfiel in einen langen Dornröschenschlaf. Als der jetzige Besitzer, Graf Kuno zu Rantzau im Jahre 1966 den Besitz übernahm, unterzog er sich in den folgenden Jahren der großen Arbeit, alles Verfallende mit Geduld und Verständnis zu restaurieren. Die Dächer und die Giebelseiten der alten Ställe und Scheunen wurden in hervorragender Weise erneuert und bilden nun wieder eine so stattliche und schöne Hofanlage wie zur Zeit ihres Schöpfers Rudolph Matthias Dallin. Es handelt sich hierbei nicht um eine museale Anlage, denn von diesen Gebäuden werden der Kuhstall, der Kutschstall und die große Scheune für Putenmast in großem Stil, der frühere Pferdestall im Torhaus als Treckerhalle intensiv genutzt. Als besondere Leistung des jetzigen Besitzers und seiner Frau muß man die völlige Erneuerung des im Verfalle begriffenen Herrenhauses würdigen. Es galt, vom Dachboden bis zum Keller einschließlich des Treppenhauses Zimmer für Zimmer, Raum für Raum instandzusetzen und in neue Farben zu kleiden.
Mit viel Geschmack und Sinn für Farbe und Helligkeit ist das Werk wohl gelungen. Besonders großartig präsentiert sich der Gartensaal, strahlend in einem warmen Gelb gehalten, mit Weiß abgesetzt, mit vorzüglichen Familienbildern und Möbeln aus allen Jahrhunderten. Beim Betreten dieses Hauses, das wie ein Phoenix aus der Asche nunmehr wiedererstanden ist, wird der Besucher beglückt von der leuchtenden, heiteren Atmosphäre, die einen dort empfängt.
Die Innenausstattung ist weitgehend durch den Baumeister bestimmt. Die Halle enthält Marmorfußboden sowie Rankenfriesfelder zwischen Säulen und Pilastern, der Gartensaal, der einen ovalen Grundriß besitzt, ist gleichfalls durch Säulen flankierte Türnischen mit dem Eßzimmer zur Rechten, dem Herrenzimmer zur Linken verbunden.
Das Haus enthält einen ungewöhnlich reichen Schatz an Rantzauischen Reliquien. Außer Breitenburg gibt es keine umfassendere Sammlung von Porträts aus dem Geschlecht der Rantzau aus fünf Jahrhunderten als eben auf Rastorf. Unter ihnen befinden sich mehrere Bildnisse des Statthalters Heinrich Rantzau, † 1599, ferner des Begründers der Rastorfer Linie, Franz Rantzau, † 1677. Außerdem gibt es ein Porträt der Königin Caroline Mathilde von Dänemark in der Uniform eines dänischen Offiziers und zahlreiche Bilder aus dem Bernstorffschen

Familienkreis, von so hervorragenden Malern wie Jens Juel und Friedrich Carl Gröger.
Das Gut umfaßte bis in das 20. Jahrhundert hinein eine Grundfläche von 2000 ha. Die Dörfer Rosenfeld und Rastorfer Passau wurden in den Jahren 1922–24 in freies Eigentum überführt, der Meierhof Hoheneichen 1928 verkauft. 1950 mußte der Meierhof Wildenhorst in der zweiten Bodenreform geopfert werden. Heute besteht das Gut aus dem Hof Rastorf mit 360 ha, dem Forst mit 270 ha, Wasser und sonstiges 30 ha, zusammen 660 ha.

Adeliges Gut Rastorf

Besitzer: Kuno Graf zu Rantzau

Besitzer

13. Jahrh.	Ritter de Rastorp
15. Jahrh. bis 1610	(v.) Rantzau
1610–1620	v. Ahlefeldt
1620–1651	v. Buchwaldt
von 1651 bis jetzt	(v.) Rantzau
seit 1727	Grafen zu Rantzau
seit 1961	Grafen zu Rantzau a. d. Hause Breitenburg

Gut und Bauten

13. Jahrh.	Wasserburg
16. Jahrh.	ältestes Herrenhaus
17. bis 18. Jahrh.	Erweiterungsbauten
1723–29	Bau der Hofgebäude
1802	Abbruch des alten Herrenhauses
1803	Bau des dritten Herrenhauses
1966–67	Wiederaufbau und Restaurierung des Herrenhauses und der Hofgebäude

6 Bredeneek

Kirchspiel Preetz   Kreis Plön

Bredeneek (=Breiteneiche) liegt in einer anmutigen Gegend nahe Preetz am Ufer der Spolsau. Am jenseitigen Ufer befindet sich die alte Gastwirtschaft und ehemalige Schmiede Spolsau, von hier stammte der Schmied Marx Dahl, der im Jahre 1738 das großartige Chorgitter in der Preetzer Klosterkirche geschaffen hat, das bedeutendste Werk dieser Art in Schleswig-Holstein, mit zweitüriger Mitteltür in rundbogigem Rahmenwerk, in Régenceformen und mit Spiralranken, sicherlich für einen einfachen Handwerksmeister vom Dorfe eine vorzügliche Leistung.

Bredeneek ist im Mittelalter als Dorf bezeugt, es gehörte im 15. Jahrhundert der Preetzer Gilde. Aus seinen Einkünften wurde im Jahre 1442 die Catharinen-Vicarie an der damaligen Fleckenskirche in Preetz gestiftet. Nach der Reformation entstand daraus das Diaconat, also die 2. Pfarrstelle an der heutigen Stadtkirche. Vermutlich ist das Dorf im 16. Jahrhundert niedergelegt worden, aber das Gut, das jetzt entstand, ist bis zur Gegenwart hin immer klein geblieben und hat durch lange Zeiten die Schicksale des angrenzenden bedeutend größeren Gutes Rethwisch geteilt. Zunächst kommen beide Höfe als Meierhöfe zu dem benachbarten Lehmkuhlen. Im Jahre 1707 veräußert der Besitzer, der Graf Heinrich v. Reventlow, sie beide. Während des ganzen nachfolgenden Jahrhunderts wechseln sie unaufhörlich den Besitzer, nur ein einziges Mal werden sie vererbt, nicht weniger als 10 Male verkauft. Graf Carl Emil zu Rantzau aus Rastorf kaufte 1797 Bredeneek, 1801 auch Rethwisch, und behielt beide Höfe bis 1830, konnte sie aber nicht halten. Sie gingen dann über an die Familie Donner, und erst damit beginnt die große Zeit von Bredeneek.

Aus der Familie Donner, die ursprünglich aus dem Fürstentum Lübeck stammt, ragt der sogenannte Neumühlener Ast hervor, nach dem einstmals ländlichen Vorort Neumühlen bei Altona so benannt. Conrad Hinrich Donner, †1854, war anfangs Inhaber einer Tabakfabrik in Altona, die 150 Arbeiter beschäftigte, dann Begründer der Firma Conrad Hinrich Donner, die zunächst den An- und Verkauf von Waren und die Reederei von Segelschiffen betrieb. Später trat das Bankgeschäft immer mehr in den Vordergrund, die Bank besteht noch heute als eine der angesehensten Privatbanken Hamburgs.

Als er die beiden Güter Bredeneek und Rethwisch erworben hatte, begründete er dort ein Fideikommiß und stiftete außerdem große Summen zu wohltätigen Zwecken. Er erwies sich als ein eifriger Förderer von Kunst und Wissenschaft und war befreundet mit dem österreichischen Architekten Gottfried Semper und dem dänischen Bildhauer Bertel Thorvaldsen.

Ihm folgten im Besitz Sohn, Enkel und Urenkel, erst Bernhard Donner, †1865, dann Conrad Hinrich II, †1911, der 1873 in den preußischen Adelsstand erhoben wurde, 1902 zum Freiherrn, geknüpft an den Besitz der Fideikommißgüter Bredeneek und Rethwisch; endlich Conrad Hinrich III Freiherr v. Donner, †1937.

Diese vier Generationen haben Bredeneek entscheidend geprägt. Der erste Conrad Hinrich Donner ließ alsbald nach seinem Besitzantritt ein kleines Herrenhaus in klassizistischem Stil errichten. Baumeister war Johann Matthias Hansen, ein Bruderssohn des berühmten Christian Friedrich Hansen. Dieses erste Herrenhaus bildet jetzt den rechten

Flügel des schloßartigen großen Herrenhauses, das durch A. Petersen von 1898 bis 1902 erbaut worden ist und war ein verhältnismäßig einfaches Gebäude mit einer hervorspringenden Eingangspartie in der Mitte und einem einzigen Stockwerk mit hoher Decke über hohen Kellern und recht flachem Schieferdach. Im Inneren enthält dieses erste Haus sehr schöne aus der Ursprungszeit erhaltene Innenräume, insbesondere das Vestibül, das quer durch das Gebäude geht, und dessen Kassettendecke getragen wird von zwei runden Säulen mit ionischen Kapitellen. An den Wänden befinden sich vier ovale Nischen, die jetzt als Schaukästen benutzt werden, über ihnen sitzen Medaillons mit Reliefdarstellungen in der Wand, die vielleicht von Thorvaldsen geschaffen sind. Die Kassettendecke ist in grau gehalten mit weißen Verzierungen, während die Kassetten selbst in zartem Gelb gehalten sind, ebenso wie die Wände.
Bei dem Umbau von 1898 wurde dieses erste Herrenhaus als der westliche Flügel in den neuen Bau einbezogen und ihm gegenüber am Ostflügel ein Bauwerk in vollkommen gleichen Maßen errichtet. Der mittlere oder Hauptflügel beherrscht die ganze Anlage mit der stark vorspringenden Säulenvorhalle, die wie ein klassischer Tempelgiebel ausgebildet ist. Vier große runde Säulen mit korinthischen Kapitellen

Bredeneek, Ansicht von A. Hornemann um 1850

Bild 3: Strafgericht Kaiser Karls über die Kirchenfürsten

tragen einen niedrigen Dreikantgiebel mit dem Doppelwappen Donner und Holstein (die Gemahlin von Conrad Hinrich II war eine geborene Gräfin Holstein-Holsteinborg). Hinter diesen Säulen befindet sich der Haupteingang in das Gebäude zwischen zwei weiteren runden Säulen. Nach dem Garten zu endigt der Hauptflügel an beiden Seiten in pavillonartigen Endpartien und weist eine sehr große Tiefe auf, so daß Platz entsteht für eine Reihe größerer Säle, die um die innere Halle herum gruppiert sind. Am nördlichen Ende dieses Mittelbaues befindet sich der Speisesaal mit den Kolossalgemälden, für die Wilhelm von

Kaulbach den Auftrag erhalten hatte. Tatsächlich aber überließ dieser sozusagen unter der Hand seinem Schwiegersohn August von Kreling, einem namhaften Bildhauer und in die Malerei drängenden Künstler, die Ausführung der Arbeiten. Die Krelingschen Bildnisse wurden zwar abgenommen, Vertragspartner blieb jedoch Kaulbach, dem sie daher zugeschrieben wurden.

Diese Gemälde waren ursprünglich entstanden für das sogenannte Donner-Schloß in Neumühlen bei Altona, das Bernhard Donner 1853–1855 dort im normannischen Stile hatte erbauen lassen. Als Bredeneek um das Jahr 1900 erweitert wurde, wurde der Speisesaal in Bredeneek in genau den gleichen Abmessungen und auch mit den gleichen Eingliederungen von Türen und Kamin gebaut, um die nahtlose Verbringung der großen Gemälde nach Bredeneek zu ermöglichen. Gegenwärtig hängen im Speisesaal in Bredeneek die vier sogenannten Historiengemälde aus der Geschichte Kaiser Karls des Großen, im Salon daneben die vier etwas schmäleren Gemälde aus dem Sagenkreise.

Die Altonaer Nachrichten haben in ihrer Nummer Nr. 128 vom 1. Juni 1862 eine Beschreibung dieser Gemälde gebracht, die wie folgt lautet:

> „Die Bilder stellen Momente aus dem Leben Karls des Großen dar, doch sind es keine Historien-Gemälde im gewöhnlichen Sinne. Durch Beimischen des mythischen Elementes bieten sie eine höchst interessante Zusammenstellung von „Wahrheit und Dichtung", die wie alles Poetische auf geschichtlicher Basis in ihrer Treue fesselt und in ihrer Freiheit die Phantasie beflügelt.
>
> Das erste Bild zeigt uns Kaiser Karl in Mitte seiner Familie, die Töchter und Söhne treiben Musik, vielleicht ergötzen sie des Vaters Ohr mit dem Vortrag des Nibelungen-Liedes. Zu diesen Familien-Kreisen wurden ausgezeichnete Männer der Wissenschaft hinzugezogen, daher ihr Name: die Hochschule (sic!).
>
> Das zweite Bild: die Erstürmung der Eresburg. Kaiser Karl erscheint auf diesem als Held, mit geschwungenem Schwerte über die Trümmer der Irmensäule dahinjagend.
>
> Das dritte Bild: Kaiser Karl hält in der Peterskirche zu Rom Gericht über die Kirchenfürsten.
>
> Das vierte Bild: Kaiser Karl beschützt die hülflosen Landleute gegen die räuberischen Normannen.
>
> Dies sind die historisch gehaltenen Gemälde.
>
> Das erste Bild des Sagenkreises schildert die bekannte Liebesromanze von Eginhardt und Emma.

Das zweite Bild die jugendlichen Heldentaten Karls im Kampfe gegen die Mauren.

Das dritte Bild hat sein Motiv dem Uhlandschen Gedichte „Klein Roland" entnommen.

Das vierte Bild behandelt den Heldenschlaf des großen Kaisers im Untersberg.

Die sehr leicht, aber desto genialer hingetuschten Skizzen üben einen unwiderstehlichen Reiz durch das Sinnvolle der Anordnung, herrliche Gruppierung, die natürliche Entwicklung wirksamer Kontraste, schlagende Charakteristik, feste correkte Zeichnung, deren sich nicht einmal alle classischen Italiener rühmen können und dichterischen Schwung, wie ihn nur die künstlerische Inspiration verleiht."

Die gesamte Ausstattung ist durch das ganze Gebäude hindurch mit einer unwahrscheinlichen Gediegenheit ausgeführt worden, alle Fenster sind paneeliert, sämtlich mit Mahagoni, die Türen sind aus massivem Pitchpine oder Teak. Alle Fußböden, sogar die Fußböden in den Kellerräumen, sind mit Parkett ausgestattet. Alle Wirtschaftsräume sind voll gekachelt. Der sogenannte Blaue Salon ist mit Delfter Kacheln voll ausgekachelt und enthält an der einen Wand ein auf Delfter Kacheln aufgetragenes Riesenbild des Schlosses Holsteinborg.

Das ganze Schloß wurde mit einer um 1900 einzigartigen Überlegtheit im Hinblick auf Modernisierung geschaffen. Es wurde am Ufer der Schwentine ein eigenes Wasserwerk angelegt, das den benötigten elektrischen Strom lieferte, das Haus wurde mit Fernheizung ausgestattet und enthielt schon damals eine größere Anzahl von Badezimmern. Als nach dem letzten Kriege Gedanken aufkamen, das Haus abzubrechen, erwies sich dieses wegen der wahrhaft unglaublichen Verarbeitung von bestem und schwerstem Material als undurchführbar, man hätte das Haus sprengen müssen. Glücklicherweise ist das vermieden worden.

Im Jahre 1900 war der Bau im wesentlichen fertig, wurde aber erst im Jahre 1902 bezogen, aber praktisch nur wenige Jahre bewohnt. Für Conrad Hinrich III Frhr. v. Donner war im Jahre 1905 das benachbarte große adelige Gut Lehmkuhlen erworben worden, dort nahm er von 1911 an seinen Wohnsitz. Bredeneek wurde bis 1911 von Conrad Hinrich II, bis 1920 von seiner Witwe Bodild geb. Gräfin Holstein-Holsteinborg bewohnt. Erst nach dem Zweiten Weltkrieg diente ein Teil des

Vestibül

Hauses der Witwe von Conrad Hinrich III, Agnes geb. v. Bülow a. d. H. Bothkamp bis zu ihrem Tode im Jahre 1962 als Wohnsitz.
Im übrigen hat das Schloß vielfach für andere Zwecke gedient. So fand hier der Christliche Verein Junger Mädchen für seine Freizeiten Aufnahme, während des Dritten Reiches die Bekennende Kirche. Zeitweise war hier ein Magazin der Kriegsmarine untergebracht, eine Erprobungsstelle der Reichspost, das Kuratorium für Technik in der Landwirtschaft, die Firma Hagenuk aus Kiel und andere mehr. Dem Schicksal der Belegung durch Flüchtlinge entging Bredeneek fast völlig, die großen unwohnlichen Hallen und Säle eigneten sich nicht.
1967 wurde das Schloß an Frau Ingrid Jansen verkauft. Sie richtete ein

Rückfront

Reiterpensionat ein, das ganzjährig geöffnet ist und unzähligen Pferdefreunden Gelegenheit zu Erholung und Reitsport bietet. Die Reitschule hat ein Areal von ca. 100 ha gepachtet, hier werden 250 Pferde, größtenteils Halbblut, gehalten. Frau Ingrid Jansen geb. Bröckelschen hat das Schloß einer vorzüglichen Restaurierung unterzogen, mit großer Liebe ist jeder Saal, jede Halle wiederhergerichtet und farblich in ausgezeichneter Komposition aufeinander abgestimmt erneuert worden. Es gibt wenige Landschlösser in Holstein, in denen es in so hervorragender Weise gelungen ist, die überkommenen Traditionen mit den Erfordernissen der modernen Zeit zu vereinen.
Das Gut Bredeneek selber ging von Conrad Hinrich III Frhr. v. Donner zunächst auf den zweiten Sohn Tilo Walter von Donner über. Als dieser im Zweiten Weltkrieg im Jahre 1944 gefallen war, fiel das Gut zurück an die Mutter Agnes v. Donner geb. v. Bülow. Diese wiederum überschrieb Bredeneek im Zuge der Bodenreform auf ihren Enkel Eckhard Edler v. Paepcke geb. 1941. Für die Tochter Bodild Edle v. Paepcke geb. Donner wurde ein Nießbrauchsrecht an Schloß und Wald eingetragen. Die

Paepckes sind an sich ein mecklenburgisches Geschlecht. Das weder dort noch hier im Lande gebräuchliche Adelsprädikat „Edler v." gründet sich auf die vom österreichischen Kaiser im Jahre 1839 ausgesprochene Nobilitierung.
Das Gut hat heute etwa 275 ha Areal, davon entfallen auf die landwirtschaftlich genutzten Flächen 140 ha, auf den Wald 135 ha. Das Gut Rethwisch wurde im Zuge der Bodenreform nach 1950 aufgesiedelt.

Adeliges Gut Bredeneek

Besitzer: Eckhard Edler v. Paepcke

Schloß Bredeneek

Besitzerin: Ingrid Jansen

Besitzer des Gutes

16. und 17. Jahrh.	die gleichen Besitzer wie Lehmkuhlen
1707–1797	verschiedene Besitzer
1797–1830	Graf Rantzau-Rastorf
1830 bis jetzt	Familie Donner,
seit 1902	Frhr. v. Donner, dann die Erben v. Paepcke

Gut und Bauten

15. Jahrh.	Dorf Bredeneek
16–17. Jahrh.	Meierhof von Lehmkuhlen
nach 1830	Bau des ersten Herrenhauses durch Johann Matthias Hansen
1898–1902	Erweiterungsbau zu dem großen Schloß durch A. Petersen
nach 1967	Restaurierung des Schlosses

7 Lehmkuhlen

Kirchspiel Lebrade Kreis Plön

Das Gut Lehmkuhlen besaß urprünglich eine sehr bedeutende Ausdehnung und erstreckte sich östlich von Preetz weit in die fruchtbare Landschaft des östlichen Holsteins hinein. Nicht weniger als vier adelige Güter sind von dem Hauptgut abgelegt worden, Freudenholm, Sophienhof, Rethwisch und Bredeneek. Aber es gelang den Freiherren v. Donner sogar noch im 20. Jahrhundert, den Besitz wieder erheblich zu erweitern, zu ihren Stammgütern Bredeneek und Rethwisch wurden im Jahre 1905 vom adeligen Gut Wittenberg die Meierhöfe Christiansruhe und Hohenhütten, im Jahre darauf von den Erben des Dr. jur. Wilhelm Godeffroy Lehmkuhlen selber hinzuerworben, so daß wieder ein großer Besitz von über 3100 ha entstand. Freilich nur für kurze Zeit, im Zeitalter der Bodenreformen sind durch Landabgaben und Erbteilungen entscheidende Veränderungen eingetreten. Der Haupthof Lehmkuhlen mit zusammen 800 ha, davon 450 ha Acker und 350 ha Wald ging an Conrad Hinrich Frhr. v. Donner V; der Meierhof Hohenhütten an den Bruder Götz v. Donner, der ihn später verkaufte. Der Meierhof Christiansruhe mit 120 ha gehört der Schwester Frau Angelika v. Donner. Der Meierhof Trenthorst ging bereits 1925 an Julius Peters, den Mitinhaber des Bankhauses Conrad Hinrich Donner in Altona über, der Meierhof Marienwarder und die Dörfer Lepahn, Trent, Falkendorf, Lassabek und Wakendorf sind zwischen 1925 und 1950 in freies Eigentum umgewandelt worden. Das Gut Rethwisch wurde aufgesiedelt, das Gut Bredeneek mit 275 ha wurde erst auf den Bruder des Vaters, Tilo v. Donner, nach dessen Tode im Zweiten Weltkrieg 1944 auf den Sohn der Schwester, Eckhard v. Paepcke, vererbt.

Im Mittelalter sind hier die Ritter de Rikelesdorp oder Ryckestorpe bezeugt, die ihren Namen nach dem benachbarten Rixdorf tragen. 1369 wird Heinrich von Ryckestorpe, 1370 Detlev von Ryckestorpe genannt. Das Geschlecht dürfte bald darauf ausgestorben sein. Seit 1424 sitzen die Herren v. Ahlefeldt auf Lehmkuhlen, fast 300 Jahre lang, bis in den Anfang des 18. Jahrhunderts. Sie begründen hier eine der wenigen Linien des Geschlechts, die in Ostholstein heimisch wurden. Angesichts des geradezu enormen Güterreichtums dieser Familie, fast überall in den Herzogtümern, sowohl in Nordschleswig wie in Angeln, Schwansen und im Dänischen Wohld, am Westensee und in der Elbmarsch, um Segeberg und um Oldesloe, muß diese Tatsache überraschen. Sie verrät möglicherweise tiefliegende Gründe der mangelnden Beteiligung an der Eroberung des wendischen Wagriens. Der erste Mann, auch wohl der bedeutendste der ganzen Linie, ist Herr Johann v. Ahlefeldt, † etwa 1464. 1418 ist er Knappe, 1432 Ritter. Im Jahre 1448 besiegelt er als erster und vornehmster unter den holsteinischen Adeligen die Handfeste König Christians I. von Dänemark. 1460 erhält er gegen eine Anleihe von 8000 Mark Schloß und Stadt Sonderburg nebst Vogtei und Harden, Sundewitt und Alsen, für eine weitere Anleihe von 5000 Mark die Insel Arrø als Pfand.

Johann v. Ahlefeldt gehört zu den holsteinischen Räten, die im Jahre 1460 zugegen waren, als König Christian I. in Ripen die berühmte Urkunde ausstellte, in der er gelobte, die beiden Herzogtümer Holstein und Schleswig „ewich tosamende ungedelt" zu lassen. Im gleichen Jahre stiftete Johann v. Ahlefeldt dem Franziskanerkloster in Kiel den Hauptaltar, jetzt in der Nikolaikirche in Kiel. Nach der Sitte der Zeit wurde der Stifter mit seiner Familie porträtähnlich dargestellt. So sind wir in der glücklichen Lage, die ganze Familie einer der bedeutendsten Persönlichkeiten des holsteinischen Mittelalters dargestellt zu sehen.

Auf den Ritter Johann folgt der Sohn Benedict, der noch Wittmoldt hinzuerwirbt, und der Enkel Claus. Dann dessen Sohn Bertram, †1571, der Statthalter in den Herzogtümern war und dem es gelang, das Rüdekloster unweit Flensburg im Zuge der Säkularisation in seinen Besitz zu bringen – allerdings nur für kurze Zeit, nach seinem Tode bemächtigte sich Herzog Johann d. J. des Besitzes und erbaute hier das Schloß Glücksburg. Sein Sohn Bendix, †1606, erhielt im Jahre 1580 zusammen mit dem Statthalter Heinrich Rantzau den höchsten dänischen Orden, den eines Ritters vom Elephanten, ebenso wie viele Jahre später sein Sohn Hinrich v. Ahlefeldt.

Dieser Sohn, †1674, erwarb einen umfangreichen Grundbesitz. Zu Lehmkuhlen kamen hinzu die großen Güter Glasau bei Ahrensbök, Krummendieck und Heiligenstedten bei Itzehoe und das alte Ahlefeldtsche Gut Lindau bei Gettorf. Seine vielen öffentlichen Ämter bezeugen das hohe Ansehen, das er sowohl beim König als auch im ganzen Lande genoß. Auf ihn folgen Sohn und Enkel, letzterer Hinrich Bertram mit Namen verkauft ohne ersichtlichen Grund Lehmkuhlen im Jahre 1704. Als er im Jahre 1714 starb, ließ er sich trotz seiner vielen anderen Besitzungen in den Herzogtümern in der für Lehmkuhlen zuständigen Kirche von Lebrade beisetzen.

Letzte Nachfahrin dieser Linie war die Konventualin Adolphine v. Ahlefeldt, die im hohen Alter von 102 Jahren 1895 in Preetz starb. Sie hatte fast das ganze 19. Jahrhundert bewußt erlebt, und man erzählte sich von ihr, daß ihr Bräutigam im Jahre 1812, also 83 Jahre früher an der Beresina ertrunken war, als Napoleon den Rückzug von Moskau antreten mußte. Zwei Schwestern ihres Vaters hatten sich mit zwei Brüdern Carl und Ernst Freiherren Langwerth v. Simmern vermählt, – Götz v. Donner hat 1968 die Ururenkelin Adelheid-Dorothea Langwerth v. Simmern geheiratet, so scheint sich der Bogen zu schließen.

Als Lehmkuhlen im Jahre 1704 verkauft wurde, war Käufer Heinrich Reventlow, †1732, ein politisch stark engagierter Mann, Mitglied der vormundschaftlichen Regierung, Schwager des berüchtigten Oberkammerherrn Georg Heinrich v. Schlitz gen. v. Goertz. Reventlow war kaiserlicher Reichshofrath und wurde im Jahre 1708 in den Reichsgrafenstand erhoben. Er war Klosterprobst des adeligen St. Johannisklosters vor Schleswig, später auch von Uetersen. Von seinem Tode heißt es: „Sein Bruder, der Geheimrath Detlev v. Reventlow auf Schmoel, der ihn gar zärtlich liebte, war durch Reichung vieles Bourgogne Weins ein unschuldiger Beförderer seines Endes".

Dieser letztere erbte Lehmkuhlen und die übrigen Güter nach dem Tode des Bruders, aber obwohl er schon von Hause aus sehr vermögend war, geriet er in die schlimmste nur denkbare Vermögensverwirrung hinein. 1737 mußte er sein gesamtes Vermögen seinen Gläubigern überlassen, der Skandal war so groß, daß Detlev Reventlow, obwohl Geheimer Conferenzrath, Großkreuz vom Dannebrog und Klosterprobst des adeligen St. Johannisklosters vor Schleswig, in Kiel gefangen gesetzt wurde. Seine Vermögensverwaltung befand sich in heilloser Unordnung, es gab keine geregelte Buchführung, er selbst hatte längst die Übersicht verloren. Von allen Seiten her hatte er Gelder aufgenommen, manchmal kleinere, oft große Summen. Die Zahl seiner Gläubiger war enorm, ihre Ansprüche gewaltig. Nach den Worten eines Chronisten verursachte er „einen der langwierigsten und verderblichsten Concurs-Prozesse im Lande". Erst im Jahre 1760 erging das Urteil des Landgerichts, das dieses mühselige Verfahren beendete. Die Güter waren längst verkauft, Schmoel und Hohenfelde 1771 an den König von Schweden, der aus ihnen nebst Panker und Klamp die Herrschaft

Arboretum von Lehmkuhlen

Hessenstein bildete, Rantzau fiel an Herzog Friedrich Adolf, Collmar an Cay v. Rantzau, Kronshagen an das großfürstliche Haus.

Lehmkuhlen erwarb der Konferenzrath v. Roepstorff, ihn beerbte nach seinem Tode 1753 die Witwe, geb. v. Pincier, die das Gut wegen starker Verschuldung nicht halten konnte. Es folgen die Hahn vom benachbarten Gute Neuhaus, angeblich seit 1781 Frau Christine Magdalene v. Hahn, geb. v. Brockdorff, † 1792, wahrscheinlich schon früher, da die Wetterfahnen auf den Nebengebäuden ihre Initialen mit der Jahreszahl 1779 zeigen. Am 26. April 1774 brannte das alte Herrenhaus bis auf die Grundmauern ab, außer dem Porzellan, der Garderobe und dem Silber wurde nichts gerettet. Bald darauf ließ Christine Magdalene v. Hahn das spätere Herrenhaus errichten, ein stattliches Bauwerk von 3 Geschossen, mit 11 Achsen, Mansarddach und mit einem von einem Giebelaufsatz gekrönten Frontispiz.

Auf Christine Magdalene v. Hahn folgt ihr Sohn, der Erblandmarschall Friedrich v. Hahn, der gleich nach dem Tode der Mutter das Gut für nur 190000 Rthlr. an den Hofrat v. Hinüber verkauft. Dieser scheint Lehmkuhlen kaum bewohnt zu haben, in seine Besitzzeit fällt die Vermietung des Hauses an eine Gruppe von französischen Emigranten, darunter den bekannten General Joseph Marquis de La Fayette, † 1834. Viele Emigranten waren aus nur allzu berechtigter Furcht vor den Schrecken der französischen Revolution nach Holstein geflohen. Seit 1795 lebte die Mme. de Tessé anfangs in Plön, bis sie bald darauf das adelige Gut Wittmoldt am Plöner See kaufen und hier ihren vielen Verwandten und Freunden eine Zuflucht bieten konnte. Hierher kam auch nach der Entlassung aus der Festungshaft in Olmütz der General de La Fayette mit Frau und zwei Töchtern. Ihm ging ein legendärer Ruf voraus, schon im Alter von 20 Jahren hatte er sich im amerikanischen Freiheitskampf gegen die Engländer seine Sporen verdient, wurde amerikanischer General und spielte seit 1789 eine bedeutende Rolle in der französischen Nationalversammlung. Aber später ergaben sich Konflikte, die ihn in Gegensatz zu fast allen führenden Mächten brachten, zu den Republikanern in Paris, zu Napoléon Bonaparte, zum Kaiser von Österreich, zu den Niederlanden. So mußte der General froh und dankbar sein, als ihm in Wittmoldt eine herzliche Aufnahme bereitet wurde. Aber bald erwies sich das Haus für ihn, seine Familie und seine Getreuen als zu eng und klein, so fiel sein Blick auf das Schloß von Lehmkuhlen, das er im Oktober 1797 mietete. Das Geld für Lebensunterhalt und Miete streckte ihm der Hamburger Kaufmann Parish, ein gebürtiger Engländer, in großzügiger Weise vor. La Fayette schrieb während seines Aufenthaltes auf Lehmkuhlen seine Erinnerungen nieder, aber als seine Tochter Anastasia im Mai 1798 heiratete und der Haushalt kleiner wurde, gab La Fayette das kostspielige Lehmkuhlen wieder auf und kehrte nach Wittmoldt zurück. Der französische Schriftsteller André Maurois hat in seinem schönen Roman „Ich flüchte mich in mein Herz", auf deutsch 1963, vor allem La Fayettes Frau Adrienne ein großartiges Denkmal gesetzt, aber dabei auch den Emigrantenzirkeln in Wittmoldt und Lehmkuhlen wichtige Kapitel gewidmet.

Wieder wandert Lehmkuhlen von einer Hand zur anderen. 1798 kauft Joachim Friedrich Graf v. Bernstorff, † 1835, das Gut, jetzt für 236 000 Rthlr., Sohn des großen Andreas Peter Bernstorff, selber Gesandter in Wien, seit 1835 Ritter des Elephanten-Ordens. Aber er dürfte bei seinen bedeutenden Stellungen im diplomatischen Dienst für Lehmkuhlen nicht viel bedeutet haben. 1807 verkauft er weiter an den Kammerherrn Jens Peter Neergaard, der binnen weniger Jahre eine stattliche Anzahl von Gütern erwarb. Bald darauf brach er in einem Riesenkonkurs völlig zusammen. Ihm folgt im Besitz von Lehmkuhlen 1826 der Agent Andreas Christiansen, der nur mehr 155 400 Rthlr. anzulegen brauchte. Von dessen Erben erwarb der Resident Carl Godeffroy im Jahre 1842 das Gut, jetzt fast für das Doppelte, für 287 200 Rthlr. Nach dessen Tode behielt zunächst die Witwe Godeffroy, geb. Jenisch, das Gut, seit 1871 Wilhelm Martin v. Godeffroy. Im Jahre 1905 verkauften dessen Erben Lehmkuhlen für 1 685 000 Mark an Conrad Hinrich Frhr. v. Donner II.

Im Jahre 1911 verlegte Conrad Hinrich Frhr. v. Donner III seinen Wohnsitz nach Lehmkuhlen und begann alsbald mit der Umgestaltung von Herrenhaus und Park. Das Wohnhaus wurde auf allen vier Seiten erweitert, statt der Veranda zum Park erhielt es eine große Terrasse, zur Rechten und zur Linken entstanden Flügelbauten, nach der Hofseite hin wurde eine stattliche, von Bögen getragene Vorfahrt erbaut, die von einem großen Balkon überdeckt war.

Das Herrenhaus, das so viele glänzende Feste gesehen hatte, hat in der Nachkriegszeit sehr stark gelitten. 1946 haben Angehörige der Britischen Besatzungsmacht in völlig widerrechtlicher Weise einen Großteil des kostbaren Mobiliars entfernt und nicht zurückgegeben. Das Haus war dadurch fast völlig entleert worden, nur das Jagdzimmer mit den vielen seltenen Trophäen von afrikanischem Großwild blieb noch lange Zeit hindurch vollständig erhalten. Flüchtlinge und Heimatvertriebene,

Hofeinfahrt bei Lepahn

die lange Zeit hindurch im Herrenhause einen ersten Unterschlupf fanden, trugen das ihre bei; so sind starke bauliche Schäden am Hause eingetreten. Der heutige Besitzer, Conrad Hinrich Freiherr v. Donner V, hat sich daher entschlossen, im Jahre 1975 das Herrenhaus abzubrechen und das zur Linken vor dem Herrenhaus stehende Nebenhaus zu einem sehr ansprechenden Gutshaus umzugestalten. Hier hängen jetzt die lebensgroßen Porträts der Großeltern, Bernhard Donner und dessen Gemahlin, beide von Wilhelm v. Kaulbach gemalt. Der alte Hausmeister auf Lehmkuhlen pflegte das Bildnis von Bernhard Donner so zu deuten: „De Erfinder von dat Kapitaal". In der Tat konnte dieser den Besitz wesentlich erweitern, zu Lehmkuhlen kamen hinzu die Herrschaft Conradsruh unweit der Möhnetalsperre in Westfalen mit reichlich 4000 ha. Das Rittergut Pessin im Kreise Westhavelland mit 600 ha, endlich die Farm Simba in Tanganjika wurden später erworben.
Conrad Hinrich Frhr. v. Donner wußte aber auch mit seinen Mitteln etwas zu schaffen. Neben den Bauten auf dem Gutshof und den großen und ertragreichen Safari-Fahrten nach Afrika verdanken wir ihm eine Schöpfung von europäischer Bedeutung, das Arboretum von Lehmkuhlen.
Als er das Gut übernahm, fand er einen Park in Größe von etwa 20 ha vor. Nach ausgiebigen Reisen in viele Länder Europas, zu dem berühmten Park des Fürsten Pückler in Muskau, zu englischen und

italienischen Gärten schuf er während seiner Lebenszeit von 1911 bis 1937 den Park von Lehmkuhlen.
Er erweiterte den Park auf etwa 50 ha durch Einbeziehung von Ackerland und Wiesen, die mit vereinzelten alten Bäumen und Baumgruppen bestanden waren. Die Gesamtfläche wurde mit einem breiten Gürtel von Rotbuchen als Windschutz für über 1000 verschiedene Arten von Bäumen und Sträuchern aus aller Herren Länder umgeben, die hier in jahrzehntelanger Planung und mühevoller Arbeit eine neue Heimat fanden.
In der Mitte des Parkes befindet sich das Pinetum, eine Ansammlung der schönsten und seltensten Koniferen von der europäischen Fichte in allen ihren Arten und Wuchsformen bis zu den schönen Formen der Abies magnifica und nobilis, die in Amerika beheimatet sind, von der koreanischen Kiefer bis zur zartnadeligen Sumpfzypresse vom Mississippidelta, von der kleinen exotisch anmutenden Breweriana-Fichte bis zur starren Abies pinsapo aus Spanien.
Conrad Hinrich Frhr. v. Donner stand ein forstbotanisch hervorragend geeigneter Mitarbeiter zur Seite in Gestalt des Obergärtners Cosmos v. Milde, dem nach seinem Tode auf dem sog. Mildeberg unter einem großen Findling ein Gedenkstein gesetzt wurde. Nach dessen Tode ging die Betreuung des Arboretums über auf Dr. H. Glasau von der Landwirt-

Ansicht von A. Hornemann um 1850

schaftskammer in Kiel und H. Jacobsen vom Botanischen Garten der Kieler Universität.
Dieser große Grundbesitz ist nach dem Kriege weitgehend aufgelöst worden. Die Herrschaft Conradsruh war schon früher verkauft worden, das Rittergut Pessin im Kreise Westhavelland ging infolge der Grenzziehung verloren, ebenso die Farm in Afrika. Auch von Lehmkuhlen selber mußten erhebliche Teile im Zuge der Bodenreform geopfert werden, heute hat Lehmkuhlen eine Größe von etwa 800 ha.

Adeliges Gut Lehmkuhlen

Besitzer: Conrad Hinrich Frhr. v. Donner V

Besitzer

14. Jahrh.	Ritter v. Ryckestorpe
1424–1702	v. Ahlefeldt
1702–ca. 1742	v. Reventlow
1742–1772	v. Roepstorff
1772–1793	v. Hahn
1793–1842	verschiedene Besitzer
1842–1905	Godeffroy
seit 1905	Frhr. v. Donner

Gut und Bauten

adeliges Gut Lehmkuhlen zunächst mit den abgetrennten Gütern Freudenholm, Sophienhof, Rethwisch und Bredeneek

1774	Brand des alten Herrenhauses danach Bau des späteren Herrenhauses
1779	Bau der zwei Kavalierhäuser
1871 und 1882	Bau der Hofgebäude durch Godeffroy
1912	Bau der Scheune durch Frhr. v. Donner III
1911–14	Erweiterungsbauten am Herrenhaus
1914–18	Anlegung des Arboretums
1968	Brand der großen Scheune
1975	Abbruch des Herrenhauses Umgestaltung des Nebenhauses zum jetzigen Gutshaus.

8 Kühren

Kirchspiel Preetz Kreis Plön

Kühren, am äußersten Rande des ostholsteinischen Kolonisationsgebietes gelegen, erscheint schon sehr früh in den Urkunden. Sicherlich gab es hier schon zu wendischer Zeit eine Ansiedlung, der Name Kühren geht auf ein slawisches Wort Curen zurück, das etwa mit Rauch oder Rauchhütte erklärt wird. Im Jahre 1224 werden zwei Dörfer namens Kühren genannt, von denen das eine das spätere Dorf Klein Kühren gewesen sein wird. Auch der Name der Hofkoppel Wendorf deutet auf eine wendische Siedlung hin.
Ebenfalls sehr früh tritt ein Rittergeschlecht de Curen oder Kuren auf, mit Sicherheit niederdeutschen Ursprungs, aber mit Namensgebung nach dem neuen Wohnsitz. Im Jahre 1216 kommt Gottschalk von Kuren vor, 1253 der Ritter Ludolf. Bis in das 14. Jahrhundert hinein wird die Familie häufig in den Urkunden genannt.

Das Gebiet von Kühren war ringsum von Grundbesitz des Klosters Preetz umgeben, daher ergab sich eine enge Verbindung zu diesem Kloster. Im Mittelalter hatten die großen Feldklöster außer der Priörin und dem Propsten, der damals Geistlicher war, noch einen Verbitter, einen außerhalb des Klosters wohnenden Ritter, der den Schutz des Klosters in weltlichen Dingen zu übernehmen hatte. Schon früh wird das Bestreben deutlich, das Verbitteramt in bestimmten Familien erblich zu machen, wir wissen das von den Herren v. Rathlow und dem Kloster Cismar oder den Pogwisch und Bordesholm. Ebenso hielten es die Ritter von Kuren mit dem Benediktinerinnenkloster in Preetz, hier erhoben sie alsbald Anspruch auf das erbliche Verbitteramt. Unter anderem wird 1293 und 1294 Eler von Kuren als advocatus, als Verbitter genannt. Aber es scheint über diese Frage Streit mit dem Kloster gegeben zu haben; nur wenig später kauft das Kloster den Herren von Kuren das Verbitteramt wieder ab und zahlt hierfür die stattliche Summe von 320 Mark. Sie sind anscheinend bald darauf abgewandert und zwar nach Schweden, wo noch im Mittelalter verschiedene Namensträger auftauchen.

Seit dem Ende des 14. Jahrhunderts ist Kühren im Besitz der Rantzau. Im Jahre 1383 wird der Ritter Hartwig Rantzau genannt, der Grundbesitz in der Nähe von Kühren an das Kloster Preetz verkauft, ihm folgt sein Sohn Volmer Rantzau, der 1432 und 1435 in den Urkunden als Besitzer von Kühren erscheint und der im Jahre 1435 seinen Anteil am Lanker See an das Kloster in Preetz veräußert.

Aber noch im gleichen Jahrhundert geht Kühren an das Geschlecht v. Thienen über und verbleibt bei ihm durch drei Jahrhunderte. Detlev v. Thienen, mit dem die feste Stammreihe der Thienen beginnt, unterschreibt im Jahre 1469 die Bündnisakte des holsteinischen Adels gegen den König-Herzog und kauft im gleichen Jahre das große adelige Gut Wahlstorf am Lanker See von Lüder Rumohr. Er wird entweder gleichzeitig oder doch bald darauf das benachbarte Kühren hinzugekauft haben, 1487 verkaufte er als Besitzer von Kühren zweieinhalb Mark jährliche Rente an die Gilde unserer lieben Frauen in Preetz aus seinem Dorfe und Gute Kühren. Die Thienen rechnen zu den sogenannten Originarii der schleswig-holsteinischen Ritterschaft, wenngleich sie erstmalig erst im 14. Jahrhundert bezeugt sind, erster Mann im Lande, von dem wir wissen, ist Henning v. Thienen, der im Jahre 1315 in einer Urkunde Königs Erich VII. Menved von Dänemark genannt wird. Es ist auch ungewiß, ob sie aus dem altholsteinischen Raum stammen oder mit den Schauenburger Grafen eingewandert sind. Sie haben jedoch seit jeher für eine holsteinische Familie gegolten und unbezweifelt der schleswig-holsteinischen Ritterschaft angehört.

Die holsteinischen Linien des Geschlechts sind sämtlich im 19. Jahrhundert oder schon früher ausgestorben, ein letzter Zweig unter dem Namen der Freiherren v. Thienen-Adlerflycht blüht in Österreich. An Besitzern von Kühren aus dieser Familie gibt es wohl 10 oder 11, anfangs sind die Linien Wahlstorf und Kühren noch nicht deutlich geschieden und die Güter wechseln mehrfach zwischen Brüdern und Vettern. Aber auch seitdem es eine selbständige Linie der Herren v. Thienen auf Kühren gibt, verlohnt es sich nicht, die einzelnen Besitzer aufzuzählen. Kaum einer von ihnen ist im öffentlichen Leben besonders hervorgetreten, sie waren durchweg, wie es in den alten Papieren heißt, getreue Landsassen.

Gosche v. Thienen, † 1671, war vermählt mit Catharine Meinstorf aus einem altholsteinischen Geschlecht, das eben in jener Zeit im Verlöschen war. Sie brachte ihrem Manne das adelige Gut Maasleben in Schwansen zu, das jetzt durch mehrere Generationen bei den Thienen blieb, und außerdem das adelige Gut Seegaard auf der Insel Pellworm. Mit diesem Gut gab es Verwicklungen, die auf seiner besonderen Lage inmitten der Nordsee beruhten. Wir sind gewohnt, den Kern unserer adeligen Güter in Ostholstein zu suchen und sind erstaunt zu hören, daß es auch an der Westküste, ja sogar auf den Inseln, Güter gegeben haben soll. Tatsächlich waren es gar nicht wenige, vor allem bei Husum und um Leck herum. Die meisten gehen zurück auf Burgen der alten jütischen Heermannengeschlechter, einige sind die Stammsitze neugeadelter Familien. Zu diesen letzteren gehört Seegard auf Pellworm, nicht zu verwechseln mit dem viel größeren Seegaard bei Klipleff in Nordschleswig, das jahrhundertelang Hauptsitz der Ahlefeldt war. Unser Seegard gehörte 1470 dem Staller (=Oberbeamten) Edlef Knudsen, dann dessen Sohn Knud Edlefsen, der gleichfalls Staller auf Nordstrand war und vom Herzog Friedrich von Gottorp im Jahre 1504 geadelt wurde. Sein Hof Seegard erhielt gleichzeitig die Gerechtsame eines adeligen Gutes.

Jetzt vererbte sich Seegard in seiner Familie, bis es durch Einheirat an die Meinstorf kam, von diesen um 1664 an Gosche v. Thienen. Zu Seegard gehörte eine Hallig, eine nicht eingedeichte kleine Insel im Meer, die sog. Meinstorfische Hallig. Diese Hallig war seit der großen Sturmflut von 1634 in den Wellen verschwunden, aber als Örtlichkeit immer noch vorhanden und erkennbar. Als jetzt um 1670 die Interessenten des Süderkoogs auf Pellworm sich ans Werk machten, die bei der großen Sturmflut zerstörten Deiche wieder aufzubauen, ergab sich als zweckmäßigste Linie die Notwendigkeit, mitten durch das Gelände der Meinstorfischen Hallig hindurchzubauen. Gosche v. Thienen war inzwischen tot, daher wurden jetzt seine 8 Kinder bzw. deren Vormünder darauf angesprochen, ob sie bereit wären, sich dem Deichbau anzuschließen oder die Hallig zu verkaufen, entsprechend dem alten Rechtsgrundsatz an der Küste: Wer nicht will deichen, der muß weichen. Die Vormünder entschlossen sich zum Verkauf gegen Zahlung von 100 Rthlr. auf ewige Tage, am 1. Mai 1672 wurde der Kaufbrief ausgestellt und erhielt am gleichen Tage die Bestätigung des Herzogs Christian Albrecht.

Auf Porzellanteller gemalte Ansicht

Die Erben sollten diesen Verkauf bald bereuen. In der Erbteilung der Geschwister erhielt der zweite Sohn Henning das adelige Gut Seegard mit einem geschätzten Wert von 10000 Rthlr. Aber als er es bald darauf verkaufen wollte, ergab sich, daß der Wert des Gutes durch den Verkauf der Meinstorfischen Hallig gesunken war, der Käufer Magnus v. Wedderkop, der spätere Präsident des Geheimen Raths, gab nur mehr 8600 Rthlr.

Der ältere Bruder von Henning, Hieronymus v. Thienen, erbte Kühren. Da er kinderlos verheiratet war, adoptierte er den Sohn von Henning, Cai v. Thienen. Dieser ist eigentlich der einzige, über dessen Leben wir etwas mehr wissen. Um Kühren gab es große Streitigkeiten, die Witwe von Hieronymus verlangte die Rückzahlung des von ihr eingebrachten Gutes, auch ihr zweiter Mann, Benedikt v. Ahlefeldt, trat mit Ansprüchen hervor, kurz, Kühren stand bereits dicht vor dem Verkauf. Jetzt besannen sich die vielen Geschwister von Hieronymus darauf, daß ihr Geschlecht in Gefahr war, das Stammgut zu verlieren und machten Cai v. Thienens Ansprüche auf dem Rechtswege geltend. Schließlich kam der Prozeß im Jahre 1682 zu einem Vergleich, aber einem teuer erkauften. Cai v. Thienen konnte Kühren behalten, aber nur gegen eine Abfindung aller übrigen Erben in Höhe von 74000 Rthlr., gewiß eine sehr hohe Summe, wenn man bedenkt, daß das Gut dem Onkel Hieronymus 30 Jahre früher nur mit 40000 Rthlr. angerechnet worden war.

Cai v. Thienen kam in jungen Jahren als Page an den Hof der Herzöge von Holstein-Plön und gewann hier ein vertrauensvolles Verhältnis zu dem Hofmarschall Benedikt von Kunigham, der aus einem schottischen Geschlecht stammte. Es sind noch eine Reihe von Briefen erhalten, die Cai v. Thienen von seinen Reisen mit dem Sohne des Herzogs nach Holland und Frankreich an ihn geschrieben hat. In einem Briefe aus Versailles von 1699 heißt es:

„doch Versaillisch Lustbahrkeit nimpt täglich zu".

In Cai v. Thienen dürften wir auch den Erbauer eines der älteren Gebäude auf Kühren erblicken. Von dem 1967 abgebrochenen Schloß steht noch, aber auch kurz vor dem Abbruch, ein turmartiger Bau, der etwa auf die Jahre bald nach 1700 zurückgeht und mit den Wappen Thienen und Rantzau geschmückt ist, Cai v. Thienen war mit Christine Rantzau a. d. H. Quarnbek verheiratet. Auch die Worte: ... Frau Christina ... sind noch zu entziffern. Der Turm hat gewölbte Keller, die

unteren beiden Stockwerke sind alt, das oberste ist erst 1882 entstanden. Vielleicht war das Gebäude als Gartenpavillon geplant, östlich erstrecken sich alte Lindenalleen als Reste eines französischen Gartens.
Wohl schon einige Jahrzehnte früher, also in der zweiten Hälfte des 17. Jahrhunderts, dürfte die Anlage des Wirtschaftshofes entstanden sein, also zur Zeit Gosche v. Thienens, der 1649 den Besitz von Kühren antrat, dem Großvater von Cai. Dieser Hof liegt auf einem Plateau oberhalb eines kleinen Wasserlaufes, der zum Lanker See hinführt. Die Hofanlage ist wohlerhalten, großzügig gestaltet und von bedeutender landschaftlicher Wirkung. Hinter der Einfahrt zwischen zwei erst 1858 entstandenen Querhäusern gruppieren sich symmetrisch vier große strohgedeckte Scheunen und Ställe. Am ältesten sind die auf der Südseite gelegenen, sie bestehen noch ganz aus Fachwerk, der eine Giebel am Ostende ist mit Knaggen geziert. Auf der nördlichen Seite ist die eine Scheune 1821 völlig neu auf alten Fundamenten erbaut, die andere hat noch Fachwerk. Die Anlage öffnet sich nach Osten zu in Richtung auf das bescheidene kleine Hauptgebäude. Es ist aus Fachwerk erbaut, besitzt nur ein Stockwerk und keinen Keller. Nach dem Hof zu trägt es in der Mitte ein großes Frontispiz, auf der Rückseite hat es feste Mauern und besitzt einen Anbau, der Wirtschaftsräume aufnimmt. Das Gebäude dürfte in seinem Kern gleichfalls auf das 17. Jahrhundert zurückgehen. Im Inneren betritt man zunächst eine große und sehr tiefe Halle, die im Jahre 1947 mit Paneelen aus dem jetzt abgebrochenen Schloß ausgestattet worden ist. Das Paneel ist neueren Datums. In ihm ist Platz vorgesehen für eine Serie von bemalten Tellern mit Bildern von Schlössern in Holstein und Mecklenburg, die Detlev v. Bülow von Freunden und Verwandten zu seinem 80. Geburtstag im Jahre 1873 geschenkt worden sind.
Die Schwierigkeiten um Kühren erwuchsen in der nächsten Generation der Thienen bedeutend an. Erbe war der älteste Sohn von Cai, Henning v. Thienen, aber er wurde genötigt, Kühren mit Bundhorst im Jahre 1732 seiner Mutter für nicht weniger als 90000 Rthlr. abzukaufen. Schon 1689, bei den Streitigkeiten mit Cais Mutter, hatte es geheißen, das Gut sei schwer verschuldet. Jetzt war kein Halten mehr, die erheblichen Zahlungen, die sowohl Cai wie sein Sohn Henning hatten aufbringen müssen, dazu die umfangreichen Bauten auf dem Hof, endlich noch eine Viehseuche im Jahre 1744 beraubten das Gut der Existenzmöglichkeit. Hinzu kamen schwere Zerwürfnisse zwischen Mutter und Sohn, dieser klagt bitter über ihre Verwaltung, er habe das Gut 1732 überschuldet annehmen müssen, als die Mutter 1744 den

Besitz wieder übernommen habe, habe sie alles getan, um ihm zu schaden. Er fährt fort:

> „Seine allernächsten Blutsverwandten hätten ihm jederzeit dergestalt im Wege gestanden, wie noch bis hiezu keine Anständigkeit und Billigkeit jemahlen erfordert."

Als die Mutter Christine geb. Rantzau 1747, jetzt auch ihrerseits völlig verschuldet, verarmt starb, übernahm der Sohn den Besitz nur wieder in der Hoffnung, ihn günstig verkaufen zu können. Im Jahre 1756 mußte er Konkurs anmelden, Kühren ging jetzt für 74500 Rthlr. in den Besitz des Forstmeisters v. Höveln über, 1766 folgte der Meierhof Bundhorst, der für 20000 Rthlr. an den Proprietär Heinrich Kahl und Gerd Schlüter überging. Henning v. Thienen starb erst 1782. Mit ihm ging die dreihundertjährige Besitzzeit der Thienen auf Kühren zu Ende.

Der Forstmeister v. Höveln gab Kühren schon bald darauf an den Etatsrath Lucas v. Klippe weiter. Aber jetzt treten die Bülow auf Gudow in die Erscheinung. Der Landrat und Erblandmarschall Detlev v. Bülow auf Gudow wollte für die drei seiner Söhne, die das Erwachsenenalter erreicht hatten, Güter in Lauenburg und in Holstein als Sitze neuer Häuser einrichten. Er besaß bereits im Lauenburgischen die Lehngüter Gudow und Müssen. Für den dritten Sohn stand zunächst nur das Gut Lundenaes zur Verfügung. Dieses Gut liegt unmittelbar östlich der kleinen Stadt Skjern im westlichen Jütland und war ursprünglich eine königliche Burg. Später ging es in den Besitz der Brüder v. Uffeln in Hamburg über, von diesen im Jahre 1683 auf die Bülow auf Gudow. Lundenaes war ein außerordentlich umfangreicher Besitz, sein Steuerwert wurde auf 2554 to Hartkorn berechnet und entsprach damit der Größe einer Lehnsgrafschaft, für die 2500 to Hartkorn erforderlich waren. Das Areal von Lundenaes dürfte mindestens 20000 ha betragen haben, wobei man die sehr dürftige Bodenqualität im westlichen Jütland nicht außer Acht lassen darf.

Jetzt fiel der Blick des Erblandmarschalls auf Kühren, das er gegen Lundenaes einzutauschen gedachte, weil ihm dieses Gut zu entlegen war und er alle seine Söhne in seiner Nachbarschaft anzusetzen wünschte. Die Verhandlungen zogen sich über mehrere Jahre hin, schon im Jahre 1774 wurde der Erblandmarschall mit demjenigen seiner Söhne, der Kühren erben würde, in die Schleswig-Holsteinische Ritterschaft recipiert. Aber bis dahin war noch keineswegs klar, wer von seinen drei Söhnen Gudow erben würde, da um dieses Gut nach altem Brauch gelost

Schloß Vorderfront, 1967 abgebrochen

werden mußte oder ob der Tausch mit Kühren wirklich zustande kommen würde. 1778 war es endlich soweit, der Etatsrath v. Klippe erklärte sich bereit, Kühren gegen Lundenaes zu vertauschen, auch die Nachfolge in Gudow war geklärt. Jetzt konnten die drei Häuser für die drei Söhne begründet werden, der älteste, Georg Ludwig v. Bülow, erhielt Gudow, der zweite, Hans Caspar Kühren und der dritte Adolf Jasper das Gut Müssen.

Klippe hatte mit Lundenaes nicht viel Glück, schon im Jahre 1779 mußte er Konkurs anmelden. Lundenaes wurde bald darauf völlig aufgesiedelt. Seitdem ist Kühren bei den Bülow geblieben, auf Hans Caspar, † 1818, folgte der Sohn Detlev, † 1882, der 1881 in den preußischen Grafenstand erhoben wurde, dann dessen zweiter Sohn Joachim Werner, † 1909, wiederum dessen Sohn Detlev-Heinrich, † 1929. Jetziger Besitzer ist sein dritter Sohn Wichard, * 1918, nachdem die beiden älteren Brüder im Tode vorangegangen waren.

Gartenfront

Das Geschlecht Bülow stammt aus Mecklenburg, wo es bis zum Ende des Zweiten Weltkrieges in vielen Linien blühte. Aber auch in Dänemark und in Holstein wurden eine Reihe von Häusern dieses an Zahl bei weitem größten deutschen Adelsgeschlechts ansässig. Die Bülow auf Kühren bewahrten lange Zeit hindurch der mecklenburgischen Heimat die Treue. Detlev v. Bülow, † 1882, war mecklenburgischer Oberkammerherr, seine Gemahlin Helene, geb. Freiin v. d. Schulenburg, mecklenburgische Oberhofmeisterin, sein Sohn Joachim Werner, † 1909, mecklenburgischer Kammerherr und Oberschloßhauptmann. Am meisten im öffentlichen Leben hervorgetreten ist der eben genannte Detlev v. Bülow. Er war zunächst Jurist geworden und besaß bereits das Versprechen Herzogs Peter von Oldenburg, ihm eine Anstellung in der Justizkanzlei zu geben. Aber als Napoleon I. die norddeutschen Fürstentümer fortfegte und an ihrer Stelle das Königreich Westfalen begründete, gab Detlev v. Bülow die juristische Laufbahn auf und wandte sich dem Forstfach zu. Nach und nach stieg er hier zu hohen Ämtern und Würden auf und wurde schließlich Oberlandforstmeister und Oberjägermeister, alles im mecklenburgischen Staatsdienst. Vergeblich hatte König Friedrich VII. von Dänemark versucht, ihn durch Verleihung des dänischen Kammerherrenschlüssels in den dänischen Staatsdienst zu ziehen. Aber als der Großherzog von Mecklenburg ihn im Jahre 1840 als außerordentlichen Gesandten an den dänischen Hof zur Beglückwünschung des Königs Christian VIII. bei dessen Thronbesteigung entsandte, empfing er das Kommandeurkreuz des Dannebrogordens. Wenige Jahre später verlieh ihm der Großherzog von Mecklenburg das Prädikat Excellenz.

Als die Herzogtümer 1867 von Preußen annektiert wurden, gehörte Detlev v. Bülow zu den ersten, die den Weg nach Preußen fanden. 1881 wurde er vom König von Preußen in den erblichen Grafenstand erhoben mit Bindung an den Besitz des Fideikommisses Kühren und Wilhelminenhof, und Verleihung des Grafentitels unter dieser Beschränkung.

Caspar v. Bülow, † 1818, legte aus dem Areal des Dorfes Kührsdorf einen Meierhof an und nannte ihn nach dem Namen seiner Ehefrau Wilhelmine, geb. Freiin v. Schulte, Wilhelminenhof. Die Hofgebäude, zwei gleichmäßig erbaute riesige Scheunen, sind anscheinend erst vom Sohn Detlev v. Bülow errichtet worden, sie stammen laut Bauinschrift aus dem Jahre 1835, Scheunen von ungewöhnlicher Schönheit und Ausgewogenheit der Formen. Der Meierhof umfaßte ursprünglich 470 ha, ist aber im Zuge der Bodenreform wesentlich verkleinert worden und ist heute nur mehr 106 ha groß. Er gehört der Schwester des Besitzers, Charlotte v. Wendorff, geb. v. Bülow bzw. ihrem Nachkommen. Das Wohnhaus ist im Jahre 1804 erbaut worden, ein schlichter eingeschossiger Querbau mit übergiebeltem zweigeschossigem Mittelrisalit.

Detlev Graf v. Bülow, † 1882, hat außer den vielen Bauten auf dem Wirtschaftshof vor allem das Schloß auf der Anhöhe südlich des Hofes errichtet. Dieser Bau entstand in mehreren Stufen. Zunächst baute Bülow einen in klassizistischen Formen gehaltenen würfelförmigen Baukörper von beiderseits 5 Achsen mit schwach vorgezogenem Mittelrisalit und Walmdach. Das Aussehen dieses Hauses ist uns überliefert durch die Abbildung auf dem einen der oben erwähnten Wandteller. Später zog Bülow den Architekten I. E. Mose heran, der auch auf anderen unserer Güter gebaut hat, wenn auch nicht immer mit glücklicher Hand. Mose fügte 1882 beiderseits an den klassizistischen Kernbau pavillonartige Seitenpartien hinzu, das ursprüngliche Walmdach wurde durch ein Mansardendach ersetzt. Im Norden wurde die ganze Anlage zusammengebaut mit dem alten turmartigen Gebäude von 1700.

Dieses Schloß wurde nach dem letzten Kriege Flüchtlingen und Heimatvertriebenen als Wohnung überlassen und ist, nachdem diese wieder fortgezogen waren, wegen Baufälligkeit im Jahre 1967 abgebrochen worden. Heute steht nurmehr der turmartige Pavillon von Cai v. Thienen. Joachim Werner Graf v. Bülow, † 1909, erbaute in der Nähe des Bahnhofs Kühren eine Fabrik für Tonwaren und nannte sie zu Ehren seiner Gemahlin Charlotte, geb. v. Döring, Charlottenwerk. Die Fabrik, die heute nicht mehr besteht, versorgte ganz Holstein mit Kachelöfen, die als Kührener Öfen weithin bekannt wurden.

Detlev-Heinrich Graf v. Bülow, † 1929, war mit Bodild Freiin v. Sobeck, † 1961, verheiratet. Durch volle 25 Jahre, von 1929 bis 1954 war sie Bürgermeister der Gemeinde Kühren. Bei ihrem Ausscheiden aus dem Amt wurde sie durch Verleihung des Ehrenbürgerrechtes ihrer Gemeinde geehrt. Während des Dritten Reiches wurden überall die Frauen aus den öffentlichen Ämtern entfernt, weil es sich angeblich mit der Würde der Frau nicht vertrug, ein öffentliches Amt zu bekleiden. Bodild Gräfin v. Bülow war, soweit bekannt, die einzige Frau, die während der ganzen Zeit des Dritten Reiches sich durch ihr Verständnis für soziale Belange in ihrem Amt zu behaupten wußte. Sie war auch Begründerin und langjährige Vorsitzende des Verbandes schleswig-holsteinischer landwirtschaftlicher Hausfrauenvereine.

In der nächsten Generation gab es tiefe Trauer um die beiden älteren Söhne, Axel-Werner Graf v. Bülow fiel 1943 auf der Krim, Detlev Graf v. Bülow verlor am 20. Mai 1945 sein Leben, als plündernde Russen auf dem Meierhof Wilhelminenhof die Verwalterfamilie überfallen hatten und er mit Freunden zu Hilfe hingeeilt war.

Das adelige Gut Kühren umfaßte bis zur Zeit der beiden Bodenreformen 1682 ha. In den Jahren nach den beiden Weltkriegen wurden die Dörfer und Einzelstellen Kl. Kühren und Glinde abgetrennt und in freies Eigentum überführt sowie Kührsdorf gesiedelt. Heute besteht das Gut aus dem Haupthof mit 577 ha, einem Waldareal von 170 ha und Wasserflächen von 150 ha, insgesamt 897 ha.

Adeliges Gut Kühren

Besitzer: Wichard Graf v. Bülow

Besitzer

13./14. Jahrh.	Ritter von Kuren
1383–ca. 1470	(v.) Rantzau
1470–1756	v. Thienen
1756–1778	verschiedene Besitzer
seit 1778	v. Bülow seit 1881 Grafen v. Bülow

Gut und Bauten

nach 1650	Bau des Wirtschaftshofes und des heutigen Herrenhauses
nach 1700	Bau des turmartigen Gartenpavillons
um 1800	Anlage des Meierhofes Wilhelminenhof
zwischen 1830 und 1860	Um- und Erweiterungsbauten auf dem Hof
1850	Bau des neuen Herrenhauses
1882	Erweiterungsbau des Schlosses
1890	Bau des Charlottenwerkes
1965	Brand der Weizenscheune
1967	Abbruch des Schlosses
1968–84	Abbruch der Reetdachscheunen auf dem Hof

9 Wahlstorf

Kirchspiel Preetz Kreis Plön

Der Ort Wahlstorf wird erstmalig im Jahre 1224 erwähnt, als seine Zehnten dem Kloster Preetz beigelegt werden. Etwas später treten auch die Ritter von Walstorp in die Erscheinung, in den Jahren 1272 und 1283 wird Johannes de Walestorpe unter den Rittern genannt. Die Herren von Walstorp sind ein Zweig der Reventlow, sie führen das gleiche Wappen, tragen auch die gleichen Vornamen wie Otto, Eler, Detlev, Volrad und Iven. Auch ihr Besitz deckt sich mit den uns aus dem Mittelalter bekannten Besitzungen, in Dithmarschen, auf dem holsteinischen Mittelrücken, im Grenzgebiet des Limes Saxonicus. So sitzen sie in Groß-Harrie im Kirchspiel Neumünster, in Perdöl, in Voorde, in

Mönkeberg und Dietrichsdorf, später auch in Glasau. In der Urkunde von 1272, die in Dransau im adeligen Gute Neuhaus aufgesetzt ist, überträgt Johannes de Walestorpe gemeinsam mit den Brüdern Hartwig und Hinrich v. Reventlow und allen ihren Verwandten Grundbesitz innerhalb des adeligen Gutes Osterrade an die Armen von Itzehoe.
Am bekanntesten geworden ist Anna Walstorp, die mit dem Feldherrn Johann Rantzau auf Breitenburg, † 1565, vermählt war. Ihr eindrucksvolles Porträt zusammen mit einer Enkelin hängt noch heute auf Breitenburg.
Seit der Mitte des 15. Jahrhunderts erscheinen die Rumohr auf Wahlstorf. Lüder Rumohr, einer der hervortretendsten Männer des Geschlechts im Mittelalter, wohnt im Jahre 1446 auf Lanke. Der Ortsname ist später verschwunden, heute heißt es Freudenholm, ein kleines eigenes adeliges Gut an der Landstraße von Preetz nach Plön. Einzig in dem Namen des Lanker Sees ist die alte Bezeichnung erhalten geblieben. Lüder Rumohr, der auch Grundbesitz in Westerau bei Bad Oldesloe und Ellenberg an der Schlei hatte, gehört zu den Räten Königs Christian I.; die nach seiner Wahl zum Herzog von Holstein und Schleswig in Ripen im Jahre 1460 den neuen Landesherrn unterstützten. Das hinderte ihn freilich nicht, das Adelsbündnis von 1469 mit zu unterschreiben, als fünfter in der langen Reihenfolge der Ritter und Knappen.
Von Lanke aus dürfte er bald in den Besitz von Wahlstorf selber gekommen sein, wenn nicht überhaupt beide Sitze schon damals einen Gesamtkomplex bildeten. Im Jahre 1469 verkauft er Wahlstorf an Detlev v. Thienen. Damit hatten die Thienen einen Stammsitz erworben, der ihnen durch drei Jahrhunderte erhalten bleiben sollte, ebenso wie das benachbarte Kühren, das 1487 hinzu erworben wurde. Die Burg Lüder Rumohrs wurde von ihnen aufgegeben, man kennt aber noch die Stelle der ersten Anlage, der Enkel Christoph v. Thienen erwähnt im Jahre 1555 den „Olden Hoff" und eine Koppel in der Nähe heißt Oldenhöfen. In der Nähe dieses alten Hofes, im Lanker See selber sind Reste von Pfahlreihen gefunden worden, die darauf hindeuten, daß die erste Burg des Mittelalters nicht am See, sondern im See selber gelegen hat.
Die Thienen, die zu unseren altholsteinischen Adelsgeschlechtern gehören, zu den sog. Originarii, treten bedeutend später auf als alle anderen. Als erster erscheint der Ritter Henning v. Thienen in einer Urkunde König Erichs VII. Menved von Dänemark im Jahre 1315. Seine Herkunft ist umstritten, es gibt keinen Ort, von dem das Geschlecht

herstammen könnte, auch der genealogische Zusammenhang der Familie in den folgenden eineinhalb Jahrhunderten ist nicht nachzuweisen. Die feste Stammreihe beginnt erst mit jenem Detlev v. Thienen, der 1469 Wahlstorf ankaufte.

Alsbald nach diesem Erwerb dürfte er oder sein Sohn Claus, † nach 1550, das Herrenhaus auf Wahlstorf erbaut haben. Dieses Haus ist nicht nur von bemerkenswerter Schönheit durch seine Lage auf einer kleinen, von zwei Armen der Schwentine umflossenen Burginsel, durch das Gleichmaß seiner Proportionen, durch das altertümliche bestens erhaltene Mauerwerk. Darüber hinaus ist es für das ganze Land von besonderem Wert durch die Möglichkeit der lebendigen Anschauung eines spätmittelalterlichen Bauwerks. Auf der Rantzauischen Tafel von 1587 finden sich eine große Zahl von Darstellungen ähnlicher Doppelhäuser. Aber einmal sind diese Bildchen technisch sehr unvollkommen wiedergegeben, geradezu Zerrbilder der Wirklichkeit. Zum anderen ist von allen diesen vielen Bauten nicht ein einziger unverändert auf unsere Zeit gekommen, die meisten sind später abgebrochen und durch neuere stattlichere Herrenhäuser ersetzt worden. Einige wenige sind noch im Kern erhalten, aber auch durch Umbauten stark verändert. In Wahlstorf haben wir ein geradezu klassisches Beispiel vor Augen, wie diese ersten wirklichen Herrenhäuser sowohl im Äußeren als auch von innen ausgesehen haben.

Sicherlich, auch Wahlstorf ist von Veränderungen nicht völlig frei geblieben. Quer über der Vorderfront standen in großen Eisenbuchstaben die Jahreszahlen von 1613, die viele Chronisten zu der Meinung verführten, das Haus sei erst in diesem Jahre erbaut worden. In Wahrheit bezog sich diese Zahl nur auf den links vom Treppenturm angebauten Vorbau. Im Jahre 1924 wurde ein entsprechender Vorbau auf der rechten Seite hinzugefügt, um die Symmetrie herzustellen. Der Turm enthielt ursprünglich eine Wendeltreppe, rechtsläufig angelegt, um dem Angreifer, wenn er schon bis hierher hätte kommen können, den Aufstieg zu erschweren, – er hätte ja nur den linken Arm gebrauchen können. An der Spindel waren eiserne Haken angebracht, um das Auflegen von Musqueten zu ermöglichen. Der ursprüngliche Eingang lag etwa 2 m über dem Erdboden, mit anderen Worten gab es einen Zugang nur über eine hölzerne Leiter, die man des Nachts einziehen konnte. Man sieht, das Haus war in erster Linie noch eine feste Burg, eine Stätte der Verteidigung. Später ist der Turm im Inneren weitgehend umgebaut worden.

Rück- und Seitenfront

Das Haus selber besteht aus zwei nebeneinanderstehenden Querhäusern, das erste ist vielleicht früher entstanden, das wird durch ähnliche Entwicklungen, wie z. B. auf Roest in Angeln, wahrscheinlich. Dort wird 1590 der Hauptbau errichtet, 1641 folgt das Nebenhaus. Ähnlich, wenn auch schon ein Jahrhundert früher, mag die Entwicklung in Wahlstorf vor sich gegangen sein.
Auch im Inneren haben vor allem in der Barockzeit wesentliche Um- und Einbauten stattgefunden. Es ist aber durch eingehende Untersuchungen des Baukörpers möglich geworden, den ursprünglichen Zustand weitgehend zu rekonstruieren. Danach enthielt das Vorderhaus ursprünglich im Erdgeschoß einen einzigen großen Raum, den Rittersaal, mit schwerer Eichenbalkendecke und einem Kamin an der einen Schmalseite. Der Saal hatte die gewaltigen Ausmaße von fast 10×19 m. Im Obergeschoß, das man durch die Wendeltreppe im Turm erreichte, befand sich ein entsprechender weiterer Saal.
Der zweite Teil des Hauses dürfte spätestens in der ersten Hälfte des 16. Jahrhunderts erbaut worden sein. Man beschränkte sich in alter Zeit sowohl aus Gründen der Sparsamkeit wie auch aus Erwägungen der besseren Stabilität auf eine gemeinsame starke Mittelmauer. Das Doppeldach wurde mit Rücksicht auf den Winddruck gewählt, in

unserem von heftigen Stürmen häufig betroffenen Land ein nicht zu unterschätzender Vorteil. Ein einziges Dach über dem gesamten Baukörper hätte schwere Probleme der Standfestigkeit aufgeworfen. Daß auf der anderen Seite ein Doppeldach bei schneereichen Wintern andere Sorgen mit sich bringt, steht auf besonderem Blatt.
Das Nebenhaus in Wahlstorf ist etwas schmäler als das Haupthaus, es mißt nur 6 m an den Schmalseiten bei gleicher Länge und enthält von altersher im Erdgeschoß drei etwa gleich große Zimmer. Als baulicher Schmuck, gleichzeitig als hygienische Notwendigkeit wurden an der Rückfront zwei Abtrittpfeiler angebaut. Wir finden sie stets paarweise angeordnet. Sie reichen bis zur Höhe des Obergeschosses und sind durch Pultdächer abgeschlossen.
Es vergeht ein Jahrhundert, seit Detlev v. Thienen Wahlstorf gekauft hat, das Gut ist inzwischen erst auf den ältesten, dann auf den zweiten Sohn übergegangen, von diesem auf dessen Sohn und Enkel. Der letztere, Claus v. Thienen, † 1592, ist seit 1571 Besitzer von Wahlstorf, noch zu Lebzeiten des Vaters, und entwickelt von 1581 an, nachdem der Vater gestorben ist, eine umfangreiche Bautätigkeit auf dem Hofe. Der Kieler Professor Adam Hinrich Lackmann hat eine ausführliche „Beschreibung der in den Herzogtümern Schleswig-Holstein angesessenen ritterlichen Familie von Thienen" hinterlassen, die als Manuskript in der Kieler Universitätsbibliothek ruht und etwa auf die Mitte des 18. Jahrhunderts datiert werden kann. In dieser Chronik berichtet er von Claus v. Thienen, er sei ein großer Liebhaber vom Bauen gewesen. In seine Zeit fällt ohne Zweifel der Übergang von der Ritterburg des Mittelalters zum landwirtschaftlichen Großbetrieb der neuen Zeit. Er schafft die Hofanlage, die in ihrer Geschlossenheit noch heute das Auge des Betrachters entzückt. 1581 entsteht das Torhaus, das später wieder abgebrochen ist, 1584 die große Scheune, an der die Namen von ihm selber und seiner Ehefrau Emerentia geb. v. Buchwaldt angebracht sind. Über den Einfahrten standen in die Balken eingeschnitzt folgende Sprüche:

„Den Frommen giebt Gott Güter, die da bleiben
und was er bescheret, gedeihet immerdar",

dann:

„Es kommt alles von Gott, Glück und Unglück,
Reichthum und Armuth",

weiter:

„Selich is der Man der Godt von Hertzen
vertruuen kan Anno Domini 1584"

und endlich:

„Der Seegen des Herrn machet riik
ahne Moje".

Das Ehepaar ist kinderlos, daher wird Wahlstorf jetzt verkauft, aber nicht in fremde Hand, sondern an den Vetter Hans v. Thienen. Von diesem geht das Gut weiter über Sohn und Enkel an den Urenkel Wulf Heinrich v. Thienen, † 1708. Von ihm und den seltsamen Eheverwicklungen seiner Ehefrau Barthe Catharine v. Ahlefeldt ist unter den Artikeln Güldenstein und Gaarz berichtet worden.

Wulf Heinrich v. Thienen gehört zu der Gruppe der zu großem Reichtum gelangten Mitglieder des Geschlechts. Er selber erwirbt zu Wahlstorf durch Heirat und Kauf die adeligen Güter Schinkel und Güldenstein hinzu, sein Neffe erbaut auf Güldenstein das große schloßartige Herrenhaus. Er selber hat Wahlstorf im Inneren weitgehend umgestaltet. In die Halle wird unter der Balkendecke im Jahre 1704 eine Stuckdecke eingezogen, mit Akanthusmotiven, Kartuschen und Mittelgemälde. Ein Teil mag später erneuert sein, aber in der rechten Hälfte ist noch der ursprüngliche Zustand von 1704 erhalten. Zur gleichen Zeit werden im hinteren Flügel zwei Stuckdecken mit reichem Dekor eingezogen, der Turm erhält ein pilastergerahmtes Hauptportal, die Treppengiebel als Abschluß dieser beiden Flügel des Doppelhauses werden durch Walmdächer ersetzt. Wulf Heinrichs Neffe Heinrich v. Thienen, † 1737, besaß seit 1722 auch noch das adelige Gut Grünholz in Schwansen, auf dem seine Witwe Ida Lucia geb. v. Brockdorff im Jahre 1749 das heutige schöne Herrenhaus erbaute.

Bei so viel Reichtum innerhalb der Familie fiel es nicht schwer, für die Kinder zu sorgen. Die älteste Tochter Elisabeth Christine v. Thienen erhielt Wahlstorf, der Bruder Wulf Heinrich v. Thienen Grünholz und Güldenstein. Bald gab es weitere Veränderungen, die Mutter veranlaßte diesen Sohn, ihr Grünholz wieder abzutreten, und als die Tochter Elisabeth Christine sich mit Mogens Scheel v. Plessen verheiratete, schloß sie mit dem Schwiegersohn einen förmlichen Kaufcontract über Wahlstorf ab. Mogens Plessen starb mit jungen Jahren schon 1749, seine Witwe blieb bis zu ihrem Tode im Jahre 1788 im Besitz von Wahlstorf, so

daß man die Zeit der Thienen bis zu diesem Endpunkt rechnen kann. Mogens Plessen gehörte zu den vielen Plessen, die sich um diese Zeit in Dänemark und in den Herzogtümern heimisch gemacht hatten. Alle diese Plessen kommen aus Mecklenburg, wo ihre Abstammung auf den Ritter Helmold von Plesse(n) 1263 zurückgeht. Seine in Holz geschnitzte lebensgroße Statue steht in der Kirche von Hohen-Viecheln in Mecklenburg, südlich Wismar, am Nordrande des Schweriner Sees.
Ältere Historiker haben eine Stammesgleichheit mit dem altholsteinischen Geschlecht v. Plesse angenommen. Der langjährige Land- und Klostersyndikus Markus Posselt hat noch im Jahre 1898 in seiner Schrift: „Actenmässiger Bericht über die Receptionen der Schleswig-

Halle

Holsteinischen Ritterschaft" diese These vertreten. Neuere Forschungen haben eindeutig die Unrichtigkeit dieser Annahme erwiesen. Das Geschlecht Plessen aus Mecklenburg ist mit diesen altholsteinischen Plesse, die im Anfang des 17. Jahrhunderts ausgestorben sind, nicht identisch. Sie führen ihre ursprüngliche Herkunft auf die Herren v. Plesse nach der gleichnamigen Burg bei Göttingen zurück.

Jacob Levin v. Plessen, †1761, war Oberhofmarschall am Eutiner Hofe und erwarb in Holstein die adeligen Güter Blumendorf und Rantzau. Er gehört zu der Linie Arpshagen. Sein Vetter Christian Siegfried v. Plessen, †1723, stammt a. d. H. Steinhausen und wurde der Begründer der dänischen Linie. Er erreichte die hohen Würden eines Präsidenten der Rentekammer, war dänischer Oberkammerherr, Hofmarschall und Amtmann mehrerer Ämter in Dänemark und Schleswig, Großkreuz vom Dannebrog und Ritter des Elephanten-Ordens. Sein Sohn Christian Ludwig v. Plessen, †1752, gleichfalls Großkreuz vom Dannebrog und Ritter des Elephanten-Ordens, vermählte sich mit Charlotte Amalie Skeel aus altem dänischem Adel. Deren Vater, der Stiftsamtmann Mogens Skeel, errichtete aus dem großen Besitz Fussingø bei Randers in Jütland ein sog. Stammhaus. Infolgedessen nahm der obengenannte Sohn Mogens Namen und Wappen der Scheel zu seinem hinzu und nannte sich fortan Scheel von Plessen. Christian Ludwig v. Plessen besaß außer seinem umfangreichen Besitz an Gütern in Dänemark noch das adelige Gut Salzau in Holstein, das nach seinem Tode auf seinen Sohn Friedrich Christian überging.

Mogens Plessen war Oberzeremonienmeister am dänischen Hof und ein Liebling der Frauen. Von ihm heißt es in alten Chroniken sehr hübsch: „Schöne Frauen und die Jagd waren seine Passionen", es wird hinzugefügt: „Gütig gegenüber dem Nächsten". Von seinen Söhnen erbte der jüngste Carl Adolph, †1810, Wahlstorf, konnte es aber erst nach dem Tode der Mutter im Jahre 1788 übernehmen. Er war mehrere Jahre lang Gesandter am Hof von Neapel und wurde bei seinem Abschied aus dem Staatsdienst Großkreuz vom Dannebrog. Aus seiner Ehe mit Ida Hedwig v. Buchwaldt a. d. H. Borstel gab es keine Kinder. In seinen späteren Lebensjahren, als er von seiner Frau getrennt lebte, scheint er in der Hauptsache in Hamburg gewohnt zu haben, zusammen mit einer Adoptivtochter, dem sog. Fräulein Emilie, die später den dänischen Hauptmann Bernhard Friedrich v. Schow heiratete. Es sind noch die Inventarverzeichnisse des Hauses in Hamburg sowie von Wahlstorf bei dem Tode der Mutter Elisabeth Christine geb. v. Thienen und bei seinem

Wahlstorf, Fassade

eigenen Tode erhalten. Aus ihnen ist ersichtlich, daß Wahlstorf in dieser Zeit äußerst sparsam eingerichtet war, während sich das meiste und wertvollste Mobiliar in dem Hamburger Hause befand. Dort ist Carl Adolph v. Plessen auch gestorben.
Für eines hatte die Mutter Elisabeth Christine geb. v. Thienen noch zu ihren Lebzeiten gesorgt, für die Aufnahme der verschiedenen Plessenschen Zweige in die Schleswig-Holsteinische Ritterschaft. In der sog. Großen Reception von 1756 wurden alle drei recipiert, der Oberhofmarschall Jacob Levin v. Plessen auf Rantzau und Blumendorf, der Generalmajor Friedrich Christian v. Plessen auf Salzau und Frau Elisabeth Christine selber auf Wahlstorf und Grünholz mit ihrer gesamten männlichen Descendenz. Die beiden erstgenannten haben keine Nachkommen hinterlassen, von den vielen Kindern von Elisabeth Christine nur der Sohn Christian Friedrich, † 1804, aus seiner ersten Ehe mit Margarethe Oelgard v. Rumohr a. d. H. Buckhagen.
Dieses Ehepaar hatte einen einzigen Sohn Mogens Joachim, der im Jahre 1829 in den Rang eines dänischen Lehnsgrafen unter dem Namen Lehnsgraf v. Scheel-Plessen erhoben wurde und dem nun der gewaltige Grundbesitz aus dem Plessenschen und Thienenschen Nachlaß zufiel. In Holstein wurde Sierhagen Hauptwohnsitz, Wahlstorf blieb für lange Zeiten mehr oder weniger unbewohnt.
Erst in der vorletzten Generation erfüllte sich Wahlstorf wieder mit neuem Leben. Durch Erbvertrag von 1922 wurden die Besitzungen zwischen den drei Brüdern aufgeteilt, während sich die Eltern den Nießbrauch auf Lebenszeit vorbehielten. Der älteste Bruder, der spätere Lehnsgraf Carl v. Scheel-Plessen, † 1948, erhielt die adeligen Güter Sierhagen mit Mühlenkamp sowie Hasselburg, außerdem das Stammgut Fussingø in Dänemark, nahm aber seinen Aufenthalt zunächst in Wahlstorf. Der zweite Bruder Magnus, † 1948, erhielt die übrigen dänischen Güter, der dritte, Victor, † 1980, das adelige Gut Wahlstorf selber. 1938 erfolgte der Tausch, der älteste Bruder verlegte seinen Wohnsitz nach Hasselburg, Victor Baron v. Plessen übernahm Wahlstorf.
Dieser letztere trat schon in jungen Jahren hervor durch seine Forschungsreisen in die Welt des malaiischen Archipels. Insgesamt hat er ca. 8 Jahre dort verbracht und sich zoologischen und ethnologischen Erkundungen gewidmet. Die Reisen führten ihn im Auftrag verschiedener Museen zu den Sundainseln bis zur Insel Alor, nach Borneo und nach Celebes und einer von Europäern unbewohnten Inselgruppe

zwischen Celebes und Flores. Auf diesen Reisen entstanden die Filme, die ihn weltbekannt machten, 1932 „Bali, die Insel der Dämonen" und in den Jahren von 1933–1934 „Die Kopfjäger von Borneo". Auch ein Buch über das gleiche Thema hat er veröffentlicht.
Die umfangreichen ornithologischen und zoologischen Forschungen brachten reiche Ausbeute. Über 40 Subspecies und Arten sind von ihm entdeckt worden, viele von ihnen tragen seinen Namen.
Auch als Maler ist Victor Baron v. Plessen von Bedeutung geworden. Ähnlich wie Gauguin auf Tahiti gemalt hat, entstanden seine Werke vorzugsweise auf Bali, Gemälde von stark atmosphärischer Dichte. Viele von ihnen hängen in Wahlstorf.
Auf seinen Reisen hat er eine reiche Sammlung von chinesischen Fayencen zusammengetragen, größtenteils in Indonesien, zum Teil auch in China selber. Die schönen Räume des alten Herrenhauses bergen viele dieser Kostbarkeiten.
Nach dem Tod Victor Baron v. Plessens im Jahre 1980 ging das Gut Wahlstorf an seine älteste Tochter Victoria, geb. 1937, über.
Das Gut hatte bis zur Gegenwart eine Größe von 1483 ha. Die beiden Dörfer Wahlstorf und Wielen wurden nach dem Ersten bzw. Zweiten Weltkrieg abgetrennt und in freies Eigentum überführt. Der Haupthof hat heute ein Größe von 540 ha Acker und Grünland, dazu kommen 144 ha Wald und 218 ha Wasser, insgesamt 902 ha.
Ein besonderes wirtschaftliches Problem stellen die großen reetgedeckten Scheunen dar. Im Rahmen der notwendig gewordenen Rationalisierung der Landwirtschaft sind die Kornspeicher und Ställe für den

Kornspeicher 2. H. 17. Jh., Stand um 1980

heutigen modernen Betrieb von keinem Nutzen mehr. Sie stehen leer und sind den Unbilden des holsteinischen Wetters ausgesetzt. Durch große Löcher in den riesigen Reetdächern regnet es hindurch, und das Gebälk beginnt, zu verrotten. Die Unterhaltung dieser nicht mehr zu nutzenden Gebäude ist für den Betrieb eine unzumutbare Belastung. Zwei Scheunen, außerhalb des Burggrabens, sind bereits im Begriff, abgerissen zu werden. Wenn nicht erhebliche finanzielle Hilfe aus öffentlicher Hand zur Verfügung gestellt wird, muß auch für die unter Denkmalschutz stehenden vier Scheunen, die die innere Hofanlage bilden, der Antrag auf Abbruch gestellt werden. Der Kostenvoranschlag für die Instandsetzung beläuft sich auf ca. 1 Mio. DM, die ein landwirtschaftlicher Betrieb von 450 ha LN unmöglich erwirtschaften kann. Im Januar 1982 wurde die Öffentlichkeit durch Presse und Fernsehen auf diese Problematik aufmerksam gemacht. Durch die Aufnahme in das Schleswig-Holstein-Programm 1983 konnte die alte schöne Hofanlage gerettet werden. So sind insbesondere die große Weizenscheune von 1584, der Kornspeicher aus dem 17. Jh. und der Jungviehstall saniert sowie spätere An- und Umbauten rückgängig gemacht worden.

Adeliges Gut Wahlstorf

Besitzerin: Victoria Baronin v. Plessen-Deraniyagala

Besitzer		*Gut und Bauten*	
13. Jahrh.	Ritter de Walstorp	Mittelalter	Burg Lanke und Burg Walstorp
1442–1469	(v.) Rumohr	nach 1469	Bau des Herrenhauses
1469–1788	v. Thienen	1581–1584	Bau des Wirtschaftshofes
seit 1788	v. Plessen dann Grafen v. Scheel-Plessen jetzt Barone v. Plessen	1613	Umbau des Herrenhauses
		1704	Ausgestaltung im Inneren
		1924	weiterer Umbau
		ab 1983	Sanierung der Hofgebäude

10 Ascheberg

Kirchspiel Ascheberg   Kreis Plön

Während bei den allermeisten Gütern in Ostholstein bestenfalls der Name einmal im frühen Mittelalter vorkommt, erscheint Ascheberg in einer ausführlichen und bemerkenswerten Erzählung aus dem 12. Jahrhundert. Im Jahre 1190 wurden im Kloster Neumünster die Visionen, also Erscheinungen eines Bauern Gottschalk aufgezeichnet, die visio Godescalci. In diesem Bericht wird erzählt, daß Räuber die Reliquien des Heiligen Martin aus der Kirche in Nortorf gestohlen und sie einem Wenden in Ostholstein zur Aufbewahrung übergeben hätten.

Diesem kam die Sache nicht geheuer vor, er brachte sie daher einem anderen Wenden zur Aufbewahrung, der in dem Dorfe Ascheberg wohnte. Als dieser eines Tages das Dorf verlassen hatte und sich zufällig umsah, schien ihm sein Haus in Flammen zu stehen. Dadurch in Schrecken und Gewissensangst versetzt, fühlte er sich veranlaßt, die Reliquien wieder zurückzugeben.
Der Name Ascheberg ist niederdeutsch und dürfte Eschenberg bedeuten. Wahrscheinlich ist damit der hohe Berg am Rande des Ascheberger Gutsparks gemeint. Aus der genannten Erzählung erfahren wir, daß es ein Dorf Ascheberg gegeben hat, doch ist nicht bekannt, wo es gelegen hat. Daß um 1200 herum hier noch Wenden lebten, ist nicht erstaunlich, wir befinden uns hier mitten im Grenzgebiet des Limes Saxonicus, der alten Grenzscheide zwischen Niedersachsen und Wenden. Auch die Burg eines Ritters dürfte auf alte Zeiten zurückgehen, es gab im Mittelalter ein eigenes Geschlecht der Herren von Ascheberg, das im Jahre 1596 mit der Priörin Emerentia von Ascheberg in Preetz ausgestorben ist und von dem wir mehrere Angehörige mit den Vornamen Volrad und Gottschalk kennen, vielleicht Nachkommen des holsteinischen Präfekten Gottschalk.
Rudolf Schleiden, der Sohn des späteren Besitzers Christian Schleiden, erzählt in seinen Jugenderinnerungen:

> „Wenn bei niedrigem Wasserstande des Sees die großen Steine zum Vorschein kamen, welche ein früherer Besitzer zum Fundament eines neuen Schlosses bestimmt hatte ..."

Vielleicht handelt es sich hier in Wirklichkeit um die erste Wasserburg des Mittelalters.
Seit etwa der Mitte des 15. Jahrhunderts ist Ascheberg Besitztum des Geschlechts Rantzau, die hier, wenn auch mit einigen Unterbrechungen, bis zum Jahre 1799 sitzen. Von 1578 bis 1624 geht das Gut im Erbgang auf die Herren v. d. Wisch, von diesen auf die Sehestedt über, 1624 kauft Daniel Pogwisch Ascheberg, aber als nach seinem frühen Tode die Witwe in zweiter Ehe Bertram Rantzau heiratet, ist es wieder in den Händen der Rantzau und bleibt nun bei ihnen, wenn auch nicht immer in direkter Vererbung, bis um das Jahr 1800.
Bertram Rantzau, der sich auf vielen Kriegsschauplätzen der Zeit hervorgetan hatte, besaß einen Neger, den er auf einem seiner Feldzüge gekauft hatte, machte ihn zu seinem Feldtrompeter und sorgte dafür,

daß er die Tochter des Bürgermeisters von Plön heiraten konnte, indem er ihn freiließ.

Nach dem Tode von Bertram Rantzau ging Ascheberg zunächst an die Tochter Margarethe, die mit Christian Rantzau auf Rastorf verheiratet war, dann 1708 auf den Enkel Bertram Rantzau, 1717 auf dessen Stiefbruder Hans.

In der langen Reihe der Besitzer von Ascheberg ist dieser Hans Rantzau, † 1769, wohl am bekanntesten geworden. Ihm wird die erste Bauernbefreiung in Holstein, wenn auch irrtümlich, zugeschrieben. Die erste dürfte durch den Freibrief Christoph Rantzaus auf Schmoel von 1688 vorgenommen sein, über sie ist im Artikel Schmoel ausführlich berichtet. Das, was Hans Rantzau auf Ascheberg durchführte, war jedenfalls von Hause aus keine Befreiung von der Leibeigenschaft. Seine Pläne waren sowohl von echten humanitären Gedanken als auch von wirtschaftlichen Erwägungen bestimmt. Indem er daran ging, das gesamte Hofland zu parzellieren und selbständige Bauernstellen zu schaffen, regte er die Schaffensfreude seiner Untergebenen an und konnte gleichzeitig die Erträge des Gutes beträchtlich steigern. Schon vor der Aufhebung der Leibeigenschaft waren diese Bauern Erbpächter geworden und wurden damit binnen kurzem freie Eigentümer ihrer Höfe. Insofern war Hans Rantzaus Vorgehen in der Tat für ganz Holstein beispielhaft. Es blieb es auch, von ganz wenigen Ausnahmen abgesehen, – im Gegensatz zu den Gütern im Schleswigschen, vor allem in Angeln, wo man von vornherein alle Grundbesitzer in den Gütern zu Erbpächtern machte.

Bei Hans Rantzaus Besitzantritt gab es innerhalb des Gutes 24 mit leibeigenen Bauern besetzte Hufen in den drei Dörfern Langenrade, Dersau und Kalübbe. Bei seinem Tode waren 30 Pachtstellen von durchschnittlich 30 ha Größe und 78 Instenstellen von etwa 5 ha neu geschaffen worden.

Hans Rantzau wurde neben seinen Brüdern Bertram, Christian und Detlev in den Jahren 1727 und 1728 vom Kaiser in Wien in den Reichsgrafenstand erhoben. Diese Erhebung hing eng zusammen mit dem Sturz der Reichsgrafschaft Rantzau nach der Ermordung des regierenden Grafen Christian Detlev am 10. November 1721. Die Reichsgrafschaft wurde daraufhin vom König eingezogen, aber die vier Brüder aus der Linie Salzau-Rastorf strebten zweifellos die Rückgabe der Grafschaft an das Geschlecht an und betrachteten daher ihre Erhebung in den Grafenstand als den ersten Schritt zur Wiederherstellung der

Konzept Gartenanlage mit Landschaftspark

reichsunmittelbaren Grafschaft. Erfolg ist ihnen freilich nicht beschieden gewesen.
Hans Rantzau stieg zu höchsten Ehren im Staate auf. Von 1730 bis 1732 war er Gesandter in London, später Oberpräsident von Altona, Großkreuz vom Dannebrog und Ritter des Elephanten-Ordens, Landrath und Geheimer Rath und kgl. Kammerherr. In seinen späteren Lebensjahren hatte er sich völlig nach Ascheberg zurückgezogen und sich seinen landwirtschaftlichen Reformen gewidmet.
Im Nationalmuseum in Stockholm befindet sich eine Zeichnung der Gartenanlage. Der Kopenhagener Professor Christian Elling hat sie ausführlich behandelt in seinem grundlegenden Werk über einige Gärten auf Herrensitzen im 18. Jahrhundert in Dänemark und Holstein (Originaltitel auf Dänisch). Bereits C. C. L. Hirschfeld ging in seiner eine neue Ära einläutenden „Theorie der Gartenkunst" 1779/85 ausführlich auf den Park von ‚Aschberg' als naturnahen Landschaftsgarten ein. Nur kurz erwähnt er dagegen den ebenfalls vorhandenen sog. Kunstgarten. Typisch war die formelle Einteilung in Parterre, Rondeau, Boskette, die Begrenzung durch Alleen, Kanäle und der Sichtachse durch das Waldquartier als Blick in die unendliche Ferne. Freilich muß offen bleiben, ob dieser Plan wirklich in allen seinen Teilen ausgeführt worden ist. Das Bemerkenswerte an dem Plane ist, daß das Hauptgebäude nicht dort eingezeichnet ist, wo das heutige Herrenhaus und dessen Vorgänger steht, sondern im Westen der Anlage. Nach diesem Plan bestand das Hauptgebäude aus einem kleinen Palais mit einem einzigen Stockwerk über hohem Keller und Mansarddach, insgesamt nur 7 Fach lang. An beiden Seiten schlossen sich freistehende Kavalierhäuser an, nach Westen vorgelagert war ein Krummhaus ähnlich wie in Ludwigsburg vorgesehen, ein halbrundes Stallgebäude mit den Ständen für die Pferde in den geschwungenen Teilen, mit Sattelkammern und dergleichen in den etwas erhöhten Pavillonbauten zur Mitte und zu den Enden hin.
Diese Anlage war zweifellos konzipiert worden unter dem Eindruck des anschließenden Großen Plöner Sees, auf den hier der Blick des Beschauers ausgerichtet werden sollte.
Als die Familie Schleiden im Anfang des 19. Jahrhunderts auf Ascheberg saß, war offenbar dieses alte Herrenhaus noch vorhanden. Der schon genannte Rudolf Schleiden schreibt hierzu:

„Bei schlechtem Wetter gewährte das halb verfallene, mit wildem Wein und Efeu überwachsene ehemalige Herrenhaus einen prächtigen Spielplatz. Dort befand sich auch die Gerichtsstube, wo der würdige Professor Tönsen aus Kiel alle paar Wochen seines Amtes als Justitiarius waltete. Unter derselben war das Gefängnis mit seinen vergitterten Fenstern, dessen gelegentliche Insassen uns reichen Unterhaltungsstoff boten. Ein großer Saal enthielt die von Großvater Schleiden begründete reichhaltige Bibliothek, die mich zuerst die Schönheit solcher Wandbekleidung erkennen ließ. Ein anderer Saal mit reicher Stukkatur an der Decke diente dem Gärtner zur Aufbewahrung mancher Wintervorräte. Alle sonstigen Räume des alten Hauses hatten etwas ungemein Unheimliches, waren aber vielleicht gerade deshalb um so anziehender für uns. Das galt besonders von einem größeren im Souterrain befindlichen Gelaß, zu welchem ein dunkler Gang führte."

Später wurde die Gesamtrichtung der Anlage gedreht, jetzt stand das Hauptgebäude etwa an der Stelle des heutigen Herrenhauses, quer vor der großen vierzeiligen Linden-Allee, die schnurgerade auf die alte Gastwirtschaft Schwiddeldei zuführte. Der seltsame Name wird erklärt aus hospitale dei, als Gottesherberge. Auch der Ascheberg selber wurde, ohne seine natürliche Schönheit anzutasten, in die Gesamtanlage einbezogen.

Auf Hans Rantzau folgt sein Sohn Schack Carl Rantzau, † 1789, eine der schillerndsten Persönlichkeiten der dänisch-holsteinischen Geschichte des 18. Jahrhunderts. Seine Jugendjahre waren nicht glücklich auf Grund der gespannten Eheverhältnisse der Eltern, die Ehe wurde schon 1733 geschieden, als Schack Carl noch ein Kind war. Früh kam er an den Hof von Kopenhagen, brachte es bald bis zum Oberst, später noch bis zum Generalmajor, mußte aber vorzeitig wegen seines ungezügelten Lebenswandels den Abschied nehmen. Seine späteren Jahre sind eng verknüpft mit der Affäre Struensee. Erst hatte er von Ascheberg aus im Jahre 1770 in geheimen Absprachen mit dem König, mit der Königin Caroline Mathilde und mit Struensee die Fäden gezogen, die zum Sturz des allmächtigen Ministers Johann Hartwig Graf v. Bernstorff führten. Nur wenige Jahre später stand er an der Spitze des Komplotts, das Struensee aufs Schafott und die Königin zur Scheidung ihrer Ehe und in die Verbannung führte. Es ist hier nicht der Ort, die Geschichte jener Jahre ausführlich zu behandeln. Erwähnt seien nur einige Daten, die zur Aufhellung der Lebensgeschichte dieses merkwürdigen Mannes beitragen können. Von 1756 bis 1762 lebte Schack Carl Rantzau in Danzig,

Bildnis der Königin Caroline Mathilde von Dänemark in der Uniform des Leibregiments Königin (Rastorf)

aber bisher ist nicht bekannt, aus welchem Grunde er hierher ging und was ihn veranlaßte, sich sechs Jahre lang hier aufzuhalten. 1762 finden wir ihn in St. Petersburg, angeblich in geheimer diplomatischer Mission, aber wir erfahren nicht, um welche Mission es sich gehandelt hat. Hochgeehrt kehrt er zurück, sowohl die Kaiserin Catharina II. wie auch der Thronfolger, der spätere Zar Paul I., haben ihm ihr Porträt geschenkt. Später, unerfindlich aus welchem Grunde, schlägt der Sinn der Kaiserin in maßlosen Haß auf Rantzau um. Nach dem tragischen

Ende der Struensee-Affäre ist auch seine Stellung in Dänemark erschüttert. 1772 verläßt er das Land, angeblich des Landes verwiesen. Er hatte sich von seiner Ehefrau Catharine Gräfin zu Rantzau, einer Cousine 1. Grades, längst getrennt, die Ehe war wohl nicht glücklich gewesen, eine kleine Tochter bald wieder verstorben. Nun begab er sich in Begleitung einer jungen Tänzerin des königlich dänischen Balletts auf die Reise nach Südfrankreich. Diese Tänzerin blieb bis zu seinem Tode an seiner Seite und lebte später bei einer adeligen Familie nicht weit von seinem Wohnort Ménerbes. Rantzau hat sie von Zeit zu Zeit als seine Tochter ausgegeben, um den Altersunterschied zu erklären, doch gibt es Akten, aus denen hervorgeht, daß sie nicht seinen Namen trug.

Man kann die Spuren der Reise von Holstein nach Südfrankreich deutlich verfolgen, in Straßburg und Lyon behob er größere Geldbeträge. Er blieb dann endgültig in dem kleinen Ort Ménerbes am Fuße der Seealpen, etwa 30 km östlich von Avignon, wohnen und zwar unweit der Citadelle, einer schon damals nicht mehr vorhandenen Burg in einem Hause der Prinzessin Tingry. Rantzau war evangelisch, soll sich aber an den Papst gewandt haben, um die Erlaubnis zur Bestattung auf einem römisch-katholischen Friedhof zu erhalten, aber offenbar ohne Erfolg. Er fand 1789 seine letzte Ruhestätte innerhalb der Citadelle, heute Besitztum des amerikanischen Professors John Rewald aus New York.

Mit seinem Fortgang ins Ausland war Ascheberg praktisch herrenlos geworden. Es gab Prozesse innerhalb der Familie, im Jahre 1774 konnte der Vetter Christian Emil Rantzau auf Rastorf das Gut für 80 000 Rthlr. erwerben, weitere 40 000 Rthlr. mußten als Vergleichssumme innerhalb der Familie bezahlt werden.

Christian Emil Rantzau konnte sich nicht lange des Besitzes erfreuen, er starb schon 3 Jahre später, im Jahre 1777 und hinterließ außer seiner Witwe zwei Söhne, beide noch kleine Kinder. Daher verwaltete die Witwe Anna Sabine geb. v. Buchwald die Güter, bis die Söhne erwachsen waren. Der ältere Christian trat im Jahre 1794 den Besitz von Ascheberg an, aber er fühlte sich in der holsteinischen Heimat beengt, es zog ihn mit aller Gewalt nach Kopenhagen, in den Staatsdienst, in hohe öffentliche Ämter. Um der Hauptstadt näher zu sein, erwarb er das Gut Saebygaard auf Seeland, wurde kgl. Kammerherr, Großkreuz vom Dannebrog, Deputierter im Commerzkollegium, später auch Deputierter in der Deutschen Kanzlei. 1799 trennte er sich endgültig von Ascheberg, nur wenige Jahre später ging er enttäuscht und verbittert von Kopenhagen fort, wurde noch mit dem Amt des Oberpräsidenten von

Kiel und des Kurators der Universität betraut, aber sein Herz war gebrochen, die Trauer um das schöne Ascheberg hat ihn nicht mehr verlassen, nur 40 Jahre alt starb er im Jahre 1812.

Der schon erwähnte Rudolf Schleiden erzählt von einer Spukgeschichte auf Ascheberg, die sich an den Namen Christian Rantzaus knüpft und die dem Verfasser aus dem eigenen Familienkreise bekannt ist. Die Mutter Rudolf Schleidens pflegte in dem als Wohnstube benutzten früheren Arbeitszimmer des Grafen gerade an der Stelle zu sitzen, wo dieser einst zu sitzen pflegte. Plötzlich ertönte zwischen ihr und den übrigen Anwesenden ein so schmerzliches Seufzen und Stöhnen, daß sie aufs äußerste erschreckt aufgesprungen seien, jeder ein Licht ergriffen habe und auf den Hausflur geeilt seien. Der Vater Schleiden, der gleich darauf zurückkehrte, habe sofort mit dem Diener alles untersucht, aber nichts entdecken können. Die Jungfer gestand, daß sie schon zwei Tage vorher, als sie früh aufgestanden sei, durch denselben schrecklichen Ton ganz erschüttert worden sei, aber nicht gewagt habe, davon zu sprechen, weil sie befürchtet habe ausgelacht zu werden. Seit jener Zeit wiederholten sich nun die beängstigenden lauten Töne allabendlich. Der Ofen und der Schornstein wurden abgebrochen, der Fußboden aufgenommen, die Ursache jedoch nicht ermittelt. Vorurteilsfrei fanden sich Schleidens bald in die unangenehme Störung, obwohl das Gestöhne manchmal so laut war, daß es nicht möglich war, mit dem Vorlesen eines Buches fortzufahren und die Diener sich stritten, wer das Teegeschirr in das unheimliche Zimmer bringen solle. Sonderbar genug verstummte es in derselben Woche, in welcher Graf Rantzau starb, und ist später niemals wieder vernommen worden.

Als Christian Rantzau Ascheberg verkaufte, war Käuferin die Gräfin Christine Hedwig v. Schmettau geb. v. Harling, ihre Mutter war Margarethe Lucia v. Rumohr, vermählt mit dem dänischen Gesandten in Dresden Adolf Friedrich v. Harling auf Nienfelde. Sie stand daher unseren hiesigen Verhältnissen nicht fern, um so mehr, als ihr damals bereits verstorbener Mann, der Graf Hans Detlev v. Schmettau, Hofmarschall am Hofe des Fürstbischofs von Eutin gewesen war. Aber sie konnte Ascheberg nicht halten, schon nach fünf Jahren, im Jahre 1804 mußte sie es wieder verkaufen. Über den neuen Besitzwechsel gibt es eine sehr schöne Schilderung in der Monographie über Ascheberg von Wilhelm Klüver, 2. Auflage 1970. Klüver schreibt hierzu folgendes:

„Das adelige Gut gelangte in die Hände eines vermögenden Großbauern. Vollmacht (d. h. Landesbevollmächtigter) Hans Hansen von

> Löwenhof bei Marne hielt 1804 auf Ascheberg seinen Einzug. Daß Hamburger Kaufherren und Patrizier adelige Güter erwarben, war damals schon keine Seltenheit mehr. Daß aber ein Marschbauer seine engere Heimat verließ, um im östlichen Holstein das Leben eines vornehmen Gutsherrn zu führen, war noch nicht dagewesen. ‚Wat will de Buer mit denn Eddelhoff?' lautete daher die verwunderte Frage der Zeitgenossen. Hansens Aufstieg stand in engstem Zusammenhang mit den Zeitverhältnissen. Er war durch den Verkauf billig erworbener Ländereien im Kronprinzenkoog und durch Getreidelieferungen für das napoleonische Heer in kurzer Zeit so reich geworden, daß er das Gut für 277000 Rthlr. erwerben konnte. Aber er behielt es nur 7 Jahre, – sei es, daß der wirtschaftliche Ertrag seinen Erwartungen nicht entsprach, sei es, daß sein geschmälerter Reichtum ihn zum Verkauf und zur Rückkehr in seine Heimat nötigte. Nach Kriegsgewinnler-Art ließ er sich dort jedenfalls in weitere Spekulationsgeschäfte ein, durch die er aber ein Opfer der sinkenden Konjunktur wurde. Er verlor Geld und Gut, und das Ende waren Prozesse und gerichtliche Strafen. Ohne sein Ansehen wieder zu erlangen, verbrachte er seine letzten Lebensjahre in Marne. Klaus Groth hat ihm in dem kulturgeschichtlich aufschlußreichen Gedicht: ‚De Vullmacht' ein literarisches Denkmal gesetzt."

Besitznachfolger wurde der Bremer Kaufmann Christian Schleiden. Sein Vater war schon in Schleswig-Holstein ansässig gewesen, hatte erst das Kanzleigut Rödemishof bei Husum besessen, dann das adelige Gut Lütjenhorn bei Leck und hatte hier – unauslöschliche Erinnerung für Kinder und Enkel – hoch zu Roß im wallenden blauen Mantel die Aufhebung der Leibeigenschaft verkündet. Als der Sohn Christian Schleiden auf Ascheberg seinen Einzug hielt, wurden er und seine Ehefrau, Elise geb. v. Nuys, in der neuen Umgebung bald heimisch. Viele Verbindungen zu dem kleinen Hof von Plön, zu den benachbarten Gütern, vor allem aber zu der Gelehrtenwelt der Kieler Universität und vielen anderen bedeutenden Persönlichkeiten bahnten sich an. König Friedrich VI. besuchte in jener Zeit Ascheberg, der Historiker Heinrich v. Treitschke hat die Welt auf Ascheberg sehr schön wie folgt charakterisiert:

> „An dem gastlichen Tische der Gräfin Rantzau auf der Seeburg und der Frau Schleiden am Ascheberger See fanden sich die besten Männer

der Kieler Universität, Dahlmann, Falck, Twesten, C. T. Welker mit dem Arzte Franz Hegewisch, dem geistsprühenden Heißsporn und den Führern des holsteinischen Adels, den Reventlow, Rumohr, Baudissin, Moltke, in heiterer Geselligkeit zusammen. Sie alle schwärmten für Goethe, sie alle fühlten sich stolz, das deutsche Wesen hier in der äußersten Nordmark zu verteidigen, und wenn sie sich für konstitutionelle Rechte begeisterten, so meinten sie damit nur das Ideal freier Menschenbildung, das einst in Weimar verkündet ward, zu verwirklichen. Aus dieser kleinen Welt voll Geist und Anmut gingen Dahlmanns Aufsätze: ‚Ein Wort über Verfassung' hervor."

Allein die Grundlage, so schreibt Wilhelm Klüver, auf der Schleiden und seine Frau ihr Leben auf Ascheberg gestalteten, war nicht stark und solide genug, um die Stürme der Zeit zu überdauern. Hansens Schicksal wurde auch ihnen in ähnlicher Weise zuteil. Die durch den dänischen Staatsbankerott von 1813 hervorgerufene Geldentwertung verursachte eine allgemeine Notlage, in die auch Schleiden hineingezogen wurde

Scheune von 1726

Herrenhaus von 1828. Abbildung auf einer Porzellantasse

und aus der er sich mit eigener Kraft nicht befreien konnte. Da seine Hoffnung auf Hilfe von Seiten der Kopenhagener Regierung nicht in Erfüllung ging, war er gezwungen, das Gut 1825 mit großem Verluste zu veräußern. Seine Familie kehrte nach Bremen zurück, und er selber ging als Leiter eines Bergwerkes nach Mexiko, wo er 8 Jahre später dem Klima zum Opfer fiel.

Jetzt endlich traten für Ascheberg wieder ruhige Verhältnisse ein. Im Jahre 1825 kaufte der kgl. Landrat und Kammerherr Conrad Christoph Graf v. Ahlefeldt das Gut mit den drei Dörfern und allen Erbpachtstellen für 170000 Rthlr. Er war höherer Beamter der holsteinischen Landesregierung in Glückstadt und Klosterprobst des adeligen Klosters Uetersen. Während seiner Besitzzeit wurde das Herrenhaus wesentlich erweitert, das er von seinen Vorbesitzern übernommen hatte. Als er 1853 im Alter von 85 Jahren starb, hatte er das Gut nicht nur durch Bauten verschönert und durch Neuerungen verbessert, sondern vor allem auch durch Errichtung eines Fideikommisses seinen Nachfolgern gesichert.

Ahlefeldt war kinderlos verheiratet und hatte daher nach dem Tode seiner Frau im Jahre 1837 seinen damals vierzehnjährigen Neffen Conrad Frhr. v. Brockdorff, Sohn des Oberappellationsgerichtspräsidenten Cai Lorenz Frhr. v. Brockdorff, an Kindes statt angenommen und zu seinem Erben eingesetzt. Dieser erhielt den Namen eines Grafen v. Brockdorff-Ahlefeldt und hat 56 Jahre lang, von 1853–1909, als Herr auf Ascheberg gewaltet. Die Bedeutung, die Ascheberg während dieser Zeit in der Öffentlichkeit erhielt, beruhte vor allem auf der überragenden Persönlichkeit dieses Gutsherrn, der weit über seine engere Umgebung hinaus eine einflußreiche und achtunggebietende Stellung im öffentlichen Leben Schleswig-Holsteins einnahm. Schon im Jahre 1848 hatte er an den Kämpfen gegen Dänemark teilgenommen, und als zu Beginn der 60er Jahre die Stunde der Befreiung für die Herzogtümer schlug, wandte er sich zunächst der Augustenburger Bewegung zu, die ein selbständiges Schleswig-Holstein erstrebte, schloß sich aber bald der preußischen Richtung an, die in seinem Gutsnachbarn auf Nehmten, Baron Carl v. Scheel-Plessen, dem ersten Oberpräsidenten der Provinz Schleswig-Holstein, ihren Führer hatte. Als Vertreter der schleswig-holsteinischen Ritterschaft wurde er Mitglied des Preußischen Herrenhauses, ferner war er Kommendator des Johanniterordens für Schleswig-Holstein. Außerdem wurden ihm zahlreiche Ehrenämter zuteil. Vielseitig begabt und geistig interessiert, pflegte und verkörperte er als Sohn eines bedeutenden schleswig-holsteinischen Staatsmannes die Tradition der beiden Geschlechter, deren Namen er trug und in deren Überlieferungen er ein unabhängiges und zugleich verantwortungsbewußtes Dasein führte.

Während seiner Besitzzeit, in den Jahren von 1869–70, ließ er das jetzige Herrenhaus in Ascheberg errichten durch den kgl. preußischen Bauinspektor Herrmann Georg Krüger. Das Herrenhaus und der ca. 9 ha große Park liegen hinter einem breiten Burggraben auf dem äußersten Teil einer Halbinsel im Plöner See. Das Gebäude besitzt drei Stockwerke von gelblichem Stein und hat eine höhere, etwas vorspringende Mittelpartie mit schlankem Turm am Ostgiebel. Der Westgiebel des Herrenhauses ist zur Zufahrt auf die doppelte Lindenallee hin ausgerichtet. Westlich des Gebäudes lagen die alten herrschaftlichen Pferdeställe aus den Jahren um 1800.

Dieses Haus ist jetzt verpachtet an den Christlichen Jugendhof e. V., Ascheberg. Diese Vereinigung arbeitet unabhängig von der Nordelbischen Kirche und finanziert sich aus Spenden. Das Haus war von 1945–46 von den Engländern besetzt gewesen und wurde dann zur

Unterbringung von Flüchtlingen beschlagnahmt. Für den Besitzer und dessen Familie sind auf dem Wirtschaftshof entsprechende Gebäude eingerichtet.
Als Conrad Brockdorff im Jahre 1909 im hohen Alter von 86 Jahren verstorben war, ging Ascheberg auf seinen ältesten Sohn Ernst, † 1931, über, von diesem auf den Enkel Conrad, † 1959. Der letztere setzte weitgehend die Tradition des Großvaters fort, war Verbitter des adeligen Klosters Itzehoe, Kommendator des Johanniterordens und erfreute sich im ganzen Lande höchster Achtung. Sein Sohn Ernst-Albrecht, der Ascheberg hätte erben sollen, starb 1943 an einer in Rußland erlittenen Verwundung. Daher ging Ascheberg unmittelbar auf den Enkel Albrecht Graf v. Brockdorff-Ahlefeldt, * 1941, über.
Die Größe des Gutes betrug mit den drei Erbpachtdistrikten zusammen 5723 Tonnen, gleich etwa 2860 ha. Nach der Auflösung des Gutes und der Abtrennung der Dörfer ist die Größe naturgemäß stark zurückgegangen. Sie wird heute angegeben mit 1140 ha, davon entfallen auf den Hof 270 ha, auf den Wald 245 ha, weitere Einzelstellen 35 ha, der Rest ist der Wasseranteil am Plöner See. Kleinere Flächen, insgesamt 8½ ha, mußten bei der Bodenreform nach 1949 abgegeben werden.

Adeliges Gut Ascheberg

Besitzer: Albrecht Graf v. Brockdorff-Ahlefeldt

Besitzer		*Gut und Bauten*	
Mittelalter	Ritter v. Ascheberg	12. Jahrh.	Dorf und Burg Ascheberg
ca. 1450–1799	(v.) Rantzau dazwischen v. d. Wisch (v.) Sehestedt (v.) Pogwisch	16. Jahrh.	erste Burganlage
		1725	Verlegung des Wirtschaftshofes, Bau der Scheunen
		nach 1739	Bildung der Pachtstellen
1799–1804	Gräfin Schmettau		
1804–1811	Hans Hansen	1756 ff.	Französischer Garten und Palais
1811–1825	Christian Schleiden		
seit 1825	Graf v. Ahlefeldt dann Grafen v. Brockdorff-Ahlefeldt	1828	Herrenhaus erweitert
		1869–70	jetziges Herrenhaus erbaut

11 Nehmten

Kirchspiel Bosau   Kreis Plön

Das große adelige Gut Nehmten liegt in bevorzugter Lage am Südende des Großen Plöner Sees. Die Entfernung von hier nach Plön quer über den See beträgt 7 km, auf dem Landwege rund um den See ist es fast das Doppelte. Der Blick vom Herrenhaus zum Plöner Schloß ist seit langem ein besonderer Blickpunkt geworden, quer durch eine Schneise im Park hindurch. Ursprünglich verwehrte ein kleiner Hügel hinter dem Herrenhaus hemmend den Blick. Ein früherer Besitzer hat mit großer Mühe und viel Arbeit diesen Hügel abtragen lassen – der Überlieferung nach mußten 20 Ochsen viele Jahre lang diese eintönige Arbeit verrichten.

Im Mittelalter scheint in Nehmten ein wendisches Dorf gelegen zu haben, der Name wird verschieden geschrieben, manchmal einsilbig

Neempt, manchmal dreisilbig Nemete. Reinhold Trautmann, der gründliche Erforscher der wendischen Ortsnamen in Holstein und Mecklenburg erklärt den Namen als wendischen Personennamen.
Schon früh jedoch ist Nehmten im Besitz altholsteinischer adeliger Geschlechter, seit dem 13. Jahrhundert kommen die Ritter von Godow vor, die sich nach dem früher zu Nehmten gehörenden Dorfe Godau nennen. Im Jahre 1244 verzichtet der Ritter Hinrich von Godow auf die Zehnten aus dem Dorfe Nehmten zu Gunsten des Bischofs von Lübeck. Aus der Familie sind noch weitere Namen bis zum Jahre 1337 bekannt.
Später gibt es ein eigenes Geschlecht der Herren von Nehmten, vielleicht mit denen von Godow identisch, weil zeitlich die einen unmittelbar auf die anderen folgen. Im Jahre 1331 wird Marquard von Nehmten erwähnt, der in diesem Jahre einen Vertrag mit der Stadt Lübeck schließt. Auch der Vorname Marquard kommt in beiden Familien vor.
Erst seit dem Ende des 15. Jahrhunderts werden die Besitzverhältnisse deutlicher. Emeke Sehestedt auf Nehmten oder wie es in der Urkunde heißt: „Eymbeke Sestede geseten to Nymit" erhielt im Jahre 1488 eine Schuldverschreibung von den Herzögen Magnus und Balthasar von Mecklenburg für Steuern, die er für die Pogwisch hatte bezahlen müssen. Wahrscheinlich hing diese Transaktion zusammen mit der Vertreibung der Pogwisch von Farve, Henning Pogwisch war damals nach Mecklenburg geflüchtet, wo er Aufnahme bei dem Herzog von Mecklenburg fand und wo er 1481 gestorben ist.
Nehmten ging von Emeke Sehestedt über an den Sohn Schack, der drei Söhne hatte und bei denen es hieß, daß das Gut nicht drei von Adel ernähren könne. Einer von ihnen ging in fremde Länder, Joachim zahlte den anderen Bruder Jasper aus und hinterließ seinerseits einen Sohn, der nach dem Großvater Schack hieß und etwa um 1523 geboren sein muß. Jasper scheint in jungen Jahren verstorben zu sein, denn jetzt verkauften die Vormünder des kleinen Schack das Gut Nehmten höchst eigenmächtig an Steffen v. Ahlefeldt. Dieser Verkauf gab zu den absonderlichsten Verwicklungen und Jahrzehnte langen Streitereien Anlaß. Als Schack Sehestedt erwachsen war, focht er den Verkauf an und führte einen Prozeß bis zum Reichskammergericht, der nach seinem Tode von seinem Sohne Otto munter fortgesetzt wurde. Zunächst hatten die Sehestedt auch Erfolg, im Jahre 1550 entschied das Kammergericht zu Gunsten von Schack Sehestedt und im Jahre 1555 wurde der Sohn Otto mit Nehmten belehnt.
Aber es war nur ein Scheinsieg. Die Witwe von Steffen v. Ahlefeldt,

Anna geb. Rantzau a.d.H. Ascheberg, hatte sich in zweiter Ehe mit Henneke Rantzau auf Quarnbek vermählt und ihm Nehmten übergeben. Er blieb auch unangefochten im Besitz von Nehmten bis zu seinem Tode trotz der Belehnung zu Gunsten von Otto Sehestedt. Dann verkaufte die Witwe das Gut kurzerhand im Jahre 1582 an Oswald v. d. Wisch auf Ascheberg, der es freilich nur 5 Jahre lang besaß.
Nach seinem Tode ging Nehmten weiter an seine jüngste Schwester Hedwig, die mit Jasper Blome, †1597, auf Seedorf und Hornstorf verheiratet war. Jasper Blome war schon ein alter Mann, als er Nehmten kaufte, der Ankauf geschah wohl in erster Linie für seinen Sohn Dietrich Blome den Jüngeren, †1609. Von diesem ist nicht nur Erfreuliches zu berichten, er scheint ein ziemlich roher Geselle gewesen zu sein, aus Kiel, aus Ahrensbök und aus Plön ist von mancherlei Exzessen die Rede, die er dort verübt hat und die bis zum Totschlag reichten. Trotz seines großen Besitzes in Holstein und Dänemark befand er sich häufig in Geldverlegenheiten, bei denen der gutmütige Vater aushelfen mußte. Dieser bestimmte sogar in seinem Testament, daß deswegen das Erbteil des Sohnes nicht verkürzt werden dürfe.
Jasper Blome hatte das Gut noch erweitert durch Ankauf von einigen Hufen in Travenhorst, aus denen er einen Meierhof bildete, der freilich wegen der weiten Entfernung nicht allzu lange mit Nehmten verbunden blieb. Es gab auch zu seiner Zeit auf Nehmten einen der berüchtigten Hexenprozesse, angeblich war Jasper Blomes Ehefrau, eine geborene v. Ahlefeldt verzaubert worden. Nicht weniger als fünf Frauen wurden daraufhin zum Feuertode verurteilt.

Die Wasserburg aus dieser Zeit lag nicht an der Stelle des heutigen Hofes, sondern südlich von ihm in einer Niederung, die sicherlich gute Gelegenheit zur Anlage von Gräben bot. Man erkennt noch heute den Grundriß, der aus einem abgerundeten Dreieck besteht und bei Seitenlängen von reichlich 20 m sehr klein ist, außerdem an zwei Seiten Reste der alten Hausgräben.
Auf dem Stich von Braun und Hogenberg von Plön etwa aus dem Jahre 1590 gibt es eine recht anschauliche Wiedergabe des Aussehens des Hofes zu jener Zeit. Auf diesem Stich ist Nehmten als Randvignette abgebildet. Danach lag der Hof auf einer länglich runden Burginsel, mit Palisaden geschützt, auf der Vorburg Torhaus und zwei Stallgebäude, wohl noch nicht als Scheunen zu bezeichnen, sondern sicherlich für die Aufnahme der Knechte und der Reitpferde bestimmt. Das Herrenhaus

Luftbild

zweistöckig, aus Fachwerk erbaut, mit einem Vorbau nach hinten, vermutlich dem Treppenturm.

Dietrich Blome hinterließ mehrere Kinder, zwei Söhne, die beide jung gestorben sind und drei Töchter, von denen nur eine verheiratet war, die beiden anderen waren Konventualinnen in Preetz. Daher mag ihm der Entschluß leicht gefallen sein, noch zu seinen Lebzeiten Nehmten zu verkaufen. Im Jahre 1606 wurde der Kaufvertrag mit seinem Nachbarn Hans v. Thienen auf Wahlstorf abgeschlossen, „mit großen Kosten", was sich wohl auf den Preis beziehen dürfte, den Thienen bezahlen mußte. Es ist wahrscheinlich, daß in der Thienenschen Zeit der Hof auf die heutige Stelle verlegt worden ist, die alte Burgstelle bot sicherlich nicht genügend Platz zur Anlegung eines modernen Wirtschaftshofes. Ähnlich hatten die Thienen reichlich ein Jahrhundert früher in Wahlstorf einen neuen Hofplatz angelegt. Die Keller in Nehmten sind alt, aber nicht mittelalterlich. Von besonderer Schönheit ist der große Mittelraum, ein zweischiffiger von flachen Kreuzgratgewölben überspannter saalartiger Raum, dessen Bögen in der Mitte von zwei Monolithen aus Kalksandstein getragen werden. Vielleicht hat er als Küche, wahrscheinlicher wohl als Speiseraum für die Dienerschaft gedient. Den Wandstärken nach zu urteilen, ist dieser erste Bau an der heutigen Stelle wesentlich kleiner gewesen als die späteren Erweiterungsbauten.

Die Zeit der Thienen dauert nur bis 1668 und ist an ihrem Ende von schwerem Unglück überschattet. Hans von Thienen, der Nehmten gekauft hatte, starb schon wenige Jahre später im Jahre 1611 und wurde hinsichtlich Nehmtens von seinem dritten Sohn Hinrich beerbt, der 1629 oder 1630 verstorben ist. Im Landregister von 1630 kommt seine Witwe Margarete geb. v. d. Wisch vor, offenbar als Nutznießerin des Witwenjahres, der sog. Haubenbandsgerechtigkeit.

Den Eltern folgte der Sohn Heinrich v. Thienen, mit dem es am 31. August 1659 ein schreckliches Ende nahm. Im sogen. Polackenkriege drangen polnische Streiftruppen, die unter dem kaiserlichen Feldherrn Graf Montecuccoli als dänische Hilfstruppen geführt wurden, sengend und plündernd nach Holstein vor. In aller Eile ließ Herzog Joachim Ernst die Stadt Plön mit Palisaden, Brustwehr und Gräben umgeben und erreichte tatsächlich sein Ziel, Plön wurde nicht angegriffen. Um so schlimmer erging es Nehmten. Heinrich v. Thienen hatte seine Ehefrau, die eben erst ein Kind zur Welt gebracht hatte, noch rechtzeitig nach Plön in Sicherheit gebracht, war aber selber nach Nehmten zurückgekehrt, um seinen Besitz zu retten. In der Tat gelang es ihm, die erste Truppe durch Zahlung einer größeren Geldsumme zum Abzug zu bewegen. Bald darauf erschienen aber neue verwegene Trupps, die erbarmungslos den Hausherrn erstachen, alle Leute auf dem Hofe umbrachten und sämtliche Gebäude in Brand steckten. Coronäus berichtet hierüber:

> „1659 ist Heinrich von Thienen zu Nempt am Plöner See, weil er sich den Polnischen Kriegsvölkern bey ihrem Abzug aus dem Lande auf seinem Hofe opponieret, elendiglich zerquetschet und getötet worden."

Nach einem anderen Bericht wurde er von den Polen mit ihren Krummsäbeln in Stücke gehauen.

Die Witwe Magdalene geb. v. Ahlefeldt konnte das völlig zerstörte Gut nur noch wenige Jahre halten. 1668 geriet sie in Konkurs und mußte verkaufen.

Käufer war ein Mann aus fremdem Adel, der Graf Conrad Christopher v. Königsmarck. Seine Familie stammte ursprünglich aus der Altmark, war aber dann nach Schweden gegangen. Der Vater Johann Christoph v. Königsmarck gehörte zu den Feldherren König Gustav Adolfs und hatte nicht nur Ruhm auf dem Schlachtfeld geerntet, sondern sich gleichzeitig ein bedeutendes Vermögen erworben. So konnte der Sohn, meist kurz Cord Christoph Königsmarck genannt, sich mehrere Güter in Schleswig-Holstein erwerben, außer Nehmten noch Perdöl und im Dänischen Wohld Wulfshagener Hütten. Er selber dürfte ebensowenig wie seine Kinder, die die Güter erbten, auf ihnen gewohnt haben, sondern sie mehr als Kapitalanlage angesehen haben.

Alle seine Kinder machten viel von sich reden. Der älteste, der wohl die Güter hätte erben sollen, Hans Carl suchte sein Glück auf allen Schlachtfeldern Europas, focht auf Malta gegen die Türken, später in Tanger, in Spanien, bei Courtrai und in Venedig. Er starb unvermählt mit 27 Jahren, hatte aber eine englische Geliebte, die ihn als Page verkleidet begleitete. Nun erbte der zweite Bruder, Philipp Christoph Graf v. Königsmarck Nehmten und Perdöl. Er kam an den Hof des Kurfürsten von Hannover und trat hier in enge Beziehungen zur Erbprinzessin Dorothea. Sie führten dazu, daß die Erbprinzessin des Hofes verwiesen wurde und als Prinzessin von Ahlden ein trauriges und einsames Leben führen mußte. Königsmarck verschwand spurlos noch im Schlosse von Hannover, zweifellos durch Mord.

Nehmten und Perdöl kamen jetzt an die beiden Schwestern. Die eine von ihnen war die bekannte Gräfin Aurora v. Königsmarck, die am Hofe des Kurfürsten August des Starken von Sachsen einige Jahre hindurch als seine Maitresse eine einflußreiche Rolle spielte. Aus ihrer Verbindung mit dem Kurfürsten ging der Marschall Moritz von Sachsen hervor.

Ihre Schwester endlich, die Gräfin Amalie v. Königsmarck war mit einem schwedischen Grafen Lewenhaupt verheiratet, ging aber weitgehend eigene Wege.

Bei so verworrenen Familienverhältnissen ist es kein Wunder, wenn der anfänglich große Reichtum dahinschmolz. Im Jahre 1710 mußten die beiden Schwestern ihre holsteinischen Güter verkaufen. Perdöl haben sie nur besuchsweise betreten, Nehmten wohl überhaupt nicht, der Hof dürfte auch zu ihrer Zeit kaum wieder aufgebaut sein.

In den nächsten Jahrzehnten geht Nehmten fast unaufhörlich von einer Hand in die andere. 1710 kauft der Eutinische Amtsverwalter Johann Adolf Vogeler das Gut, stirbt aber schon wenige Jahre später, 1714.

Zunächst bleibt seine Witwe im Besitz, gibt Nehmten aber im Jahre 1722 weiter an den Schwiegersohn, den Oberst Wilhelm August von Breyer, nicht ohne es ihm förmlich zu verkaufen. Aber auch ihm war kein langes Leben beschieden, schon im Jahre 1731 ist seine Witwe Amalie Besitzerin. Deren Erben verkaufen Nehmten im Jahre 1752 an Carl Ludwig Johann von Hoeck, der es nur drei Jahre lang behält. 1755 geht das Gut weiter an den Geheimen Rath und Jägermeister Cai Andreas Baron v. Liliencron, der mit Hedwig Eleonore v. Thienen vermählt war. So hielten die Thienen wiederum Einzug auf Nehmten, freilich auch nur für kurze Jahre. 1764 verkauft Liliencron Nehmten, um Sehestedt im Dänischen Wohld zu erwerben. Käufer von Nehmten war der herzoglich Plönische Amtsverwalter und Kanzleirat Hans Ludwig Hansen, Sohn des langjährigen Hofpredigers des Herzogs Friedrich Carl von Plön.
Erst als dieser Jahre später Nehmten an den Hofjunker Gabriel Friedrich Schreiber von Cronstern veräußert, treten ruhige Besitzverhältnisse ein. Seitdem ist Nehmten stets im Erbgang weitergegangen, von den Cronstern auf die Plessen, die es noch heute besitzen.
Der Kaufpreis von Nehmten war während dieser vielen Verkäufe sprunghaft angestiegen. Als die Witwe von Heinrich v. Thienen im Jahre 1668 im Konkurs Nehmten verkaufen mußte, erzielte sie nur 13000 Rthlr. Schon der Oberst v. Breyer zahlte an die Schwiegermutter über das Doppelte, nämlich 27000 Rthlr. Und als Gabriel Schreiber von

Cronstern 1768 seinen Einzug hielt, betrug der Kaufpreis wiederum das Doppelte von 1722, nämlich 52500 Rthlr.
Vogeler machte sich alsbald ans Werk, den immer noch zerstörten Hof wieder aufzubauen. Im Jahre 1712 entstand die große Scheune, wie die Maueranker ausweisen. Wohl zur gleichen Zeit dürfte das gegenüberliegende mächtige Stallgebäude erbaut worden sein, die Stilmerkmale sind die gleichen. Ursprünglich gab es quer vorgelagert noch ein Torhaus, das später aber wieder abgebrochen wurde, um dem Beschauer den ungehinderten Blick von der mehrzeiligen Zufahrtsallee auf das Herrenhaus zu gestatten.
Aller Wahrscheinlichkeit nach hat Vogeler oder seine unmittelbaren Besitznachfolger auch das Herrenhaus auf den noch vorhandenen Kellern aufgebaut. Es bestand zunächst aus einem zweistöckigen stattlichen Mittelbau als corps de logis, zur Linken und zur Rechten zwei kleinere einstöckige Kavalierhäuser. Erst die großzügigen Erweiterungsbauten aus der ersten Hälfte des 19. Jahrhunderts haben Nehmten die gegenwärtige schloßartige Gesamtanlage verliehen.
Im Jahre 1760 wurden zwei Brüder, der Etatsrath und Landcanzler Gabriel Schreiber und der Etatsrath und Director am Schleswigschen Waisenhaus Carl Friedrich Schreiber unter dem Namen Schreiber von Cronstern in den Adelsstand erhoben. Nur von dem Erstgenannten gab es Nachkommen. Er starb schon 1764, aber sein Sohn, gleichfalls Gabriel Friedrich mit Vornamen, † 1807 konnte 1768 Nehmten erwerben. 1822 kamen die adligen Güter Marutendorf und Hohenschulen unweit des Westensees hinzu. Jetzt wurde aus den drei Gütern ein Fideikommiß gebildet, das bis in das 20. Jh. hinein Bestand gehabt hat. Dessen Sohn wieder, gleichfalls Gabriel Friedrich mit Namen, † 1869 war der letzte männliche Sproß der Familie, er hinterließ nur eine Tochter Henriette, † 1874, die mit Carl Baron v. Scheel-Plessen, † 1892 vermählt war und die ihm die drei Güter zubrachte.
Der Hofjägermeister Gabriel Schreiber von Cronstern, † 1869 (der dritte in der Reihe) ist es gewesen, der die umfangreichen Umbauten in der ersten Hälfte des 19. Jahrhunderts durchführte. Der Hauptbau erhielt unter der Leitung des hannoverschen Architekten Georg Ludwig Friedr. Laves ein drittes Geschoß, das Kavalierhaus zur Linken wurde abgerissen, der Hauptbau um einen in gleicher Front liegenden Anbau erweitert, der den großen Saal aufnimmt. Das rechte Kavalierhaus wurde um ein Stockwerk erhöht und durch einen Verbindungsbau mit dem Haupthause zu einem gemeinsamen Baukörper verschmolzen. Die Absicht

bestand, zur Linken entsprechende Flügelbauten aufzuführen, doch ist dieser Plan nicht Wirklichkeit geworden. Anstelle des Torhauses entstanden beiderseits der Einfahrt in den Hof zweigeschossige fast quadratische Baukörper mit rustizierten Kanten und Walmdach im spätklassizistischen Stil. Das Herrenhaus erhielt im Inneren in den gleichen Stilformen eine vorzügliche Ausstattung mit sparsamem Stuck in vielen Räumen und zarten Supraporten, insbesondere die in der Halle befindliche Gartenansicht, die vielleicht als Entwurfsskizze für die Anlage des Parkes zu verstehen ist. Auch das Treppenhaus mit seinem in Zinkguß ausgeführten Geländer ist von bemerkenswerter Schönheit. Der Anbau zur Linken enthält im Erdgeschoß den Saal, ein imposanter spätklassizistischer Baukörper mit weißem Stuck und sparsamer Vergoldung. Erhalten sind auch noch die ursprünglichen Draperien über den Fenstern. Der Hauptschmuck des Saales sind die lebensgroßen Gemälde der sog. Medici-Galerie. Die Originale dieser Galerie umfassen 21 Kolossalgemälde, die für die Residenz der Königin Maria de'Medici von Frankreich bestimmt waren und die Peter Paul Rubens und dessen Schülern zugeschrieben werden. Sie hängen heute in Paris im Louvre. In Nehmten befinden sich 8 Kopien in erheblich kleinerem Maßstabe, aber immerhin noch in der stattlichen Größe von 196 cm × 131 cm, die Originale sind 394 cm × 295 cm groß. Die Nehmtener Kopien werden Charles Lebrun 1619–1690 zugeschrieben und sind von ausgezeichneter Qualität, im Grunde wohl besser als die Originale. Sie stellen dar:

Bild 1: Himmlische Genien zeigen dem König Heinrich IV. von Frankreich das Bildnis seiner zukünftigen Gemahlin Maria de'Medici. Athena-Minerva spricht dem König zu.

Bild 2: Vermählung der Maria de'Medici „per procurationem". Heinrich IV. ist vertreten durch den Onkel Marias, den Großherzog Ferdinand von Toskana. – Florenz 5. Okt. 1600.

Bild 3: Allegorie auf die Geburt des Thronfolgers Louis XIII.

Bild 4: Heinrich IV. übergibt der Königin die Regentschaft, bevor er in den Krieg und Tod zieht.

Bild 5: Allegorie der glücklichen Regierung der Königin als Justitia.

Bild 6: Allegorie der Vermählung Heinrichs IV. mit Maria de'Medici, beide als Jupiter und Juno im Himmel, unten Ansicht von Lyon, wo die tatsächliche Vermählung stattfand.

Bild 7: Allegorie des Friedensschlusses zwischen der Königin und ihrem Sohn

Gemälde aus der Medici-Galerie

Bild 8: Versöhnung der Königin mit ihrem Sohne unter Vermittlung der Kardinäle La Valette und La Rochefoucauld.

Von den Gemälden, die im Herrenhause selber hängen, sind vor allem zwei große Landschaften des Münchener Malers Max Zimmermann (1811–1878) erwähnenswert, die in ihrem Stil der älteren niederländischen Schule von Ruisdael und Hobbema nachempfunden sind. Ferner ein lebensgroßes Porträt der Gräfin Leopoldine v. Plessen-Cronstern geb. Gräfin Hoyos von dem Maler Cherubino Kirchmayr, der lange in Venedig gearbeitet hat. Endlich das Bildnis des Oberpräsidenten Carl Baron v. Scheel-Plessen von Franz v. Lenbach. Es dürfte zu den Vorarbeiten des Bildnisses in der Kieler Kunsthalle gehören und ist vermutlich Ende der 1860er Jahre entstanden, bis 1866 war Lenbach in Rom tätig, vielleicht ist das Bild auch erst zum 50. Jahrestag des Oberpräsidenten im Jahre 1871 gemalt worden.

Mit Carl Baron v. Scheel-Plessen erhielt Nehmten einen Gutsherrn, der zu den bedeutendsten Staatsmännern gezählt werden muß, die Schleswig-Holstein im 19. Jahrhundert hervorgebracht hat. In seinen jüngeren Jahren stand er ganz auf der Linie des deutsch-dänischen Gesamtstaates und stieg im dänischen Staatsdienst zu den höchsten Würden auf. Nach der Erhebung Schleswig-Holsteins 1848 wurde er zum Präsidenten der schleswig-holsteinischen Kanzlei ernannt, nach dem Zusammenbruch der Erhebung führte er gemeinsam mit dem Grafen Reventlow-Criminil das dänische Regiment in den Herzogtümern. Anschließend wurde er Oberpräsident von Altona.

Von 1855 an kam es jedoch zum Bruch mit der dänischen Regierung, er wurde aus seinen Ämtern entlassen, sicherlich in Übereinstimmung mit seiner eigenen politischen Überzeugung. Von nun an gab er die Sache des dänischen Gesamtstaats verloren und wandte sich mit Entschiedenheit dem Anschluß an Preußen zu, der ein Jahrzehnt später Wirklichkeit wurde. Plessen bekleidete dann 13 Jahre hindurch, bis 1879, das Amt des Oberpräsidenten, das er mit großem politischem Engagement führte. Naturgemäß hatte er viele Widersacher, die ihm seinen Übertritt von der dänischen zur preußischen Sache verübelten. Aber niemand konnte ihm die persönliche Achtung versagen. Er benutzte die Tatsache der Verlegung des Oberpräsidiums von Kiel nach Schleswig, um seinen Abschied zu nehmen und zog sich völlig nach Nehmten zurück.
Nicht weniger als vier Male wurde der Familienname innerhalb eines halben Jahrhunderts geändert. Carl Plessen führte zunächst als nachgeborener Sohn aus dem Hause Sierhagen den Namen eines Baron v. Plessen. 1852 verlieh ihm der König von Dänemark das Recht, den Namen v. Scheel-Plessen zu führen. Unter diesem Namen ist er in die Landesgeschichte eingegangen. Während der kurzen Regierungszeit des Kaisers Friedrich III. im Jahre 1888 erhielt er die preußische Grafenwürde und hieß nunmehr Graf v. Scheel-Plessen. Sein Sohn Ludwig, † 1929, der von ihm Nehmten erbte, wurde im Jahre 1898 in den preußischen Grafenstand unter dem Namen eines Grafen v. Plessen-Cronstern erhoben. Seitdem hieß der jeweilige Chef des Hauses Nehmten Graf v. Plessen-Cronstern, die nachgeborenen Söhne und Töchter Barone bzw. Baroninnen.
Der letztgenannte Ludwig Graf v. Plessen-Cronstern war Diplomat geworden und langjähriger Gesandter in Athen und Stuttgart gewesen. Nach seinem Abschied aus dem öffentlichen Dienst lebte er gänzlich in Nehmten. Nach seinem Tode ging das Fideikommiß Nehmten auf seinen Sohn Ludwig-Carl (1889–1985) über, der mangels eigener Nachkommen seinen Neffen Constantin Frhr. v. Fürstenberg adoptiert hatte. Dieser führt nunmehr den Namen Freiherr v. Fürstenberg-Plessen und ist derzeitiger Besitzer von Nehmten.
Der einstmalige Fideikommißbesitz war in den letzten Jahrzehnten starken Veränderungen unterworfen. Nach dem 1. Weltkrieg mußten die Fideikommisse aufgelöst werden, dies traf auch das Fideikommiß Nehmten mit Marutendorf und Hohenschulen. Hohenschulen mußte im Zuge der Bodenreform nach dem 2. Weltkrieg abgegeben werden und dient heute der Kieler Universität als Versuchsgut. Das adlige Gut

Marutendorf ging auf Ludwig-Carls jüngeren Bruder, Johann Baron v. Plessen († 1961) über und wurde 1987 verkauft.
Auch Nehmten selber wurde durch diese Bodenreform wesentlich verkleinert: die 3 Dörfer Godau, Sepel und Sande wurden aus ihrem bisherigen Zeitpachtverhältnis in freies Eigentum überführt. Die Größe von Nehmten hatte bis dahin 1837 ha betragen. Gegenwärtig besteht das Gut aus dem Haupthof mit 350 ha, einem Waldareal von 580 ha und Wasserflächen mit 570 ha.
Innerhalb des Gutes wurde ein Wildgehege in einer Größe von rund 500 ha eingerichtet, in dem Damwild und Schwarzwild förmlich als Wildreservat gehegt werden.
Die Wirtschaftsgebäude des Hofes selber, die für eine moderne Großlandwirtschaft praktisch kaum mehr benötigt werden, bieten Platz für 120 Warm- und Vollblüter. Zusätzlich sind dem Gestüt die benötigten Weideflächen verpachtet worden.
Das Herrenhaus selber hatte seine eigenen Schicksale. Der gegenwärtige Besitzer begnügt sich mit einer einfachen Wohnung in dem alten Inspektorhaus am Rande des Hofes. Im Herrenhaus wurde der vorhandene Bestand an Mobiliar, Bildern und Büchern in einigen wenigen Räumen zusammengetragen, der Hauptteil des Hauses öffentlichen Zwecken nutzbar gemacht. Noch während des Zweiten Weltkrieges hatten hier Bombengeschädigte eine erste Aufnahme gefunden, später folgten britische Dienststellen, dann Flüchtlinge und Heimatvertriebene. Nach deren Abzug fanden auf Nehmten Abiturlehrgänge für Kriegsteilnehmer statt. Seit 1952 diente das Haus der Jugend des Landes. Erst waren hier die Schiffsjungen der Segelschulschiffe „Pamir" und „Passat" für einen Winter lang untergekommen, dann wurde das Haus als Landschulheim eingerichtet und hat wohl aus allen höheren und mittleren Schulen des Landes Schleswig-Holstein viele Tausende von jungen Menschen für Wochen beherbergt und ihnen bleibende Eindrücke von Landschaft, Menschen und Natur vermittelt. 1972 lief diese Aufgabe aus.
Inzwischen ist die gesamte Hofanlage unter Denkmalschutz gestellt worden. Seit 1972 ist Dr. Schnapka Pächter der Hofanlage und Weiden in Größe von 42 ha. Seit 1974 ist er gleichfalls Pächter des Herrenhauses und weiteren 100 ha. Er hat auf dem Hof ein Gestüt eingerichtet. Das Schloß wurde renoviert und neu hergerichtet, alle Stallgebäude und Scheunen zu Pferdeställen umgebaut sowie eine Reithalle, eine Longierhalle (reetgedeckter Holzrundbau), ein

Hengststall sowie ein Maschinenschuppen mit Schmiede und Garagen neu errichtet.
Im Lande Schleswig-Holstein gab es den sog. Nehmtener Kreis. Er geht auf die Initiative des Oberstleutnants Dedo v. Krosigk zurück, der als Heimatvertriebener nach Schleswig-Holstein kam und bei der Gründungssitzung in Nehmten die Meinung vertrat, daß man den Versuch machen müsse, die großen Traditionen Alt-Preußens auch in der jungen Generation lebendig zu erhalten. Mit diesen Gedanken fand er einen begeisterten Widerhall.

Adeliges Gut Nehmten

Besitzer: Constantin Frhr. v. Fürstenberg-Plessen

Besitzer		*Gut und Bauten*	
13./14. Jahrh.	Ritter von Godow, dann von Nehmten		Wasserburg des Mittelalters
15./16. Jahrh.	(v.) Sehestedt, dann v. Ahlefeldt, (v.). Rantzau, v. d. Wisch, (v.) Blome	nach 1600	Verlegung auf die heutige Hofstelle
		1659	Zerstörung des Hofes
		1712	Neuaufbau
		um 1830	Erweiterungsbauten
1606–1668	v. Thienen	nach 1974	Umbau zu Pferdeställen, Neubau von Reithalle, Longierhalle, Hengststall
1668–1710	Graf Königsmarck		
1710–1752	Vogeler, dann v. Breyer		
1752–1768	verschiedene Besitzer		
seit 1768	Schreiber von Cronstern, dann Baron v. Scheel-Plessen, dann Graf v. Plessen-Cronstern		
seit 1985	Frhr. v. Fürstenberg-Plessen		

12 Rixdorf

Kirchspiel Lebrade Kreis Plön

Rixdorf gehört bis in das 20. Jahrhundert hinein zu den wirklich großen Besitzungen im östlichen Holstein. Bis zu den Zeiten der Bodenreformen wurde das Gut mit einer Gesamtfläche von fast 4600 ha ausgewiesen. Es bestand aus dem Haupthof, den vier Meierhöfen Tramm, Theresienhof, Tresdorf und Hasselburg, dem Kirchdorf Lebrade und den vier Dörfern Sellin, Mucheln, Kossau und Ratjensdorf, außerdem einer erheblichen Fläche an Waldungen, Seen und Fischteichen. Im Mittelalter war das Areal noch bedeutend größer, das ansehnliche Gut Lehmkuhlen gehörte ursprünglich zu Rixdorf hinzu. Und noch im 16. Jahrhundert fanden starke Vergrößerungen der Grundherrschaft statt, indem die Nachbargüter Schönweide, Wittenberg und Lammershagen mit Rixdorf zusammen kürzere oder längere Zeit einem und demselben Besitzer gehörten. Der Meierhof Tresdorf

wurde erst im Jahre 1745 vom benachbarten Gute Wittenberg hinzugekauft, 1905 noch der Meierhof Hasselburg.
Die ältesten uns bekannten Besitzer nennen sich nach dem Gut, anfangs in der Form Riclikesdorp oder in ähnlicher Schreibweise. Sie sind seit 1221 bezeugt, als zwei Brüder de Riclikesdorp als Zeugen bei der Begründung des Klosters Preetz durch den Grafen Albrecht von Orlamünde auftreten. Mangels näherer Nachweise lassen sich bei den Rixtorp feste Stammreihen nicht aufstellen, es ist daher auch nicht möglich, die Reihe der Besitzer auf Rixdorf zu präzisieren. Als letzter erscheint Wulf Rixtorp, der 1450 als wohnhaft in Sellin im Kirchspiel Lebrade angegeben wird, aber kaum mehr Besitzer von Rixdorf selber gewesen sein kann. Schon seit dem Jahre 1424 gehören Lehmkuhlen und Rixdorf den Herren v. Ahlefeldt.
Die Rixtorp führen eine Harpye im Wappen, einen sogenannten Jungfrauenadler, gleichzeitig mit ihnen verschiedene Geschlechter im Raume Plön, die Wiltberg, die Schele und vor allem die Herren von Plön selber, was auf nahe Verwandtschaft deutet. Gegen Ende des Mittelalters wenden sich die Rixtorp nach dem Norden, erwerben Grundbesitz im Sundewitt und auf Alsen und verändern ihre Namensform in das dänische Rigstrup; ganz parallel zu den benachbarten Herren von Rastorf, die sich nach ihrer Übersiedlung nach Dänemark Rostrup nennen.
Noch bis gegen das Ende des 15. Jahrhunderts bestand die Zusammengehörigkeit von Rixdorf mit Lehmkuhlen weiter. Erst im Jahre 1470 kam es zur endgültigen Trennung der beiden Güter, der ältere Bruder Benedict v. Ahlefeldt behielt Lehmkuhlen, dem jüngeren Detlev fiel Rixdorf zu. Es hat noch zwei Miteigentümer, sicherlich Miterben gegeben, Heinrich und Schack Rantzau. Diese drei verkauften Rixdorf im Jahre 1413 an Joachim Reventlow. Damit beginnt eine der großen Epochen des Gutes, gerade dieser Zweig der Reventlow zeichnet sich aus durch eine Reihe hervorragender Männer wie durch seinen außerordentlichen Reichtum. Joachim Reventlow besaß vom Vater her das sehr bedeutende adelige Gut Gramm in Nordschleswig sowie Steensgaard auf Fünen, erhielt 1494 das adelige Gut Rundhof in Angeln als Pfandbesitz und erwarb durch seine Heirat mit Abel Buchwaldt a. d. H. Sierhagen weiteren Reichtum. Nach seinem Tode 1519 ging Rixdorf zunächst auf den ältesten Sohn Detlev über, der aber wegen seiner geistlichen Stellung das Gut schon nach einem Jahr an den nächsten Bruder Iven, †1569, weitergab. Beide Brüder waren hochbedeutende Persönlichkeiten.

Detlev Reventlow war schon beim Tode des Vaters auf dem Wege, zu höchsten Ehrenstellen emporzusteigen. Wie manche Söhne seines Geschlechts hatte er die Rechtswissenschaft studiert und sich den Doctor juris erworben und war bereits in jungen Jahren ein geschätzter Rat des Herzogs Friedrich auf Gottorp geworden. In den kirchlichen Kämpfen der Zeit stand er im Lager der Evangelischen, und als er Propst von Reinbek geworden war, trat er auch in diesem Amte für die evangelischen Belange ein. Der Herzog übertrug ihm das Kanzleramt an seinem Hofe. Das schien der höchste Posten zu sein, der für Detlev Reventlow erreichbar war. Aber eben jetzt erledigte sich der Bischofsstuhl von Lübeck, als 1535 der bisherige Bischof Heinrich Bockholt in Hamburg starb. Die Bürgerschaft Lübecks hatte in schweren Kämpfen die Freiheit gewonnen und ein evangelisches Kirchenwesen geschaffen. Als nun das Domkapitel zur Wahl schritt, wollte es einen Mann zum Bischof wählen, der dem Herzog genehm wäre und wußte keinen besseren als den Propst von Reinbek, den Kanzler Dr. jur. Detlev Reventlow. So kam der Besitzer von Rixdorf auf den Lübecker Bischofsstuhl, wo er jedoch nur kurze Zeit gewirkt hat, die er dazu benutzte, der evangelischen Sache auch am Dome von Lübeck Eingang zu verschaffen. Er starb jedoch schon nach kurzer Zeit.
Der Bruder Iven Reventlow hat sicherlich mehr für Rixdorf tun können und den Besitz erheblich erweitert. Viele Jahre hindurch war er Amtmann von Segeberg und von Gottorp und Statthalter unter Herzog Hans d. Ä. Trotz seines Alters von 65 Jahren machte er noch den Feldzug gegen Dithmarschen im Jahre 1559 mit und wurde dort verwundet. Er war nicht weniger als viermal vermählt, zuerst mit einer Ahlefeldt, dann mit einer Buchwaldt und schließlich mit zwei Rantzau. Die bronzene Grabplatte in der Kirche von Lebrade zeigt den Ritter, umgeben von seinen beiden letzten Ehefrauen und dem Sohne Gabriel, der schon jung verstorben ist.
Sein Nachfolger auf Rixdorf war sein Sohn aus zweiter Ehe, Detlev Reventlow, † 1604. Ihm folgte dessen Sohn Jasper Reventlow, der aber kränklich war und schon früh, 1610 oder 1611 verstorben ist. Schon vorher hatte er Rixdorf an den zweiten Mann seiner Stiefmutter, den Klosterprobsten Detlev Brockdorff auf Gaarz, verkauft.
Mit diesem Verkauf beginnt eine Epoche für Rixdorf, die reichlich ein Jahrhundert angedauert hat und von fast ständigem Besitzwechsel erfüllt ist. Der erste Brockdorff, der Rixdorf besaß, Detlev Brockdorff, starb schon wenige Jahre später im Jahre 1616, ihm folgte sein Sohn

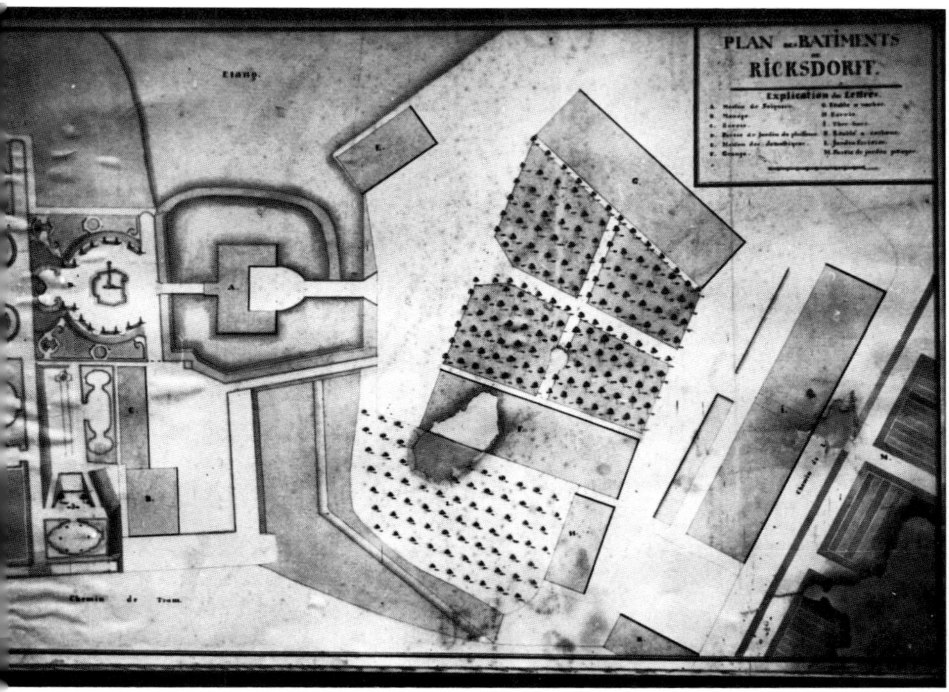

Alte Hofkarte

Joachim Brockdorff, diesem wieder der Sohn Detlev Brockdorff und endlich der Enkel Gert Brockdorff, der aber Rixdorf nicht halten konnte und Konkurs machte. Unter seinem Vater Detlev Brockdorff erlebte Rixdorf den Durchzug der feindlichen Heere und litt schwer unter Brandschatzung und Plünderung.

Aus dem Konkurse erwarb der Freiherr Friedrich Christian v. Kielmansegg das Gut, anscheinend im Jahre 1681. Kielmansegg, der der Stammvater der heute noch blühenden Familie der Grafen v. Kielmansegg ist, hat sicherlich in Rixdorf nicht gewohnt, sondern lebte auf seinem Gute Wandsbek bei Hamburg oder in seinem Stadtpalais in der Stadt Hamburg. Für Rixdorf bedeutet er praktisch nur sehr wenig. Schon nach wenigen Jahren, vielleicht schon 1682 oder 1683, ging Rixdorf über an die Gräfin Sophie Amalie Danneskiold-Samsøe. Die Gräfin hatte kurz zuvor bereits das benachbarte adelige Gut Schönweide erworben, alles auf Grund einer Schenkung des Königs Christian V. Von Hause aus hatte Sophie Amalie den Namen Moth und war die Tochter eines Flensburger Arztes, der später als Leibarzt an den königlichen Hof in Kopenhagen kam. Schon mit 16 Jahren wurde sie die Geliebte des Königs, der sie nicht nur zur Gräfin erhob, sondern ihr auch ein Wochengeld reichen ließ, das – wie ein Schriftsteller der Zeit erzählt – das vielfache dessen betrug, was die rechtmäßige Königin bekam.

In Rixdorf wird sie kaum gewohnt haben. Aus ihrer Zeit ist nur die Stiftung des Altars für die Kirche in Lebrade ein Zeugnis ihrer Tätigkeit für das Gut.

Nach ihrem Tode im Jahre 1719 gingen die Güter zunächst über auf ihren Sohn Ulrich Christian, der aber im gleichen Jahre starb, dann wurden die Gütern getrennt, Rixdorf erhielt die Enkelin, die Gräfin Frederikke Louise Danneskiold-Samsøe, die ihrerseits den Herzog Christian August von Augustenburg im Jahre 1722 heiratete. Weder sie noch der Herzog dürften auf Rixdorf gewohnt haben.

1725 wurde das Gut verkauft und zwar an Wulf Hinrich v. Baudissin.

Erst mit der Baudissinschen Zeit zieht wieder eine Zeit der Blüte für das Gut ein. Wulf Hinrich v. Baudissin war ein Enkel des gleichnamigen Großvaters, der einer der bekanntesten Generale während des Dreißigjährigen Krieges gewesen war. Er war erst Reiterobrist unter König Gustav Adolf von Schweden, dann kursächsischer General, endlich dänischer General unter König Christian IV. Nachdem er die Tochter des Statthalters Gert Rantzau von Breitenburg geheiratet hatte, wurde er landsässig und als erster in die Schleswig-Holsteinische Ritterschaft recipiert.

Der Enkel schlug anfangs den gleichen Weg ein wie der Großvater, kämpfte unter Prinz Eugen und unter Marlbourough, wurde kursächsischer General und schließlich auch Minister. 1741 wurde er mit seiner gesamten Nachkommenschaft in den Reichsgrafenstand erhoben.

Wulf Hinrich v. Baudissin ist es, der den Hof Rixdorf praktisch völlig neu geschaffen hat. Die Lage des Hofes an dem Flüßchen Kossau, das hier noch ein sehr kleiner Wasserlauf ist, hat etwas ungemein anmutiges, der Hof liegt in einer Niederung inmitten eines stark kupierten Geländes. Das frühere Herrenhaus, das 1836 oder 1837 abgebrochen worden ist, ist im Jahre 1737 durch Baudissin umgebaut und erweitert worden. Es dürfte in seinem ursprünglichen Typ etwa aus der Zeit um 1600 stammen, ist also vielleicht während der Brockdorffschen Zeit erbaut

worden und ähnelte in seinem Typ dem Herrenhause von Hagen. Bei dem Umbau im Jahre 1737 wurden die Giebel abgewalmt und der Mittelrisalit mit einem geschwungenen oberen Abschluß versehen, gleichzeitig ein Dachreiter mit Zwiebelkuppel aufgesetzt. Auf der anderen Seite scheint ein Treppenturm gewesen zu sein, wie aus der Zeichnung in dem Stammbuch der Sophie Reventlow zu ersehen ist. Hinter dem Herrenhaus wurde ein französischer Garten angelegt, hinauf auf das höhere Gelände nach Südwesten, sicherlich zur selben Zeit wie der Umbau des Herrenhauses selber. Heute sind noch die alten Alleen zu erkennen mit dem Rondeau am Ende des Parks mit dem Durchblick in die unendliche Ferne.
Dieses Hauptgebäude mußte abgebrochen werden, nachdem man im Jahre 1830 oberhalb der Herrenhausanlage eine Wiese aufgestaut hatte. Dadurch liefen die Wassergräben rund um das Herrenhaus trocken, und die Pfähle, auf denen das Gebäude errichtet war, begannen zu faulen.
Im Gegensatz zu diesem Bauwerk ist die Anlage des Wirtschaftshofes, die gleichfalls aus der Zeit von Wulf Hinrich v. Baudissin stammt, vollständig erhalten und bis zur Gegenwart hin mit einem einzigartigen Opferwillen und großer Pietät durch den gegenwärtigen Eigentümer instandgehalten worden. Man kann ohne Übertreibung sagen, daß es in ganz Holstein außer Rastorf keinen Wirtschaftshof gibt, der von einem so einheitlichen Typus bis zur Gegenwart hin geprägt ist. Die ganze aus einem Guß geschaffene und gleichmäßige Anlage besteht zunächst einmal aus dem 99 m langen Torhaus von 1732 an der Landstraße, das zusätzlich noch mit einem Scheunen- sowie einem Stallteil ausgestattet wurde. Über der Torfahrt ist eine schöne Sandsteintafel mit großem Wappen angebracht und der Inschrift:

„Soli Deo Gloria / Wulff Hinnerich v.
Baudissin / Anno 1737".

Der Hofraum selber wird eingefaßt von zwei schief zueinander stehenden langen Wirtschaftsgebäuden nach Norden und nach Süden. An beiden Wirtschaftsgebäuden sind Inschriftstafeln angebracht, die am nördlichen Gebäude ist stark verwittert, am südlichen kann man noch Wappen, Name des Besitzers und die Jahreszahl 1730 erkennen.
Diese beiden Wirtschaftsgebäude öffnen sich in Richtung auf das frühere Herrenhaus im Westen und geben soviel Raum, daß sie auch die Inspektorwohnung mit einfassen, die unmittelbar an den früheren Gräben liegt, die jetzt ausgetrocknet sind. Dieses Inspektorhaus ist ein

stattlicher Bau von zwei vollen Stockwerken nach Westen, wo das Gelände abfällt, jedoch nur von einem nach der Hofseite hin. Das Gebäude ist stark umgebaut worden nach einem Brand in den 1890er Jahren und hat hier ein Schieferdach und Vorbauten im Dach im Schweizer Stil erhalten. Ursprünglich ist es in gleicher Form entstanden wie die Wirtschaftsgebäude selber und hat ebenso wie diese eine große Wappentafel mit entsprechender Inschrift und der Jahreszahl von 1737. Die Keller sind mächtige, tonnengewölbte Keller, die zur Seite der Gräben hin zu ebener Erde stehen und die nicht älter sein dürften, als das Gebäude selber.

Zu der Gesamtanlage gehören außer einigen kleineren Wirtschaftsgebäuden vor allem der an der Nordseite liegende herrschaftliche Pferdestall sowie an der Landstraße nach Norden die reizende kleine Arbeitersiedlung, die den Namen „Die Vorstadt" trägt.

Die Wirtschaftsgebäude wie das Inspektorhaus sind alle völlig übereinstimmend im Stil errichtet, sie stehen auf einem Sockel von Quadern von dunkelrotem Ziegelstein mit lotrechten Mustern von schwarzgebrannten Steinen in Rhomben- oder Zickzackformat. Sie besitzen große Strohdächer mit halb abgewalmten Giebeln und sehr kleinen Fensteröffnungen.

Torhaus von 1732

Hofgebäude, rechts das Torhaus

Die gesamte Anlage ist durch den ursprünglich aus Schweden stammenden Baumeister Rudolph Matthias Dallin in den Jahren 1726–1736 errichtet worden, wohl unserem bedeutendsten ländlichen Baumeister, der vom Hofe in Eutin herkam und auf einer Reihe unserer Wirtschaftshöfe die Baulichkeiten errichtet hat. Neben Rastorf gehört Rixdorf sicherlich zu seinen besten Schöpfungen.
Auf Wulf Hinrich v. Baudissin folgte der Sohn, der Graf Heinrich Christoph v. Baudissin, † 1786, der ebenso wie der Vater sächsischer General war, aber in Schleswig-Holstein umfangreichen Grundbesitz besaß, außer Rixdorf noch Lammershagen, Rantzau und Knoop. Er war vermählt mit Susanne Gräfin v. Zinzendorf; infolge dieser Heirat führen seine Nachkommen auf Rantzau bis heute den Namen der Grafen v. Baudissin-Zinzendorf.
Nach seinem Tode wurden die Güter getrennt, der ältere Bruder erhielt Knoop mit Rixdorf, der zweite Rantzau. Dieser ältere Bruder Heinrich Friedrich Graf v. Baudissin, † 1818, war vermählt mit der Gräfin Caroline v. Schimmelmann, einer Tochter des Schatzmeisters Heinrich Carl Schimmelmann, einem der bedeutendsten Staatsmänner, die

Dänemark in der zweiten Hälfte des 18. Jahrhunderts gehabt hat. Caroline Baudissin liebte Rixdorf nicht sonderlich, wahrscheinlich war ihr das Haus zu düster und zu feucht. Sie zog Knoop bei weitem vor und drängte ihren Mann auf Bau eines großen, für damalige Zeiten modernen Herrenhauses auf diesem Gute. Sie war daher durchaus bereit, sich von Rixdorf zu trennen, in der Tat fanden schon seit 1789 Verkaufsverhandlungen statt. 1790 war es soweit, als Käufer trat auf der damalige Freiherr, spätere Graf Clemens August v. Westphalen aus Westfalen. Über diesen Verkauf gibt es viele Versionen, die sicherlich einer strengen Nachprüfung nicht standhalten. Von Caroline Baudissin geb. Schimmelmann, war es bekannt, daß sie gern und hoch spielte. Daran anknüpfend wird häufig die Geschichte erzählt, daß sie 200 000 Rthlr. im Spiel verloren hätte, das Gut Rixdorf dafür eingesetzt hätte, und auch als dieses verspielt war, Rixdorf an Graf Westphalen hätte übergeben müssen. Angeblich soll Graf Westphalen sich bereiterklärt haben, von dem Erwerbe des Gutes zurückzutreten, wenn er dafür einen Kuß von ihr erhalten würde.

Diese Geschichte wird auch noch von dem eigenen Enkel, dem Grafen Roderich Baudissin, in seinen Erinnerungen erzählt.

In Wahrheit lagen die Dinge anders. Graf Westphalen war kurz zuvor in seiner Heimat in den Besitz eines größeren Vermögens gelangt und wollte dieses Geld in weiterem Grundbesitz anlegen. Er begab sich auf die Reise von Westfalen nach Ungarn und suchte hier nach einem geeigneten Objekt, ohne es zu finden. Es sind noch heute Briefe von ihm an seinen Rentmeister erhalten, in denen er von seinen vergeblichen Versuchen schreibt, ein geeignetes Gut in Ungarn zu finden. Er schreibt dann weiter, daß er sich nunmehr auf die Weiterreise nach Holstein begeben wolle und dort versuchen wolle, etwas Passendes zu finden.

Diese Version ist zweifellos die richtige und stimmt auch vollständig überein mit den Verkaufsverhandlungen, die schon zuvor von Rixdorf aus unternommen worden waren. In einem Brief aus dem Dezember 1789 schreibt Heinrich Friedrich Baudissin an seinen Bruder in Rantzau über den beabsichtigten Verkauf von Rixdorf, es kann daher gar kein Zweifel daran bestehen, daß es sich hier um einen echten Verkauf handelt. Das einzig Zutreffende an der Geschichte ist nur das, daß Caroline Baudissin in der Tat gerne spielte und sicherlich oft im Spiele auch Geld verloren hat.

In der Westphalenschen Zeit blieb der Hauptsitz der Familie der Grafen v. Westphalen auf ihre Heimat in Westfalen ausgerichtet. Hier gab es die großen Besitzungen von Fürstenberg, Laer und andere mehr, die zweifellos den jeweiligen Besitzer dort in Anspruch nahmen. Aber auch für Rixdorf bestand in der langen Zeit von 1790 an stets ein reges Interesse, das sich an den vielen Baulichkeiten dokumentiert, die in dieser Zeit aufgeführt worden sind. Nach dem Abbruch des Herrenhauses 1836/37 gab es zunächst kein herrschaftliches Wohnhaus, für die Anwesenheit der Familie wurde das erste Haus in der Vorstadt, das ursprüngliche Gärtnerhaus, herangezogen. Es wurde nach dem 2. Weltkrieg wegen Baufälligkeit abgebrochen und durch einen größeren Neubau, der 3 Familien Platz bietet, ersetzt. In den Jahren von 1902/03 ließ der damalige Besitzer Clemens Graf v. Westphalen durch den Londoner Architekt Maple ein neues Herrenhaus im Stil eines englichen Cottage errichten. Dieses Herrenhaus beherbergte in den Jahren während des Zweiten Weltkrieges und nach ihm eine Fülle von Flüchtlingen und Heimatvertriebenen, in der Spitze wohnten hier in diesem Hause 190 Menschen. Heute ist das Haus nach gründlicher Renovierung Blinden-Erholungsheim und im Sommer Ferienheim des Ferienkinderhilfswerks des Malteser-Ordens.

Bei dem Verkauf von Rixdorf an die Westphalen ergab sich, daß ein Teehäuschen im Park stand, auf das Caroline Baudissin, geb. Schimmelmann, größten Wert legte. Auf ihren Wunsch mußte dieses Teehäuschen abgebrochen und nach Knoop hingeschafft werden, der Hof Rixdorf hatte die Fuhren des halben Weges zu leisten, dann wurde es von Fahrzeugen des Gutes Knoop übernommen.

Der erste Besitzer aus dem Geschlechte Westphalen, Clemens August, seit 1792 Graf v. Westphalen, † 1818, war kaiserlicher Gesandter an den kurkölnischen und kurtrierischen Höfen und im niedersächsichen Kreise gewesen. Der Sohn Friedrich, der ihn hätte beerben sollen, fiel bereits im Jahre 1809 als k.k. Hauptmann und Führer einer Jägerkompanie im Gefecht von Hausen bei Regensburg. Die Güter gingen daher unmittelbar auf den Enkel über, der wie der Großvater Clemens August hieß, † 1885, langjähriger Landtagsmarschall in Westfalen. Dieser ging jedoch wegen seines Eintretens für den Bischof Droste während des Kulturkampfes seines Sitzes im preußischen Herrenhaus verlustig und wurde aus dem Königreich Preußen ausgewiesen. Das veranlaßte ihn, den Wohnsitz der Familie weitgehend nach Österreich zu verlegen, wo der Besitz Kulm in Böhmen erworben wurde. Der Sohn Friedrich, † 1900, war infolgedessen Mitglied des österreichischen Herrenhauses geworden.

Das erste Herrenhaus 1737 erbaut, später abgebrochen

Dessen Sohn, Clemens Graf v. Westphalen, † 1938, wurde wiederum erbliches Mitglied des preußischen Herrenhauses. Dessen Sohn Friedrich Carl, * 1898, ist hervorgetreten als langjähriger Vorsitzender der Arbeitsgemeinschaft der deutschen Waldbesitzerverbände und war gleichzeitig Vorsitzender des Waldbauernverbandes Nordrhein-Westfalen.

Er hat 1953 ein neues Herrenhaus erbauen lassen, auf einem die Umgebung beherrschenden hohen Punkte, etwas nordwestlich von dem alten französischen Parke, durch Prof. Zinser aus Hannover, und hat die Umgebung des neuen Hauses durch den Leiter der Gartenbauhochschule Saarstedt und nachmaligen Dekan dieser Fakultät an der Technischen Hochschule Hannover, Prof. Wiepking-Jürgensmann, landschaftlich gestalten lassen. Dieses neue Herrenhaus, das sich mit seiner niedrigen Konstruktion und dem anheimelnden Strohdach vorzüglich in die Landschaft einpaßt, ist eine glückliche Lösung geworden zwischen dem Stile eines alten Herrenhauses und einer modernen wohnlichen Umgebung.

Das Gut Rixdorf ist durch die beiden Bodenreformen in seinem alten Umfang stark verändert worden. Etwa um 1930 wurden die Dörfer Lebrade, Sellin, Mucheln, Kossau und Rathjensdorf vom Gut getrennt und die Bauern zu freien Eigentümern gemacht. In der Bodenreform nach dem Zweiten Weltkrieg mußten die Meierhöfe Theresienhof, Tramm, Tresdorf und Hasselburg abgegeben werden. Heute besteht das Gut aus dem Haupthof in Größe von 550 ha, den Flächen an Wasser, Seen und Fischteichen in Größe von 500 ha und einem Waldareal von rd. 400 ha.
Friedrich Carl Graf v. Westphalen hat noch zu seiner Lebenszeit den Besitz seinem Sohne, dem Grafen Clemens August v. Westphalen übergeben.

Adeliges Gut Rixdorf

Besitzer: Clemens August Graf v. Westphalen

Besitzer

seit ca. 1200 – ca. 1424	Herren von Riclikesdorpe bzw. Rixtorp
1424–1494	v. Ahlefeldt
1494–1606	(v.) Reventlow
1606–1681	(v.) Brockdorff
1681–1683	Frhr. v. Kielmansegg
1683–1725	Grafen v. Danneskiold-Samsøe
1725–1790	Grafen v. Baudissin
seit 1790	Grafen v. Westphalen

Gut und Bauten

Mittelalter	Riclikesdorpe bzw. Rixdorf
ca. 1600–1630	Bau des ehem. Herrenhauses
von 1730 an	Bau des Wirtschaftshofes und Umbau des Herrenhauses
1836/37	Abbruch des Herrenhauses
ca. 1890	Umbau des Inspektorhauses
1902/03	Bau des neuen Herrenhauses
1953	Bau des jetzigen Wohnhauses

13 Schönweide

Kirchspiel Neukirchen Kreis Plön

An einem schönen Sommertage des Jahres 1813 reiste der Hamburger Großkaufmann Levin Heinrich von Hollen von Hamburg nach Oldenburg in Holstein. Man hatte ihm gesagt, daß in der dortigen Gegend mehrere Güter zum Verkaufe anstünden, nach den napoleonischen Kriegen war an vielen Stellen das Geld knapp und die Not groß. Die Familie von Hollen war erst seit zwei Generationen in Hamburg seßhaft, ursprünglich war sie bäuerlicher Herkunft, sie stammte aus dem Dorfe Nesse bei Bremen, wo die Gegend das Hollerland heißt. Der Name lautete ursprünglich van, erst später von Hollen und stellt kein Adelsprädikat dar, sondern ist eine Herkunftsbezeichnung. Wir kennen

aus den Elbmarschen Schleswig-Holsteins viele vergleichbare Namensbildungen. So mochte Levin Heinrich von Hollen sich seiner bäuerlichen Herkunft besinnen, als er jetzt auszog, ein Gut zu kaufen.
Als er mit seinem Reisewagen in das Dorf Grebin, etwa halberwegs zwischen Plön und Lütjenburg, einfuhr, brach die Achse des Wagens. Der Dorfschmied, der sich den Schaden besah, meinte, es werde ein paar Stunden dauern, bis die Achse gerichtet sei. So unternahm jetzt unser Reisender einen Spaziergang durch das Dorf und erreichte den höchsten Punkt der Gegend, den Mühlenberg. Unter ihm lag das anmutige Tal der Kossau und gerade vor ihm in Wald und Park verborgen der Hof Schönweide, man konnte das weiß verputzte stattliche Herrenhaus und die großen Scheunen durch die Bäume schimmern sehen. Voller Begeisterung rief er aus: „Das hier, dieses Gut hier möchte ich haben!"
Auf seine Nachfragen erfuhr er vom Schmied, daß diese Möglichkeit durchaus bestünde, der Vorbesitzer, der kgl. dänische Justizrath und Kammerherr Garlieb Amsinck habe gerade Konkurs angemeldet, und das adelige Gut Schönweide werde demnächst in öffentlicher Licitation (= Versteigerung) zum Kauf ausgeboten werden.
Levin Heinrich von Hollen war ein Mann schneller Entschlüsse, er nahm den Termin wahr und konnte noch im gleichen Jahre 1813 als der neue Herr auf Schönweide einziehen. 167000 Rthlr. mußte er für den Ankauf entrichten.
Mit dem Vorbesitzer Amsinck waren die Dinge nicht glatt verlaufen. Er hatte im Jahre 1796 zwei große adelige Güter gekauft, außer Schönweide noch Rethwisch bei Preetz, war aber schnellstens in hohe Schulden geraten. Daher trennte er von Rethwisch die beiden Meierhöfe Sophienhof und Bredeneek ab, im Jahre 1806 wurden sie beide zu eigenen adeligen Gütern erhoben. Und auch bei Schönweide ging es munter ans Teilen und Verkaufen, sämtliche Hufenstellen in den Dörfern Görnitz und Grebin wurden verkauft, mehrere Erbpachtstellen abgelegt und sogar ein Teil des Hoffeldes und des Waldes veräußert. Es kam noch hinzu, daß die Kosaken, die im Winter 1812 Holstein durchzogen, die große Hofscheune in Brand gesteckt hatten.
Es war daher sicherlich für den Fortbestand des Gutes hohe Zeit, daß ein neuer Besitzer mit genügend Geldmitteln einzog. In der Tat gelang es von Hollen, einen erheblichen Teil der Ländereien zurückzukaufen.
Und auch im Persönlichen war die Lebensführung von Amsinck nicht ohne Tadel. Er war verheiratet und hatte aus dieser Ehe immerhin 12 Kinder, als er seine Neigung einem bedeutend jüngeren Mädchen

zuwandte, die als Wirtschafterin auf dem Meierhof Breitenstein arbeitete. Aus Schicklichkeitsgründen ließ er sie dort wohnen und hatte mit ihr weitere 7 Kinder, zwei von ihnen erhielten den Vornamen des Vaters: Garlieb, sogar in der weiblichen Form Garliebine. Die Wirtschafterin hieß Katharine Mahncke, aber als Nachnamen gab er seinen Kindern recht eigenmächtig den Namen Hülse in Anspielung auf das Familienwappen der Amsinck, drei grüne Hülsenblätter, (= Stechpalme, Ilex). Die Ehefrau sah sich dieses wenig erbauliche Treiben ihres Mannes nicht lange an und zog zu einem Schwiegersohn nach Lübeck.

Die Geschichte Schönweides reicht in sehr alte Zeiten zurück, es liegt im Grenzgebiet zwischen Holsaten und Wenden. So nimmt es nicht wunder, daß hier eine große Burganlage des Mittelalters steht. Sie liegt am Ende des Parkes und besteht aus der eigentlichen Burg, einer hohen kegelstumpfförmigen Hauptburg mit einem Plateau von etwa 35 m Durchmesser mit tiefem Graben und hohem Wall mit Tor, davor sichelförmig mehrere Vorburgen. Die Gesamtlänge der Anlage beträgt etwa 260 m. Die Wissenschaft ist sich nicht darüber einig, ob es sich hier um eine Burg aus ottonischer Zeit (10. Jahrhundert) handelt oder um eine slawische Anlage des hohen Mittelalters oder um eine Adelsburg eines altholsteinischen Geschlechts. Die Sage hat sich des Stoffes bemächtigt und bringt die Burg, die heute Nienslag heißt, in Verbindung mit den Rantzau, die hier aber erst seit etwa 1400 bezeugt sind. Es ist kaum anzunehmen, daß die Burg erst um diese Zeit entstanden ist, immerhin mag die Sage einen wahren Kern enthalten und auf die Kämpfe zwischen Holsaten und Wenden zurückgehen. Der Sage zufolge mußte die Mannschaft die Burg den Wenden übergeben, der Graf (Rantzau) entkam schwimmend über den See, die Mannschaften erhielten freien Abzug, durften aber nichts mitnehmen. Nur der Küchenjunge, der schwächlich und verwachsen war, bekam die Erlaubnis, so viel mitzunehmen, als er tragen könne. So brachte er auf seinen Schultern den jungen Rantzau in Sicherheit.

Heute befindet sich in die Wälle der Burg eingebettet die Grabstätte der Familie von Hollen.

Bei den Rantzau bleibt Schönweide bis 1675. In den Jahren vor 1542 erscheint für kurze Zeit Iven Reventlow von dem benachbarten Rixdorf als Besitzer, aber er scheint sich widerrechtlich das Gut angeeignet zu haben. Es kommt zu einem Prozeß mit den Rantzau, in dessen Verlauf Iven Reventlow Schönweide wieder herausgeben muß. Aus der langen Reihe der Rantzauischen Besitzer ragen zwei hervor, beide Heinrich mit

Vornamen, Großvater und Enkel. Der erstere ist der berühmte Statthalter und Humanist, †1599, dem es gelungen war, den alten Stammsitz seines Geschlechtes, das adelige Gut Rantzau zurückzuerwerben und der diesen Ankauf durch das benachbarte Schönweide vergrößerte. Der Enkel, der zu hohen Staatsstellungen aufstieg, unternahm als junger Mann von 24 Jahren im Jahre 1623 eine Reise in den Orient. Er verfaßte über diese Reise, die ihn von Venedig nach Cypern, von dort nach Jerusalem, von Jerusalem nach Ägypten, von Cairo nach Konstantinopel und wieder zurück nach Venedig führte, ein Tagebuch mit dem Titel: „Denckwürdige Reise-Beschreibung".

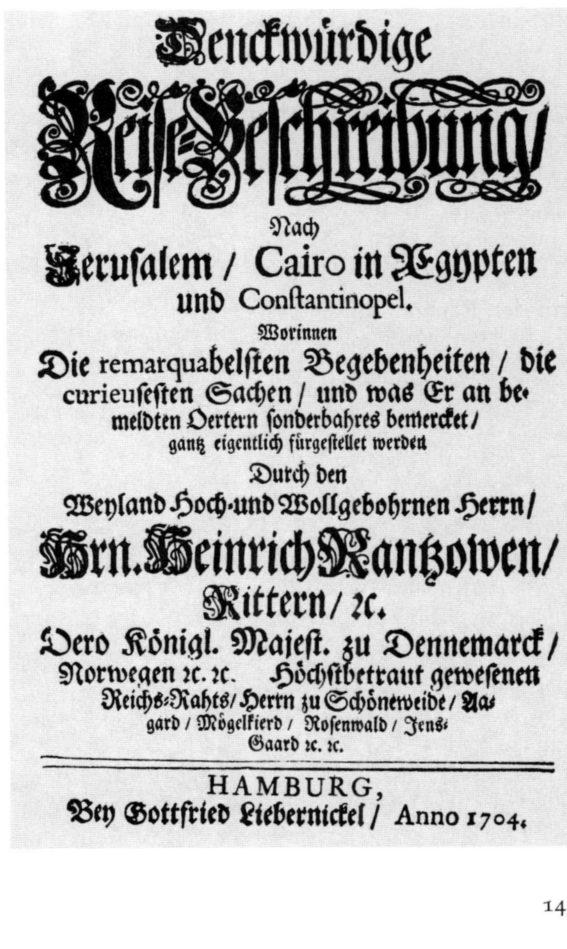

Denckwürdige
Reise-Beschreibung/
Nach
Jerusalem / Cairo in Ægypten
und Constantinopel.
Worinnen
Die remarquabelsten Begebenheiten / die curieusesten Sachen / und was Er an bemeldten Oertern sonderbahres bemercket / gantz eigentlich fürgestellet werden
Durch den
Weyland Hoch- und Wollgebohrnen Herrn /
Hrn. Heinrich Rantzowen /
Rittern / ꝛc.
Dero Königl. Majest. zu Dennemarck / Norwegen ꝛc. ꝛc. Höchstbetraut gewesenen Reichs-Rahts / Herrn zu Schöneweide / Aagard / Mögelkierd / Rosenwald / Jens-Gaard ꝛc. ꝛc.

HAMBURG,
Bey Gottfried Liebernickel / Anno 1704.

Reisebeschreibungen von Heinrich Rantzau auf Schönweide

Heinrich Rantzau starb 1674, das Tagebuch wurde, wahrscheinlich auf Grund einer letztwilligen Anordnung, erst 30 Jahre nach seinem Tode im Jahre 1704 gedruckt, also über 80 Jahre später, als die Reise stattgefunden hatte.
Heinrich Rantzau hatte aus seiner Ehe mit einer dänischen Adeligen keine Kinder, sein großer Besitz an Gütern in Holstein und Dänemark ging über an seinen Neffen Otto Rantzau, den Begründer der dänischen Linie der Lehnsgrafen Rantzau auf Rosenvold in Jütland, die bis zur Gegenwart blüht. Graf Otto Rantzau verkaufte Schönweide im Jahre darauf, 1675, an zwei Lübecker Kaufleute, Jacob Stegelmann und Dietrich von Lengerke, für damalige Zeiten ein höchst ungewöhnlicher Vorgang, vor 1700 kommen bürgerliche Besitzer auf unseren Gütern fast nicht vor. Die beiden Kaufleute behalten Schönweide nur wenige Jahre, 1679 erscheint der Dompropst und Bürgermeister von Lübeck, Bernhard Dietrich Brauer als Besitzer, aber auch nur bis 1682. Dann kauft Friedrich Reventlow vom unfern gelegenen Neudorff das Gut für nur 24000 Rthlr. Auch in seiner Hand bleibt Schönweide nicht lange, spätestens 1693 ist er nicht mehr Besitzer, in diesem Jahre werden die Lehnsbriefe für die Gräfin von Samsøe und ihre beiden Söhne, die Grafen Christian und Ulrich Christian Gyldenløve von König Christian V. und Herzog Christian Albrecht ausgestellt. Damit geht Schönweide gleichzeitig mit dem angrenzenden großen adeligen Gut Rixdorf für einige Jahrzehnte in deren Besitz über.
Sophie Amalie Moth, † 1719, Tochter eines Arztes aus Flensburg, später Hofarztes am dänischen Hofe, wurde schon als sechzehnjähriges Mädchen die Geliebte König Christians V. von Dänemark und erhielt den Titel einer Gräfin von Samsø. Von ihren Kindern übernahm nach dem Tode der Mutter im Jahre 1719 der jüngere Sohn, Ulrich Christian Gyldenløve zusammen mit den Kindern des schon früh verstorbenen älteren Bruders, nämlich mit den Grafen Christian und Frederik den Besitz der beiden Güter. Die Namensführung war kompliziert: die Söhne der Sophie Amalie Moth führten den Namen: „Gyldenløve, Graf von Samsøe", erst die Enkel erhielten den Namen der Grafen von Danneskiold-Samsøe.
1722 verkauften die Geschwister, der Graf Christian Danneskiold-Samsøe und dessen Schwester Frederikke Louise, die mit dem Herzog von Augustenburg verheiratet war, Schönweide mit dem Meierhof Breetsteen (=Breitenstein), den Dörfern Görns (=Görnitz), Grebin und Treufeld, der Erbpachtmühle, der Schmiede und dem Krug an den

Freiherrn Maximilian Heinrich v. Kurtzrock auf Wellingsbüttel. Damit zieht seit vielen Jahrzehnten erstmals wieder ein wirklicher Besitzer auf Schönweide ein.

Die alte Wasserburg auf der Rantzauischen Tafel lag nicht an der heutigen Hofstelle, sondern zwischen den Dörfern Görnitz und Grebin, wo noch vor hundert Jahren Reste von Fundamenten und Steindämmen gefunden wurden. Sie bestand aus einem hochgiebeligen Querbau mit Fenstern nur im Obergeschoß und zwei Anbauten auf der Vorder- und Rückseite. Auf der Karte bei Caspar Danckwerth von 1652 ist diese Wasserburg an der genannten Stelle abgebildet, hat aber offenbar schon größere bauliche Veränderungen erfahren. Kurtzrock verlegte den Hof in das Tal der Kossau, die hier noch ein kleiner bescheidener Wasserlauf ist. Im Jahre 1725 wird das große Stallgebäude nach Süden hin errichtet, bald darauf die Scheune auf der Nordseite. Nach 1731 folgt das Herrenhaus, ein stattlicher Bau von zwei Stockwerken und mit gewölbten Kellern. Das Gebäude hatte rustizierte Ecken und einen durchgehenden Mittelrisalit, der nach der Hofseite durch einen Dreiecksgiebel abgeschlossen wird, nach der Parkseite durch eine Attika. Das Herrenhaus ist im Jahre 1857 außerordentlich stark und sicher nicht zu seinem Vorteil umgebaut worden. Der ursprüngliche Bau, ein einfacher Langbau von 9 Achsen liegt seitdem geradezu eingekapselt in die heutige größere Anlage da, mit zwei kurzen Querflügeln, in die nördliche Ecke ist ein achteckiger Turm mit hoher schieferverkleideter Spitze hineingestellt, eine unumgängliche architektonische Zutat der Mitte des 19. Jahrhunderts.

Im Inneren ist aus der Zeit der Erbauung ein Raum von seltener Pracht erhalten geblieben, der große Gartensaal, ein stattlicher Raum in guten Verhältnissen von etwa 8:9 m mit bedeutender Höhe der Decke (etwa 4,5 m hoch), höher als in den übrigen Zimmern. Die drei großen Flügeltüren sind reich geschnitzt mit etwas steifer Bandornamentik im Régence-Stil, ursprünglich in dunkelgrauer marmorartiger Malerei dem sog. stucko lustro, ebenso wie die verhältnismäßig einfach gehaltenen Einfassungen. Über den Türen sind Reste von in Kalk gemalten Supraporten mit antiken Vasen erhalten, beinahe schon im pompejanischen Stil, wahrscheinlich also vom Ende des 18. Jahrhunderts. Die gleiche Ausschmückung haben die Felder über den großen Marmorkaminen, die in der Mitte jeder Langseite stehen und die eingefaßt sind von schmalen stuckierten Pilastern, über denen zwei Adler eine achtzackige Krone tragen. Die Kamine sind aus rot-blauem geflammtem Marmor in

Torhaus

frühem Rokokostil. Die Wände werden im übrigen durch flache, glatte Pilaster aufgeteilt mit hellem Marmorstuck und großen korinthischen Kapitellen auf hohen dunkelgrauen Postamenten. Die Decke des Raumes ist durch kräftige Stukkaturen im Régence-Stil belebt, mit einem großen Plafond in der Mitte, der umgeben ist von gebogenen und eckigen Rahmen mit Muschelschalen und Ranken. Das alte Eichenparkett zeigt rhombische Muster.
Der Gartensaal ist im Herbst 1977 restauriert worden. Der Saal ist in seiner Erscheinung grundlegend verändert worden.
Die Supraporten und die Kaminüberfassungen sind übermalt worden, die ehemals in Stuckmarmor gehaltenen Türen sind jetzt in weiß und hellgrau gehalten. Die Decke wurde in gelb mit weißem Stuck und Goldverzierungen übermalt.

Die Eingangshalle vor dem Gartensaal (diese beiden Räume nehmen den gesamten Mittelrisalit ein) ist nicht weniger schön, wenn auch einfacher gehalten, mit abgerundeten Ecken, mit breiten Pilastern, mit Stukkaturen vom selben Stil wie im Gartensaal. Die Pilaster tragen die schwach gewölbte Decke über einer kräftigen Hohlkehle und heben sich weiß gekalkt ab gegen die ockergelben Wände. Das Treppenhaus nördlich der Halle ist bei dem Umbau von 1857 erneuert worden, während der Eßsaal südlich eine einfache kräftige Stuckdecke mit einer Ofennische mit Stukkaturen im Louis-XVI.-Stil hat. Die Ausschmückung des Gartensaales dürfte bald nach der Erbauung des Hauses um 1731 geschehen sein.

Die Hofanlage ist sehr großzügig, mit zwei großen, langen Gebäuden nach Süden (das Stallgebäude, nach den Maueranker 1725 erbaut und 1813 und 1909 umgebaut) und nach Norden der Scheune, sicherlich auch in der gleichen Zeit entstanden mit einem Umbau von 1854.

In der Kurtzrockschen Zeit ist auch das Torhaus erbaut worden, 1754/55, durch den Maurermeister H. Leptien wohl nach Plänen von George Greggenhoffer. Auch dieses Gebäude erfuhr in neuerer Zeit wesentliche Veränderungen, nach den Maueranker zu schließen 1901 und 1906. Der Mittelteil wurde damals aufgestockt, die Torfahrt turmartig erweitert und Seitenflügel angebaut. Auf der Feldseite befinden sich Sandsteinkartuschen ohne Inschrift, aber mit der Kette des Ordens vom Dannebrog und der Grafenkrone geziert.

Die Kurtzrock gehören ursprünglich zum Bremischen Stiftsadel, waren aber katholisch. Seit 1707 hatten sie den Reichsfreiherrnstand inne. Maximilian Heinrich, † 1735, war Reichshofrat, kaiserlicher Resident und fürstlich Thurn- und Taxisscher Postmeister in Hamburg. Er bewohnte ein stattliches Haus am Speersort. Sein Sohn Theobald Joseph, der den Gutshof Wellingsbüttel nahe Hamburg neu erbaute, war großfürstlicher Kammerherr, der letzte der Reihe ist der Enkel, der fürstlich Thurn- und Taxissche Oberpostmeister Clemens August Frhr. v. Kurtzrock. Als die Familie sich schon von ihren holsteinischen Gütern getrennt hatte, wurde sie im Jahre 1819 in den österreichischen Grafenstand erhoben. Heute ist sie ausgestorben.

1796 war der Verkauf an Garlieb Amsinck für 195 000 Rthlr. erfolgt, seit 1813 saß nun Levin Heinrich von Hollen auf Schönweide und war zunächst damit beschäftigt, die zerstörte Scheune wieder aufzubauen und die von Amsinck verkauften Hufen und andere Grundstücke zurückzukaufen.

Eine Tatsache war ihm bei allen seinen Planungen hinderlich. Schönweide war noch immer und seit langem als einziges Gut in ganz Holstein ein Lehnsgut, er selber hatte noch das Lehen muthen müssen und am 21. September 1814 den königlichen Lehnsbrief erhalten. Levin Heinrich von Hollen ließ durch juristisch geschulte Freunde am Obergericht in Glückstadt Ermittlungen anstellen, welche Folgen diese Lehenseigenschaft für ihn selber haben könne. Er hatte zwar zwei Kinder, aber gab es nicht beim unbeerbten Tode ein Heimfallsrecht der Krone? Die Auskünfte, die er von Glückstadt erhielt, waren zwar beruhigend, aber ihm lag doch daran, klare Verhältnisse zu schaffen. Daher richtete er am 11. Mai 1819 eine unterthänigste Vorstellung an den König, das Lehnsgut in ein freies Allodialgut zu verwandeln und gab seiner Bitte den gehörigen Nachdruck, indem er sich zur Zahlung von 1000 Reichsbankthalern in Silber bereiterklärte.
Ursprünglich waren sicherlich alle Güter in Ostholstein Lehen des Landesherrn gewesen, aber bei fast allen war die Lehenseigenschaft im Laufe der Jahrhunderte sozusagen in Vergessenheit geraten. Seit dem Ende des 16. Jahrhunderts wurde nirgendwo mehr gemuthet, wurden nirgends mehr neue Lehensbriefe erteilt. Die schleswig-holsteinische Ritterschaft legte im Jahre 1674 ein Verzeichnis von 40 adeligen Gütern, fast alle in Holstein, vor, die nach ihrer Ansicht noch Lehnsgüter waren. Aber das Verzeichnis ist sicher nicht vollständig. Schönweide ist darunter aufgeführt, dieses Gut blieb auch das einzige, bei dem noch fortdauernd Lehnsbriefe erteilt wurden. Der Grund für diese abweichende Rechtsübung ist sicherlich durch die Persönlichkeiten der Besitzer beeinflußt worden. Als Sophie Amalie Moth, die spätere Gräfin von Samsøe, den Besitz von Schönweide antrat, hatte sie schwerlich die Mittel zum Ankauf in der Hand. Die Übertragung des Gutes an sie beruhte zweifellos auf einer Schenkung des Königs Christian V. an seine Geliebte und wurde durch die förmliche Belehnung noch verdeutlicht. Wenn die Lehnsbriefe auf ihre beiden Söhne ausgestellt wurden, so mag der Gedanke bestimmend gewesen sein, bei der nahen Verwandtschaft zum Königshaus die nötige Distanz zu wahren, um keinen Vorwand für die Entstehung eines eigenen noch so kleinen Fürstentums zu schaffen.
Bei den Kurtzrock werden ähnliche Erwägungen zugrunde gelegen haben. Das Gut Wellingsbüttel bei Hamburg, der Hauptwohnsitz der Familie, hatte ursprünglich als Lehnsgut zum Erzbistum Bremen gehört und war im Westfälischen Frieden 1648 mit Bremen an Schweden gefallen. Königin Christine von Schweden hob zugunsten des Kanzlers

Gartensaal

Dietrich von Reinking, der damals Besitzer von Wellingsbüttel war, die Lehnseigenschaft des Gutes auf. Seitdem betrachteten sich die Besitzer von Wellingsbüttel als reichsunmittelbar. Die Freiherren v. Kurtzrock ließen am Eingang des Gutes eine Tafel anbringen mit folgender Inschrift:

„Wellingsbüttel, terre appartenante,
au Baron de Kurtzrock et immédiatement
soumise à l'Empereur et l'Empire d'Allemagne".

Bei solcher Rechtsauffassung mochte es König und Herzog geraten erscheinen, für Schönweide den Status der Lehenseigenschaft zu festigen. Daher liegen Lehensbriefe für Schönweide in ununterbrochener Folge von 1675 bis 1813 vor.

Nur ein einziges Mal gab es Schwierigkeiten mit der Belehnung. Herzog Christian Albrecht von Holstein-Gottorp willigte in die Alienation (= Verkauf) nicht ein, da der Bürgermeister Brauer sich wohl mit dem König, aber nicht mit ihm selber, der das gleiche Recht habe, wegen nicht rechtzeitiger Muthung abgefunden habe. Hamburg den 23. Juli 1683.
Jetzt aber hatten sich die Umstände verändert. Am 28. August 1820 erteilte das Obergericht in Glückstadt den Bescheid, daß gegen Zahlung von 1000 Reichsbankthalern das Gut Schönweide von der Lehensqualität befreit werde.
Im Jahre 1832 trat Levin Heinrich das Gut an seinen Sohn ab, den Hofjägermeister und Dr. juris Julius Heinrich von Hollen, † 1879. Dieser wurde 1866 mit seiner gesamten Deszendenz gleichzeitig in den preußischen Adels- und Freiherrnstand erhoben. Julius Heinrich war ein eminent tüchtiger Mann, der wohl zu wirtschaften wußte. Die großen Hamburger Geschäfte liefen weiter, gleichzeitig suchte er seinen Grundbesitz zu mehren und kaufte die beiden adeligen Güter Görtz im Lande Oldenburg und Tüschenbeck im Herzogtum Lauenburg an. Görtz hat er noch zu seinen Lebzeiten wieder verkauft, aber für Schönweide und Tüschenbeck stiftete er zwei Fideikommisse für seine beiden ältesten Söhne. Er hatte insgesamt zehn Kinder und konnte außer den beiden Fideikommissen und dem Wittum für seine Ehefrau in Höhe von drei Viertel Millionen Mark jedem seiner Kinder 229 000,– Mark in bar hinterlassen.
Bei seinem Tode war sein ältester Sohn, der das Fideikommiß Schönweide antreten sollte, nicht mehr am Leben. So ging es unmittelbar auf den Enkel Ludwig über, der damals erst 12 Jahre alt war. Er ist 75 Jahre lang Besitzer des Gutes gewesen und starb im hohen Alter von 89 Jahren im Jahre 1955. Er war eine ebenso elegante Erscheinung wie ein Mann von Geist und Welt, gleichzeitig von echter, warmherziger Fürsorge für alle die vielen Menschen erfüllt, die ihm im Gutsbetrieb oder in seiner ausgedehnten Verwandtschaft nahestanden.
Kummer und Sorge blieben ihm nicht erspart, alle seine vier Söhne starben vor dem Vater, die ältesten beiden fielen im Ersten Weltkrieg, der dritte Sohn, der den Stamm fortsetzen sollte, Karl Ludwig, verunglückte tödlich im Jahre 1936 bei einem Verkehrsunfall. Und der vierte endlich, Otto, dem der Meierhof Helenenruhe zugeteilt worden war, geriet bei Stalingrad in russische Kriegsgefangenschaft und starb bald darauf im Jahre 1943 an Hungertyphus.
Und auch in der nächsten Generation gab es große Trauer, als der älteste

Sohn des Erben Karl Ludwig im Alter von nur 30 Jahren starb unter Hinterlassung seiner Ehefrau Beate geb. Grauert, wiedervermählte v. Arenstorff, und zwei kleinen Kindern. Der Sohn Karl Ludwig, geb. 1957, ist nunmehr Besitzer des Gutes.
Die Größe von Schönweide hatte ursprünglich 1497 ha betragen, durch Bodenreformen und sonstige Verkäufe sind wesentliche Veränderungen eingetreten. Der Haupthof hat heute eine Größe von 356 ha. Der Meierhof Breitenstein und das Dorf Treufeld sind infolge der beiden Bodenreformen veräußert worden. Der Meierhof Helenenruhe mit 180 ha gehört jetzt dem ältesten Sohn von Otto, † 1943, Heinrich Frhr. v. Hollen, * 1936. Weitere Flächen wurden als Landabfindung für die beiden Töchter abgezweigt.

Adeliges Gut Schönweide

Besitzer der Ländereien: Karl Ludwig Frhr. v. Hollen

Besitzer der Hofanlage mit Herrenhaus und Park: Jürgen Bode

Besitzer		*Gut und Bauten*	
ca. 1400–1675	(v.) Rantzau dazwischen für kurze Zeit Reventlow	Mittelalter	Burg Nienslag
		15./16. Jahrh.	Wasserburg bei dem Dorfe Görnitz
1675–1693	verschiedene Besitzer	von 1725 an	Bau der Hofgebäude
1693–1722	Grafen Danneskiold-Samsøe	1731	Bau des Herrenhauses
		1754	Bau des Torhauses
1722–1796	Frhr. v. Kurtzrock	1812	Scheune abgebrannt
1796–1813	Amsinck	1857	Umbau des Herrenhauses
seit 1813	von Hollen (seit 1866 Frhr. v. Hollen)	1901, 1906, 1909	Erweiterungsbauten der Hofgebäude
seit 1986	Jürgen Bode für Herrenhaus, Park und Hofanlage	1977	Restaurierung des Gartensaales
		1988	Abbruch der beiden Hofscheunen

14 Rantzau

Kirchspiel Neukirchen Kreis Plön

Das Gut Rantzau ist seit jeher von einem besonderen Nimbus umgeben als der Urheimat des Geschlechts Rantzau, unseres stärksten und bedeutendsten Adelsgeschlechtes. Als erster wird 1226 Johann v. Rantzau genannt, er erscheint als Zeuge in der Urkunde über die Neubegründung des Klosters Preetz durch Graf Adolf IV. v. Schauenburg. Damals ist er noch Knappe, dürfte also jung an Jahren gewesen sein, im Jahre 1235 ist er Ritter. Von ihm stammen die vielen Linien der Rantzau ab, vor allem auch die Besitzer von Rantzau selber, über ein halbes Jahrtausend hat es dem Geschlecht gehört, bis zum Jahre 1728. In den ältesten Generationen sind die jeweiligen Besitzer des Gutes nicht bekannt, erst seit dem Feldherrn Schack Rantzau, † 1445, kennen wir ihre Namen genau. Es kann aber kein Zweifel daran bestehen, daß das Gut auch in diesen mittelalterlichen Epochen stets in den Händen der Rantzau gewesen ist.

Das Wort Rantzau ist slawischer Herkunft, es gab sogar seit der Kolonisation zwei Dörfer gleichen Namens, Wendisch-Rantzau in der Nähe des heutigen Gutshofes und Deutsch-Rantzau, das heutige Dorf Rantzau.
Daß das Geschlecht selber wendischen Ursprungs sein soll, ist nicht anzunehmen. Vielmehr dürfte die Namensgebung die gleiche sein, wie bei den meisten anderen unserer alten Geschlechter: der Ritter nennt sich nach der Burg, die er besitzt und bewohnt, nicht umgekehrt erhält die Burg oder das Dorf von dem Ritter den Namen. Für diese Annahme spricht auch das Auftreten zweier weiterer Adelsgeschlechter in der gleichen Gegend und mit den gleichen Wappen, den Herren von Fissau und von Dissau, die demnach mit den Rantzau eng verwandt gewesen sein dürften.
Die einzelnen Besitzer von Rantzau zu charakterisieren erscheint kaum nötig, da die meisten von ihnen nicht besonders im öffentlichen Leben hervorgetreten sind. Auf den Feldherrn Schack Rantzau, den Eroberer Fehmarns, † um 1445, geht Rantzau auf dessen jüngsten Sohn Hartwig über, der zwischen 1447 und 1470 genannt wird. Er wird beerbt von seinem Sohne Schack, dieser zunächst anscheinend gemeinsam von seinen beiden ältesten Söhnen Hartwig und Joachim. Aber unter den Brüdern entstand heftiger Streit, im Jahre 1528 oder 1529 erstach Hartwig den Bruder Joachim auf dem Felde bei einer Jagd mit seinem Speer und mußte infolgedessen von Rantzau weichen. Das Gut wurde verkauft entweder an Hans Rantzaus Witwe, Frau Margarethe oder an ihren Sohn Caspar, manchmal auch Jasper genannt, auf Schmoel. Der Vater hatte seine drei erstgeborenen Söhne nach den Heiligen Drei Königen genannt, Caspar, Melchior und Balthasar. Als die Zahl der Söhne größer wurde, erhielten die weiteren die üblichen holsteinischen Namen, Hinrich, Breide, Sievert und Otto. Deshalb mag Caspar später auch zu dem heimischen Jasper zurückgekehrt sein. Auf jeden Fall blieb es bei Hans Rantzaus Kindern, erst bei dem ältesten Sohne Jasper, dann bei dessen jüngstem Bruder Otto, † 1585. Dieser hatte einen Sohn, der nach dem Großvater Hans hieß und der Rantzau im Jahre 1590 an den Statthalter Heinrich Rantzau verkaufte.
Damit hatte der Statthalter die Krönung seines Lebens erreicht, er hatte den alten Stammsitz seines Geschlechtes in seine Hand gebracht und machte sich unverzüglich ans Werk, ein seiner würdiges Herrenhaus oder besser ein Schloß zu errichten. Die Lage des Hofes im tiefen Tale der Kossau bot die günstigsten Voraussetzungen. Die Kossau wurde

angestaut und bildete nun einen großen See. Die alte Wasserburg wurde abgebrochen, Teile ihrer Fundamente sind noch in dem späteren Bau enthalten. Dieses Gebäude erscheint auf der Rantzauischen Tafel von 1587 als Doppelhaus auf einer Insel im See. Der linke Flügel besitzt im Erdgeschoß keine Fenster, ist daher wahrscheinlich älter als der rechte.
Auf diesen Fundamenten entstand nun einer der großartigsten Bauten der Renaissance in unserem Land, auf einer in den See hineinragenden Halbinsel, die von Palisaden umgeben war und die die Stallungen aufnahm und zwei Inseln, die eine für die Burg, jetzt das neue Schloß, die zweite kleinere mitten im See für ein kleines Lusthäuschen, das auf steinernem Fundament aus Holz erbaut war, nach norwegischer Sitte, wie Heinrich Rantzaus Zeitgenossen berichten.
Das schloßartige Herrenhaus bestand aus zwei voneinander räumlich getrennten zweistöckigen Flügelbauten, mit reichem baulichem und figürlichem Schmuck. Die Fensteröffnungen waren so breit, daß sie durch steinerne Säulen unterbrochen wurden, die Giebel reich verziert mit Dreiecksgiebeln, Obelisken, Kugeln und geschwungenen Abschlüssen. Der linke Flügel enthielt eine Kapelle, der rechte den Rittersaal, der durch zwei Stockwerke reichte und mit einer umlaufenden Galerie reich ausgestattet war. Die Galerie wurde beiderseits durch je 6 Steinsäulen mit vergoldeten Kapitellen getragen. An der Dachtraufe befand sich ein steinerner Drache als Wasserspeier. Die beiden Flügel waren durch eine niedrige, nur ein Stockwerk hohe Mauer verbunden, in deren Mitte eine Toröffnung zur Durchfahrt in den inneren Hof eingebrochen war. Auf diese Weise gab es eine klare Mittelachse, von der Einfahrt in die Vorburg bis zu dem Lusthäuschen im See. An den Seiten der beiden Flügel standen schlanke Ecktürme, wahrscheinlich enthielten sie Wendeltreppen.
Der ganze Bau ist stark von italienischen Villen und französischen Schloßbauten der Zeit beeinflußt worden. Insbesondere das berühmte Werk von J. A. Ducerceau, Les plus excellents bastiments de France von 1576 und 1579, wird Heinrich Rantzau sicherlich bekannt gewesen sein. Im Oktober 1591 hatte er eine Sendung von Stichen mit Abbildungen römischer Paläste erhalten, Ende 1592 korrespondierte er mit dem Großherzog Ferdinand von Toskana, dem früheren Kardinal Medici. Alles in allem legte der Bau ein strahlendes Zeugnis ab für die internationale Orientierung und die weltumspannenden Verbindungen des Bauherrn.
1592 war der Bau im wesentlichen fertig, wie mehrere Inschrifttafeln

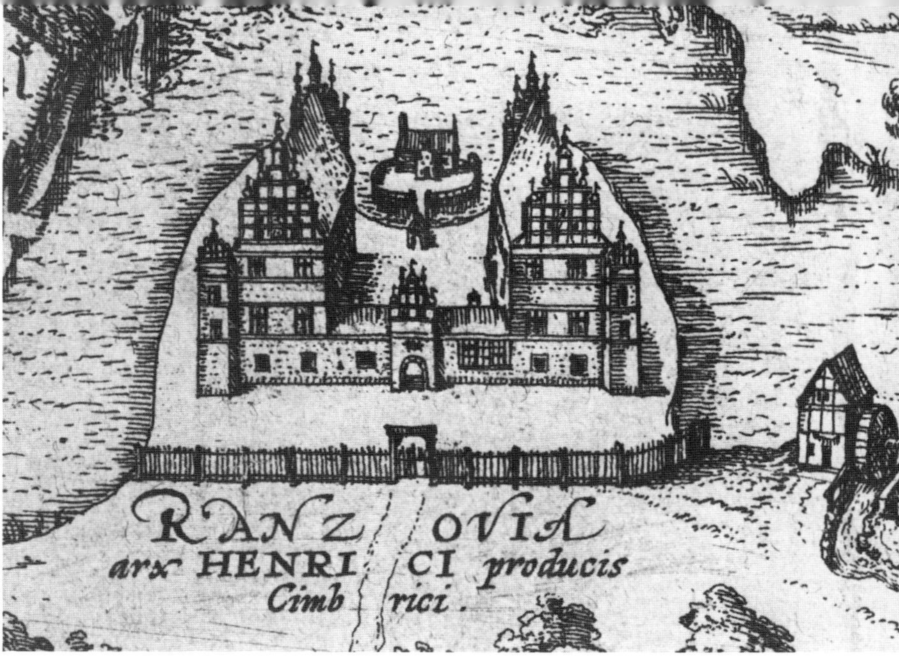

Rantzau zur Zeit Heinrich Rantzaus

bezeugen, die an verschiedenen Stellen des Gebäudes, wenn auch nicht an alter Stelle, eingesetzt sind und die mit den Jahren 1592 und 1593 datiert sind. Insgesamt dürfte die Bauzeit von 1591 bis 1594 oder 1595 gedauert haben.

Als alles fertig war, fehlte nur noch eines, das allerwichtigste: die Bewohner. Praktisch ist dieser herrliche und großzügig konzipierte Bau während der nächsten anderthalb Jahrhunderte kaum jemals auf Dauer bewohnt gewesen. Darin mag ein Grund für den Umbau von 1750 liegen, bei dem sicherlich schon mit vielem Verfall aufgeräumt werden mußte.

Heinrich Rantzau selber wird sich auf Rantzau wohl nur für kurze Zeiten aufgehalten haben, sein Hauptwohnsitz blieb Breitenburg, dort ist er auch wenige Jahre später, 1599, verstorben. Wie sehr er jedoch an Rantzau hing, beweist die Tatsache, daß er das Gut seinem ältesten Sohne Franz hinterließ, der zweite erhielt die dänischen Güter, erst der dritte, Gert, erbte Breitenburg. Aber Franz war kein langes Leben beschieden, er zog in den Krieg und fiel im Jahre 1612 auf der Heide von Skjellinge bei Halmstad im Feldzug gegen die Schweden. Sein Sohn

Johann, † 1638, blieb auf den dänischen Gütern des Vaters und trat Alt-Rantzau, wie es jetzt häufiger genannt wurde, an den Bruder seines Vaters ab, an Gert Rantzau auf Breitenburg, † 1627, Statthalter in den Herzogtümern wie schon Vater und Großvater, dazu noch dänischer Feldmarschall. So waren Rantzau und Breitenburg jetzt wieder in einer Hand, aber nicht zum Segen für Rantzau. Von nun ab sank es für lange Zeiten zu einem Nebengut unter den vielen Besitzungen der Herren auf Breitenburg herab.

Der Sohn von Gert Rantzau, Christian Rantzau, † 1663, stieg ebenso wie seine unmittelbaren Vorfahren zu den höchsten Würden im Staatsdienst auf. Aber seine Ziele waren noch höher gesteckt, er wollte eine reichsunmittelbare Grafschaft besitzen. Und tatsächlich gelang ihm im Jahre 1650 sein Vorhaben, der Kaiser erhob ihn in den Stand eines Reichsgrafen, der Herzog von Holstein-Gottorp erklärte sich bereit, auf seinen Anteil an der Herrschaft Pinneberg zu Gunsten von Christian Rantzau zu verzichten, so wurde aus dem Amt Barmstedt mit Elmshorn die Grafschaft Rantzau gebildet. Eine Forderung stellte jedoch der Herzog: Alt-Rantzau mußte ihm als Ausgleich abgetreten werden. Daher ging das adelige Gut Rantzau im Jahre 1649 an Herzog Friedrich III. von Holstein-Gottorp über. Freilich behielt er es nur kurze Zeit, ein sonst nicht bekannter Peter Rantzau soll es schon 1651 für den Preis von 70000 Rthlr. für die Familie zurückgekauft haben. 1655 gab dieser es weiter an Christian Rantzau, den ersten regierenden Reichsgrafen, jetzt betrug der Preis nur mehr 64500 Rthlr.

Auf Christian Rantzau, den ersten Reichsgrafen, folgte der Sohn Detlev, † 1697, auf diesen der Enkel Christian Detlev, der im Jahre 1721 auf der Jagd unweit seines Schlosses Rantzau bei Barmstedt erschossen wurde. Der Bruder Wilhelm Rantzau wurde der Anstiftung zum Brudermord verdächtigt und lebenslang eingekerkert, der König zog die Reichsgrafschaft als erledigtes Lehen wieder ein und legte gleichzeitig Beschlag auf die sogenannten Allodialgüter, auf die Herrschaft Breitenburg und das adelige Gut Rantzau. Der überlebenden Schwester, Catharine Hedwig, vermählten Gräfin zu Castell-Rüdenhausen, gelang es, in zähen Verhandlungen mit dem König wenigstens diese Besitzungen auf Grund eines Vergleichs vom 18. März 1726 für sich zu retten.

Aber ob wirtschaftliche Nöte hinzutraten oder der Gräfin Castell die Bewirtschaftung des weit entlegenen Alt-Rantzau zu beschwerlich war, 1728 verkaufte sie das Gut für 80000 Rthlr. an den Grafen Heinrich Reventlow auf Lehmkuhlen, † 1732. Nach dessen Tode fiel es an den

Bruder Detlev Reventlow auf Schmoel, der bald darauf im Jahre 1737 mit seinem gesamten riesigen Vermögen Konkurs machte. Rantzau mußte wiederum verkauft werden. Im Jahre 1740 erwarb es Fürstbischof Adolf Friedrich von Eutin, der spätere König von Schweden, jetzt für 94000 Rthlr. Während seiner kurzen Besitzzeit von 1740 bis 1751 ließ er als erster wieder große Bauarbeiten ausführen. Hierbei wurde das Hauptgebäude aus Heinrich Rantzaus Zeit umgewandelt in ein Palais von drei Flügeln eines mehr gewöhnlichen Typus. Der niedrige Verbindungsbau zwischen den beiden Seitenflügeln wurde entfernt und an seiner Stelle ein dominierender Hauptflügel nach Westen aufgeführt, gekrönt von einer sehr massiven turmartigen Partie über der Mitte, offensichtlich hatte Schloß Gottorf dabei als Vorbild gedient. Die beiden obersten Stockwerke des Turmes, der nur wenig vor der Mauerflucht des Flügels vorspringt, sind hervorgehoben durch doppelte Pilaster, die sich aus einem kräftigen Sandsteingesims über dem hohen Hauptstockwerk erheben und abgedeckt werden durch ein Mansardendach mit offener Laternenspitze.

Das Lusthäuschen auf der Insel im See wurde wahrscheinlich wegen Baufälligkeit abgebrochen, die Aufstauung der Kossau beseitigt, so daß man jetzt hinter dem Hauptgebäude einen großen Park anlegen konnte. Dieser barocke Garten entstand im rechten Winkel zur Hofanlage, mit breiter, heute noch wohlerhaltener Zufahrtsallee von Süden her.

Schon 1751 gab der Fürstbischof das Gut weiter an seinen Oberhofmarschall Jacob Levin v. Plessen, † 1761. Dieser hatte alle seine vier Kinder schon im zarten Alter sterben sehen, seine beiden Brüder hatten keine Nachkommen. Er mußte sich daher anderwärts nach einem Erben für Rantzau umsehen und fand ihn in dem Grafen Heinrich Christoph v. Baudissin, der schon die benachbarten großen adeligen Güter Rixdorf und Lammershagen besaß und mit dem er sehr befreundet war. Plessen ist auch auf Rixdorf verstorben. Es kam hinzu, daß Plessen seinem Freunde Baudissin eine größere Summe Geldes schuldete, die er nicht zurückbezahlen konnte. Nach seinem Tode versuchten seine gesetzlichen Erben aus der Familie Plessen, das Gut zurückzubekommen, freilich vergeblich.

Durch Testament von 1760 setzte er Baudissin zum Erben ein unter gleichzeitiger Begründung eines Fideikommisses für die Baudissinsche Familie.

Der erste der Familie Baudissin, die fortan für über 200 Jahre das Geschick Rantzaus in Händen halten sollte, ist Heinrich Christoph

Im Braunen Saal: links Carl Fr. v. Rumohr, rechts Wolf Baudissin. Sepiazeichnung von Fr. Nerly

Baudissin, †1786. Er war sächsischer General der Infanterie, Gouverneur von Dresden, Neustadt und Königstein und Inhaber des polnischen Weißen Adler-Ordens. Soweit er durch seinen Dienst nicht an Dresden gebunden war, lebte er auf Rixdorf und Rantzau. Für seine letzten Lebensjahre gilt im allgemeinen, daß er Ende Mai/Anfang Juni nach Holstein kam und sich zunächst für kürzere Zeit in Rixdorf aufhielt. Dann ging er nach Rantzau und blieb hier bis Ende Oktober.
Er war vermählt mit Susanne Gräfin v. Zinzendorf und Pottendorf, einer Nichte des Begründers der Herrnhuter Brüdergemeine, Nikolaus

Ludwig Graf v. Zinzendorf. Nachdem sich der Zinzendorfsche Besitz an den Enkel Heinrich Baudissin vererbt hatte, führt seit 1816 der jeweilige Chef der Linie den Namen eines Grafen v. Baudissin-Zinzendorf-Pottendorf. Außerdem stand ihm der wohlklingende Titel eines Oberst-Erblandjägermeisters in Österreich unter der Enns zu.
Er besaß außer Rixdorf und Rantzau noch Schönweide und Lammershagen und nannte damit einen Besitz sein Eigen, der sich vom Selenter See im Norden bis nach Plön im Süden erstreckte. Hinzu kamen noch die Güter im Dänischen Wohld, Knoop mit Projensdorf und Uhlenhorst. Auf Heinrich Christoph folgt der jüngere Sohn Carl Ludwig Baudissin, † 1814. Er diente zunächst ebenso wie der Vater im sächsischen Heere, mußte es aber wegen einer Duellaffaire verlassen und ging nach Dänemark. Hier brachte er es bis zum Generalleutnant, 1801 wurde er Großkreuz vom Dannebrog und Ritter des Elephanten-Ordens, später kgl. dänischer Gesandter in Berlin, endlich Gouverneur von Kopenhagen. In der Erbteilung der Brüder waren dem älteren die Güter Knoop und Rixdorf zugefallen, während Carl Ludwig Rantzau und Lammershagen erhielt. Wenige Jahre, nachdem er den Besitz angetreten hat, begann er sich mit Umbauplänen zu beschäftigen. Es gibt Entwürfe von 1790 von Johann Adam Richter und Peter Richter, von 1791 von Pogge und dem Conferenzrath Clasen, beide aus Kopenhagen, von 1792 von Christian Friedrich Hansen aus Altona, von Christian Joseph Lillie aus Kopenhagen, endlich von Carl Ludwig Baudissin selber, sehr sauber und akkurat gezeichnet. Ausgeführt sind sie alle nicht.
In den Jahren 1798 und 1799 legte er aus Teilen der Rantzauer Feldmark und aus wüst liegenden Hufen im Dorfe Rantzau die beiden Meierhöfe Hohenhof und Hohensasel an. Als er 1814 gestorben war, ging Rantzau auf den ältesten Sohn Wolf Baudissin über, der im hohen Alter von fast 90 Jahren im Jahre 1878 verstarb. Wolf Baudissin war eine Persönlichkeit von überragender Bedeutung, vor allem berühmt geworden durch seine Übersetzungen von Shakespeare und Molière. August Wilhelm Schlegel hatte die ersten 16 Dramen von Shakespeare übersetzt, sich dann aber zurückgezogen und Ludwig Tieck die Fortsetzung überlassen. Tatsächlich hat Tieck nicht ein einziges Drama übersetzt, seine Tochter Dorothea 6 und Wolf Baudissin die restlichen 13. Aus Bescheidenheit verzichtete er darauf, seinen Namen im Titel erscheinen zu lassen, daher kennt man die Übersetzung nur unter dem Namen Schlegel-Tieck. Baudissin hatte schon als Knabe von 15 Jahren, im Jahre 1804, als erstes Drama König Lear übersetzt, zum größten Beifall von Schlegel.

Der Lebensweg Wolf Baudissins verlief zunächst ganz anders. Er hatte als Diplomat angefangen und war als Legationssekretär der dänischen Gesandtschaft in Stockholm zugeteilt worden. Hier erreichte ihn im Frühjahr 1813 – er war gerade 24 Jahre alt – der Befehl des Königs, gemeinsam mit dem Staatsminister Friedrich Julius v. Kaas nach Paris zu reisen, um das französisch-dänische Bündnis mit Napoleon zu erneuern und zu festigen. Baudissin fuhr unter großen Bedenken nach Kopenhagen, ging dort zum König und stellte ihm vor, daß eine Fortsetzung des Bündnisses mit Napoleon sinnlos sei, nachdem dieser ein Jahr zuvor in Rußland vernichtend geschlagen worden war. Der König beharrte auf seinem Befehl und entließ ihn kurz mit den Worten: „Glückliche Reise." Auf der Weiterfahrt sollte Station in Rendsburg gemacht werden. Baudissin erbat sich vom Minister die Erlaubnis, die Nacht in Emkendorf bei seinem Onkel Fritz Reventlow zu verbringen. Hier hatte Baudissin, von Gewissensbissen gequält, eine schlaflose Nacht. Am nächsten Morgen suchte er den Kieler Arzt Franz Hegewisch auf, der gleichfalls als Gast auf Emkendorf weilte, brachte einen großen Hammer mit und forderte Hegewisch auf, ihm den linken Oberarm zu zerschlagen, er könne die Reise nicht fortsetzen. Hegewisch erklärte sich grundsätzlich bereit, verlangte aber, daß zuvor der Hausherr ins Bild gesetzt werden müsse. Fritz Reventlow zeigte Verständnis für die Weigerung Baudissins, nach Paris zu gehen, erklärte es aber für unwürdig, deshalb zur Selbstverstümmelung zu schreiten, das täte vielleicht ein junger Mensch, der nicht zum Wehrdienst eingezogen werden wolle, aber nicht ein Diplomat im Staatsdienst. Baudissin entgegnete, dann werde er auf Festung kommen und Fritz Reventlow vielleicht auch noch. Dieser gab zur Antwort: „Das wird mir eine Ehre sein."

Tatsächlich wurde gegen Reventlow nichts unternommen, Baudissin erhielt eine Strafe von 1 Jahr Festung, die er auf der Festung Friedrichsort bei Kiel zu verbüßen hatte. Festung war nicht das gleiche wie Gefängnis, er konnte von hier aus Ritte nach dem nahebei gelegenen Knoop unternehmen, bei denen er die gute Gelegenheit benutzte, sich mit seiner Cousine Julia Baudissin zu verloben. Als die Völkerschlacht bei Leipzig im Oktober 1813 mit dem vollständigen Siege über Napoleon endete, wurde Baudissin vorzeitig begnadigt. Er verließ den Staatsdienst bald darauf, um nach dem Tode des Vaters Rantzau zu übernehmen.

Von jetzt an wandte sich Baudissin ganz seinen literarischen und künstlerischen Neigungen zu. Von 1820 an reiste er 3 Jahre lang durch

Italien, ein entzückendes, noch nicht veröffentlichtes Reisetagebuch eines jungen Mädchens, der späteren Ehefrau seines Bruders Hermann, ist erhalten, man reiste ja damals selten allein, sondern fast stets in Gruppen von verwandten oder befreundeten Menschen. 1827 verlegte Baudissin ganz seinen Wohnsitz nach Wachwitz bei Dresden, widmete sich hier dem Übersetzungswerk und unterhielt zahlreiche Verbindungen mit dem gesamten geistigen Deutschland der Zeit. Aus dieser Zeit sind seine Tagebücher erhalten, die bis zum Tage seines Todes fortgeführt sind und eine wahrhaft unerschöpfliche Quelle für die geistigen Strömungen der Zeit darstellen.
Regelmäßig für mehrere Monate im Sommer kam er nach Rantzau, hochgeehrt und geliebt von den vielen Bewohnern seiner Güter. Nach 1845 ließ er das Herrenhaus zum zweiten Male umbauen. Jetzt erhielt das Haus ein drittes Stockwerk, anstatt der schönen steilen Dächer der Renaissance-Zeit wurde ein flaches Dach aufgesetzt, alle Zierate des Renaissancebaues verschwanden endgültig. Das edle graue steinerne Mauerwerk wurde mit einer gelblichen Haut aus Putz überzogen. Auch der Turm dürfte bei dieser Gelegenheit aufgestockt worden sein.
Eines erreichte Baudissin nicht, eine Aussöhnung mit dem dänischen Königshaus. Verschiedene Versuche von ihm, über den dänischen Gesandten in Wien, den Grafen Joachim Friedrich v. Bernstorff, vom König wieder in Gnaden aufgenommen zu werden, schlugen fehl. Ja sogar während der Erhebungszeit von 1848 wurde sein Vermögen, also auch Rantzau, konfisziert, später aber wieder freigegeben.

Wolf Graf v. Baudissin 1789–1878. Zeichnung von Grahl

Als Baudissin gestorben war, ging Rantzau über auf seinen Neffen Karl Graf v. Baudissin-Zinzendorf-Pottendorf, der aber schon sieben Wochen später selber starb. Dessen Erbe wurde der älteste Sohn Karl Ludwig, der gleichfalls kein hohes Alter erreichte und im Jahre 1909 unter Hinterlassung von zehn unmündigen Kindern starb. Während seiner Besitzzeit wurde das Schloß im Jahre 1906 erneut umgebaut. Der vordere Eingang, der genau wie der hintere bis dahin zu ebener Erde gelegen hatte, wurde durch einen neuen großzügig gestalteten Eingang mit Terrasse und Freitreppe ersetzt. Im Inneren wurde dabei ein Übergang vom Nordflügel zum Südflügel durch zwei neue Hallen geschaffen. Bis dahin waren beide Flügel nur über Galerien und Treppen erreichbar gewesen.
Sein ältester Sohn Karl Ludwig sollte Rantzau erben, aber er verunglückte tödlich mit nur 18 Jahren im Jahre 1918 auf der Jagd, tief betrauert vom ganzen Gut. Seitdem war Besitzer von Rantzau der zweite Bruder, Wolf-Caspar Graf v. Baudissin-Zinzendorf-Pottendorf, † 1982. Bis zur Übernahme des Besitzes im Jahre 1928 lag die Verwaltung in den Händen seiner Mutter, der Gräfin Nora v. Baudissin-Zinzendorf-Pottendorf geb. v. Buchwaldt, † 1958.
Sie war wegen ihrer Originalität und ihrer tatkräftigen und sozialen Einstellung weit über die Grenzen des Besitzes hinaus bekannt und beliebt. Jahrelang war sie Vorsitzende und Ehrenvorsitzende des DRK Kreisverbandes Plön und über 65 Jahre lang Vorsitzende des DRK Ortsvereines Rantzau, den sie 1892 gründete.
Eine von ihr nach dem Tode des ältesten Sohnes errichtete Stiftung, aus deren Zinsen begabte Söhne von Gutsangehörigen gefördert werden sollten, ging durch die Inflation verloren.
Beim Brand des „kleinen Schlosses" 1927 rettete sie unter eigener Lebensgefahr 4 Menschen. Sie erhielt dafür die Rettungsmedaille.
Die Größe des Rantzauer Gutsbezirks betrug noch um die Jahrhundertwende über 2600 ha; nach dem 1. Weltkrieg wurden die Zeitpachtdörfer Dannau, Gowens und Sasel in freies Eigentum überführt. Die Rantzauer Papiermühle wurde der Schwester Ingeborg Gräfin v. Baudissin überlassen, die sie mit ihrem Tode 1987 Ulrich-Karl und Karl-Ludwig, Söhnen ihrer beiden Brüder vererbte. Den Meierhof Hohensasel mit schönem Torhaus und einfachem, charaktervollem Herrenhaus behielt sich Nora v. Baudissin anläßlich der Übergabe des Haupthofes Rantzau nebst Meierhof Hohenhof an ihren Sohn Wolf-Caspar als Witwensitz vor. Ihr jüngster Sohn Hermann erbte Hohensasel und verkaufte ihn 1976, ein

Jahr vor seinem Tode, an die Bundeswehr, die dort einen Truppenübungsplatz unterhält und die Hofgebäude sämtlich abbrach. Das Gut Rantzau bestand um 1970 aus dem Haupthof mit 416 ha, dem Meierhof Hohenhof mit 316 ha, Waldflächen mit 150 ha und weiteren 28 ha Streubesitz, insgesamt 910 ha.
Zwar hatten sich die Größenverhältnisse in den späteren Jahren durch Verkäufe und dergleichen mehr verschoben, doch sollte der immer noch ansehnliche Besitz in Nacherbschaft an den Sohn Achim aus 3. Ehe von Wolf-Caspar v. Baudissin mit Renate Christiansen gehen, die die befreite Vorerbschaft antrat. Aufgrund einer geradezu katastrophal verlaufenen Testamentsvollstreckerschaft und im Zuge der Erbauseinandersetzungen wurde der Resthof Rantzau zusammen mit dem Wald und dem schönen Meierhof Hohenhof, alles in allem rund 675 ha, im Jahre 1983 veräußert. Renate Gräfin v. Baudissin behielt sich nur das Inspektorenhaus zurück, in dem sie nach wie vor wohnt.
Käufer war Herr Ahrend Mörlins aus Wemerode bei Hannover. Den dortigen Hof bewirtschaften die Mörlins als alteingesessene Landwirte nun schon in der 10. Generation.
Rantzau ist seit dem 2. Weltkrieg für nahezu ein halbes Jahrhundert dem Trakehner Pferd eng verbunden: von den einstmals 25 000 eingetragenen Warmblutstuten gelangten nur etwa 500 bei Kriegsende in die Westzonen und je 30 fanden auf den Gütern Schmoel und Rantzau erste Aufnahme. Der Verband der Züchter und Freunde des Warmblutpferdes Trakehner Abstammung e. V. mit Sitz in Hamburg konnte 1956 durch Pacht des Rantzauer Haupthofes die schon seit 1947 dort planmäßig betriebene Zucht hochwertiger Trakehner fortsetzen. 1975 erfolgte der Ankauf von rd. 200 ha mit der Hoffläche; 1983 auch der restlichen Wirtschaftsgebäude von Rantzau durch die bereits 1969 gegründete Trakehner Gestüt Rantzau GmbH & Co KG, die sich mittlerweile

Trakehnerhengst Famulus, geb. 1938 in Trakehnen, 1954 im Gestüt Rantzau stehend

in mehrheitlichem Besitz von Hans-Wilhelm Frhr. v. Meerheimb (Gr.-Rolübbe) befindet. Gezüchtet wird zunehmend auch mit dem Holsteiner Pferd – Schwerpunkt ist die Herausbildung guter Hengste – mit Absatz bis nach Übersee.
Das Schloß hatte seine eigenen Schicksale. Im Jahre 1914 wurden die schönen Wandteppiche von Beauvais, die den Braunen Saal schmückten, von der Reichsregierung für den Deutschen Reichstag angekauft. Sie sind anscheinend bei dem Brande des Reichstagsgebäudes in Verlust geraten. Die Reste der bedeutenden Bibliothek aus der Plessenschen und Baudissinschen Zeit ruhen als Bestand in der Schleswig-Holsteinischen Landesbibliothek in Kiel. Die Archive, das Rantzauer Gutsarchiv und die Familienarchive, besonders das Zinzendorfsche Familienarchiv sind dem Schleswig-Holsteinischen Landesarchiv in Schleswig ais Leihgabe übergeben gewesen.
In den Jahren nach dem 2. Weltkrieg hatte auch Rantzau nach einer nicht zimperlich zu nennenden Besatzung eine sehr große Zahl von Heimatvertriebenen aufnehmen müssen. Es herrschten bei über 170 Personen lagerähnliche Zustände im Gutshaus; da es jedoch nicht als eigentliches Lager deklariert war, unterblieben die dementsprechenden Unterstützungen. Inventar und Bausubstanz hatten durch diese Ereignisse schwer gelitten, so daß an eine Wiederherstellung seitens der Besitzer nicht zu denken war. Ferner lagen die von den Anfang der 1960er Jahre noch im Hause verbliebenen Bewohnern gezahlten Mieten mit 25 Pfennig je qm so lächerlich niedrig, daß von daher eine rentable Bewirtschaftung des großen Hauses ausgeschlossen war. Nennenswerte öffentliche Zuschüsse waren in jenen Jahren nicht ausreichend zu erhalten.
Vor allem ging es um die Erhaltung des dem Verfall preisgegebenen Schlosses selber. Im Jahre 1965 hielten Werner und Hildegard Majerholz ihren Einzug, nachdem sie Schloß und Park mit 10 ha Größe käuflich erworben hatten. Das Ehepar war durch seine künstlerischen Begabungen, vielseitigen Studien und Ausbildungswege für die schwere Aufgabe der Instandsetzung des großen Bauwerks bestens vorgebildet. Werner Majerholz hatte Architektur und angewandte Malerei studiert, ist als Graphiker ausgebildet und verfügt über ein handwerkliches Können, das ihm bei der gestellten Aufgabe von großem Nutzen ist. Hildegard Majerholz ist Innenarchitektin. So konnte das Ehepaar daran gehen, Raum für Raum, Zimmer für Zimmer herzurichten. Möbel aus anderen Herrenhäusern wurden angeschafft, um die Einrichtung zu ergänzen, Wandbespannungen traten an die Stelle einfacher Tapeten.

Insgesamt gesehen, hat das Schloß eine Ausstattung erhalten, wie sie in den letzten Jahrzehnten nicht vorhanden war.
Das Ehepaar hatte für eine Reihe von Jahren in den schönen Räumen ein Schloßhotel eingerichtet, so daß auf diese Weise viele Menschen das Innere des historisch so bedeutsamen Bauwerks kennen lernen konnten.
Großes Aufsehen in der Umgebung von Rantzau stellten die umfangreichen Brände von 1976 bis 1978 dar, die ein offensichtlich pyroman veranlagter Feuerwehrmann legte. Nachdem schon 1972 durch Blitzschlag das Torhaus eingeäschert wurde, brannten nun insgesamt noch ab:

1. der Pferdestall, die frühere große Scheune,
2. ein Holzstall,
3. ein Gartenschuppen,
4. ein Warntelefonat,
5. ein Autoschuppen,
6. die rechte Seite des großen Kuhstalls,
7. der Fohlenstall, bei dem 3 Fohlen ums Leben kamen,
8. der große Kuhstall linke Seite.

Adeliges Gut Rantzau

Besitzer von Schloß und Park: Werner und Hildegard Majerholz

Besitzer des Gutes: Trakehner Gestüt Rantzau GmbH & Co KG
Ahrend Mörlins

Besitzer		*Gut und Bauten*	
1226–1728	(v.) Rantzau dann Reichsgrafen zu Rantzau	15./16. Jahrh.	Wasserburg
		1592	Bau des Renaissance-Schlosses
1728–1740	Graf v. Reventlow	1750	erster Umbau
1740–1751	Fürstbischof Adolf Friedrich von Eutin	1790	weitere Umbaupläne
		1845	neuer Umbau
1751–1761	v. Plessen	1906	weiterer Umbau
1761–1983	Grafen v. Baudissin	1965	Restaurierung des Schlosses
seit 1975	Trakehner Gestüt	1977	Errichtung moderner Stallungen
seit 1983	Ahrend Mörlins		

15 Wittenberg

Kirchspiel Selent Kreis Plön

Das adelige Gut Wittenberg gehört runde 400 Jahre lang einem einzigen Geschlecht, den Reventlow, kaum ein zweites in ganz Holstein kann auf eine so lange Tradition innerhalb einer einzigen Familie zurückblicken, vielleicht mit einziger Ausnahme von Rastorf und Pronstorf, die ebenso lange, wenn nicht noch länger in den Händen der Rantzau und Buchwaldt gewesen sind. Die Reventlowsche Zeit beginnt mit dem Erwerb eines kleinen Dorfes innerhalb des Gutes Wittenberg, mit dem Dorfe Stellböken, auf das der Ritter Iven Reventlow auf Rixdorf im Jahre 1528 durch den Herzog, den späteren König Friedrich I. von Dänemark die Anwartschaft erhielt. Die endgültige Übertragung zu Eigentum fand 15 Jahre später statt, 1543 durch König Christian III. Wittenberg selber erwarb erst der Sohn Otto, der es 1584 von seinem Schwager Ove Rantzau auf Rastorf kaufte.

Die Geschichte Wittenbergs geht bis auf das Jahr 1299 zurück. In dem ältesten Kieler Rentebuch, das von 1300 bis 1487 reicht, findet sich unter Nr. 53 eine Nachricht, die sich auf Wittenberg bezieht. Hiernach hat Nikolaus Split dem Marquard Sartor in Kiel 2 Hufen in Wittenberg verpfändet. Sartor ist das lateinische Wort für Pfleger oder Heger, wahrscheinlich ist dieser Sartor nicht als Nachname des Marquard anzusehen, sondern als seine Berufsbezeichnung. Da das Rentebuch mit dem Jahre 1300 beginnt, konnten von Rechts wegen in ihm keine Ereignisse verzeichnet werden, die vor diesem Jahre stattgefunden hatten. So half man sich auf eine eigentümliche Weise: Die Jahreszahl ist folgendermaßen wiedergegeben: „Im Jahre des Herrn 1300 ⁒ 1", also = 1299. Die Nachricht hat noch eine Fortsetzung. Später hat Nikolaus Split gegen Zahlung von 40 Mark auf sein Eigentum verzichtet. Und auch die Zeugen werden genannt, alles Ritter, Herr Gerlach von Wittmoldt, Herr Marquard Smit, Herr Volrat Luscus (= der Einäugige). Herr Eler von Trent, Herr Stromberg und als letzter Johannes von Rantzau.
Die Split, heute längst ausgestorben, führen das gleiche Wappen wie die Rantzau, den gespaltenen Schild in rot und silber, und gelten als ein Zweig der Rantzau, die abgesplitterten. Später gelangt Wittenberg in den Besitz der Rantzau selber, mit Sicherheit sind nur zwei von ihnen auf Wittenberg bezeugt, Wolf Rantzau, der um 1485 geboren war und der bei der Huldigung im Jahre 1523 als Herr auf Wittenberg genannt wird und ein Alter von mehr als 80 Jahren erreichte, und sein Sohn Ove, † 1585. Er ist es auch, der Wittenberg an Otto Reventlow verkaufte, nicht wie in unseren Topographien angegeben, im Jahre 1592, da war Ove Rantzau schon nicht mehr am Leben, sondern ausweislich der Kaufurkunde, die im Archiv von Wittenberg ruht, im Januar 1584 und zwar für den Kaufpreis von 39000 Rthlr.
Die Reventlow saßen zu jener Zeit auf vielen Gütern der Umgegend, vor allem auf Rixdorf, Lammershagen, Waterneverstorf, Stocksee, zeitweise auch auf Schönweide, um nur die wichtigsten zu nennen. Der Ritter Iven Reventlow ist einer der bedeutendsten Männer der holsteinischen Linie der Reventlow gewesen, seine eindrucksvolle Grabplatte aus Bronce in der Kirche von Lebrade stellt ihn in Lebensgröße zusammen mit den beiden letzten seiner vier Ehefrauen und dem früh verstorbenen Sohn Gabriel dar. Er war an vielen wichtigen Staatsgeschäften der Zeit beteiligt, als Zeuge, als Vermittler zwischen den streitenden Parteien, als Abgesandter von König und Herzog. So hat er zwischen König und

Herzog vermittelt, zwischen der Krone Dänemark und Lübeck, später Verhandlungen mit Dänemark und den Herzögen von Pommern geführt, 1533 desgleichen mit den Generalstaaten der Niederlande. Er hat noch als alter Mann an der Eroberung Dithmarschens im Jahre 1559 teilgenommen. Von seinen vielen Titeln und Ämtern sind zu nennen die eines Amtmannes von Segeberg, Gottorp, Rendsburg und Fehmarn. Außerdem war er Pfandherr von Törning und Osterlandföhr, Landmarschall, erst kgl., dann herzoglicher Rat und Statthalter. Als er 1528 die Anwartschaft auf Stellböken erhält, heißt es in der Urkunde: „für Ritter Iffen Reventlow wegen getreuer amtlicher Pflichten und Dienste".

Dessen Sohn Otto Reventlow, †1618, war mit Dorothea v. Ahlefeldt a. d. H. Lehmkuhlen verheiratet, aber die Ehe war nicht glücklich, mehrere Male haben sich wechselseitig die Ehegatten über einander beim König beklagt. Um so schöner ist die Errichtung des großartigen Grabmals zu werten, das Otto v. Reventlow in der Kirche von Lütjenburg für das Ehepaar aufstellen ließ, eines der bedeutendsten Grabdenkmäler in ganz Norddeutschland. In Lebensgröße in Alabaster ausgehauen knien die Ehegatten, die Gesichter einander zugewandt vor dem Gekreuzigten und vor einer Darstellung des Jüngsten Gerichts, hinter ihnen in kleinerer Größe ihre Kinder, hinter Otto Reventlow die beiden Söhne Iven und Bertram, hinter der Frau die Töchter Dorothea und Margarethe.

Der Vater hatte noch bei Lebzeiten im Jahre 1606 seine Güter auf diese beiden Söhne übertragen, dem jüngeren – Bertram – fielen Wittenberg, Lammershagen und Waterneverstorf zu. Aber sein kurzes Leben verlief tragisch. Er war verlobt mit der blutjungen Heilwig Rantzau a. d. H. Schmoel, die Braut war noch keine 14 Jahre alt, als die feierliche Verlobung besiegelt wurde, und über zwei Jahre lebten sie wie Braut und Bräutigam. Bertram Reventlow machte der Braut ein kostbares Geschenk, ein goldenes Armband, in das ihrer beider Namen in Diamanten eingesetzt waren und das 540 Rthlr. gekostet hatte. Aber, wie es in einer alten Chronik heißt, die Nonnen in Preetz wandten ihr Herz von dem Bräutigam ab, sie ließ sich von Marquard v. Buchwaldt nach dessen väterlichen Hofe Borstel entführen und heiratete ihn. Marquard v. Buchwaldt hatte wider besseres Wissen behauptet, ihr Bräutigam habe sich heimlich verlobt mit der über 50 Jahre alten Catharine Sture, der reichen Witwe von Hans Blome auf Seedorf.

Tragisch war auch das frühe Ende von Bertram Reventlow, im Jahre 1610 nahm er an einer Hochzeit in Eckernförde teil. Es ging hoch her, es wurde getrunken, gesungen und getanzt. Viele der Gäste standen im Saal an den Wänden und schauten dem Tanze zu. Darunter war ein Edelmann aus dem Lande Kehdingen namens Moritz Winter. An dessen Degengefäß zerriß beim Tanze die Schärpe oder Feldbinde von Bertram Reventlow. Als dieser sich wieder zum Tanze wendete, gab er dem Moritz Winter eine Maulschelle und sagte, er möge zurücktreten. Der aber zog seinen Dolch und erstach Bertram Reventlow beim Tanze. Der betrübte Vater klagte beim König über die »bösliche Entleibung seines Sohnes«, aber Moritz Winter war davongeritten und ungeschoren entkommen. Daher gab der Vater nun die Güter, die Bertram schon gehabt hatte, an den älteren Sohn Iven, † 1628. Diesem folgt sein Sohn Bertram, † 1666, im Besitze nach, ihm wiederum der älteste Sohn Otto, † in Kopenhagen 1676, nachdem er in der Schlacht bei Lund von einer Stückkugel tödlich getroffen wurde.

In dieser Zeit erfolgt die endgültige Trennung der beiden Güter Wittenberg und Lammershagen. Die beiden Güter waren seit dem Mittelalter eng miteinander verbunden, ja sogar die Pflugzahl für beide Besitze war in einer Summe festgestellt gewesen mit 56 Pflügen, eine Bemessung, die wohl der Zahl der zugehörigen pflugfähigen Bauern entspricht. Jetzt wurden für Wittenberg 30, für Lammershagen 20 und für den später an Rixdorf verkauften Meierhof Tresdorf 6 Pflüge gerechnet. In dem Teilungsrezeß vom 28. Januar 1667 erhält der jüngere Bruder Detlev Reventlow, † 1690, Lammershagen, nur um es nur ein Jahr später zu verkaufen, Wittenberg verbleibt bei dem älteren Bruder

Rückfront

Otto, geht aber nicht auf Ottos Sohn gleichen Namens über, der sich in Angeln auf den kleinen adeligen Gütern Fahrenstedt und Grünholz heimisch macht, sondern auf seinen Bruder Detlev, † 1690. Wittenberg ist nach Selent hin eingepfarrt mit Ausnahme des zum Gute damals noch gehörenden Meierhofes Tresdorf, der kirchlich nach Lebrade gehört. Detlev Reventlow scheint für Lebrade eine besondere Vorliebe gehabt zu haben, er errichtet dort den heute noch stehenden schönen barocken Kirchenstuhl, der die Wappen von ihm selber und von seiner Frau Marie Elisabeth geb. v. Buchwaldt trägt, einer Schwester des Bendix Bertram v. Buchwaldt, der jetzt Lammershagen besaß.

Die nächsten Jahrzehnte werfen düstere Schatten auf Gut und Besitzer. Detlev wird zunächst von seinem älteren Sohne Otto, † 1755, beerbt, Kanonikus am Domstift Lübeck und Senior des dortigen Domkapitels. Otto Reventlow war mit Hedwig Ida v. Sala vermählt, aus einer Familie italienischen Ursprungs, der Vorfahr war Leibarzt am Hofe des Herzogs von Mecklenburg-Güstrow gewesen und hatte hier den mecklenburgischen Adel erhalten. Der Bruder Hans-Christian von Sala war mecklenburgisch-güstrower Kammerpräsident. Die Nachkommen wurden sogar in den Grafenstand erhoben, im Anfang des 19. Jahrhunderts ist die Familie erloschen.

Der Kanonikus Otto Reventlow hat nicht auf Wittenberg gewohnt, sondern in Lübeck und fand sich daher bereit, das Gut dem jüngeren Bruder Friedrich Reventlow zu überlassen. Dieser war Conferenzrath und Oberhofmeister der Königin Sophie Magdalene von Dänemark, Amtmann der Ämter Husum und Schwabstedt sowie Oberstaller von Eiderstedt. Aber mit Wittenberg sah es schlecht aus. Friedrich Reventlow ist wahrscheinlich in den Riesenkonkurs des Vettern Detlev Reventlow auf Schmoel mit hineingezogen worden, im Jahre 1737 machte er selber Konkurs und mußte ins Einlager gehen, wie man die Schuldhaft damals nannte. Üblicherweise hatte man dann Quartier in dem Gasthaus einer benachbarten Stadt zu nehmen und sich von seinem Besitz fernzuhalten, bis alles geregelt war. Bei Friedrich Reventlow machten die Gläubiger eine Ausnahme, er durfte auf Wittenberg wohnen bleiben und sich um die Erhaltung des Besitzes mühen. Sieben Jahre lang führte er einen verzweifelten Kampf, dann gab er auf und überließ 1744 das Gut wieder seinem älteren Bruder Otto. Dieser hatte nicht so viel Geld, um ganz Wittenberg zu kaufen, es kostete immerhin 120000 Rthlr., so tritt als Mitkäufer Graf Wulf Hinrich Baudissin auf Rixdorf auf. Im Jahre darauf trennen sich die beiden, der Meierhof

Tresdorf und das Dorf Mucheln verbleiben bei Baudissin, Wittenberg allein bei Otto Reventlow.
Nach seinem Tode erben die vier Töchter von Friedrich Reventlow das Gut, die älteste Marie Elisabeth ist Konventualin in Preetz, die zweite – Sophie Friederike – ist mit Henning v. Buchwaldt auf Pronstorf verheiratet, die dritte – Auguste Christina – mit dem Kammerjunker Christian Detlev v. Revenfeldt auf Dänisch-Nienhof, einem Abkömmling aus der ursprünglich illegitimen, später geadelten Nachkommenschaft des Großkanzlers Conrad Reventlow. Die jüngste, Adelheid Benedicte, ist mit einem Herrn v. Schwicheldt verheiratet.
Die vier Schwestern können Wittenberg nicht halten, sie versuchen jedoch, es für die holsteinische Linie zu retten und verkaufen es im Jahre 1764 an ihren Vetter Detlev Reventlow auf Grünholz und Fahrenstedt. Aber auch dieser muß es weitergeben. Im gleichen Jahre geht es über an den späteren Grafen Detlev Reventlow auf Altenhof aus der mecklenburgischen Linie. Die Kraft der holsteinischen Linie ist am Ende, mit Detlev Reventlows Tod im Jahre 1783 ist sie im Mannesstamme erloschen.

Die älteren Bauten auf dem Hofe gehören in die Zeit der holsteinischen Reventlow hinein. Zwei Gebäude sind vor allem zu nennen, das Wallgrabenhaus und das alte, 1847 abgebrochene Herrenhaus. Das Wallgrabenhaus steht vielleicht auf der Stelle eines mittelalterlichen ersten Herrenhauses. In der heutigen Form ist es den Maueranker zufolge 1722 erbaut worden, die Buchstaben FR stehen für Friedrich Reventlow, DSR sind die Initialen der Frau, Dorothea Sophie geb. v. Brockdorff. Das Haus ist ein charaktervolles Bauwerk von zwei Stockwerken mit Walmdach, rustizierten Ecken und großem Sandsteinportal. Es dient heute für Zwecke der Wirtschaft. Am Hause sieht man noch Reste des alten Hausgrabens.
Dicht neben dem Wirtschaftshofe auf einer kleinen, sicherlich ursprünglich von Wasser umflossenen Anhöhe lag das alte Herrenhaus. Es enthielt einen Kern von nur drei Räumen mit großen Kaminen und tiefen Kellern, die erst im 20. Jahrhundert zugeschüttet worden sind. Dieses Haus wird sicherlich mit Treppengiebeln abgeschlossen gewesen sein. Später, wohl im 17. Jahrhundert, wurde das Haus zu einer stattlichen Dreiflügelanlage erweitert, wir kennen sie aus alten Abbildungen. Der Mittelbau war jetzt auf die doppelte Breite vergrößert worden, davor eine stattliche Freitreppe, beiderseits kurze Flügelbauten,

Bibliothek

die nur je ein Zimmer enthielten, der Küchenflügel zur Linken seitlich erweitert, An- und Aufbauten aus Fachwerk.
Für den Grafen Detlev Reventlow, † 1783, war Wittenberg neben seinen vielen anderen Besitzungen nicht mehr als ein Nebengut. Unter den Söhnen wurden die Güter verteilt, der älteste, Cay Friedrich, erbte Altenhof mit Aschau, außerdem Glasau, der zweite, Friedrich, erhielt Emkendorf, Christian, der nächste in der Reihe, Wittenberg. Er war nicht vermählt und starb als Generalmajor im Jahre 1816. Wittenberg ging nun über auf den vierten Bruder Heinrich, † 1848, dem seit 1780 Kaltenhof im Dänischen Wohld, seit 1797 auch das Gut Falkenberg bei Schleswig gehörte. In Jütland kamen noch unfern von Vejle Aakjer und Dybvad hinzu. Er erreichte ebenso wie sein Bruder den Rang eines Generalmajors und lebte nicht in Wittenberg, sondern auf seinen

anderen Gütern oder in der Reventlowschen Villa in Kiel. Diese lag etwa gegenüber den heutigen Regierungsgebäuden am Düsternbrooker Weg mit ursprünglich ausgedehnten Parkanlagen und ist erst im Zweiten Weltkrieg zerstört worden.
Noch zu seinen Lebzeiten übergab er Wittenberg seinem ältesten Sohn Heinrich, der Amtmann von Flensburg, später von Kronshagen, Kiel und Bordesholm war. Er starb noch vor dem Vater, schon im Jahre 1841, sein Sohn Adolf, der Wittenberg erben sollte, war beim Tode des Vaters erst 6 Jahre alt. Geld war knapp, es waren immerhin 13 Geschwister zu versorgen, daher übernahm zunächst der zweite Bruder Friedrich das Gut, ohne doch dort zu wohnen. Dieser, der seinen Namen stets Reventlou schrieb, hat sich in der schleswig-holsteinischen Landesgeschichte seinen Platz gesichert. Er trat am 24. März 1848 gemeinsam mit dem Advokaten Wilhelm Beseler an die Spitze der provisorischen Regierung, als sich die Herzogtümer von Dänemark lossagten. Nach dem Zusammenbruch der Erhebung 1851 wurde er des Landes verwiesen und kaufte sich in der Lausitz die Güter Starzeddel, Raubart und Vettersfelde. Von hier aus wurde er im Jahre 1861 als lebenslängliches Mitglied in das preußische Herrenhaus berufen. Zum zweihundertjährigen Jubiläum der Universität Kiel im Jahre 1865 ehrte ihn diese durch die Verleihung der Würde eines Ehrendoktors der juristischen Fakultät. Im Jahre 1874 ist er verstorben.
Wittenberg ging nun über auf den dritten Bruder Ernst Reventlow, der schon das große adelige Gut Farve bei Oldenburg besaß. Auch er brachte es im öffentlichen Leben zu hohen Ehrungen, war kgl. dänischer Kammerherr und Mitglied des dänischen Reichsrats, später Mitglied des preußischen Herrenhauses. Außerdem präsidierte er dem neugeschaffenen schleswig-holsteinischen Provincial-Landtag als dessen erster Landtagsmarschall und war Verbitter des adeligen Klosters Itzehoe.
Wittenberg verblieb von 1851 bis 1856 in seiner Hand, bis der Sohn des ältesten Bruders, Adolf Reventlow, sein 21. Lebensjahr erreicht hatte. Aber die Last, die auf die Schultern des jungen Gutserben gelegt wurde, war sehr schwer. Zugunsten der Geschwister seines Vaters mußte er nicht weniger als 720000 Rthlr. aufbringen, eine gewaltige Summe, die praktisch dem Verkaufswert des Gutes gleichkam. Aber er schaffte es, Wittenberg bei dieser starken Belastung nicht nur zu halten, sondern auch entscheidend zu verbessern. Nachdem das alte Herrenhaus angeblich wegen Baufälligkeit abgebrochen worden war, erbaute er im Jahre 1868 das neue jetzt noch stehende Haus, AR und NR = Adolf

Wallgrabenhaus

Reventlow und Nancy geb. Gräfin Rantzau künden die Maueranker über dem Eingangsportal. Der Architekt war Hermann Georg Krüger, † 1897, langjähriger Bauinspektor für Holstein und Schüler des bekannten Berliner Architekten Strack, damit in der Schinkel-Tradition stehend. Zur gleichen Zeit wie Wittenberg baute er die Herrenhäuser auf Ascheberg und auf Dänisch-Nienhof, man möchte aber Wittenberg als die mit weitem Abstand am besten gelungene Schöpfung bezeichnen.
Das heutige Herrenhaus liegt isoliert von den Gebäuden des Wirtschaftshofes auf einem von Wald umgebenen Hügel und nimmt sich außerordentlich stattlich aus. Hier ist es wirklich einmal gelungen, die Vorstellungen des Architekten und die des Bauherrn in eine glückliche Verbindung zu bringen in Richtung auf einen herrschaftlichen Landsitz in einem internationalen und großzügigen Zuschnitt, der in dem damaligen Europa an beliebiger Stelle hätte stehen können. Der Stil darf vielleicht bezeichnet werden als der Stil des französischen Château und ist in seinen Einzelheiten stark von Formen der Renaissance geprägt.
Das Gebäude ist errichtet in zwei Stockwerken mit hoher Decke über einem hohen Keller und ist sehr gleichmäßig aufgeteilt in pavillonarti-

gen Teilen mit steilen schiefergedeckten Mansardendächern. Die mittlere Partie springt auf beiden Seiten als Risalit vor, der sich bis zu einem dritten Stockwerk hebt und im Norden die Eingangsanlage aufnimmt, die über einer großen Treppe durch korinthische Halbsäulen in den beiden unteren Stockwerken gekennzeichnet ist. Auch die Seitenpartien springen risalitartig vor und werden betont durch große Erker gen Norden, während die mittlere Partie auf der Südseite sich erkerartig vorschiebt über der Gartentreppe. Das Gebäude ist in hellen Tönen gestrichen mit kräftigen Einfassungen der Fenster, der Gesimse und ähnlicher Bauteile, alles im Stil der Renaissance.

Die innere Aufteilung ist ganz klar mit Halle und Gartensaal in der mittleren Partie, während in gleicher Weise große Räume sich in den Seitenpartien nach Norden anschließen, die Bibliothek und Büro aufnehmen. Das Treppenhaus ist sehr stattlich und hat sorgfältig ausgeführte gedrehte Balustraden aus Holz. Das obere Stockwerk wird von einem langen Korridor in der Mitte des Hauses aufgeteilt.

Adolf Reventlow, † 1906, war ebenso wie so viele seines Geschlechts zu hohen Würden im öffentlichen Leben emporgestiegen, er wurde kgl. preußischer Wirklicher Geheimer Rat mit dem Titel Excellenz und war langjähriger Verbitter des adel. Klosters Itzehoe. Gegen Ende seines Lebens sah er sich gezwungen, das Gut um die Meierhöfe und Dörfer zu verkleinern. Am 6. März 1905 gingen die Meierhöfe Hohenhütten, Hasselburg und Christiansruhe mit der Pachtstelle Düsternbusch sowie die drei Dörfer Stellböken, Martensrade und Wittenberger Passau an die Landbank in Berlin über. Diese letztere verkaufte alsbald die Meierhöfe Hohenhütten und Christiansruhe nebst Düsternbusch an den Freiherrn v. Donner auf Bredeneek weiter, den Meierhof Hasselburg an den Grafen Westphalen auf Rixdorf. Die drei Dörfer wurden von der Landbank an die bisherigen Hufenpächter verkauft.

Das Gut ist 760 ha groß, hiervon entfallen auf den Haupthof 428 ha, auf Wald 280 ha, auf Fischteiche 52 ha.

Nach dem Tode von Adolf Reventlow ging Wittenberg über auf den ältesten Sohn Heinrich, † 1938, Klosterprobst des adeligen Klosters Uetersen. Von diesem erbte es zunächst der älteste Sohn Adolf, der 1939 im Feldzuge gegen Polen fiel und ging dann über auf den jüngeren Sohn Friedrich Graf Reventlow, Klosterprobst des adligen Klosters Preetz seit 1954. Nach dem Erlöschen der männlichen Linie des Geschlechts auf Altenhof ist auch der Titel eines Lehnsgrafen Reventlow auf ihn übergegangen.

Von der Ausstattung des alten Herrenhauses ist nur wenig erhalten geblieben, in der Zwischenzeit zwischen dem Abbruch des alten und der Errichtung des neuen Hauses hatte Adolf Reventlow zeitenweise auf dem Preetzer Kloster gewohnt. Das dort von ihm bewohnte Haus war jedoch etwa 1865 mit allen Möbeln und Bildern abgebrannt. Das jetzige Herrenhaus verfügt über eine ungewöhnlich glänzende Ausstattung an Porträts, ebenso wie an Mobiliar und einer wertvollen zeitgerecht geordneten historischen Bibliothek von 15000 Bänden. Vieles an Wertvollem stammt ursprünglich aus dem Herrenhaus von Farve.
Außer den vorhin genannten Gebäuden auf dem Wirtschaftshof steht heute nur mehr das Torgebäude von 1784, nach den Maueranker HDGvR – FMGvR von Herrn Detlev Graf v. Reventlow und Frau

Ansicht aus dem Stammbuch der Sophie Reventlow 1817

Margarethe Gräfin v. Reventlow (geb. v. Raben) erbaut. Der Weg zum Hofe ist verlegt, die Toreinfahrt seit langem zugemauert. Die übrigen Hofgebäude brannten im Jahre 1966 ab, an ihre Stelle ist 1966 ein mächtiger moderner Kornsilo getreten, auch er mit Maueranker geschmückt: FR, ER = Friedrich Reventlow, Erika Reventlow.

Adeliges Gut Wittenberg

Besitzer: Friedrich Lehnsgraf Reventlow

Besitzer

1299	Ritter Split
ca. 1400–1584	(v.) Rantzau
seit 1584	(v.) Reventlow
seit 1767	Grafen Reventlow
seit 1938	Lehnsgrafen Reventlow

Gut und Bauten

1528	Dorf Stellböken an Iven Reventlow
16. Jahrh.	1. Herrenhaus
17. Jahrh.	Erweiterungsbau
1722	Wallgrabenhaus
1784	Torhaus
1847	Herrenhaus abgebrochen
1868	Bau des neuen Herrenhauses
1966	Brand der Hofgebäude
1966	Bau des Kornsilos

16 Lammershagen

Kirchspiel Selent   Kreis Plön

Ortsbezeichnungen mit der Endung „...hagen" bedeuten eine abgegrenzte Gemarkung unter einem besonderen Recht, dem „jus indaginis", das seit Karl dem Großen in allen Kolonisationsräumen eine Rolle gespielt hat. Es waren herrschaftliche Orte, die auf bisher unkultiviertem, meist schlechtem Boden oder im Wald errichtet wurden. Bei der Verleihung des Hagenrechts für ein bestimmtes Gebiet konnte der Landesherr Anordnungen treffen, mit welchen Privilegien das Hagenrecht ausgestattet werden sollte, z. B. mit der Befreiung von Abgaben oder mit der Befugnis zur Rechtsprechung. Damit wurde die Leistung belohnt, das wüste Gelände zu kultivieren und zu besiedeln. Die Ortsnamen für die meisten Hagen-Orte wurden gebildet durch Vor-

schaltung des Personennamens desjenigen, dem das Hagenrecht verliehen war. Lammershagen ist zu erklären als „Lambertshagen", also als der Hagen eines Lambert. Der Name Lambert kommt im frühen Mittelalter auch innerhalb des holsteinischen Adels häufig vor, nur wissen wir nicht, um welchen Lambert es sich gehandelt hat. Die Flurnamen rund um den Hof gehen auf den gleichen Namen zurück, Lammersteich, Lammerskamp, Lammerskoppel.
Heinrich Pridik stellt in seiner Schrift „Die Kirche Selent und ihre Umwelt" von 1947 eine Hypothese auf, die der Vollständigkeit halber wiedergegeben werden soll. Er bringt den Namen in Verbindung mit dem Kirchenheiligen der Kirche in Selent. Diese ist dem Hl. Servatius geweiht worden, der uns Heutigen als längst verschollener Heiliger erscheint, wenn er nicht zu den sog. Eisheiligen gehören würde. Servatius war Bischof von Tongern in Flandern und ist im Jahre 384 n. Chr. gestorben. Aus der Tatsache, daß die Kirche in Selent einem Bischof aus Flandern geweiht worden ist, schließt Pridik, daß die Neusiedler in diesem Raume aus Flandern stammten. Daran anknüpfend verweist er auf die Tatsache, daß es im 8. Jahrhundert einen Bischof Lambert in Tongern gegeben habe. Er stellt daher die Vermutung auf, daß dieser Name in dem Ortsnamen Lambertshagen stecken könne. Ob diese Annahme richtig ist, muß dahingestellt bleiben.
Urkundlich erwähnt als Besitzer des Gebiets von Lammershagen und Umgebung ist zuerst das Geschlecht Split, das schon im Jahre 1299 in dem benachbarten Wittenberg bezeugt ist. 1342 verkauft der Ritter Heinrich Split das südlich angrenzende Dorf Mucheln an das Kloster in Reinfeld. Seine Söhne Nicolaus und Heyno stifteten aus dem westlich gelegenen Dorfe Stellböken im Jahre 1346 eine Vicarie an der Kirche in Selent. Zu diesem Zwecke wurde auf der Nordseite des Kirchenschiffs eine Kapelle „Zum heiligen Kreuz" angebaut.
Die Ritter Split behielten sich bei ihrer Stiftung vor, den Lammershagener Teich „Lehmbruch" beliebig aufzustauen oder abzulassen oder zu vergrößern. Der Teich umfaßte damals eine Wasserfläche von 58 ha, die erst im 18. Jahrhundert durch Dämme unterteilt worden ist. Heute wird sie wieder vollständig für die Karpfenwirtschaft genutzt. Die Split haben den Teich bis 1384 bewirtschaftet, dann stiftete Heinrich Split auch diese Wasserfläche der Selenter Vicarie.
In der Stiftungsurkunde nennt er Wulf Rantzau „seinen rechten Erben". Dementsprechend wird der verbliebene Grundbesitz um 1400 durch Erbschaft auf das Geschlecht Rantzau übergegangen sein.

Im 15. Jahrhundert werden Schack Rantzau, der Eroberer von Fehmarn, und sein Sohn Claus als Besitzer von Salzau, Wittenberg, Lammershagen und vielen Dörfern genannt. Der Lübecker Bischof Nicolaus hatte im Jahre 1442 eine zweite Vicarie mit einem Marienaltar in der Selenter Kirche gegründet und mit einer Rente aus dem Dorfe Bellin ausgestattet. Daraufhin stiftete Claus Rantzau 1452 gleichfalls eine ewige Rente aus dem Dorfe Bellin und Fischereirechte am Selenter See für sein Seelenheil. Sein ältester Sohn Schack wurde 1484 in der Selenter Kirche beigesetzt. Die sehr schöne Sandsteinplatte seines Grabmals – ein lebensgroßes Flachreliefbild des Toten mit den beiden Wappen seiner Eltern – ist bis heute erhalten.

Im Anfang des 16. Jahrhunderts wird der Ritter Iven Reventlow auf Rixdorf als Besitzer von Lammershagen genannt. Nachdem im Zuge der Reformation die Vicarie zum heiligen Kreuz aufgehoben wurde, überließen die Landesherren, die nach der Stiftungsurkunde das Patronat über die Vicarie hatten, den zugehörigen Grundbesitz Stellböken mit dem Lehmbruch an Iven Reventlow. Damit wurde der oben genannte Teich wieder mit Lammershagen vereinigt. Ivens Bruder Detlev war der letzte katholische Bischof in Lübeck und hat dort die Reformation durchgeführt. Vielleicht haben diese Familienbande die Überlassung des Vicarienbesitzes begünstigt.

Um die Mitte des 16. Jahrhunderts geht Lammershagen in den Besitz von Wulf Rantzau auf Wittenberg über. Nach dessen Tode erhält sein Sohn Heinrich Rantzau um 1565 in der brüderlichen Erbteilung Lammershagen mit Selent, Bellin und Passau. Er war verheiratet mit Margarethe Reventlow, einer Tochter des Vorbesitzers Iven Reventlow. Heinrich Rantzau machte sehr große Schulden, für die die ganze Verwandtschaft bürgen mußte. 1587 klagte Frau Margarethe, die Gläubiger wollten ihren Mann von Lammershagen vertreiben. Tatsächlich verkauften 25 Gläubiger und Bürgen, darunter 10 Rantzau, im Jahre 1592 das Gut mit den drei Dörfern zwangsweise an den Schwager Otto Reventlow auf Neverstorf und Stocksee für 33 000 Rthlr. Damit waren Lammershagen und Wittenberg wieder in einer Hand, nachdem Wittenberg schon 1584 von Otto Reventlow angekauft war. Ausdrücklich übertragen wurde auch das Patronatsrecht an der Selenter Kirche. Für Otto Reventlow war seine Stellung als Kirchenpatron bedeutsam. 1595 stiftete er der Kirche in Selent ein bedeutendes Kunstwerk, die Kanzel. Sein bärtiger Kopf und der seiner Ehefrau geb. v. Ahlefeldt sind in Holzschnitzerei an dem Baldachin vereinigt.

Im übrigen ist die Zeit erfüllt von Streitigkeiten mit den Pastoren. Im Jahre 1616 wünschte Otto Reventlow, als er krank war, einen besonderen Prediger zu bestellen, der im Herrenhause Lammershagen für ihn und seine Gutsangehörigen predigen sollte. Pastor Bodenburgk hatte widersprochen und verlangt, Otto Reventlow und das Gesinde sollten nach Selent in die Kirche kommen und ihn dort anhören. Weitere Streitigkeiten schlossen sich an, schließlich wurde Otto Reventlow vom König zum Schadenersatz der von ihm angerichteten Taten verurteilt und eine Geldstrafe von 2000 Rthlr. angedroht. Er appellierte dagegen im Jahre 1617 beim Reichskammergericht in Speyer mit der Begründung, sein Patronatsrecht sei verletzt. Es kam jedoch zu keiner Entscheidung, da er schon ein Jahr später starb.
Der Sohn Iven Reventlow hatte in Rostock, Straßburg und Orléans studiert, starb aber schon 1628 und hinterließ einen damals noch unmündigen Sohn Bartram Reventlow. Dieser besaß außer Lammershagen die vom Großvater ererbten Güter Stocksee, Futterkamp, Waterneverstorf und Wittenberg, erbte dann noch Lindau und kaufte Panker und Klamp. Damit war er einer der größten Grundbesitzer Holsteins in der Mitte des 17. Jahrhunderts geworden. Daß er trotzdem stets auf Lammershagen seinen Wohnsitz gehalten hat, berechtigt zu der Annahme, daß dort zu seiner Zeit ein stattliches Herrenhaus mit

Torhaus von 1743 (Stand von vor 1987)

entsprechenden Hofgebäuden gestanden haben müssen. Die Keller des heutigen Herrenhauses stammen sicherlich aus dieser Bauperiode. Von der Inneneinrichtung sind nur erhalten eine in Eichenholz geschnitzte Renaissance-Täfelung mit zwei Türen und eine Bretterwand, die mit tanzenden Figuren, Vögeln, Käfigen und dergleichen bunt bemalt ist.
Bartram Reventlow ließ zwei wertvolle Glocken gießen, die heute noch erhalten sind. Die für Lammershagen bestimmte Glocke hatte die Inschrift: „Bartram Reventlow zum Lammershagen erbgesessen hat mich ververdigen lassen anno 1630". Sie ist mit vielen Ornamenten und dem Reventlowschen Wappen geziert. Sie befindet sich seit dem Anfang des 18. Jahrhunderts im Turm des Torhauses auf dem adeligen Gute Perdöl.
Die zweite Glocke ist eine für die Kirche in Selent gestiftete große Glocke, die auch heute noch klingt. Sie hat die Inschrift: „Deus pro nobis qui contra nos Bartram Reventelow Erbgesessen zum Lammershagen Wittenberg Neverstorp Futterkamp Patron dieser Kirche Sehlent 1635".
Seine wirtschaftliche Lage wurde allmählich schlechter, vielleicht als Folge der Kriege. 1643 verkaufte er Stocksee, 1648 Futterkamp, 1663 Panker und Klamp, dazwischen noch Neverstorf. In seinem Testament bestimmte er für den verbleibenden Grundbesitz, seine Söhne sollten, falls erforderlich, Wittenberg mit dem Meierhof verkaufen und „mit allem Fleiß dahin trachten, daß das adelige Gut Lammershagen bei seinen Erben den Reventlows verbleiben möge".
Dieser Verfügung entsprechend vereinbarten nach seinem Ableben seine Söhne 1667, Detlev solle Lammershagen für 40000 Rthlr. aus dem Nachlaß erhalten, Wittenberg und Tresdorf aber zur Schuldendeckung verkauft werden. Ein Jahr später behielt Detlev im Gegensatz zu dieser Vereinbarung Wittenberg und verkaufte Lammershagen und zwar an den Obristen Bartram Rantzau auf Ascheberg für 43000 Rthlr. Dieser besaß Lammershagen nur bis 1682 und verkaufte es dann an Bendix Bertram von Buchwaldt, †1747. Er wurde 1699 von der Familie Reventlow auf Herausgabe von Lammershagen verklagt mit der Begründung, nach dem Testament Bartram Reventlows hätte es nicht verkauft werden dürfen, jedoch ohne Erfolg.
Im 17. Jahrhundert spielten auf den holsteinischen Gütern Glashütten eine bedeutende Rolle. Für die ihnen überlassenen Waldungen erhielt das Gut eine ansehnliche Häuer. Sobald die Glasmacher den lästigen Wald beseitigt hatten, konnten Äcker und Wiesen für die Landwirtschaft gewonnen werden. Schon Otto Reventlow hatte um 1610 Wald an

Glasbläser überlassen. Unter Bartram Reventlow und Bendix von Buchwaldt erlangte die Lammershagener Glashütte große Bedeutung. Zunächst lag sie etwa in der Mitte zwischen den Höfen Lammershagen und Friedeburg. Hier wurden kunstvolle Gläser hergestellt, wie man noch heute an den Scherben erkennen kann, die man im Acker findet. Neben dem Rantzauischen Wappen und der Inschrift: „Obrist Bartram Rantzau" findet sich immer wieder das Glassiegel König Christians V. von Dänemark. Eine Flasche mit diesem Siegel ist im Schlosse Rosenborg in Kopenhagen noch unbeschädigt erhalten.
Die Glashütte mußte ihren Standort verlegen, sobald der Wald in der näheren Umgebung verbraucht war. Nach 1690 lag sie an der Stelle, wo heute der Hof Friedeburg liegt. Einige Jahre später erhielt der hier liegende Meierhof den Namen Friedeburg. Damit sollte wohl die Sehnsucht nach einem Frieden – im zweiten Nordischen Krieg – ausgedrückt werden.
Die Tochter und Erbin Margarethe Hedwig war vermählt mit dem gottorpischen Jägermeister Wulf Christian v. Ahlefeldt. Dieser kaufte das adelige Gut Perdöl und übernahm es spätestens im Jahre 1714. Die für Bartram Reventlow gegossene Glocke wurde damals nach Perdöl überführt und im Turm des Torhauses aufgehängt, wo sie noch heute durch ihren schönen Klang erfreut. Ahlefeldt starb schon 1722.
Seine Witwe besaß Lammershagen noch bis 1747. Sie hat als Bauherrin eine bedeutende Rolle gespielt. Zunächst einmal ging es um erhebliche Bauvorhaben an der Kirche von Selent, Neubau des Chores und Einwölbung. 1743 ließ sie das großartige Torhaus in Lammershagen errichten, das wahrscheinlich von Rudolph Matthias Dallin entworfen ist. Mit diesen Bauvorhaben hatte Margarethe Hedwig ihre wirtschaftlichen Möglichkeiten überschätzt. Zu ihrem Unglück wurde sie ein Jahr später in einen kostspieligen Prozeß im Zusammenhang mit dem Konkurs des adeligen Gutes Brodau verwickelt, der im März 1747 damit endigte, daß sie verurteilt wurde, 1767 Rthlr. innerhalb von 8 Tagen zu zahlen, widrigenfalls „militärische Execution" erfolgen würde. Da sie den verhältnismäßig geringen Betrag nicht aufbringen konnte, war sie gezwungen, Lammershagen mit Friedeburg und den Dörfern am 24. April 1747 an den reichen Gutsnachbarn, den Reichsgrafen Wulf Hinrich von Baudissin auf Rixdorf für 58000 Rthlr. zu verkaufen. Gleichwohl wurde drei Tage später noch die Execution endgültig angeordnet. Damit verlor Margarethe Hedwig v. Ahlefeldt das Gut, auf dem sie ihr Leben lang gewohnt hatte, und zog nach Perdöl.

Scheune

Während seit dem 16. Jahrhundert die Besitzerfamilien Rantzau, Reventlow, Buchwaldt und Ahlefeldt regelmäßig in Lammershagen gewohnt hatten, war für die Baudissin Lammershagen nur ein Nebengut. Ihr Wohnsitz blieb Rixdorf oder Dresden. In den ersten Jahren nach dem Ankauf wurde eine rege Bautätigkeit entwickelt. Am Frontgiebel des Herrenhauses befindet sich die Inschrift: „Soli deo gloria H. C. G. v. B. 1748"
Heinrich Christoph Graf von Baudissin hat damals keinen Neubau errichtet, sondern nur einen vergrößerten Giebel aufgesetzt, um das gräflich Baudissinsche Wappen über der Haustür anbringen zu können. Der weiche Stein aus dem Elbsandsteingebirge verwitterte aber derart, daß er um 1870 abgebrochen werden mußte.
Im übrigen ist das Herrenhaus älter, wohl noch aus dem Anfang des 18. Jahrhunderts, nur die Kellergewölbe stammen aus dem 17. Jahrhundert.
Auch die beiden großen Hofgebäude Kuhstall und Scheune tragen die Jahreszahlen 1748 und 49. Sie sind mit Fachwerk und Rethdach errichtet und nicht massiv, wie die von Rudolph Matthias Dallin entworfenen

Gebäude auf Rastorf und Rixdorf. Bei beiden Gebäuden ist es zweifelhaft, ob es sich um Neubauten oder Umbauten handelt. Die Wirtschaftsgebäude können auch vorher nicht kleiner gewesen sein, weil schon um 1720 die bewirtschaftete Fläche 600 ha betrug und 250 Kühe im Stall standen. Dies ist die gleiche Anzahl Kühe, wie seit 1979 nach einem Umbau in Lammershagen gehalten werden. Ein Neubau wäre um 1748 nur notwendig gewesen, wenn ein Feuer die alten Gebäude vernichtet hätte. Da die Gutsakten hierfür keine Anhaltspunkte ergeben, ist es wahrscheinlich, daß Graf Baudissin die Gebäude nur nach ökonomischen Gesichtspunkten umgebaut und modernisiert hat.
Mit Wulf Hinrich Baudissin, der schon ein Jahr später starb, und seinem Sohne Heinrich Christoph kamen bedeutende Persönlichkeiten nach Lammershagen, die die Gutswirtschaft nüchtern, rationell und kaufmännisch betrieben.
Auf den 1786 verstorbenen Heinrich Christoph Graf v. Baudissin folgte sein Sohn Carl Ludwig, dänischer Generalleutnant, Kommandeur der Garde, Gouverneur von Kopenhagen und Ritter des Elephanten-Ordens. Er ist 1814 vor dem Altar der Kirche in Selent beigesetzt worden. Nach ihm besaßen seine Söhne Wolf – der bekannte Shakespeare-Übersetzer – und Otto, General der schleswig-holsteinischen Armee, zunächst gemeinschaftlich das Gut, später der letztere allein. Otto Baudissin verkaufte Lammershagen im Jahre 1829 an Otto Graf Blome auf Salzau.
Für Otto Blome als dänischen Lehnsgrafen war das Lammershagener Herrenhaus, das die Baudissin 1748 in so bescheidenem Rahmen umgebaut hatten, als Herrschaftssitz nicht vorstellbar. Er errichtete daher stattdessen seinem Ehrgeiz und seiner Phantasie entsprechend auf einem Hügel bei dem Dorfe Selent ein romantisches Schloß, die Blomenburg, in den Jahren von 1842 bis 1855.
Otto Blome hatte im Streit zwischen der schleswig-holsteinischen Freiheitsbewegung und Dänemark stets auf der dänischen Seite gestanden. Als 1867 die Herzogtümer Preußen einverleibt wurden, entschloß er sich, das Gut Lammershagen zu verkaufen und nur die Blomenburg mit dem Park zu behalten.
Käufer des Gutes war der Hamburger Reeder Robert Mildes Sloman, * 1812, für 1,44 Millionen Mark. Damit wurde eine reiche Kaufmannsfamilie der Hansestadt Besitzer des Gutes. Der Großreeder hatte niemals die Absicht gehabt, selbst die Landwirtschaft zu betreiben, wollte aber seine Schwiegersöhne versorgen. Daher verpachtete er den Haupthof sofort an den einen, den Meierhof Friedeburg an den anderen. In beiden

Fällen waren seine Bemühungen nicht von Erfolg gekrönt, der eine Schwiegersohn zog es vor, sich ein Gut in Schlesien zu kaufen, der andere mußte weichen, als er die vom Schwiegervater geforderte hohe Pacht nicht aufbringen konnte.
Sloman hatte versucht, auf Lammershagen einen neuen Geist unter die Bauern zu bringen, war aber zunächst auf starkes Mißtrauen gestoßen, das durch die Erfahrungen der zurückliegenden Jahrzehnte bedingt war, in denen die vielen Spanndienste beim Bau der Blomenburg und auch sonst drückende Dienste das Los der Bauern nicht wesentlich gebessert und zwischen Herrschaft und Untertanen Spannungen und Mißtrauen hervorgerufen hatten. Sloman war bestrebt, seine Bauern aus dem Pachtverhältnis herauszulösen und zu Eigentümern zu machen. Von 1890 an wandelte er die Bauernhöfe zu günstigen Abzahlungsbedingungen in Eigentum um. Wenn er sich bei seinen Aufenthalten auf dem Gute liebevoll um seine Leute kümmerte, stets mit dem feierlichen Zylinder auf dem Kopfe als Symbol seiner gutsherrlichen Würde angetan, so wurde er schließlich mit den Jahren ein gern gesehener Herr. Er sorgte dafür, daß auf dem Meierhofe Friedeburg arme und schwache Kinder eine Erholungsstätte fanden, er sorgte auch für die Restaurierung der Kirche in Selent mit Widmung eines neuen Taufsteines. Im Alter von 88 Jahren starb er; seine Frau stammte aus Südrußland aus dem deutschen Geschlechte v. Stephani.
Schon im Jahre darauf verkauften die Erben Lammershagen an den Hamburger Großkaufmann, Reeder und Seifenfabrikanten Carl Joachim Ernst Hirschberg, †1926. Mit Carl Hirschberg hat nach anderthalb Jahrhunderten erstmalig wieder die Besitzerfamilie ihren ständigen Wohnsitz auf Lammershagen genommen. 1902 wurden die Höfe Lammershagen und Friedeburg in Selbstbewirtschaftung übernommen und sind es seitdem geblieben. Carl Hirschberg begann eine rege Bautätigkeit, bis zum Ersten Weltkrieg errichtete er 25 Wohnungen für Arbeiter und Angestellte, die mit Maueranker geschmückt sind, die die Jahreszahlen und die Buchstaben CH tragen. Weitere Gebäude für die Zwecke des Hofes kamen hinzu.
Nach dem Ableben von Carl Hirschberg 1926 erbten seine Witwe Elisabeth geb. Hamann, †1954, und ihre Kinder das Gut in Erbengemeinschaft, die erst nach dem Zweiten Weltkrieg aufgelöst wurde. Besitzer von Lammershagen wurde Cay Hirschberg; er starb 1988 und hinterließ das Gut seiner Witwe Käthe, geb. Mathias. Besitzer von Friedeburg sind die Nachkommen seiner Schwester Elisabeth Hirschberg, †1979.

Rückfront

Das Torhaus ist wesentlich größer als das Herrenhaus und steht auch nicht in einer geraden Achse zu dem letzteren, wie es allgemein bei unseren Gutshöfen üblich ist. Es hatte unter dem England zugetanen Sloman flache Bögen in Anlehnung an den Tudorstil erhalten. 1987 wurde hofseitig stattdessen ein Rundbogen eingezogen. Das Herrenhaus ist ein tiefes aber kurzes Gebäude in den Ausmaßen von 15 × 26,5 m und steht an dem Steilhang nach dem Lammersteich, so daß sich die Westfassade über einem Granitsockel in Höhe von 2 m erhebt, während auf der Ostseite nur eine Reihe von Granitquadern sichtbar ist. Das sehr hohe Walmdach hat in unserem Jahrhundert auf den beiden anderen Seiten Zwerchhäuser erhalten, um das Dachgeschoß besser ausnutzen zu können. Vor dem Hause stehen zwei Löwen aus Sandstein, vermutlich aus dem 17. Jahrhundert. Die Inneneinrichtung an Eichenholzpaneelen mit

Renaissance-Schnitzereien in der Eingangshalle sind sicherlich im Anfang des 17. Jahrhunderts entstanden und sind in neuerer Zeit zeitgemäß ergänzt worden. Zwei Sandsteinkamine im Regence-Stil sind wieder eingebaut worden. Der Keller besteht aus Kreuzgewölben in verhältnismäßig großer Höhe in zwei Schiffen.
Das Stallgebäude gegenüber dem Herrenhaus ist in neuerer Zeit mit einem besonders groß dimensionierten Walmdach versehen worden, um auch optisch die Hofanlage abzurunden.
Die Größenverhältnisse von Lammershagen haben sich durch die Ereignisse der letzten Jahrzehnte wesentlich geändert. Ursprünglich hatte das Gut eine Größe von 2973 ha, hiervon entfielen allein auf die Wasserflächen 1041 ha. Die Dörfer Bauersdorf, Bellin und Selent sind von 1890 an verkauft worden, ein kleiner Teil dieser Flächen ist heute wieder zum Gut gekommen. Der Haupthof umfaßt heute eine Fläche von 570 ha, der Wald 350 ha, auf die Fischteiche entfallen 88 ha und auf die verpachteten Flächen 152 ha, zusammen 1160 ha. Hierzu kommt ein sehr bedeutender Anteil am Selenter See.

Adeliges Gut Lammershagen

Besitzerin: Käthe Hirschberg

Besitzer

13. und 14. Jahrh.	das Geschlecht Split
1416–1592	(v.) Rantzau
1592–1668	(v.) Reventlow
1668–1682	(v.) Rantzau
1682–1747	v. Buchwaldt dann v. Ahlefeldt
1747–1829	Grafen v. Baudissin
1828–1866	Graf Blome
1867–1900	R. M. Sloman
seit 1901	Familie Hirschberg

Gut und Bauten

1346	Teich Lehmbruch
vor 1600	Fundamente des ältesten Herrenhauses
1630	Glocke für Lammershagen gegossen
17. Jahrh.	Keller im Herrenhaus zum zweiten Mal eingewölbt
1702	Meierhof Friedeburg angelegt
1743	Torhaus erbaut
1748	Herrenhaus und Kuhstall erbaut
1749	Scheune
1946	Friedeburg wird in der Erbteilung selbständig

17 Die Blomenburg

Kirchspiel Selent Kreis Plön

Im Selkauer Gehölz innerhalb des adeligen Gutes Salzau stand die sogenannte Kroneneiche, eine mächtige Eiche, deren Alter auf 500 Jahre geschätzt wurde und deren Krone einen Durchmesser von 25 m hatte. Diese Eiche hat seit altersher durch ihre Größe und ihren bizarren Wuchs eine besondere Rolle gespielt. Daher wurde sie für einen silbernen Tafelaufsatz im Schlosse Salzau nachgebildet. Um den Stamm

herum tummeln sich drei jugendliche Reiter hoch zu Roß, der Besitzer von Salzau selber, Lehnsgraf Otto Blome, † 1884, sein Schwager, der Graf Carl E. F. v. Platen Hallermund auf Weissenhaus, † 1887, und der Landgraf Friedrich Wilhelm von Hessen auf Panker, † 1884, alle drei sehr begütert und einander durch enge Freundschaft verbunden. Als der Landgraf von Hessen auf dem zur Herrschaft Hessenstein gehörenden Pielsberg im Jahre 1839 einen Aussichtsturm erbauen ließ, wollte sein Nachbar Otto Blome ihn übertrumpfen und eine ganze Burg erbauen. So entstand auf einer Anhöhe innerhalb des adeligen Gutes Lammershagen in den Jahren von 1842 bis 1855 und 1870 die Blomenburg, eines der seltsamsten Bauwerke im ganzen Land und sicherlich das bedeutendste Beispiel einer neugotischen Burganlage in Schleswig-Holstein.
Das Gelände, auf dem die Blomenburg errichtet wurde, hatte vorher den Flurnamen „Großer Heidberg" gehabt. Als 1810 die Weidegerechtigkeit allgemein aufgehoben wurde, bestimmte Graf Baudissin als Gutsherr von Lammershagen:

> „Der Große Heidberg wird meinem seit langen Jahren gefaßten Entschluß gemäß, zur Nadelholzkultur bestimmt und mit den erforderlichen Wegen durchschnitten, auch jährlich ein Stück besäet."

Lammershagen mit dem Dorf Selent war 1829 in den Besitz von Otto Graf Blome auf Salzau übergegangen. Der neue Gutsherr ließ auf diesem neuaufgeforsteten Gelände von 23 ha einen hervorragend gestalteten Park anlegen mit langen Alleen, seltenen Baumgehölzen und anmutigen Wegen. Die Burg selber wurde im romantischen Stile durch Eduard Knoblauch aus Berlin erbaut, der örtliche Bauconducteur war Hilbig. Es gab alles, was zu einer echten Burg gehörte, ein doppeltes Torhaus mit Zugbrücke über tiefem Graben zwischen den Toren, den Bergfried, den Söller, den Palas, die Kemenate, die Vorburg mit Kavalierhaus, Stallungen und Gesindewohnungen. Ein Turm wurde gleich als Ruine hergestellt.
Kein Wunder, daß dieses Bauwerk schon unter den Zeitgenossen lebhafte Beachtung fand. Im September 1847 fand in Kiel die XI. Versammlung deutscher Land- und Forstwirte mit Excursionen statt. Wir besitzen zwei Berichte von Versammlungsteilnehmern über die Blomenburg, einen positiven und einen kritisch gefärbten.
Der Gutsbesitzer Wilhelm Hirschfeld auf Groß-Nordsee schreibt in seinem „Wegweiser durch die Herzogthümer Schleswig und Holstein

für die Mitglieder der XI. Versammlung deutscher Land- und Forstwirte", Kiel 1847:

„Aus Salzau fuhren wir durch den großen Park nach dem Selenter See, am romantischen Ufer entlang, mit der Aussicht auf die Blomenburg, bis nach Selent. Auf der ganzen Strecke kamen wir nur an einer Stelle über fremdes Gebiet. Aus Selent gingen wir zu Fuße nach der Burg, die wohl reichlich 10 Minuten entfernt liegt; der Weg dorthin führt durch ein Gehölz, worin Promenaden angelegt sind, auf eine Anhöhe.
Die Burg selbst war äußerlich fertig. Vorne am Eingang befindet sich ein Cavalierhaus mit einem Collonnadengange nach der Burg; der Burgplatz wird davon eingeschlossen. Auf einem nebenliegenden Hügel steht ein isolierter Thurm mit einem unterirdischen Gange nach der Burg; an der Wasserseite der Kanonenplatz.
Über dem Haupteingang befindet sich das Blomesche Wappen mit den Worten: „Aut mors aut vita decora" (Ein Leben in Ehren oder den

Deckengewölbe der Bibliothek im Turm

Tod!) Eine breite Marmortreppe, an beiden Seiten mit Rüstungen und vorne mit Hirschgeweihen, führt nach dem hübschen Entréesaale, woran der große Saal stößt. Die meisten Räume in der Burg sind verhältnismäßig niedrig, nur die gewölbten im Thurme hoch und enge. Überall aus den Fenstern hat man schöne malerische Blicke, am schönsten ist jedoch die Aussicht von den Zinnen der Burg."

Wesentlich kritischer äußert sich der Ökonomiecommissär Glaß aus Borna, der über die 8. Excursion berichtet. Bei ihm heißt es:

„... aber so sehr es uns auch mit Ernst und Nachdenken erfüllt, wenn unser Fuß die Steigen eines erhaltenen oder verfallenen Denkmals der Vergangenheit betritt, so wenig wissen wir uns von dem unbefriedigten Gefühle Rechenschaft zu geben, das uns beim Anblick eines, der Vorzeit nachgeahmten Gebäudes mit neuem Anstrich ergreift, selbst wenn dasselbe nicht auf den Schweiß der Unterthanen gegründet, und nicht von der Dienstbarkeit derselben emporgerichtet worden ist. Jedes Zeitalter drückt den Werken der Menschen einen Stempel auf, der mit den in ihm herrschenden Ideen und Bedürfnissen derselben im Einklange steht. Dieses Gepräge vergreift sich mit anderskommenden Tagen und andersdenkenden Geschlechtern und kann der athmenden Generation nur durch historische Erinnerungen oder durch die Pietät für das Alter, Ehrfurcht und Schonung abnötigen. Daher sehen wir in einem Neubau im alten Style, in der Regel nur eine „künftige Ruine", die einst verwittern und versinken wird, ohne den Sängern der Nachwelt Veranlassung zu Liedern über Tage und Zeiten zu geben, die so arm an Poesie und Thaten sind wie die unsrigen".

Das letztere wahrhaft prophetische Worte.
Im Frühjahr 1981 stieß man bei Renovierungs- und Instandsetzungsarbeiten im Vestibül des Hauptbaues auf Wandmalereien aus der Entstehungszeit der Burg. Nach Entfernung der 1942 eingezogenen Holzdecken im Hauptgeschoß sowie im oberen Turmzimmer liegen die eigentlichen Stuckdecken frei, die die einstige Farbigkeit aller Räume ahnen lassen, zugleich aber auch das Maß an Zerstörung durch Um- und Einbauten. Sorgfältige Untersuchungen durch das Landesamt für Denkmalpflege und das Landesbauamt Eutin haben die Voraussetzungen für eine umfangreiche Grundinstandsetzung und damit verbundene Restaurierung gelegt, mit der ab 1989 begonnen werden soll. Wenn die

Blomenburg dann eines Tages restauriert dasteht, dürfte sie ein sehr gutes Beispiel für die Stilrichtung des Historismus darstellen, von dem in Schleswig-Holstein kaum Objekte erhalten sind.

Erste Schritte zur Wiederherstellung des Landschaftsparkes der Blomenburg sind bereits unternommen worden.

Bei den Bemalungen der Innenräume handelt es sich durchweg um eine pastose Ölfarbbemalung von guter künstlerischer Qualität. Die besonders gut gelungenen Früchtemalereien der Supraporten im Vestibül über den verkleinerten Tudorbögen sind auch nach dem Überstreichen der Malereien an den Wänden noch weiter verwendet worden, ein Eingriff, der wahrscheinlich in den 20er Jahren unseres Jahrhunderts erfolgt ist. Ganz überstrichen wurde alles wohl erst in der Zeit nach 1933. Dennoch haftet die Malerei noch gut auf ihrem Träger aus Kalkgipsmörtel und ist nur geringfügig beschädigt.

Die Blomenburg war errichtet worden, um als Schloß den Mittelpunkt des Gutes Lammershagen zu bilden, da das kleine Herrenhaus daselbst den hohen Ansprüchen von Otto Blome nicht genügte. Es kam aber anders. Schon 1862 mußte Otto Blome das Gut Lammershagen mit dem Dorf Selent verkaufen. Er behielt nur die Blomenburg mit 30 ha Land, davon 23 ha Park.

Nach dem Tode von Otto Blome 1884 ging die Burg über an die einzige Tochter Adeline Blome verm. Gräfin Hardenberg, † 1908, dann an deren Neffen, den Grafen Johannes (Hans) Blome, der als letzter männlicher Sproß seines Geschlechts 1945 in Kronstadt in Siebenbürgen starb. Er hatte bereits im Jahre 1924 die Burg an den Provinzialverband der Provinz Schleswig-Holstein verkauft, der dort ein Landesjugendheim als Erziehungsheim für junge Mädchen einrichtete. Heute gehört die Burg dem Lande Schleswig-Holstein, immer noch für den gleichen Zweck.

Naturgemäß hat die gesamte Anlage infolge der neuen Zweckbestimmung erhebliche Änderungen und Erweiterungen erfahren. So wurde das Areal durch Zukäufe auf 70 ha vergrößert, das äußere Tor steht nicht mehr, die Zugbrücke ist durch eine feste Zufahrt ersetzt, die Wagenremisen und Pferdeställe sind zu Unterkunftsräumen umgebaut, die reizenden kleinen Teehäuschen am Rande des durch eine Findlingsmauer eingefaßten Schloßgartens mit Blick auf den Selenter See sind vermauert und zweckentfremdet. Am Rande des Hanges wurde ein großer unschöner Wohntrakt in modernen Formen errichtet.

Der Verfasser dieses Werkes hatte in seinen Jugendjahren die Burg noch zur Zeit der Grafen Blome im vollen Glanze ihrer kostbaren Ausstattung

erlebt, mit einem erlesenen Mobiliar im Stil des fin de siècle und mit einer zahlreichen Dienerschaft bis hin zum Koch aus Turin, der in den hohen Kellerräumen mit Würde seines Amtes waltete. Dies alles ist vergangen und vorbei.
Auch wenn die Burg nachdem so gut wie leer stand – so lag doch immer noch ein Schimmer von Romantik über alledem. Im Turm ist als einzigem Raum die Ausstattung der Bibliothek erhalten mit zierlichen in grauen und goldenen Tönen bemalten Bücherregalen und einer reich ausgestatteten Maßwerkgewölbedecke. Auch das formenschöne Treppenhaus ist fast unverändert geblieben. Wenngleich die Burg heute vorwiegend Zwecken des Heimes dient, so haben im Kaminsaal nun schon über 200mal die „Selenter Burgkonzerte" ein großes Publikum beglückt.

Die Blomenburg

Besitzer: Das Land Schleswig-Holstein

Besitzer

1829–1924	Die Grafen Blome
1924	Provinz Schleswig-Holstein
1945	Land Schleswig-Holstein

Bauten

1842–55	Burg durch E. Knoblauch erbaut
nach 1950	Erweiterungsbauten für die Zwecke des Landesjugendheims

Ansicht von A. Hornemann um 1850

18 Neuhaus

Kirchspiel Giekau   Kreis Plön

Das adelige Gut Neuhaus gehörte bis in das 20. Jahrhundert hinein neben Emkendorf und Bothkamp zu den größten Gütern in ganz Holstein, alle drei hatten eine Größe von 5000 bis 6000 ha, Neuhaus wurde mit 5335 ha ausgewiesen und war mehr einer großen und bedeutenden Herrschaft als einem einzelnen Gute zu vergleichen. Außer dem Haupthof Neuhaus, der allein 885 ha umfaßte, gehörten dazu die Meierhöfe Gottesgabe, Warder, Köhn, Mühlen und Moorrehmen und die sieben Dörfer Dransau, Emkendorf, Engelau, Giekau, Gleschendorf, Köhn und Pülsen, sowie viele einzelne Landstellen, ein umfangreiches Waldareal und ein bedeutender Anteil am Selenter See. Zu drei Kirchen war das Gut eingepfarrt, zu Selent, Giekau und Lütjenburg. Als der Graf

Ferdinand Hahn auf Neuhaus im Jahre 1870 seine Silberne Hochzeit mit seiner Gemahlin Nancy, geb. v. Hedemann, feiern konnte, schenkten alle Gutsangehörigen dem silbernen Hochzeitspaare eine riesige Prunkvase aus Berliner Porzellan, die auf der einen Seite mit Ansichten des Schlosses und der Meierhöfe, auf der anderen Seite mit Bildern der Kirche Giekau und der sieben Dörfer geschmückt ist, ein schönes Zeichen patriarchalischer Zusammengehörigkeit.

Sicherlich ist dieser große Herrschaftsbereich nicht aus einem Guß entstanden. Wir kennen außer Neuhaus selber wenigstens drei oder vier weitere mittelalterliche Burganlagen innerhalb des Gutes, darunter den Wallberg und die Waterborg. Auch auf der Koppel Burgkamp befinden sich Reste einer weiteren alten Burg. Die ältesten uns bekannten Ritter gehören dem Geschlecht v. Gikhow an, nach der Überlieferung ein Zweig der Reventlow, mehrere Ritter dieses Namens sind aus dem 13. und 14. Jahrhundert bezeugt. Zwei Herren von Gikhow traten zusammen mit dem Grafen Adolf IV. von Schauenburg am 3. August 1239 in das Maria-Magdalenen-Kloster in Hamburg ein, Siegfried v. Gykowe studierte von 1296 bis 1300 in Bologna. Vielleicht lag ihre Burg auf der heutigen Feldmark Giekauhöfen. Neuhaus selber ist, wie schon der Name sagt, keineswegs die älteste Burg in diesem Bereich, ja wir können sogar ihre Entstehung mit großer Wahrscheinlichkeit genau auf das Jahr 1500 bestimmen.

Wie lange die Ritter von Gikhow hier gesessen haben, wissen wir nicht. Seit der Mitte des 15. Jahrhunderts ist Neuhaus im Besitz der Rantzau. Der Vorgänger des Gutes Neuhaus war der Edelhof Lanken. Dessen genaue Lage können wir nicht mehr feststellen. Als erster bekannter Besitzer von Lanken erscheint Hans Rantzau, Sohn des Ritters Schack Rantzau, † 1445. Dieser Schack Rantzau, die bekannteste Erscheinung des Geschlechts Rantzau im 15. Jahrhundert, war insgesamt viermal verehelicht. Seine Frauen hießen der Reihe nach: Drude, Christine, Margarethe und Anna. Aus welchen Familien seine Ehefrauen kamen, wissen wir nicht. Aus Schacks Ehe mit Anna entsproß Hans Rantzau, der 1459 zu Lanken wohnhaft war. Seine Ehe mit Catharine Breide, Tochter des Ritters Joachim Breide, blieb kinderlos. Hans Rantzau starb am 2. Oktober 1485 und wurde in der Preetzer Klosterkirche begraben. Als Nachfolger auf Lanken erscheint sein Neffe Hans Rantzau, Sohn seines Bruders Heinrich, der 1459 als wohnhaft auf Dahme bezeichnet wird. Hans Rantzau heiratete im Jahre 1492 die 15 Jahre alte Margarethe Brockdorff, Tochter des Sievert Brockdorff auf Windeby und Gaarz. Zu

der Heirat bedurfte er wegen der nahen Verwandtschaft mit der Braut eines besonderen Consenses seitens des Papstes.
In den Jahren zwischen 1499 und 1501 hat er sich ein neues Haus, also Neuhaus erbaut. Der alte Herrensitz Lanken wurde nicht gleich abgerissen, sondern blieb vorläufig noch als Leibgeding seiner Tante Catharina erhalten. Noch im Jahre 1503 wird sie als wohnhaft auf Lanken bezeichnet. Von ihr heißt es, daß sie – wahrscheinlich im Jahre 1495 – das Gut an ihren Neffen Hans Rantzau verkauft habe. Sie behielt sich jedoch „etliche jährlich rent und gult" vor. Es gibt noch einen weiteren Beweis für die Entstehung von Neuhaus gerade in diesen Jahren. Im Jahre 1499 wird ein Mann nach Lanken mit einem Brief an Hans Rantzau geschickt und erhält hierfür 6 Schilling als Wegzehrung. Andererseits wird Hans Rantzau im Jahre 1501 als wohnhaftig auf Neuhaus genannt. Damit stimmt überein, daß bei Andreas Angelus sich die Nachricht findet, daß Hans Rantzau Neuhaus „anfänglich von Grund auffgebawet". Ebenso hören wir von ihm, daß er das Gut Lanken als eigen angenommen und „darauf kostliche heuser gebawet" hat. 1501 wird Hans Rantzau schon „tom Nigenhuß" zugenannt.
In den gleichen Jahren erfuhr Neuhaus eine bedeutende Abrundung und Verstärkung seiner Rechte, einmal durch die Übertragung des Patronats über die Kirche in Giekau, dann aber vor allem durch die Erwerbung der Stadt Lütjenburg. Im Jahre 1497 erhielt Hans Rantzau von Herzog Friedrich das Patronat über die Kirche in Giekau übertragen, und er gewann damit das Recht, den Geistlichen zu präsentieren, mit anderen Worten, er erhielt damit praktisch Verfügung darüber, wer diese Pfründe erhielt. Im gleichen Jahre geschah die Übertragung der Stadt Lütjenburg an ihn, gleichfalls durch den Herzog. Hans Rantzau überließ dem Herzog seinen Streubesitz in Nordschleswig und erhielt dafür im Tauschwege die Stadt Lütjenburg erblich übertragen. Über diesen Tausch gibt es eine in altem Plattdeutsch erhaltene Urkunde, vom 27. August 1497.
In Hochdeutsch:

> „Für alle diese Güter hat mein gnädiger Herr mir zu ewigen Zeiten zu einem Erbkauf und Eigentum die Stadt Lütjenburg mit allen ihren Zubehörungen übergeben und gemäß dem Wortlaut seines Briefes mir gegeben.
> Mein Insiegel darunter. Und ich habe die tapferen Herren Hinrich Blome Dietrichs Sohn, Hinrich Rantzau Elers Sohn, Hinrich

Rantzau Schacks Sohn und Tönnies Rantzau Gottschalks Sohn gebeten, ihre Insiegel an diesen Brief zu hängen, wie sie auch getan haben.
Gegeben und geschrieben am Sonntag nach Bartholomäi (27. August) 1497".

So war jetzt Lütjenburg ein Bestandteil des Gutes Neuhaus geworden und sollte es auch Jahrhunderte hindurch bleiben.
Der Verkauf von Neuhaus durch Catharine Rantzau an ihren Neffen Hans Rantzau fand nicht die Billigung der Familie. Von 1499 bis 1511 schwebte vor dem Reichskammergericht ein Prozeß gegen sie, den ihre Neffen Joachim und Ove, Söhne von Claus Rantzau, führten. Offensichtlich hat sie in dem Prozeß obgesiegt.
In die Zeit von Hans Rantzau fällt die Errichtung der ältesten Bauten auf Neuhaus überhaupt, die wir nach dem vorstehend Ausgeführten auf das

Halle

Jahr 1500 ansetzen können. In der Südwestecke des heutigen Hauptgebäudes steht der außerordentlich schwere, hohe, runde Turm, der sicherlich als der älteste Bauteil angesehen werden darf. Ursprünglich werden viele, wenn nicht alle unserer mittelalterlichen Burgen einen Turm besessen haben, in vielen Fällen vielleicht als einziges Bauwerk. Erhalten ist von allen diesen Türmen fast nichts, was darauf zurückzuführen sein dürfte, daß diese Türme aus Fachwerk errichtet waren und infolgedessen den Jahrhunderten nicht haben standhalten können. Außer auf Neuhaus gibt es noch einen einzigen weiteren, gleichfalls massiv gebauten Turm, den am Schlosse in Gelting in Angeln. Bei dem Turm von Neuhaus handelt es sich um ein Bauwerk, das in dieser Form am letzten Ende einer mittelalterlichen Bauepoche steht. Der Turm diente in späteren Jahrhunderten entweder als Treppenturm oder als reine Schmuckform. Hier in Neuhaus hat er noch zu Wohnzwecken gedient, wie die Kamine im Erdgeschoß und der Kamin im Obergeschoß deutlich beweisen. Er ist aus großen roten Steinen, ohne einen besonderen Sockel. Der Turm trägt jetzt als Dach ein Ziegeldach, mit einem kuppelförmigen Abschluß und einer offenen Laterne. In dem oberen Stockwerk des Turmes, der mittelalterliche Rippengewölbe hat, ist im Jahre 1857 eine katholische Kapelle in neugotischem Stile eingerichtet worden. Das mittlere Stockwerk enthält das sehr umfangreiche Familien- und Gutsarchiv. Hier ist noch der ursprüngliche Fußboden von etwa 1500 erhalten, der wohl älteste unserer Herrenhäuser überhaupt. Gleichzeitig mit dem Turm dürfte der östliche Flügel des Hauptgebäudes entstanden sein, allerdings ohne die Verlängerung zur Hofseite, die erst in der Mitte des 18. Jahrhunderts vorgenommen worden ist. Auch dieser Ostflügel ist in mittelalterlicher Bauweise errichtet, das obere Stockwerk in wendischem Verband. Wann die übrigen Bauteile entstanden sind, ist schwer zu beurteilen, da umfangreiche Veränderungen in den späteren Jahrhunderten vorgenommen worden sind. In dem Hauptflügel, der keinen Keller besitzt und der in der heutigen Form erst um 1600 entstanden sein dürfte, sind Reste eines ursprünglichen Mauerwerks von etwa 1500 erhalten. Das spricht dafür, daß der Turm nicht etwa isoliert dastand, sondern in fester Verbindung mit dem Hauptgebäude, das vielleicht schon damals zwei kurze Flügel besaß. Die Abbildung auf der Rantzauischen Tafel von etwa 1586 läßt uns deutlich erkennen, daß mindestens um diese Zeit das Haus Neuhaus aus einem zweistöckigen Mitteltrakt bestand und zwei kurze Flügel zur Hofseite besaß, die mit Treppengiebeln abgeschlossen waren. Die Abbildung bei Henninges ist ähnlich, läßt aber die Treppengiebel vermissen. Auf beiden alten Abbildungen ist der große Turm nicht erkennbar, das mag jedoch seinen Grund darin haben, daß das Haus in beiden Fällen von der Vorderseite gezeichnet ist und der dahinterstehende Turm durch das Gebäude verdeckt ist.

Hans Rantzau starb im Jahre 1522, nachdem er im gleichen Jahre als Marschall bei der Belehnung des Herzogtums Holstein zugegen war, und wurde in Hadersleben begraben. Neuhaus vererbte sich nicht kurzerhand auf einen seiner Söhne, vielmehr scheint der Besitz zunächst mit den übrigen Gütern Hans Rantzaus in einer Erbengemeinschaft unter den sechs Söhnen verblieben zu sein. Zwei der Söhne, Hinrich und Breide, waren anderweitig abgefunden. Über die übrigen Besitzungen schlossen die Brüder im Jahre 1541 einen Rezeß, Jasper erhielt Schmoel, Otto Rantzau. Neuhaus erhielten die Brüder Balthasar und Sievert gemeinsam. Bemerkenswerterweise kommt das Wort Neuhaus in dem Rezeß überhaupt nicht vor, es werden nur sämtliche Dörfer und die Stadt Lütjenburg eigens erwähnt.

Noch auf der Rantzauischen Tafel wird Neuhaus als Burg von Otto und Hinrich Rantzau gemeinsam genannt, erst in der nächsten Generation scheint sich eine endgültige Teilung unter den Nachkommen ergeben zu haben. So gelangt Neuhaus in dieser Generation an Hans Rantzau, † 1604, dann wieder auf dessen Sohn Hinrich, † 1620, dann wiederum auf einen Hans Rantzau, † 1655. Dieser gab das Recht auf die Stadt Lütjenburg auf, er übertrug im Jahre 1639 auf den Grafen Christian v. Pentz die Rechte auf Lütjenburg gegen Abtretung von Gütern im Lande Oldenburg, Löhrstorff, Claustorf und Großenbrode. In der folgenden Generation erhielt erst der ältere Sohn Hinrich Rantzau die Güter, starb aber in jungen Jahren in St. Jean in Savoyen. Die Güter gingen zunächst auf den nächsten Bruder Jasper über, der gleichfalls schon mit 20 Jahren in Paris starb, endlich auf den dritten Bruder Cai, † 1704. Dieser letztere brachte es zu hohem Ansehen im öffentlichen Leben, war Landrat, Großkreuz vom Dannebrog und Geheimer Rath. Er wurde zunächst von seinem gleichnamigen Sohne Cai beerbt, der aber wegen Verschwendung die Besitzungen verlor. So kam es, daß Neuhaus aus dem Besitz der Familie Rantzau herausging, an die Schwester Dorothea, † 1738, sie war vermählt mit dem Amtmann auf Gottorf und Conferenz- und Landrat Detlev Brockdorff auf Groß-Nordsee und Saxtorf, † 1748.

Aber auch bei den Brockdorff blieb Neuhaus nur für zwei Generationen, Detlev Brockdorff hatte zwar acht Kinder, aber seine beiden Söhne

starben jung, daher ging Neuhaus über auf die älteste Tochter Christine Magdalene, † 1792. Sie heiratete am 13. März 1732 Friedrich v. Hahn auf dem in Mecklenburg belegenen Gute Basedow, † 1772. So gelangte Neuhaus an das Geschlecht v. Hahn, bei dem der Besitz seitdem verblieben ist.
Die Brockdorffsche Zeit hat keine tieferen Spuren in Neuhaus hinterlassen. Einzig das große Allianz-Wappen mit dem Wappen Hahn und Brockdorff befindet sich am Giebel der Gartenseite. Es ist aber erst um 1800 nach Neuhaus gelangt, nach dem Tode des Ehepaares. Für Friedrich Hahns Frau war das adelige Gut Lehmkuhlen als Witwensitz angekauft worden. Hier hatte auch der Sohn Friedrich Hahn das Herrenhaus für seine Mutter errichtet. Als Lehmkuhlen nach dem Tode der Frau v. Hahn wieder veräußert wurde, kam dieses Wappen nach Neuhaus und wurde in dem erst um 1800 erbauten Giebel der Gartenseite eingefügt.
Beide Übergänge, sowohl von den Rantzau auf die Brockdorff wie von den Brockdorff auf die Hahn, spiegeln sich in den wohlerhaltenen Kaufbriefen über Neuhaus wieder. Gleichwohl handelt es sich in beiden Fällen nicht um einen Verkauf im eigentlichen Sinne, sondern vielmehr um die Auseinandersetzung mit den übrigen Erben. In Wahrheit ist Neuhaus insgesamt seit 500 Jahren nicht einmal verkauft worden.
Die beiden ersten Generationen der Hahn, Friedrich I v. Hahn, † 1772, und sein gleichnamiger Sohn Friedrich II, † 1806, seit 1802 Reichsgraf v. Hahn, sind die eigentlichen Schöpfer von Herrenhaus und Hof Neuhaus, wie er heute vor uns steht. Der Vater hat das altertümliche Schloß zu dem stattlichen Palais umgebaut und den wahrhaft imposanten Wirtschaftshof, den größten seiner Art in ganz Holstein, angelegt, dem Sohne verdanken wir die glanzvolle Ausstattung des Inneren.
Durch den Vater und seinen Bruder Ludwig Achatz v. Hahn wurden die Hahn bei uns im Lande heimisch, die Mutter war Catharine Margarethe Rantzau, eine Tochter von Cai Rantzau auf Neuhaus; Friedrichs Frau war Christine Margarethe Brockdorff, die Frau seines Bruders Georgine v. Ahlefeldt a. d. H. Lindau. So waren die Verwandtschaften zum einheimischen Adel von vornherein sehr zahlreich.
Daher erlangten beide Brüder bei der sog. Großen Reception im Jahre 1756 die so heißbegehrte Aufnahme in die schleswig-holsteinische Ritterschaft.
Wie der Wirtschaftshof in früherer Zeit ausgesehen hat, ist unbekannt. Friedrich I v. Hahn erbaute in den Jahren nach 1747 den heutigen Hof, der allerdings inzwischen durch Brände und andere Ereignisse wesent-

liche Veränderungen erfahren hat. Geblieben ist die überaus großzügig angelegte Gesamtkonzeption des Hofes. Dieser besteht aus drei deutlich voneinander geschiedenen Teilen, im Süden dem Schloß mit dem Ehrenhof, davor der innere Hof, der aus zwei Kavalierflügeln mit Maueranker besteht, F.H. – C.M.H. (=Friedrich Hahn, Christine Margarethe Hahn), nördlich davon zwei niedrige Stallgebäude, sicherlich zur gleichen Zeit entstanden, wenn auch mit Umbauten von 1897. Der eigentliche Bauhof als drittes Element schließt sich nach Nordosten an, der natürlichen Gegebenheit des Geländes entsprechend nicht als Fortsetzung in gerader Achse, sondern mit einer Drehung um 45°. Ursprünglich gab es hier vier große symmetrische Wirtschaftsgebäude. Das nach Südwesten hin belegene ist in diesen Jahren abgebrochen worden, das nach Nordosten zu ist nach dem Brand neu aufgeführt, das nach Nordwesten zu ist 1942 teilweise erneuert worden, das nach Südosten hin ist als das einzige voll erhalten geblieben aus der Mitte des 18. Jahrhunderts, vielleicht von Johann Gottfried Rosenberg erbaut, sehr ähnlich dem großen Wirtschaftsgebäude auf dem nahebei gelegenen adeligen Gute Klamp mit den gleichen Pilastergiebeln. Das Torhaus ist 1856 im neugotischen Stil errichtet worden.
Alle diese stattlichen Gebäude gerieten in die größte Gefahr bei dem großen Brande im Jahre 1943. Er wurde durch Brandstiftung einer damals siebzehnjährigen Hausgehilfin hervorgerufen. Nachdem einige Tage vorher im Holzstall Feuer gelegt worden war, durch das dieser restlos vernichtet wurde, und nachdem im Gutsbüro in einem Aktenschrank nochmals Brandstiftung begangen worden war, entstand am 10. Februar 1943 auf dem Gutshof ein vernichtendes Feuer. Wie die Kriminalpolizei ermitteln konnte, waren sämtliche Brände vorsätzlich durch die Hausgehilfin angelegt worden. Gegen 20 Uhr abends legte sie auf der Tenne des großen Kuhstalles ein Feuer an. Da wegen des Krieges die Verdunkelungsvorschriften befolgt werden mußten, waren auch die Fenster des Kuhstalles lichtsicher abgeschirmt. Infolgedessen konnte das Feuer erst bemerkt werden, als die Flammen aus dem Dache des Stalles schlugen. Durch Ostwind griff das Feuer alsdann sofort auf die umliegenden weichgedeckten Gebäude über. Trotz aller Mühen wurden sieben Gebäude eingeäschert, darunter der große Kuhstall mit 102 Stück Rindvieh, die Weizenscheune mit 250 Fuhren Weizen, das Schafhaus, ein Wagenschuppen, das Bootshaus, das Maschinenhaus und ein kleiner Schuppen. Auch das Dachgeschoß des Torhauses wurde durch Flugfeuer in Mitleidenschaft gezogen.

Das Schloß selber wurde durch Friedrich I v. Hahn zu seiner heutigen Gestalt umgebaut. Das Haus hat keine Keller, wahrscheinlich waren im Mitteltrakt bis dahin Vorratsräume, Küche und Remisen untergebracht. Jetzt wurde der gesamte Bau einem einheitlichen Umbau unterzogen, die beiden Flügel auf die gleiche Länge gebracht und der Mittelbau zu Wohnräumen umgestaltet. Unter dem Sohne Friedrich II entstand um 1800 die klassizistische Eingangshalle. Das Hauptgebäude ist in den großen Giebelfeldern über einem niedrigen Mittelgeschoß geschmückt mit Sandsteinkartuschen, zur Hofseite mit den Wappen v. Hahn und v. Both, zur Parkseite v. Hahn und v. Brockdorff. Das Portal ist ein einfaches Sandsteinportal mit Abdeckungsplatten, die auf Konsolen ruhen, großen Türflügeln im Louis-Seize-Stil, wohl gleichzeitig mit

Turm von 1500

dem Ausbau der Eingangshalle und dem großen Saal im Obergeschoß entstanden. Hinter dem Schloß breitet sich ein großzügig angelegter Park aus, mit langen Eichenalleen, die bis zum Selenter See hinunterführen und sicherlich schon zur gleichen Zeit, also um die Mitte des 18. Jahrhunderts angelegt worden sind.
Friedrich I v. Hahn hatte eine Tochter, Catharine Margarethe, die mit Wulf Blome auf Salzau am anderen Ende des Selenter Sees verheiratet war. So ergab sich über den See hinweg ein fröhliches Verwandtenleben. Außerdem gab es drei Söhne, aber mit ihnen viele Sorgen. Der älteste Ludwig Cai v. Hahn, der als der Gutserbe ausersehen war, war nach dem Urteil der Zeitgenossen ein hoffnungsvoller junger Mann von großer Bildung und starken Leibeskräften. Im Jahre 1759 ging er nach Schleswig, um dort seine Ausbildung zu vollenden. Hier wurde er von einem eben erst dort angekommenen Raufbold in einen Streit verwikkelt, zum Duell gefordert und in Gegenwart von etwa 50 Studenten erstochen. Nach der Tat wurde sein Diener Petersen in den Saal gerufen und ihm die Leiche seines Herrn überlassen. Dem Vater wurde dieser Trauerfall einige Monate verschwiegen, bis er ihn zu seiner größten Betrübnis zufällig erfuhr.
Der nächste Bruder Detlev v. Hahn war von Jugend an schwachsinnig, jähzornig und verschwenderisch. Der Vater hatte gehofft, ihn durch Verheiratung mit einer verständigen Frau zur Vernunft zu bringen und hatte die Ehe mit Margarethe Hedwig v. Ahlefeldt a. d. H. Saxtorf zu Wege gebracht. Aber schon nach 18 Wochen verließ sie ihren Mann, ließ sich alsbald scheiden und heiratete kurz darauf den Landrath Friedrich v. Rumohr auf Seegalendorf. Detlev v. Hahn geriet in die Hände von zwei gewissenlosen Betrügern, David Ludwig v. Mewius, früher auf Schrevenborn, und Dietrich Wittmaack, früher auf Testorf, die ihn wie einen Gefangenen von Ort zu Ort schleppten, erst nach Oldesloe, dann nach Güstrow, schließlich nach Prenzlau, und überall mit gefälschten Schuldscheinen erpreßten. Detlev v. Hahn wurde unter Vormundschaft gestellt und starb erst 1809.
Nun stand die ganze Hoffnung des Hauses Neuhaus auf dem jüngsten Sohne Friedrich II. Er war zart von Körperbau, dazu noch verwachsen. Aber in dieser schwachen Hülle lebte ein großer Geist. Er war reich begabt, tief gebildet, großherzig, im Besitze einer bedeutenden Gelehrsamkeit und eines scharfen Geistes. In seiner Lebensführung war er von äußerster Schlichtheit. So hat er sich beharrlich geweigert, ein Amt im Staatsdienst anzunehmen, ja hat es sogar vermieden, auch nur nach

Kopenhagen hinzureisen, um nicht Gefahr zu laufen, mit öffentlichen Ämtern bedacht zu werden. Er hat es ebenso entschieden abgelehnt, die Grafenwürde anzunehmen, was bei seiner angesehenen Stellung im öffentlichen Leben und bei dem sehr großen Besitz in Holstein und Mecklenburg nur natürlich gewesen wäre. Erst als einer seiner Pächter namens Hahn seine Abkunft von dem baltischen Geschlecht v. Hahn behauptete und sich daraufhin v. Hahn nannte, gab er dem Drängen seiner Freunde nach und ließ sich im Jahre 1802 durch den Kaiser in Wien in den Grafenstand erheben.

Sein Interesse für Naturwissenschaften, vor allem für Astronomie und Mathematik, wurde bereits während seines Studiums in Kiel maßgeblich gefördert. Von Neuhaus aus entwickelte er eine Reihe von bemerkenswerten Freundschaften. 1770 lernte er Johann Gottfried v. Herder kennen, aus der engen Verbundenheit beider entwickelte sich über viele Jahre hinweg ein Briefwechsel über philosophische Fragen und wissenschaftliche Arbeiten. Aus Verehrung für Friedrich Hahn widmete Herder diesem später seine Ode „Orion", die in diesem Gedicht erwähnten Namen von Sternbildern beziehen sich auf Friedrich Hahns astronomische Beobachtungen. Er scheint auch dem Hainbund nahegestanden zu haben, war auch mit Christian Boje, dem Gründer des Hainbundes und Herausgeber des Musenalmanachs, sowie mit den beiden Brüdern, den Dichtern Friedrich Leopold und Christian Grafen zu Stolberg befreundet. Zu seinem engeren Bekanntenkreise gehörten außerdem der Philosoph Moses Mendelssohn, der hannoversche Leibarzt Dr. Zimmermann, der dänische Minister Johann Hartwig Graf Bernstorff und der preußische Außenminister E. F. v. Hertzberg.

Nach dem Tode seines Vetters, des Erblandmarschalls Claus Ludwig v. Hahn auf Remplin erbte Friedrich II v. Hahn dessen umfangreichen Besitz in Mecklenburg nebst der Würde des Erblandmarschalls. Dadurch veranlaßt, verlegte er seinen Wohnsitz um 1780 nach Remplin. Kurz zuvor hat er sich aber in Neuhaus ein bleibendes Andenken geschaffen durch die Ausschmückung des Festsaales im Obergeschoß durch den Berliner Akademiedirektor Christian Bernhard Rode. Diese Wandgemälde, ursprünglich 15 an der Zahl, sind bisher in der Literatur etwas geringschätzig beurteilt worden, die Themenfolge sei von einem matten Eklektizismus geprägt, Rode sei ein trockener Klassizist.

Der Kunsthistoriker an der Universität Kiel, Prof. Dr. Wolfgang J. Müller, hat diese Wandgemälde einer eingehenden Würdigung unterzogen. Er kommt zu einem wesentlich anderen Urteil. Interessant ist nach

Hofanlage um 1970

seiner Auffassung die in der Anbringung der Bilder mit sehr verschiedenartigen Themen aus Mythologie und Geschichte spürbare Gesinnung des ausgehenden 18. Jahrhunderts. Kunst ganz allgemein, insbesondere die Malkunst, tritt hier nicht mehr auf als heitere Auszierung von Räumen, sozusagen als farbige Erhöhung des Lebensgefühles, in Neuhaus dienen die Bilder Rodes der stimmungsvoll-beispielhaften Vertiefung des Lebensgefühles im Sinne einer philosophischen Selbstbesinnung, die der romantischen Bewegung unmittelbar vorausgeht. Die Bilder werden als zartfarbige Darstellungen edler Gefühle und Tugenden – Liebe, Treue, Opfermut, christliche Gesinnung, Bescheidenheit und Mäßigung – in beispielhaften Gestalten aus den verschiedenen Epochen der Menschheit vorgestellt. Die Darstellung des trunkenen Silens ist später aus diesem Bilderkreis entfernt worden, weil dieses Bild einem prüderen Zeitalter nicht angemessen zu sein schien. An seiner Stelle ist dort ein Spiegel angebracht. Weil im übrigen aber jedes Bild ein für sich wirkendes Beispiel für die Bedeutsamkeit einer bestimmten, gefühlvoll zu betrachtenden Tugend ist, gibt es auch keinen übergeord-

neten künstlerischen Zusammenhang zwischen den Bildern, jedes will für sich allein genossen werden. Daher ist es auch wohl nicht wichtig, ob die Gemälde heute noch an der ursprünglichen Stelle hängen, sie sind untereinander austauschbare Individualitäten, selbständige Verkörperungen des Bedeutsamen, dem sich die Betrachter empfindungsvoll hingeben wollten und sollten. Einzelne Bilder sind an den Rändern leicht beschnitten, sie mögen daher in einer späteren Zeit neu gerahmt und dabei verkürzt worden, auch ihre Plätze untereinander vertauscht worden sein. Für die noch immer erkennbare Grundeinstellung der 1780er Jahre zur Malkunst spielt das keine Rolle.
Im einzelnen stellen die Bilder folgende Motive dar. An der Südwand befindet sich der Spiegel, dort hing ehemals das Bild des trunkenen Silen. Nach Westen zu folgen die Bilder Androklos mit dem Löwen und ein Jüngling mit einem Beil an einem Baum. Dann Aktäon, von Diana beweint, daneben Odysseus, der von seinem Hunde erkannt wird, und Amyntos mit Blumenkrone, der Chloe überrascht. In der Ecke hängt das Bild von Berthold Schwarz, der das Pulver erfindet, an der Nordwand folgen in den beiden Ecken zwei schmale Jagdstilleben, in der Mitte das Bild eines Engländers, der von einem Neger gerettet wird, und von einem Inkakönig, der sich den Namen Christi aufschreiben läßt. An der Ostwand endlich hängt das Bild von Tamerlan, daneben von Diogenes, der seine Trinkschale fortwirft, und von Aristides, der den Namen des Bauern aufschreibt. In der Südostecke folgen die Bilder von einer Frau mit dem Spinnrocken und von Venus, die Adonis beweint. Die Bilder sind mit den Jahreszahlen von 1782–1786 signiert.
Der anstoßende Salon ist mit einer chinesischen Seidentapete ausgestattet, bemalt mit Vögeln in kräftigen Farben auf goldenem Grund. Die Vögel sitzen in Blumenranken mit großen lila Blumen, die Tapete ist ausgezeichnet erhalten.
Nach dem Tode von Friedrich II Graf v. Hahn trat sein Sohn Carl Graf v. Hahn die Nachfolge an. Er ist in die Literatur eingegangen als der Theatergraf, nachdem schon seit seinen Jugendjahren eine unstillbare Leidenschaft zum Theater in ihm wachgeworden war. Als er Neuhaus geerbt hatte, legte er hier alsbald ein Naturtheater, eine Freilichtbühne an. Durch Begründung von Bühnen und Aufstellung ganzer Schauspielertruppen geriet er trotz seines riesigen Vermögens sehr bald in finanzielle Schwierigkeiten. Im Jahre 1808 wurde ihm die freie Verfügung über sein Vermögen entzogen und ihm nur eine Rente belassen. 1813 wurde sogar Konkurs über sein Vermögen eröffnet, von

dem nur das Gut Neuhaus selber ausgeschlossen blieb, weil es seit 1805 Fideikommiß war. Rastlos zog er von Stadt zu Stadt, versuchte sich als Theaterdirektor in Stralsund, Schwerin, Lübeck, Altona, Magdeburg und Altenburg. Zum Schluß seines Lebens lebte er verarmt in Hamburg und starb 1857 in Altona. Seine Frau Sophie Louise, geb. v. Behr, hatte sich längst von ihm getrennt und wohnte in Greifswald. In Neuhaus wurde zur Deckung seiner Schulden das gesamte Inventar versteigert, daher findet sich in diesem alten Hause so gut wie nichts an älterem Mobiliar oder an Porträts.
Der Sohn Ferdinand Götz Graf v. Hahn, kgl. dänischer Hofjägermeister, zog mit seiner Frau Nancy, geb. v. Hedemann, auf Grund dieser mißlichen Verhältnisse erst viele Jahre später nach Neuhaus. Bis dahin wohnte das Ehepaar in Salzburg oder in Rom und fand schon hier den Weg zum Katholizismus. Nachdem die Schwester Ida, als Schriftstellerin unter dem Namen Ida Hahn – Hahn bekannt geworden, im Jahre 1850 konvertiert war, gelang es ihr, zunächst 1852 die Schwägerin Nancy, im Jahre 1858 auch den Bruder zur katholischen Kirche hinüberzuziehen. Im Zusammenhang damit steht die Einrichtung der Kapelle im Obergeschoß des Turmes. Papst Pius IX. gab am 5. Juni 1862 seine Zustimmung, bald darauf kam der zuständige Diözesanbischof, Bischof Paulus von Osnabrück, zur Weihe der Kapelle nach Neuhaus.
Von den drei Söhnen aus dieser Ehe starb der älteste, Eustats Graf v. Hahn, mit 24 Jahren an einem Lungenleiden in Ägypten, der jüngste – Gustav – wurde Geheimkämmerer di spada e cappa des Papstes Pius IX. Die Nachfolge in Neuhaus fiel dem zweiten Sohn Joseph, † 1933, zu, der mit Josa Gräfin Coudenhove vermählt war. Er hatte bei der österreichischen Marine gedient, trat aber später zu Prinz Heinrich v. Preußen in engere Beziehung, nachdem dieser das Schloß in Kiel bezogen hatte. Joseph Graf v. Hahn wurde Schloßhauptmann des Kieler Schlosses und kgl. preußischer Kammerherr, sowie Inhaber des roten Adlerordens I. Klasse. Er lebte überwiegend in Kiel, wo er auch 1933 verstorben ist.
Erbe von Neuhaus war sein ältester Sohn Ferdinand, † 1955, im Grunde der erste seit vielen Generationen, der sein Leben auf Neuhaus verbrachte und dem auch die Entwicklung des Gutes zum modernen landwirtschaftlichen Großbetrieb zu verdanken ist. Während der Besitzzeit des Vaters in den Jahren nach dem Ersten Weltkriege wurden die sieben Dörfer vom Gute getrennt und die Bauern freie Eigentümer. Der Hof Gottesgabe war 1930 abgegeben worden, den Hof Köhn erhielt

der Bruder Kuno Graf v. Hahn. Nach dessen Tode wurde dieser Hof, wenn auch verkleinert, zurückgekauft.
Ferdinand Hahn mußte in der Bodenreform nach dem Zweiten Weltkriege alle übrigen Meierhöfe des Gutes zu Siedlungszwecken abgeben. Heute besteht Neuhaus aus dem Haupthof mit 650 ha, dem Meierhofe Köhn mit 120 ha, Waldungen in Größe von 565 ha und einem Anteil am Selenter See in Größe von 450 ha.
Ferdinand Hahn gehörte zu den Männern der ersten Stunde nach dem Zusammenbruch 1945; er trat in den schleswig-holsteinischen Landtag ein und fungierte als dessen Alterspräsident, bis ihn die britische Besatzungsmacht zum Ausscheiden aus dem Amte nötigte, weil ihr ein Großgrundbesitzer unerträglich schien. Fast gleichzeitig jedoch wurde ihm das Amt des schleswig-holsteinischen Kultusministers angetragen, das er aus Bescheidenheit nicht annahm.
Der Sohn Eckart Graf v. Hahn, † 1979, hatte sich vor allem für die Belange der Jagd und der Reiterei eingesetzt. Neuhaus stellt eines der besten Damwildreviere in ganz Europa dar. Als das Gut noch in seiner vollen Größe bestand, rechnete man mit einem Damwildbesatz von etwa 1000 Stück, der jährliche Abschuß bezifferte sich auf 300 Stück. Heute stehen in Neuhaus immer noch etwa 240 Stück bei einem Abschuß von 80 Stück im Jahre. Ferdinand Graf v. Hahn schoß im Jahre 1913 den weltbesten Schaufler, der 45 Jahre hindurch eindeutig an der Spitze aller Damhirsche in der Welt stand. In den letzten Jahren sind einige weitere

Ansicht von A. Hornemann um 1850

Schaufler in Nachbarrevieren geschossen worden, die auf Grund veränderter Bewertung diesen Hirsch zu übertreffen scheinen.
Diese besondere Gegebenheit von Neuhaus hat es ergeben, daß Eckart Graf v. Hahn sich der Hege des Damwildes besonders gewidmet hat und auf nationalen und internationalen Trophäenschauen als Richter tätig war. Außerdem galt seine Passion der Reiterei, und er war als Richter für alle Disziplinen auf Reitturnieren, für Dressur auch auf internationalen Prüfungen eingesetzt.
Nach seinem Tode ging der Haupthof Neuhaus über auf den ältesten Sohn Ferdinand Graf von Hahn, geb. 1939, der Nebenhof Köhn auf den jüngsten Bruder, Michael, geb. 1946.

Adeliges Gut Neuhaus

Besitzer: Ferdinand Graf v. Hahn

Besitzer

13./14. Jahrh.	Ritter v. Gikhow
ca. 1430–1715	(v.) Rantzau
1715–1739	(v.) Brockdorff
seit 1739	v. Hahn
seit 1802	Grafen v. Hahn

Gut und Bauten

Mittelalter	Edelhof Lanken
1500	Bau des Turmes
16. Jahrh.	Bau des dreiflügeligen Herrenhauses
nach 1737	Umbau des Herrenhauses
nach 1747	Bau des Wirtschaftshofes
um 1780	Einbau des Festsaales mit den Gemälden von Christian Bernhard Rode
um 1800	Umbauten im Herrenhause
1856	Neubau des Torhauses
1943	Brand des Hofes
1988	Neubau Maschinenhalle

19 Panker

Kirchspiel Lütjenburg   Kreis Plön

Der Name Panker ist wendischen Ursprungs und mag etwa pan-kuren gelautet haben. Wenn der zweite Bestandteil des Wortes die gleiche Bedeutung haben sollte wie bei Kühren, so wird er als Rauch oder Rauchhütte erklärt. Henning Oldekop gibt in seiner Topographie von Holstein von 1906 eine andere Übersetzung: Burgstall. Sicher dürfte nur sein, daß die erste Silbe Pan das in allen slawischen Sprachen übliche Wort für Herr ist. Man kann daher annehmen, daß Panker schon in wendischer Zeit ein Herrensitz gewesen ist, vielleicht Sitz eines Häuptlings. Die Lage inmitten einer tiefen Niederung bot sicher in alter Zeit Schutz gegen Feinde.

Die ersten Besitzer von Panker, von denen wir wissen, gehören zum Geschlecht Rantzau, sie haben hier drei volle Jahrhunderte gesessen. Ihre Linie stammt ab von dem Ritter Volmer (=Woldemar) Rantzau, häufig auch Breide Rantzau genannt, der in den Jahren zwischen 1360 und 1398 vorkommt. Ihm folgt sein Sohn Schack, † nach 1445, einer der hervortretendsten Männer des Geschlechts im Mittelalter. Schack war Feldherr und hat sich durch die Eroberung von Fehmarn berühmt gemacht. Er residierte auf dem Schloß in Kiel, besaß jedoch einen umfangreichen Besitz von Gütern in ganz Ostholstein, darunter auch Panker. Durch seine Vermählung mit Margarethe von Siggen, einer der letzten ihres Geschlechts, fiel ihm auch noch das adelige Gut Siggen im Lande Oldenburg zu. Im Jahre 1443 trat er als Verbitter des Klosters in Preetz auf.

Seine Nachkommen behielten Panker bis etwa 1600. Cai Rantzau starb ohne Kinder im Jahre 1557. Daher wurden seine Neffen Otto und Melchior Rantzau noch im gleichen Jahre mit Panker belehnt, später Otto allein. Aber da auch er keine Kinder hinterließ, entstand nach seinem Tode 1581 ein heftiger Zwist unter den nächsten Verwandten. Aus dem Streit ging siegreich hervor ein Vetter dritten Grades, Heinrich Rantzau a. d. H. Putlos, kgl. Rat und Amtmann von Rendsburg, † 1615. Als 1590 das adelige Gut Klamp gerichtlich verkauft wurde, kaufte Heinrich Rantzau dieses Gut noch hinzu. Es war seitdem mit Panker vereinigt geblieben, mit einer einzigen Ausnahme von wenigen Jahren: Heinrich Rantzau hatte Klamp seinem Bruder Paul Rantzau als Erbabfindung überlassen. Als dieser jedoch ohne Kinder verstarb, fiel Klamp an Heinrichs Sohn Detlev zurück und hat bis zur Bodenreform nach 1945 seitdem die gleichen Eigentümer gehabt wie Panker.

Dessen Sohn Detlev Rantzau, † 1639, erwarb durch seine Heirat mit Dorothea v. Ahlefeldt die reichen Marschgüter Drage, Collmar und Heiligenstedten hinzu. Er war im Jahre 1610 Hofmarschall am Hofe König Christians IV. von Dänemark, nahm am sogenannten Kalmar-Kriege teil und führte hierbei die Hof-Fahne. Außerdem bekleidete er die Ämter eines Landdrosten und Domprobsten in Hamburg, war Mitglied des Kriegsrates in Glückstadt, wurde 1611 mit Bakke Kloster in Dänemark belehnt, erhielt den hohen Orden vom Gewaffneten Arm und war Amtmann von Steinburg und Süderdithmarschen. Seine Tochter Christine erbte die Güter in Ostholstein, verkaufte sie aber, um sie in der Familie Rantzau zu halten, an ihren Vetter aus der gleichen Linie Putlos, Hans Rantzau, † 1673. Dieser war ein Kriegsmann des Dreißigjährigen Krieges, diente als Hauptmann unter Piccolomini, kämpfte in den spanischen Niederlanden und brachte es später im dänischen Dienst bis zum Generalmajor.

Panker und Klamp gingen zunächst über auf den Sohn Christoph Rantzau, † 1695, dann auf dessen jüngsten Bruder Detlev, † 1705. Diesem folgte der Sohn Hans Rantzau, † 1740, der letzte Rantzau auf Panker. Noch kurz vor seinem Tode verkaufte er die Güter an den Landgrafen Friedrich von Hessen-Cassel, † 1751. Dieser hatte im Jahre 1720 unter dem Namen König Friedrich I. den schwedischen Thron bestiegen.

Friedrich I. war verheiratet mit der Königin Ulrike Eleonore von Schweden, einer Schwester König Karls XII., hatte aber aus der Ehe keine Kinder. Er wandte sein Herz einem schönen jungen Hoffräulein seiner Gemahlin zu, der Gräfin Hedwig Ulrika Taube – la belle colombe genannt, war ihr morganatisch angetraut und hatte mit ihr vier Kinder, zwei Töchter und zwei Söhne. Gräfin Taube sah voraus, daß in absehbarer Zeit ein Thronwechsel auf dem schwedischen Königsthron eintreten mußte, nachdem die legitime Ehe des Königs kinderlos geblieben war. Mithin war ihre eigene Zukunft unsicher, sie mußte daher daran denken, sich selber und ihre Kinder sicherzustellen und sah sich infolgedessen nach einem größeren Landbesitz um. Da ergab sich in Holstein die gute Gelegenheit, daß gleich vier aneinandergrenzende große adelige Güter fast gleichzeitig auf den Markt kamen. 1739 wurden Panker und Klamp von Hans Rantzau für 88 000 Rthlr. erworben, 1741 folgten Schmoel und Hohenfelde aus dem Reventlowschen Konkurs für 138 000 Rthlr.

Die Kaufverhandlungen wurden mit größter Diskretion geführt. Zunächst trat die Gräfin Taube überhaupt nicht in Erscheinung, vielmehr gingen alle Verhandlungen über den Kammerherrn und schleswig-holsteinischen Amtmann Baron Otto Stael von Holstein, der als Interessent im eigenen Namen auftrat. Noch die Vorverträge über die Güter, die sogenannten Appunctuationen und die Proclama, die von den Kanzeln verlesenen Aufrufe an die Gläubiger, sich beizeiten zu melden, liefen auf seinen Namen. Erst im April 1740 wurde das Geheimnis gelüftet, der Baron gab am 22. 4. 1740 eine schriftliche Erklärung ab, Gräfin Taube bestätigte sie am 25. April mit folgenden Worten:

„Ich Endes Untergeschriebene Hedwig Ulrica Taube ... Uhrkunde und bekenne hiermit für mich und meine Erben, demnach der Hochwohlgeborene Herr Hans Rantzau, die in dem Herzogthum Holstein unter Gemeinschaftlicher Regierung belegene Adeliche Güter Pancker und Clampe zusambt dem Meyerhofe Vogelsdorff cum pertinentiis besage einer sub dato Preetz den 18ten Novembris 1739 mit dem Hochfürstlich Schleswig-Holsteinischen Amtmann und Kammerherrn Otto Friedrich Stael von Holstein errichteten und vollzogenen Appunctuation an letzteren für 88000 Rthl. Species verkaufet, ermeldter Herr Amtmann und Cammerherr Baron Stael von Holstein aber solchen Kauf zwar in seinem Namen und für sich nach der Ihm von mir beygelegten in beglaubigter Abschrift dem Herrn Verkäuffer hiebey communicirten Vollmacht geschlossen, gleichwol Ich die wahre eigenthümliche Käufferin dieser Güter bin, und der Herr Amtmann und Cammerherr Baron Stael von Holstein in der That für mich und meine Erben solchergestalt contrahieret hat".

Die Gräfin Taube scheint die neue Besitzung kaum betreten zu haben, sie starb schon wenige Jahre später, im Jahre 1744. Auch die beiden Töchter sind jung gestorben. Die beiden Söhne, Friedrich Wilhelm, † 1808, und Carl Eduard, † 1769, waren bei dem Tode der Mutter noch Kinder, wurden aber alsbald nach Panker gebracht, um die neue Heimat kennenzulernen und sich an sie zu gewöhnen. Sie hatten zunächst einen schwedischen Oberhofmeister, den Oberstleutnant Achatz von Hammerschiold, der ihre Erziehung leitete. Es wurde eine Vormundschaft

Speisesaal

eingesetzt, die unter der Obervormundschaft des schwedischen Thronfolgers stand und aus drei angesehenen Persönlichkeiten bestand, zwei Schweden und als drittem für die holsteinischen Belange dem holstein-gottorpischen Conferenzrath und Domherrn in Lübeck Schack v. Buchwald auf Johannstorf in Mecklenburg. Die beiden Söhne waren schon 1741 vom Kaiser in den Grafenstand unter dem Namen eines Grafen von Hessenstein erhoben worden, auch Schweden gab ihnen die Würde eines Grafen. Als sie erwachsen waren, wurden die Güter geteilt, seltsamerweise nicht so, daß man die einander zugehörigen Güter jeweils in eine Hand gab. Der ältere Friedrich Wilhelm erhielt Schmoel und Klamp, also die am weitesten voneinander entfernten, der jüngere Carl Eduard den mittleren Komplex mit Panker und Hohenfelde. Aber der jüngere Bruder starb unbeerbt schon mit 32 Jahren im Jahre 1769. Nun fielen dem älteren alle vier Güter zu, und jetzt konnte aus ihnen ein zusammenhängender Besitz gebildet werden, der den Namen der Herrschaft Hessenstein erhielt und bis zur Gegenwart hin bewahrt hat. Es war in der Tat ein stattlicher Besitz, außer den Haupthöfen der vier adeligen Güter gehörten dazu die Meierhöfe Vogelsdorf, Todendorf und Friedrichshof, 9 Dörfer und bedeutende Waldungen, insgesamt 5613 ha. Friedrich Wilhelm von Hessenstein war im Jahre 1772 vom Kaiser in den Reichsfürstenstand erhoben worden. Mangels eines eigenen souveränen Territoriums gehörte er damit zu den sogenannten Personalisten, das waren Reichsunmittelbare Reichsstände ohne souveränen Besitz im Gegensatz zu den Realisten, die über ein eigenes wenn auch noch so bescheidenes Fürstentum verfügten. Vergeblich bemühte er sich um die Erhebung seiner Herrschaft zu einem reichsunmittelbaren Ländchen, dafür war der Besitz doch wiederum zu klein, auch die Zeit nicht günstig für die Bildung neuer reichsunmittelbarer Fürstentümer.

Seine Beziehungen zu Schweden blieben Jahrzehnte hindurch äußerst enge, er erhielt Titel und Rang eines schwedischen Generalfeldmarschalls, war schwedischer Reichsrat und Generalgouverneur von Schwedisch-Vorpommern, auch Kanzler der Universität Greifswald. Im Jahre 1791 legte er alle seine Ämter nieder und ging nach Panker, wo er bis zu seinem Tode im Jahre 1808 blieb. Bereits im Jahre 1756 war er in die schleswig-holsteinische Ritterschaft recipiert worden. In Panker erfreute er sich größter Achtung und Ehrfurcht, eine Persönlichkeit voller Güte und Humor und Verständnis für die Belange der ihm Untergebenen. Die bei dem Beitrag über Schmoel geschilderten Prozesse der Bauern gegen ihn trafen ihn tief, die Kluft zwischen Gutsherrn und

Torhaus

Leibeigenen, gar zwischen Fürst und Unterthan war viel zu groß, als daß es in damaliger Zeit zu einer wirklichen Verständigung hätte kommen können. In Wahrheit war man gar nicht so weit voneinander entfernt, in seinem Testament von 1776 hatte der Fürst seinem Rechtsnachfolger die Verpflichtung auferlegt:

> „qu'il affranchisse tous les paysans ..."
> (müssen alle Leibeigenen freigemacht werden ...)

Zu seinem Testament gab es noch einen Nachtrag von 1801. In diesem Testament hatte er Bestimmungen für den Unterhalt seiner Tiere hinzugefügt:

> „Für meine getreuen Hunde wird täglich 8 Schilling bestanden, wie auch für die Katzen. Die Reitpferde, nämlich die Hamburger, die Liese, der Mops, werden so lange sie leben gefüttert ...".

Diese Bestimmung gab den Anlaß zur Entstehung der berühmten Gastwirtschaft „Die Ole Liese". Als nämlich das Pferd alt geworden war und sein Gnadenbrot haben sollte, kam es in den Krug zu Panker, den ein früherer Bediensteter verwaltete. Das Wirtshaus erhielt nach dem Namen des Pferdes die Bezeichnung: Ole Liese und bekam die Inschrift:

„In de ole Liese
Hier, geit dat na de ole Wiese,
De Wirt de süpt dat Beste
seggt: Prost mine lewen Gäste."

Der Fürst von Hessenstein hat sich auch lebhaft für die Angelegenheiten der Ritterschaft eingesetzt. Als eine königliche Kommission die Ansichten der Gutsbesitzer zur Frage der Aufhebung der Leibeigenschaft zu erforschen suchte, gab der Fürst in einer ausführlichen Stellungnahme seinen Gedanken Ausdruck. Sicherlich schrieb er von einem patriarchalischen Standpunkt aus, noch dazu von dem eines Generals und Fürsten, gleichwohl ist es auch heute noch von großem Reiz, seine Gedanken zu lesen, die von echtem Verständnis für die soziale Lage von Hufnern, Kätnern und Insten getragen sind.
Als er gestorben war, wurde er auf einer Anhöhe im Park von Panker beigesetzt. Der sandsteinerne Obelisk, der ihm zu Ehren errichtet wurde, trägt auf Lateinisch eine auf ihn bezügliche Inschrift.
Friedrich Wilhelm Fürst von Hessenstein, der nicht verheiratet war, hatte wenige Jahre vor seinem Tode die Herrschaft Hessenstein mit einem Fideikommiß belegt zu Gunsten „der Hochfürstlichen Hauptlinie zu Hessen-Cassel unter Ausschluß des jeweils regierenden Chefs".
Erster Fideikommißerbe wurde demgemäß der Landgraf Carl von Hessen, † 1836, jüngerer Bruder des regierenden Landgrafen. Der Landgraf Carl gehörte zu den populärsten Persönlichkeiten Schleswig-Holsteins um die Jahrhundertwende. Von 1767 bis zu seinem Tode im Jahre 1836, also 69 Jahre lang, war er Statthalter des Königs von Dänemark auf Schloß Gottorf. Als er die Herrschaft Hessenstein erbte, war er schon 66 Jahre alt, hat sie aber noch 28 Jahre lang getreulich verwaltet, er starb erst mit 94 Jahren. Nachfolger wurde sein Sohn, Landgraf Friedrich, † 1845, Gouverneur von Kopenhagen und Vicestatthalter von Norwegen. Er ist bekannt geworden durch die Schlacht von Sehestedt im Jahre 1813, bei der er als Befehlshaber der dänischen Truppen siegreich war. Sein Neffe Landgraf Wilhelm, † 1867, der ihm folgte, stand gleichfalls in engen Beziehungen zum dänischen Königshaus, nachdem er im Jahre 1810 die Prinzessin Charlotte, Schwester des

Königs Christian VIII. von Dänemark, geheiratet hatte. Im Jahre 1860 konnte das Paar das Fest der Goldenen Hochzeit feiern. Sein Sohn, Landgraf Friedrich Wilhelm, † 1884, war ebenso wie der Vater dänischer General und war eine Zeitlang als Thronerbe für den dänischen Thron ausersehen. Er scheint als einziger der genannten Fideikommißinhaber längere Zeit auf Panker gewohnt zu haben, zwei seiner Kinder sind dort getauft worden, ein Sohn konfirmiert.
Im Besitz folgte ihm für wenige Jahre der Landgraf Friedrich Wilhelm, † 1888, nach, er verunglückte im Oktober 1888 in den indischen Gewässern auf einer Fahrt von Batavia nach Singapore. An seine Stelle trat sein jüngerer Bruder, Landgraf Alexander Friedrich, † 1945. Er war äußerst zart von Gesundheit, außerdem fast blind, dafür hochmusikalisch, ausübender und anregender Künstler. Zugunsten seines Bruders, des Landgrafen Friedrich Carl, † 1940, hatte er im Jahre 1925 auf die Herrschaft Hessenstein verzichtet.
Nach dem 1. Weltkrieg wurden die zur Herrschaft Hessenstein gehörenden Zeitpachtdörfer in freies Eigentum der Bauern überführt.
Aufgrund der Bestimmungen der Weimarer Reichsverfassung über die Auflösung der gebundenen Vermögen übertrug die kurfürstliche Linie des Hauses Hessen wesentliche Teile ihres gebundenen Vermögens, darunter auch die zur Herrschaft Hessenstein gehörenden land- und forstwirtschaftlichen Flächen zu Eigentum auf die 1928 von Staats wegen mit Zustimmung der Familie neu gebildete Kurhessische Hausstiftung. Diese hat seit 1954 ihren Sitz in Kronberg im Taunus und führt seit 1983 den Namen Hessische Hausstiftung. Das Schloß Panker wird z. Zt. vom Chef des Hauses Hessen, Landgraf Moritz von Hessen, bewohnt.
Der Name Hessenstein tritt noch in besonderer Weise in Erscheinung. Innerhalb der Herrschaft liegt der Pielsberg, der mit einer Höhe von 127 m zu einer der höchsten Erhebungen in Holstein gehört. Hier erbaute der Landgraf Friedrich von Hessen im Jahre 1841 einen Aussichtsturm in neugotischem Stil, dem er den Namen „Der Hessenstein" gab und der eine großartige Fernsicht bis zu den dänischen Inseln, nach Fehmarn und bis zur Bungsberggruppe sowie über den Selenter See hinweg bis zur Probstei und nach dem Ehrenmal von Laboe gewährt. Der Bau des Turmes gab den Anstoß für die Errichtung der Blomenburg: Der mit dem Landgrafen befreundete Graf Otto Blome wollte ihn übertrumpfen und erbaute nicht nur einen Aussichtsturm, sondern gleich eine ganze Burg.

Panker, Halle

Panker um 1825, Aquarell von Jacob Moritz Wagner

Ein Schriftsteller aus der Zeit, Walter Trede, schreibt:

„Wenn man die vielen Nebengebäude betrachtet, das Kavalierhaus, die Küche, das Hofmarschallamt, den Marstall, dann kann man erst ermessen, mit welchem Aufwand der Landgraf von Hessen, hier die paar Sommermonate gewohnt und gelebt hat. Wenn der Wagen mit den Apfelschimmeln bespannt im gestreckten Galopp durch die Herrschaft Hessenstein fuhr, dahinter eine große Zahl anderer Wagen folgte und irgendwo im Walde oder oben im Fürstenzimmer auf dem Hessenstein der Tee eingenommen wurde, wenn dann im September alles wieder vom Extrabahnhof in Lütjenburg im Extrazug nach Frankfurt abfuhr, konnten wohl die Kinder sich eine Vorstellung von einem fürstlichen Leben machen."

Das Herrenhaus in Panker oder besser gesagt, das Schloß wird in seinem Äußeren geprägt von einem durchgreifenden Umbau im Anfang des 18. Jahrhunderts, im Inneren erst recht von den großen Erneuerungsarbeiten nach 1954. Aber in seinem Kern enthält es eine charakteristische Anlage des 17. Jahrhunderts, die vergleichbar ist dem Herrenhause in Damp oder in Sierhagen. Aus der Rantzauischen Zeit gibt es noch eine schöne bemalte Balkendecke, die nicht mehr an der alten Stelle steht, sondern in einem Treppenraum des Nordflügels eingebaut ist. Diese Balkendecke ist mit Rankenwerk und landschaftlichen Szenen überaus reich bemalt, dazwischen finden sich Sprichwörter und in der Mitte das große Doppelwappen Rantzau und Buchwaldt. Bei diesem Doppelwappen kann es sich nur um Detlev Rantzau handeln, der mit Lucia v. Buchwaldt vermählt war und seit 1695 Besitzer von Panker war. Insgesamt gesehen möchte man aber glauben, daß das Haus in seinem Kern, d. h. mit dem Corps de Logis und den beiden schweren turmartigen Flügelbauten nach Westen hin, wesentlich älter ist. Über dem Portal befindet sich eine Inschrift, die sicherlich von dem Fürsten von Hessenstein stammt: „Altes ausgebessertes Haus / keines Tadels werth". Diese Inschrift hätte der Fürst sicher nicht darüber gesetzt, wenn das Haus damals erst wenige Jahrzehnte alt gewesen wäre.

Wir wissen, daß Detlev Rantzau im Jahre 1705 auf Klamp gestorben ist und daß sein Sohn Hans Rantzau zunächst auch auf Klamp gewohnt hat. Man kann daher vermuten, daß die beiden Flügelbauten zur Hofanlage hin um diese Zeit erbaut worden sind.

Nach dieser Hofseite hin befindet sich das Hauptportal aus Sandstein mit Deckplatte, darüber ein Dreikantgiebel über einem niedrigen Zwischengeschoß, im Giebelfeld die Jahreszahl 1741 und ein Spiegelmonogramm. Das Gebäude ist weiß verputzt mit grauen quaderbehandelten Eckenpartien und breiten Gesimsen zwischen den Stockwerken. Die Fenster, die außerordentlich groß sind, dürften auch aus dem Umbau des 18. Jahrhunderts herrühren.

Die Halle, die den ganzen Mittelbau einnimmt, verläuft durch zwei Stockwerke hindurch. In ihrer Mitte erhebt sich die große Treppe, die mit gedrehten Balustraden nach oben führt und dort in einer umlaufenden Galerie endet. In der Ecke sind Plafondmalereien (Plafondgemälde) eingesetzt, die aus der Orangerie in Kassel stammen dürften und die Flora mit ihren Mädchen darstellen. In der Halle stehen zwei große Kamine; sowohl hier als auch in den übrigen Räumen ein reiches Inventar. Von dem Fürsten von Hessenstein gibt es ein vorzügliches

Porträt von 1762 von G. D. Matthieu. Der nördliche Seitenflügel wird vom Speisesaal eingenommen mit einer großen klassizistischen Ofennische mit korinthischen Holzsäulen. Im übrigen enthält der Raum Möbel im Louis-Seize-Stil. Im südlichen Seitenflügel befindet sich ein großer Gartensaal mit einem Fußboden aus gemusterten braunen neapolitanischen Fliesen. Die Wände sind durch Prinz Heinrich von Hessen, jüngerer Bruder des Landgrafen Moritz von Hessen, in neuerer Zeit ausgemalt mit Phantasieprospekten des Golfs von Neapel und dessen Umgebung in kühlen blauen Farben. Empire-Möbel, die aus dem Schlosse Philippsruhe in Hessen stammen, beherrschen die Ausstattung.

An der Westseite des Schlosses ist ein kleiner barocker Garten im französischen Stil angelegt worden, in dem italienische Kalksteinfiguren des späten 18. Jahrhunderts aufgestellt sind, Allegorien der Elemente und der Jahreszeiten.

Von den umfangreichen Nebengebäuden ist vor allem das Torhaus zu nennen, das am Ende des 18. Jahrhunderts entstanden sein dürfte, ein besonders großer, zweigeschossiger Bau von 17 Achsen mit Walmdach und flach übergiebelten Seitenrisaliten. Die rundbogige Durchfahrt verliert fast ihren Charakter als Tor bei dieser Größe des Gebäudes. Die Verbindung zwischen Schloß und Torhaus ist heute nicht mehr vorhanden. Die Wirtschaftsgebäude, die ursprünglich hier gelegen

Medaillon des Fürsten Friedrich Wilhelm von Tobias Sergel

haben, sind 1957 infolge Brandstiftung verlorengegangen und an anderer Stelle wieder aufgebaut. Daher breiten sich jetzt zwischen Schloß und Torhaus große gepflegte Weideflächen aus.
Das Herrenhaus in Klamp ist nach dem Bericht des Barons Stael von Holstein vom Jahre 1739 damals erst 2 oder 3 Jahre alt gewesen, müßte also etwa 1736 erbaut worden sein. Es ist ein einfacher Breitbau in Backstein, bemerkenswert ist hier vor allem die Halle, die zum Treppenhause hin abgeschlossen wird durch einen dreiteiligen großen Bogen, etwa vergleichbar den Bögen des Herrenhauses von Steinhorst im Kreise Herzogtum Lauenburg.
Durch die Abgabe der Zeitpachtdörfer nach dem Ersten Weltkrieg und die Bodenreform nach dem Zweiten Weltkrieg hat die frühere Herrschaft Hessenstein erhebliche Grundflächen verloren. Das jetzige Gut Panker umfaßt die Flächen des früheren Haupthofes und des Meierhofes Friedrichshof von etwa 410 ha und Waldungen von etwa 620 ha.

Adeliges Gut Panker

Besitzer: Hessische Hausstiftung

Besitzer

etwa 1400–1740	(v.) Rantzau
seit 1740	Herrschaft Hessenstein

Gut und Bauten

etwa 1650	Bau des Herrenhauses
etwa 1710	Erweiterungsbauten
etwa 1790	Bau des Torhauses
nach 1954	Umbau des Schlosses
1957	Brand der Hofgebäude

20 Schmoel

Kirchspiel Giekau Kreis Plön

Noch in Presseerzeugnissen aus jüngster Zeit liest man von dem Gute Schmöl in Unkenntnis dessen, daß das -e im norddeutschen Sprachgebrauch keinen Umlaut darstellt, sondern ein Dehnungszeichen ist, zu vergleichen Ortsnamen wie Soest, Oldesloe und Itzehoe. In alten Zeiten fand sich daher manchmal die Schreibweise Schmool, um Irrtümer dieser Art zu vermeiden.
Der Name geht zurück auf ein wendisches Wort smolde für Harz oder Teer und wird sich auf das große Waldgebiet beziehen, das hier im Mittelalter lag und in dem Harz gewonnen worden sein mag. Noch nach Jahrhunderten war diese alte Namensform lebendig, auf der Rantzauischen Tafel von 1586 wird die Burg Schmoel arx smoldia genannt.

Auch die Sage spielt um Schmoel: der Seeräuber Clas Störtebeker soll hier wie auch an manchen anderen Orten an der Küste einen Schlupfwinkel gehabt haben. In Schmoel zeigt man hinter dem Schloßgarten auf einer Wiese einen Erdhügel, der mit einem breiten Graben umgeben war und von wo ein Kanal in die Ostsee führte. Dort soll Störtebeker einen Wartturm besessen haben.
Innerhalb des Territoriums des Gutes Schmoel gab es ursprünglich zwei adelige Güter, außer Schmoel selber noch unmittelbar an der Grenze zur Probstei hin das adelige Gut Schalkendorf. 1469 wird Lüder Reventlow als dessen Besitzer genannt, Vater des bekannten und berühmt gewordenen Dr. Lüder Reventlow, Leibarzt des Königs von Dänemark und Astrologen. Später wurde Schalkendorf mit Schmoel vereinigt und als Meierhof behandelt, im 18. Jahrhundert wurde er niedergelegt und sein Areal zum Hoffeld gezogen.
Wann Schmoel selber als Gut entstanden ist, wissen wir nicht. Die ersten Ritter, die als Herren auf Schmoel erscheinen, gehören zum Geschlecht Meinstorf, das seinen Namen nach dem heutigen Dorfe Meinsdorf unweit Plön trägt und das 1664 im Mannesstamme ausgestorben ist.
Hinrich Meinstorf wird zwischen 1410 und 1421 auf dem benachbarten Hohenfelde genannt, der Neffe Jürgen Meinstorf um die Mitte des Jahrhunderts auf Schmoel selber.Er hinterließ eine Witwe, von der wir nur den Vornamen Catharina kennen, und einen Sohn Detlev, aber ob dieser noch auf Schmoel gesessen hat, ist ungewiß.
Schon bald darauf ist Schmoel im Besitz der Rantzau und verbleibt bei ihnen durch fast zwei Jahrhunderte. Erster Mann ist Hans Rantzau auf Neuhaus, † vor 1542, ein bedeutender Mann, landesherrlicher Rat, Amtmann von Hadersleben, Fehmarn und Segeberg. Sein einer Sohn Balthasar wurde 1536 evangelischer Bischof von Lübeck, wurde aber schon bald darauf von Martin von Waldenfels, einem sächsischen Adeligen, wegen dessen Geldforderungen an den König von Dänemark gefangen genommen und als Geisel in die Lausitz verschleppt, wo er 1547 gestorben ist. Der älteste Sohn Jasper, † 1562, setzte die Nachfolge des Vaters sowohl auf den Gütern wie auch im öffentlichen Leben fort. Er wurde einer der bedeutendsten Ratgeber König Christian III. von Dänemark und war nacheinander Amtmann von Tondern, Gottorp, Hadersleben und Flensburg. Er wurde beerbt von seinem Sohne Hinrich, † 1582, dieser vom Enkel Jasper Rantzau, tot 1630.
Dieser letztere erwarb das benachbarte adelige Gut Hohenfelde hinzu, das seitdem mit Schmoel verbunden geblieben ist. Zu jedem Gut

gehörten außer den Haupthöfen mehrere Dörfer, zu Schmoel die Dörfer Hohenfelde, Scharfstorf und Schwartbuck, zu Hohenfelde die Dörfer Matzwitz und Satjendorf, außerdem die Meierhöfe Schalkendorf (zu Schmoel) und Todendorf (zu Hohenfelde). Endlich gab es in Kiel den Schmoeler Hof, später Buchwaldtscher Hof genannt, der im Zweiten Weltkriege durch Bomben zerstört wurde.

Jaspers Sohn Heinrich Rantzau, † 1644, war Landrat und Amtmann von Rendsburg und besaß die Pfründen eines Dompropsten von Hamburg und eines Domherrn von Schleswig. Außerdem war er Propst, das soll wohl heißen Verbitter von Itzehoe. Bei seinem Tode galt er als das Muster eines ernsthaften, beständigen, klugen und ehrlichen Mannes. Aus seiner Ehe mit Ida Pogwisch gab es 10 Kinder, aber fünf starben ganz jung, für drei Töchter hatte er noch die Schwiegersöhne gesucht, aber alle drei starben vor der Hochzeit. So blieben nur zwei Geschwister übrig, die Schwester Lucie Ölgard vermählt mit dem späteren kursächsischen Kammerpräsidenten und Reichspfennigmeister Hans Friedrich v. Burkersroda, † 1686, und der Sohn Christoph Rantzau, † 1696.

Dieser letztere ist unter allen Besitzern von Schmoel die bei weitem interessanteste Persönlichkeit. Er fällt vollkommen aus dem Rahmen des gesamten Landesadels des 17. Jahrhunderts durch seine eigenwillige Lebensführung heraus. Schon in jungen Jahren bestimmte seine Neigung zu religiösen Fragen sein Leben. Es geht von ihm die Mär, daß er als junger Mann einen Jesuiten zum Protestantismus bekehrt habe, nur um selber dann katholisch zu werden. In Wahrheit lagen die Dinge etwas anders. Ein Benediktinermönch des Liudgeriklosters in Helmstedt namens Werner Geich hatte von sich aus die Absicht geäußert, evangelisch zu werden. Christoph Rantzau, der damals in Helmstedt studierte, versah bei Geich die Rolle eines Katecheten, von mehr ist kaum die Rede. Aber schon im Jahre darauf, im heiligen Jahre 1650 ging er nach Rom und vollzog hier unter dem gewaltigen Eindruck des Jubiläums, der Prachtentfaltung der Kirche, der Prozessionen der Bruderschaften, der Scharen der Pilger, seinen Übertritt zum Katholizismus.

Die Folge war eine weitreichende Entfremdung von seiner holsteinischen Heimat. Freilich blieb er durch sorgfältige Berichte seiner Verwalter genau im Bilde über alle Geschehnisse auf seinen Gütern, aber von kurzen Aufenthalten in Holstein abgesehen, kehrte er erst zwanzig Jahre später für längere Jahre nach Schmoel zurück. Zunächst versuchte er sein Glück in der Fremde. Papst Innocenz X. hatte ihn mit besonderer

Torhaus

Herzlichkeit empfangen, und wie Christoph Rantzau selber schreibt, ihn „fast caressiret und embrassiret und ihm gesagt, er empfinge ihn nicht als Fremden, sondern wie seinen eigenen geliebten Sohn". Ebenso gnädig war die Aufnahme, die er bei Kaiser Ferdinand III. in Wien fand, dieser gab ihm Titel und Würden eines kaiserlichen Kammerherrn und Reichshofrats und erhob ihn in den Stand eines Reichsgrafen.
Aber damit waren im Grunde seine Möglichkeiten für eine Stellung im öffentlichen Leben erschöpft. Man gewinnt den Eindruck einer in sich zerrissenen und rastlosen Natur, stets auf dem Wege nach noch besserer Anlage seiner großen Kapitalien, bald in Holland, dann in Venedig, Paris oder Rom. Hinzu kamen schwere Streitigkeiten mit Schwester und Schwager, die sich nicht mit einer Geldabfindung begnügen wollten, sondern die Hälfte der väterlichen Güter, wenn auch letztlich vergebens, forderten. Noch mehr Nöte brachte ihm seine Verheiratung. In erster Ehe war er mit Salome Rantzau a. d. H. Knoop verheiratet gewesen. Nun kam seine zweite Ehe zustande mit der äußerst lebenslustigen Prinzessin Dorothea Hedwig von Holstein – Sonderburg – Norburg, Äbtissin des reichsfreien Stiftes Gandersheim, das evangelisch geworden war. Die

Äbtissin trat 1678 zum katholischen Glauben über und verlor damit automatisch ihre Würde als Äbtissin und ihren Rang als Reichsfürstin. Im Jahre darauf ging sie mit Christoph Rantzau die Ehe ein, aber sie war von vornherein nicht glücklich, „weilen aber die Fürstin einen ziemlichen Staat führen wollen und etwas reif Haus gehalten, der Graf aber im Gegenteil sehr genau gewesen, haben sie nicht lange wohl miteinander gelebet". Noch ärger wurden die Dinge, als sie 1681 in Rom einen Knaben zur Welt brachte, der den Namen Alexander Leopold Anton erhielt. Als Paten fungierten die Königin Christina von Schweden, Kaiser Leopold und der Schwager, Herzog Anton Ulrich von Wolfenbüttel. Aber schon bald entstanden Gerüchte, das Kind sei kein eigenes der Prinzessin, sondern ein untergeschobenes Findelkind. Die Gerüchte wurden genährt durch das Alter der Prinzessin, sie war bei der Geburt des Kindes schon über 40 Jahre alt. Als der Knabe erwachsen war, fiel noch mehr ins Auge seine ungewöhnlich kleine Statur, er war nur 150 cm groß, seine schwarzen Haare und sein dunkler Teint. Christoph Rantzau scheint zwischen Anerkennung und Verleugnung geschwankt zu haben, aber als er sein Testament machte, sagte er sich endgültig von seinem Sohne los und enterbte ihn. Die Verwandtschaft hat ihn trotzdem anerkannt, er stand später als General in Braunschweigisch-Wolfenbütteler Diensten.
Zwei Ereignisse von weittragender Bedeutung bestimmten die späteren Lebensjahre Christoph Rantzaus auf Schmoel, das eine war die Verbrennung von 18 Männern und Frauen auf seinen Gütern im Jahre 1686, das andere die Entlassung seiner Gutsuntertanen aus der Leibeigenschaft durch den sog. Freibrief von 1688. Beide Ereignisse sind bis zur Gegenwart hin immer wieder in ihren Ursachen und ihren Wirkungen erörtert worden, das erstgenannte führte für Christoph Rantzau letztlich zum Verlust seiner Güter, das zweite wirkte durch das ganze folgende Jahrhundert nach.
Im Jahre 1686 drangen Gerüchte an Christoph Rantzaus Ohr über Zauberei und Hexenwesen auf seinen Gütern. In seiner Eigenschaft als Gerichtsherr leitete er höchst summarische Verfahren ein, Geständnisse wurden mit der Folter erpreßt, bis alle Verdächtigten sich schuldig bekannten. Am 23. April 1686 wurden in Schmoel die ersten vier von ihm zum Tode verurteilt, am 11. Mai weitere elf, endlich am 30. Juni auf seinem Gut Oevelgönne bei Neustadt, das ihm durch die Mutter zugefallen war, weitere drei. Alle Hinrichtungen fanden durch Verbrennen statt, noch heute zeigt man auf Schmoel den Platz, wo die furchtbare

Tat geschah. Insgesamt kamen sechs Männer und zwölf Frauen ums Leben. Die Sache erregte ungeheures Aufsehen, wegen der großen Zahl der Hingerichteten und wegen des unformellen Procedierens. Vergeblich hatte sich der Pastor von Giekau für die Verurteilten eingesetzt, sie hätten ihm gegenüber ihre Unschuld bis zum Tode beteuert, ihre Bekenntnisse seien durch die Folter erzwungen worden. Höhnisch gab Christoph Rantzau zur Antwort:

„Ihr absolvieret sie, wie sie Euch beichten,
und ich will sie absolvieren, wie sie mir gebeichtet haben".

Bei Beurteilung der schrecklichen Tat darf man sich nicht von humanitären Erwägungen unserer Zeit leiten lassen. Abgesehen davon, daß zu allen Zeiten und erst recht in unserem Jahrhundert furchtbare Greuel geschehen sind, kann man die Hexenprozesse nur aus dem Geist der damaligen Epoche verstehen. Überall wurden damals unglückselige Menschen als Hexen verfolgt und verbrannt, nicht nur auf den Gütern, sondern auch in den Städten. Christoph Rantzau konnte in seinen Rechtfertigungsschriften darauf verweisen, daß die Pastoren von Lütjenburg, zu dem ein Teil von Hohenfelde eingepfarrt war und von Süsel, wohin Oevelgönne kirchlich gehörte, seinen Eifer gelobt hätten, und daß bei Preetz und in Hütten bei Kiel ebenfalls Leute verbrannt worden seien, in Preetz allein 18 Personen.
So groß auch die Empörung allgemein war und so sehr König und Herzog bestrebt waren, Christoph Rantzau zur Rechenschaft zu ziehen, so kamen ihm doch die verworrenen politischen Verhältnisse der Zeit zustatten, die jahrelang die Abhaltung eines ordentlichen Landgerichts unmöglich machten. Hinzu kam seine eigene Geschicklichkeit in der Führung von Prozessen. Schon 1684 hatte sein Verwalter auf Schmoel geäußert:

„Nun ist bekannt, daß des Herrn Grafen Prozesse ein ziemliches Alter erlangen, ehe sie sterben und aufhören".

Erst im Jahre 1690 erging das Urteil, Christoph Rantzau wurde die Strafgerichtsbarkeit auf seinen Gütern aberkannt und er zu einer Geldstrafe von 20000 Rthlr. an den Fiskus, weiteren 3000 Rthlr. für fromme Zwecke und 1404 Rthlr. Kosten verurteilt. Bezahlt hat er seine Strafen nicht.

Noch vor Erlaß des Urteils, am 19. Juli 1688, erließ er von Köln aus den berühmten Freibrief, durch den er seinen leibeigenen Untertanen auf allen seinen Gütern in Holstein die persönliche Freiheit gab. Der Freibrief ist nicht von wirtschaftlichen Erwägungen bestimmt, er zielt eindeutig und einseitig nur darauf ab, die Lage der Leibeigenen zu verbessern und stellt Christoph Rantzau ein Zeugnis aus für seine menschliche Gesinnung in dieser Frage. Inwieweit dabei Gewissensbisse eine Rolle gespielt haben, kann man höchstens vermuten. Im einzelnen werden genaue Bestimmungen getroffen über die Kündigung, über Lieferungen von Saatgetreide durch den Hof, über die Befreiung von der Pacht, über die Verkürzung der auf dem Hofe zu leistenden Arbeitstage. Der Freibrief steht einzig da, erst viele Jahrzehnte später folgten andere Gutsbesitzer diesem Beispiel, so Hans Rantzau auf Ascheberg im Jahre 1739 und Henning Rumohr auf Ohrfeld von 1765 an.
König und Herzog verzichteten ihrerseits darauf, die Geldstrafen von Christoph Rantzau einzutreiben, sie traten vielmehr kurzerhand ihre

Früheres Herrenhausportal von 1710

Forderungen an zwei Hauptgläubiger der Krone ab, an den Landrat und Klosterprobsten Detlev Reventlow und an den Amtmann Magnus v. Wedderkop. Detlev Reventlow zahlte Wedderkop aus und trat jetzt als präsumptiver Käufer des Rantzauischen Besitzes auf. Da hierfür seine Mittel nicht reichten, tat er sich zusammen mit Graf Johann Georg von Dernath, der schon die beiden adeligen Güter Sierhagen und Hasselburg bei Neustadt besaß und der infolgedessen sein Interesse bekundete, das nahebei gelegene Oevelgönne zu erwerben. Dernath war ebenso wie Rantzau katholisch und wollte daher gern mit ihm im Guten zu einem Abschluß gelangen. Ein Punkt erwies sich bei den Verhandlungen als hinderlich, eben der Freibrief von 1688, in dessen Durchführung Dernath ein Hindernis für die geregelte Bewirtschaftung der Güter erblickte.
Es gelang Dernath, Christoph Rantzau zur Aufnahme einer Erklärung in den Kaufvertrag zu bewegen, die den Freibrief in wesentlichen Punkten einschränkte. Die wichtigste Änderung bestand darin, daß der Gutsangehörige im Falle einer Kündigung einen Ersatzmann zu stellen habe. Da dieses praktisch kaum möglich war, war damit der alte Zustand, wenn auch nicht formell, so doch tatsächlich wiederhergestellt und die Leibeigenschaft praktisch bestehen geblieben.
Reventlow und Dernath einigten sich schnell über die Verteilung der Güter, Dernath erhielt Oevelgönne, Reventlow Schmoel mit Hohenfelde. Die 3000 Rthlr. für fromme Zwecke bezahlten sie an König und Herzog, der König gab seinen Anteil weiter an das adelige Kloster Itzehoe, das von dem Geld ein Haus für Konventualinnen erbaute.
Detlev Reventlow starb 1701 und wurde von seinem gleichnamigen Sohne beerbt. Beide, Vater wie Sohn, entfalteten eine umfangreiche Tätigkeit auf den Gütern. Die ganze große Hofanlage ist bis zur Gegenwart von Hausgräben umgeben, mindestens von versumpften Gräben. Die Burgstelle, auf der die Wasserburg gestanden hat, befindet sich auf einem isolierten Platze im Süden der Hofanlage. Im übrigen ist die in einem Guß geschaffene Hofanlage aus der Zeit um 1700 in ihren Hauptzügen erhalten geblieben. Der Zugang von Norden her führt über eine Brücke von großen Granitquadern über den Hausgraben, zwei kleine Pforthäuser liegen außerhalb des Grabens und sind wohl erst im Anfang des 19. Jahrhunderts entstanden. Das außerordentlich große Torhaus selber innerhalb des Hausgrabens gehört zu den stattlichsten Torhäusern in ganz Holstein, in zwei Stockwerken von großen unregelmäßigen gebrannten Klinkersteinen, aber ohne Sockel. Die

Durchfahrt wird flankiert von zwei schmalen Pilastern. Auf der Feldseite ist eine Wappenkartusche angebracht aus Sandstein mit den Wappen Reventlow und Ahlefeldt und der Inschrift Detlef Reventlau – Dorothea Reventlau und darüber den großen Maueranker HDR und FDR und der Jahreszahl 1699.

Die Hofanlage selber wird beherrscht von vier großen Wirtschaftsgebäuden, die zu je 2 auf jeder Seite des Hofes liegen. Nächst dem Torhaus stehen zwei prächtige breite strohgedeckte Scheunen, deren Nordgiebel Maueranker tragen mit Sandsteintafeln und den Wappen Reventlow und Jessen und Reventlow und Ahlefeldt sowie mit den Jahreszahlen 1697 und 1706. Die übrigen beiden Stallgebäude stammen aus der zweiten Hälfte des 19. Jahrhunderts.

Auch die Feldwirtschaft wurde weitgehend modernisiert, die großen Schläge verkoppelt und auf gleiche Größe gebracht, neue Häuser auf den Hufen und Katenstellen erbaut, allenthalben die neue Koppelwirtschaft eingeführt und Wald gerodet. Detlev Reventlow d. J. galt als einer der stärksten Haushalter im ganzen Lande. Um so größer war das allgemeine Entsetzen, als er im Jahre 1737 mit seinem riesigen Vermögen Konkurs machte und damit einen der langwierigsten und verderblichsten Konkursprozesse auslöste, die unser Land je erlebt hat. Erst nach Jahrzehnten, im Jahre 1760, wurde das Verfahren formell beendet. Detlev Reventlow wurde trotz seiner angesehenen Stellung als herzoglich-gottorpischer Cammerpräsident, Geheimer Conferenzrath, Großkreuz vom Dannebrog und als Klosterprobst des adeligen St. Johannisklosters vor Schleswig verhaftet und erst nach sechs Jahren freigelassen.

In dem unbeschreiblichen Wirrwarr von Akten, Aufzeichnungen, Briefen, Quittungen und unbezahlten Rechnungen fand man ein Exemplar des Rantzauischen Freibriefes von 1688. Die Kunde ging wie ein Lauffeuer von Haus zu Haus auf den beiden Gütern. Und vollends wuchs die Unruhe, als sich plötzlich ein zweites Exemplar fand. Geschickte Verwalter hatten es nach der Erklärung von 1695 verstanden, die meisten Abschriften des Freibriefes, den zunächst jede Dorfschaft erhalten hatte, wieder einzuziehen und zu vernichten. Nur der Bauernvogt von Schwartbuck hatte sich hartnäckig geweigert, sein Exemplar herauszugeben. Inzwischen war er längst tot, aber seine Tochter hatte das Dokument gefunden und es als Futter in ihre Mütze eingenäht, „weil das Papier davon sehr dicht und stark war". So tauchte auch diese Abschrift im Jahre 1739 wieder auf.

Christoph Graf von Rantzau auf Schmoel, † 1696
(Ölgemälde, Kath. Pfarramt Glückstadt)

Zweimal versuchten die Bauern, die ihnen einst versprochene Freiheit gerichtlich durchzusetzen, in einem ersten Prozeß, der von 1738–1741 andauerte und einem zweiten von 1767–1777, beide Male sind sie unterlegen. Scharfsinnig argumentierten die Anwälte der neuen Gutsherrschaft, entweder hätten die Bauern von dem Freibrief gewußt, dann hätten sie bei dem Verkauf der Güter ihre Ansprüche anmelden müssen, oder, falls sie ihn nicht gekannt hätten, so hätte Christoph Rantzau ihn auch noch ohne ihr Zutun ändern können, in jedem Falle müßten sie die Erklärung von 1695 gegen sich gelten lassen.

1741 wurden die beiden adeligen Güter Schmoel und Hohenfelde aus dem Reventlowschen Konkurs für die Gräfin Hedwig Ulrica Taube ersteigert. Aus der morganatischen Verbindung mit dem König von Schweden waren vier Kinder hervorgegangen. Um diese sicherzustellen, waren schon im Jahre 1739 die adeligen Güter Panker und Klamp angekauft worden. Als jetzt 1741 die beiden anderen Güter hinzukamen, wurde aus diesen vier Besitzungen die Herrschaft Hessenstein gebildet,

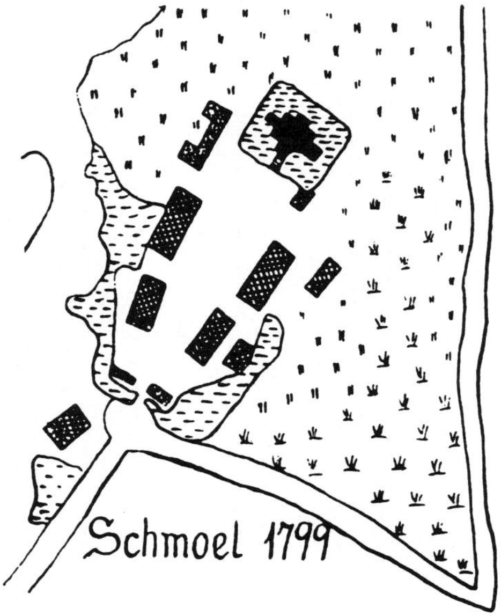

Großer Gutshof ausgerichtet auf die Wasserburg

die bis zur Gegenwart hin, wenn naturgemäß auch mit starken Verkleinerungen durch die beiden Bodenreformen besteht. Der Hof Hohenfelde mit 553 ha wurde in der Bodenreform um 1950 aufgesiedelt, Todendorf in Größe von 279 ha war zunächst gleichfalls zur Besiedlung vorgesehen, wurde aber durch die Bundesrepublik Deutschland beschlagnahmt und wird gegenwärtig als NATO-Schießplatz genutzt. Von dem Haupthof Schmoel wurden gleichfalls kleinere Flächen zu Sied-

lungszwecken freigegeben. Heute besteht Schmoel aus einem rein landwirtschaftlichen Betrieb von 733 ha. Das was an Wald vorhanden war, wird heute einheitlich von Panker aus als dem Hauptsitz der Verwaltung der Herrschaft Hessenstein bewirtschaftet und kann daher nicht mehr den einzelnen Gütern zugerechnet werden, zu Schmoel rechnen 180 ha.
Und noch ein drittes Mal kam es zu Prozessen mit den Bauern und dieses Mal mit ganz besonderer Heftigkeit. Im Jahre 1932 kaufte die schleswig-holsteinische Höfebank, die Vorgängerin der heutigen schleswig-holsteinischen Landgesellschaft, das Dorf Schwartbuck von dem damaligen Besitzer, dem Landgrafen Alexander Friedrich von Hessen, an, um es gemäß den Bestimmungen des Reichssiedlungsgesetzes aufzusiedeln. Die Dörfer Satjendorf, Hohenfeld und Matzwitz wurden direkt durch das Kulturamt besiedelt. Alle Hufner, Kätner und Insten in den Dörfern waren bis dahin nur Pächter auf Zeit. Jetzt schloß die Höfebank mit ihnen Kaufverträge über ihre Besitztümer ab, durch die sie gegen geringe Rentenzahlungen freie Eigentümer wurden. Alle Beteiligten unterschrieben die Verträge, aber bald darauf wendete sich das Blatt. Christoph Rantzau und sein Freibrief waren längst vergessen, aber unterschwellig war in den Bauern das Gefühl gekränkten Rechts lebendig. Wieder war es das Dorf Schwartbuck, das den Streit eröffnete. Unter Führung des Hufenpächters Friedrich Kay, der bis dahin als Sonderling gegolten hatte, wurde die Rechtsgültigkeit der Kaufverträge angefochten. Kay berief sich auf das Testament des Fürsten von Hessenstein von 1776 nebst einem angeblichen Nachtrag vom 17. Juli 1805, durch den alle Bauern zu Erbpächtern gemacht worden seien; mithin wären sie längst freie Eigentümer und brauchten für den Erwerb ihrer Besitzungen nicht zu bezahlen.
Die kommunistische Partei Deutschlands nahm sich der Sache an und richtete im preußischen Landtag eine Große Anfrage an das Staatsministerium. Ihre Agrarorganisation, der Bund schaffender Landwirte, gründete eine Ortsgruppe in Schwartbuck, die mit außerordentlichem Tatendrang Flugblätter verteilte, Unterschriften sammelte und Versammlungen in Lütjenburg abhielt. Bei Wahlen gab es in Schwartbuck 95% kommunistische Stimmen. Die Bauern konnten nicht beweisen, daß sie Erbpächter waren. Der angebliche Nachtrag zu dem Testament des Fürsten von Hessenstein vom 17. Juli 1805 erwies sich als eine königliche Verordnung, die die Verhältnisse auf adeligen Gütern nach der Aufhebung der Leibeigenschaft regelte. So sind die Bauern letztlich

auch dieses Mal unterlegen, Friedrich Kay mußte seinen Hof verlassen, und erst langsam trat Beruhigung ein.
Die Wasserburg auf Schmoel ist uns nur durch die Abbildung auf der Rantzauischen Tafel von 1586 bekannt. Nachdem sie lange Zeit unbewohnt dagestanden hatte, ist sie im Jahre 1810 wegen Baufälligkeit abgebrochen worden. Für ein herrschaftliches Wohnhaus bestand kein Bedürfnis mehr. Jetzt wurde der Pferdestall zur Pächterwohnung umgebaut und mit einem barocken Eingangsportal versehen, das sicherlich noch von der Wasserburg her stammt. Diese letztere war ein sehr stattliches Bauwerk von zwei Geschossen mit zwei runden Treppentürmen an den beiden vorderen Ecken und Abtrittpfeilern an den Schmalseiten, wohl während der Rantzauischen Zeit im 16. Jahrhundert erbaut, aber durch mehrfache Anbauten erweitert, wie eine Flurkarte von 1799 erkennen läßt. Das Wohnhaus mit der Pächterwohnung ist ein dreiflügeliger Bau des 17. Jh. Der abgebildete Südostflügel erhielt vermutlich im 19. Jh. seine Erhöhung um ein Stockwerk. Der gegenüberliegende Flügel ist seit 1989 bei Abbrucharbeiten beseitigt worden.
Als mit dem Zusammenbruch des Dritten Reiches Ostpreußen geräumt werden mußte, kamen nur etwa 500 Stuten der weltberühmten Trakehnerzucht nach Westdeutschland. Ein Teil von ihnen wurde in Schmoel aufgenommen, wobei jedes zweite Fohlen wechselweise den bisherigen Eigentümern und der Kurhessischen Hausstiftung als Eigentümerin überlassen wurde. So ist im Laufe der Jahre in Schmoel wieder eine ansehnliche Zucht von Trakehner Pferden entstanden. Das Gestüt wurde Mitte der 70er Jahre von Schmoel nach Panker verlegt.

Adeliges Gut Schmoel

Besitzer: Hessische Hausstiftung

Besitzer		*Gut und Bauten*	
15. Jahrh.	(v.) Meinstorf	16. Jahrh.	Wasserburg
16. Jahrh. –1695	(v.) Rantzau	um 1600	Hohenfelde hinzugekauft
seit 1651	Graf v. Rantzau oder Rantzow	1697–1706	Bau der Hofgebäude
1695–1741	(v.) Reventlow	1810	Abbruch der Wasserburg

1741–1744	Gräfin Hedwig Ulrica Taube
1744–1769	Friedrich Wilhelm und Carl Eduard Grafen von Hessenstein
1769–1808	Friedrich Wilhelm Graf, seit 1772 Fürst von Hessenstein
1808–1836	Carl Landgraf von Hessen-Cassel
1836–1841	Friedrich Landgraf von Hessen-Cassel
1841–1867	Wilhelm Landgraf von Hessen-Cassel
1867–1884	Friedrich Wilhelm Landgraf von Hessen
1884–1888	Friedrich Wilhelm Landgraf von Hessen
1888–1925	Alexander Friedrich Landgraf von Hessen
1925–1928	Friedrich Karl Landgraf von Hessen
seit 1928	Kurhessische Hausstiftung, seit 1983 Hessische Hausstiftung

21 Helmstorf

Kirchspiel Lütjenburg Kreis Plön

Im Mittelalter heißt das Gut Helmerickesdorpe, 1275 und 1282 wird der Ritter Gottschalk von Helmerickesdorpe genannt, 1286 Marquard. Gottschalk verkauft 1287 das unweit von Helmstorf gelegene Dorf Kaköhl an das St. Johanniskloster in Lübeck, zwei andere Brüder von Helmerickesdorpe verkaufen das südlich von Helmstorf gelegene Dorf Dannau an das Stift in Lübeck.

Aber schon im Anfang des nächsten Jahrhunderts ist das Gut im Besitz des Landesherrn. Johann der Milde tritt im Jahre 1314 den Hof mit der größeren Mühle seinem Bruder Gerhard IV. auf Lebenszeit ab. Seit etwa 1439 ist Helmstorf im Besitz der Rantzau und verbleibt jetzt über 200 Jahre bei diesem großen und weit verbreiteten Geschlecht. Als erster Besitzer wird der Feldherr Schack Rantzau genannt, der uns bei vielen

anderen Besitzungen in Ostholstein wieder begegnet. Er ist der Eroberer von Fehmarn gewesen und tritt in vielen wichtigen Staatsgeschäften der Zeit als Verhandlungsführer und treuer Gefolgsmann des Herzogs auf. König Sigismund verlieh ihm im Jahre 1439 den Lindwurmorden.
Auf Schack Rantzau, der bald nach 1445 gestorben ist, folgt im Besitz von Helmstorf sein fünfter Sohn Cai, † etwa 1486. Er besaß als Hauptgut das nahebei gelegene Panker, ist aber dadurch im Besitz von Helmstorf bezeugt, daß er eine Rente verkaufte von der Mühle in Helmstorf sowie von den Dörfern und Höfen Wentorf, Vogelsdorf, Gadendorf, Kühren, Högsdorf und Flehm. Die drei letztgenannten haben seit langem zu Helmstorf gehört. Cais Sohn Schack erbte das Gut, er wird nur zweimal genannt, 1470 bei den Segeberger Konkordaten und 1506 als Amtmann auf Fehmarn. Außer Helmstorf besaß er noch das angrenzende große adelige Gut Kletkamp. Ihm folgte sein gleichnamiger Sohn Schack, † 1557. König Friedrich I. übertrug Schack Rantzau im Jahre 1525 das Amt des Verbitters des Klosters Reinfeld für sich und seinen Sohn auf Lebenszeit. Das Kloster bestand noch bis 1582, somit dürften diese beiden Rantzau die letzten Verbitter gewesen sein, die Reinfeld gehabt hat.
Im Jahre 1547 wandten sich 34 Konventualinnen des Klosters Preetz mit einer Klage über ihren damaligen Probsten Wulf Rantzau an König und Herzog und wählten kurzerhand Schack Rantzau auf Helmstorf zum neuen Probsten. Die Fürsten entschieden aber anders. In einer Urkunde vom 2. Januar 1548 heißt es, daß Wulf Rantzau ohne längeren Verzug abdanken und zum folgenden Ostern abziehen solle, daß aber auch die Wahl von Schack Rantzau nichtig sei und Priörin und die ganze Versammlung nach althergebrachtem Brauch und Statuten einen anderen Probst zu wählen hätten.
Helmstorf ging auf den Bruder Hinrich Rantzau, † 1538, über, von ihm auf seinen ältesten Sohn Joachim, † 1563, dann auf den Enkel Hinrich, † 1615. Alle diese drei Generationen zeichneten sich durch bedeutende Stellungen im Staatsdienst aus, der Großvater als Wortführer der Ritterschaft bei dem Treffen gegen König Christian II. an der Levensau im Jahre 1522, Joachim als herzoglicher Rat und Amtmann von Cismar, 1560 als Mitglied der Statthalterschaft während der Abwesenheit von Herzog Adolf. Der Enkel Hinrich Rantzau, der außer Helmstorf noch Putlos, Klamp und Panker besaß, war königlicher Rat und Amtmann von Rendsburg und gehörte zu den Mitbesieglern der Ratifikation von 1593. Im Jahre 1596 war er bei der Krönung König Christians IV. zugegen.

Helmstorf blieb nicht bei Hinrich und seinen sechs Söhnen, sondern ging auf einen Neffen über, Detlev Rantzau, † 1650, Sohn des Bruders Sievert. Detlev besaß Helmstorf durch lange Jahre, von 1604 bis 1649. Aber am Schluß seines Lebens kam er in wirtschaftliche Bedrängnis, infolge des Dreißigjährigen Krieges gerieten seine Geldsachen in Unordnung, im Jahre 1649 mußte er Konkurs anmelden und das Gut verkaufen. Er war herzoglich-gottorpischer Rat gewesen, außerdem Amtmann von Cismar und Oldenburg und Inspekteur der Insel Fehmarn. Aus seiner Ehe mit Anna Rumohr a. d. H. Düttebüll hatte er vier Kinder, darunter einen Sohn Detlev, der dänischer General wurde und auch in Dänemark Besitz erwarb. Der König, in dessen Gunst Detlev Rantzau stand, übertrug ihm und seiner Ehefrau das Gut Vinderslevsholm bei Silkeborg in Jütland zur freien Nutzung auf Lebenszeit.
Käufer von Helmstorf war Caspar v. Buchwaldt, damals schon Besitzer des alten Buchwaldtschen Stammsitzes Pronstorf, der Kaufpreis betrug 44 000 Rthlr. Spätere Generationen kauften Futterkamp und Neudorff hinzu, in Pronstorf und Neudorff entstanden selbständige Linien, Futterkamp verblieb nicht allzu lange in der Familie. Aber Helmstorf blieb in steter Vererbung von Vater und Sohn fest in der Hand der Herren v. Buchwaldt, jetzt durch zehn Generationen.
Caspar v. Buchwaldt, † 1669, war ein bedeutender Mann, hatte in Gießen und Siena studiert und wurde später mit vielen diplomatischen und militärischen Missionen von König und Herzog betraut. 1634 wurde er Großkreuz vom Dannebrog. Aus seiner Ehe mit Magdalene Rumohr a. d. H. Rundhof hatte er sieben Kinder, von denen der älteste Joachim Pronstorf erhielt, während der zweite Sohn Henning die Linie auf Helmstorf fortsetzte. Er brachte es bis zum Geheimen Rath und Amtmann von Kiel und Bordesholm und starb 1713.
Von seinen zehn Kindern erbte der jüngste Sohn, das 10. Kind Friedrich Christian, † 1763, Helmstorf. Er kann als der eigentliche Schöpfer von Herrenhaus und Gutshof in seiner heutigen Gestalt angesehen werden. Im Mittelalter lag die Burg nicht an der jetzigen Stelle des Herrenhauses, sondern mitten in der hier teichartig erweiterten Kossau, also recht eigentlich als Wasserburg. Zu Zeiten waren noch Pfahlreihen erkennbar, die die genaue Lage der Wasserburg deutlich machten. Das Gelände des Wirtschaftshofes ist ein höhergelegenes Plateau, auf dem sich im Mittelalter die weiträumigen Stallungen der Vorburg befunden haben werden. Von den heutigen Wirtschaftsgebäuden, die in einer annähernd rechtwinkligen Anlage den Hofplatz umsäumen, stammt sicherlich die

Bibliothek mit Durchblick zum Salon

Scheune am Südrande aus älterer Zeit, wohl aus der Mitte des 17. Jahrhunderts, eine stattliche Fachwerkscheune mit wohlerhaltenem, von Knaggen getragenem Giebel an der Ostseite. In die Zeit Friedrich Christians gehört die große Scheune auf der Nordseite, mit schönem Strohdach und drei mächtigen übergiebelten Einfahrtstoren, 1923 umgebaut, die in das Dach hineinragen. Sie trägt an ihrem Ostgiebel die Wappen Buchwaldt und Rumohr, Friedrich Christian war mit Dorothea Rumohr a. d. H. Düttebüll verheiratet. Östlich der Fachwerkscheune liegt der herrschaftliche Pferdestall mit hoher Laternenspitze aus Holz auf dem Scheitel des Daches, er ist im Jahre 1837 erbaut worden.
Insgesamt gesehen dürfte der Hof in der Zeit Friedrich Christians v. Buchwaldt die Gestalt erhalten haben, die ihn heute noch kennzeichnet. Der Hof hat eine bemerkenswerte landschaftliche Lage, im Norden umgeben von der Kossau, die östlich des Hofes zu einem großen Mühlenteich aufgestaut ist und etwas weiter nach Osten einen kleinen Zulauf von Westen aufnimmt, so daß Helmstorf von fast allen Seiten von Wasserläufen umgeben ist. Der Hof verbirgt sich fast völlig unter

dem reichen Baumwuchs in den tief eingeschnittenen Tälern der Au. Das Hauptgebäude liegt auf einem Abhang herunter zur Au, so daß der größere Ostflügel auf Grund des Abfalles des Geländes nach Osten drei Stockwerke besitzt, nach Westen nur zwei. Der kleinere Südflügel hat ebenfalls nur zwei Stockwerke und besitzt fast keine Keller. Dieser Südflügel dürfte der älteste Teil des gesamten Bauwerkes sein und ist sicherlich im Jahre 1725 durch Friedrich Christian v. Buchwaldt erbaut worden. Möglicherweise hatte schon das ursprüngliche Gebäude einen Flügelbau nach Osten. Im Südflügel befinden sich im großen Teil des unteren Stockwerkes Flügeltüren mit Rokokofüllungen, daher kann man mit Sicherheit sagen, daß dieser Teil der älteste Bauteil ist.

Unter den Enkeln teilten sich die Linien, ein Testament war nicht vorhanden, so warfen nach altholsteinischem Brauch die Brüder das Los. Jeder von beiden wollte Neudorff haben, das zwar wesentlich kleiner war als Helmstorf, das aber beiden Brüdern wegen seiner schönen Lage an Ostsee und großem Binnensee besonders begehrenswert erschien. Als der jüngere Bruder Wolf das Los Neudorff zog und damit der Begründer der Linie Neudorff wurde, war der ältere Christoph, †1828, so verbittert, daß er sich auf seine Domherrenpfründe in Lübeck zurückzog und Helmstorf kaum mehr betrat, nur seine Gemahlin, eine geborene Gräfin Moltke-Bregentved durfte dort wohnen. Da der älteste Sohn Detlev schon lange vor dem Vater verstorben war, ging Helmstorf nach seinem Tode nicht auf dessen Sohn Magnus über, der Klosterprobst des adeligen St. Johannisklosters vor Schleswig war, sondern auf den zweiten Sohn Magnus, †1863. Von ihm, der noch dänischer Hofjägermeister, kgl. dänischer Kammerherr und Ständedeputierter war, ging die Reihe weiter über den Sohn Hermann, †1912, der kgl. preußischer Kammerherr wurde, gefolgt von dessen Sohn Magnus, †1945, dem Enkel Magnus, †1987, und dessen Adoptivsohn Christian von Buchwaldt aus dem Hause Buchwaldt-Pronstorf.

Der ursprüngliche Bau des Herrenhauses von 1725 wurde in den Baustufen von 1836, 1878 und 1912 wesentlich erweitert und in seine heutige Gestalt gebracht. In seiner äußeren Erscheinung wird das Ansehen des Herrenhauses bestimmt von dem durchgreifenden Umbau von 1878, bei dem man versucht hat, der bis dahin ganz einfachen und gegenüber der großzügigen Hofanlage seltsam unzentral gelegenen Baugruppe ein stattlicheres Aussehen zu verleihen. Eine gemalte Metalltafel am Ostflügel trägt die Inschrift: „Gebaut 1725 / erneuert 1836 / ungebaut 1878 / erneuert 1912." Im einzelnen ist es schwer zu

entscheiden, aus welcher Baustufe die Bauteile stammen, da das Mauerwerk in allen Teilen völlig gleichartig aus dunkelrotem Ziegelstein besteht, mit gleichen Gesimsen. Bei dem Umbau von 1878 wurde in der Mitte jedes der beiden Flügel ein großer aus drei Fach bestehender Risalit mit zementverputzten Pilastern errichtet, die oben in Arkaden zusammenlaufen und über einem flachen Drempel Dreiecksgiebel tragen. Die rundbogigen Nischen, die sich hierbei bildeten, sind ausgeschmückt mit gemalten Monogrammen und Jahreszahlen, nach Osten M.B. 1836, H.B. 1878 und Wappenschilden an der Südfassade. Am Südende erhielt der Ostflügel einen Erker von zwei Stockwerken. Endlich erhielt der Südflügel eine Eingangspartie in Form einer Veranda mit Balkon, die ein feines Gußeisengitter trägt. Das hohe Ziegeldach wurde dabei ersetzt durch ein flacheres Schieferdach.
Im Inneren hat der Architekt Karl Sattler aus München den letzten Umbau von 1912 geleitet und dabei vor allem der Halle ihr stattliches Aussehen verliehen. Die anschließenden Gesellschaftsräume dürften einer früheren Epoche angehören. Sie umschließen den Saal in der Mitte, der mit seinen Abmessungen von 8×12 m ein sehr großer, wenngleich äußerst wohnlicher Raum ist. Zur Rechten und zur Linken dieses Saales befinden sich zwei kleinere Kabinette mit halbrunder alkovenartiger Rückwand, der Raum zur Linken nimmt die kleine Bibliothek auf, zur Rechten ein Porzellankabinett. Nach Norden schließt

Scheune von ca. 1730 mit Doppelwappen Buchwaldt/Rumohr

sich der große Speisesaal an, der beherrscht wird von einem riesigen geschnitzten Barockschrank mit den Wappen Buchwaldt und Ahlefeldt und an dessen Längswand ein Meißener Kachelofen steht, der eigens für Helmstorf angefertigt worden ist.
Der Bestand an Kunstwerken aller Art mag durch drei Beispiele belegt werden. Das eine ist der sog. Rantzau-Becher, heute im Schleswig-Holsteinischen Landesmuseum in Schloß Gottorf. Der berühmte Statthalter Heinrich Rantzau, † 1599, hatte fünf Töchter, man kennt zwei große silberne Humpen, die er seinen Töchtern Magdalene und Ölgard schenkte, und man vermutet daher, daß alle fünf einen ähnlichen Humpen erhalten haben. Der eine dieser beiden Humpen ist seit den Wirren des Zweiten Weltkrieges verschollen, der andere befindet sich noch heute im Privatbesitz in Schleswig-Holstein. Nach der Überlieferung begann Heinrich Rantzau später damit, für seine Enkel goldene Becher anfertigen zu lassen. Und in der Tat gehörte dem Hause Helmstorf ein solcher goldener Becher. Die kunsthistorische Forschung hat sich der Angelegenheit bemächtigt und festgestellt, daß auf Heinrich Rantzau nur seine Porträtmedaille mit Widmung an den Enkel Cai v. Ahlefeldt und der Jahreszahl 1595 zurückgeht. Sie ist in den Deckel des Bechers eingelassen. Der Becher, der aus massivem Gold und Email besteht und eine Höhe von knapp 10 cm hat, ist zweifelsfrei erst später geschaffen. In die Wandung eingesetzt sind drei Portugalöser, das ist die Bezeichnung für eine goldene Schaumünze. Mit dem Ausdruck Portugalöser bezeichnete man ursprünglich eine ältere portugiesische Goldmünze in Form und Größe eines Talers, zuerst um 1500 geprägt. Im 16. und 17. Jahrhundert wurde er in den norddeutschen Städten als Schaumünze geprägt, vor allem in Hamburg und Lübeck. An dem Rantzaubecher befinden sich ein Danziger und zwei Schleswig-Holsteinische Portugalöser. Früher war es üblich, daß bei dem Verkauf eines adeligen Gutes die Frau des abziehenden Besitzers einen Portugalöser, etwa im Wert von 20 Talern, als Geschenk erhielt.
Im Boden des Bechers befindet sich eine goldene Erinnerungsmünze an die Erwählung König Ferdinands von Ungarn und Böhmen zum Römischen Kaiser aus dem Jahre 1619. Danach kann der Becher frühestens im Jahre 1619 entstanden sein. Er ist im Erbgang wahrscheinlich über die Ahlefeldt und Rumohr auf die Buchwaldt auf Helmstorf gekommen.
Das zweite Kunstwerk ist ein Gemälde von Caspar Peter Verbruggen aus dem Jahre 1698. Der Maler hatte in den Jahren um 1700 drei

Helmstorf, Salon

Supraporten mit Putten und Blumenstücken für die Halle des Herrenhauses Hagen angefertigt, es gibt dort aber vier Türen. Die Wahrscheinlichkeit ist groß, daß dieses vierte Bild auf Helmstorf ursprünglich für Hagen bestimmt war. Die verwandtschaftlichen Verbindungen sind klar, Besitzer von Hagen war zu der Zeit Wulf Blome, seine Tochter Lucia Blome heiratete Detlev v. Buchwaldt auf Helmstorf, † 1797. Freilich spricht die Rahmung der Bilder gegen diese Annahme, das Bild auf Helmstorf ist oval gerahmt, die drei Supraporten auf Hagen rechteckig. Entscheidend scheint dieser Umstand nicht zu sein, da das erstgenannte Gemälde von 1698 stammt, die drei Supraporten mit dem Jahre 1700 signiert sind. Caspar Peter Verbruggen, 1664–1730, stammte aus Antwerpen, wo bereits sein gleichnamiger Vater als Blumenmaler tätig war. Schon mit 13 Jahren war er Meister der Antwerpener Gilde und hat nicht weniger als viermal das Amt eines Dekans der Gilde bekleidet. Aber von Natur war er leichten Sinnes und gab sich den Freuden und Annehmlichkeiten des Lebens wohl mehr hin, als seiner Arbeit förderlich war. Daher geriet er in finanzielle Nöte, verlor die Lust an der Arbeit, vertat sein Vermögen und übernahm schließlich den bescheidenen Posten eines Dieners der Gilde, deren Dekan er einst gewesen war. Er starb in kümmerlichsten Verhältnissen. Die Beziehungen der Niederlande zu Spanien waren zu seiner Zeit noch nicht vergessen, daher kommt es, daß Verbruggen sich in spanische Tracht zu kleiden pflegte und auch das Bild auf Helmstorf signierte mit: „Gasper pedro Verbruggen".

Und als drittes Kunstwerk besonderer Art ist eine Fayenceplatte zu erwähnen, die einen kleinen Tisch im Speisesaal abdeckt und mit den Wappen Buchwaldt und Rumohr geschmückt ist. Sie geht zweifelsfrei auf Friedrich Christian v. Buchwaldt, † 1763, und dessen Gemahlin Dorothea, geb. v. Rumohr a. d. H. Düttebüll, † 1773, zurück und dürfte daher etwa in der Mitte des Jahrhunderts entstanden sein.

Die Platte, die bei einem häuslichen Unglück in Trümmer ging, ist mit großem Geschick restauriert worden. Die Signatur auf der Rückseite ergibt, daß sie in Schleswig angefertigt und von Conrad Bade bemalt wurde. Die Zahl 89 scheint zu bedeuten, daß sie im Jahre 1789 angefertigt worden ist, – dann wäre sie erst nachträglich für die Eltern, die damals ja beide schon nicht mehr am Leben waren, hergestellt worden.

Das adelige Gut Helmstorf hat seine Größe seit dem Mittelalter kaum verändert. Der Meierhof Flehm war erst später hinzugekommen, aber davon abgesehen kann man die Größe von 2338 ha für Jahrhunderte als gleichbleibend ansehen. Erst die Zeit der beiden Bodenreformen brachte entscheidende Einschnitte, das Dorf Högsdorf wurde um 1925 aus der bisherigen Zeitpachtform in freies Eigentum überführt, der Meierhof Mühlenfeld mußte 1927 abgegeben werden, weil zu der Zeit der Agrarkrisis kein Pächter zu finden war. Im Zuge der Bodenreform nach dem Zweiten Weltkriege wurde der Meierhof Flehm verkauft, ebenso das Dorf Kühren, die Ziegelei und sieben weitere verstreute Bauernhöfe. Heute besteht das Gut aus dem Haupthof mit 330 ha, dem Meierhof Wetterrade mit 460 ha und Waldungen in Größe von 330 ha. Die wirtschaftliche Lage des Gutes hat eine vorzügliche Ergänzung gefunden durch die Anlegung von Fischteichen, für die das tiefe Tal der Kossau beste Voraussetzungen bietet. Insgesamt sind heute 30 Fischteiche vorhanden, die in erster Linie der Forellenzucht dienen.

Im Rahmen des Gutes hat seit jeher die Wassermühle eine große Rolle gespielt. Unten im Grund an dem hohen Mühlendamm liegt das Mühlenhaus, ein stattliches Gebäude mit zwei niedrigen Stockwerken, mit hohem Walmdach, der Langbau eingefaßt mit rustizierten Ecken und einem Mittelrisalit mit flachem Giebel. Das Bauwerk dürfte am Ende des 18. Jahrhunderts entstanden sein. Schon in der Urkunde von 1314 war die Mühle genannt worden, ebenso bei dem Verkauf von Renten durch Cai Rantzau um 1470. Am 28. Januar 1780 wurde ein umständliches und sorgfältiges Dokument aufgesetzt, durch das der Besitzer von Helmstorf, der großfürstliche Schleswig-Holsteinische Conferenz- und Landrath Detlev v. Buchwaldt auf Neudorff, Helmstorf, Flehm usw. dem Herrn Friedrich Andreas Koch die Wassermühle in Erbpacht gab. Bis dahin hatte es nur einen Mühlenpächter auf Zeit gegeben, zuletzt Caspar Wehde. Im Jahre 1896 wurde an dem Mühlendamm ein Elektrizitätswerk eingerichtet, es versorgte nicht nur das Gut Helmstorf, sondern auch die ganze nahebei gelegene Stadt Lütjenburg mit Strom.

Auf keinem Gut in ganz Ostholstein wurde der Pferdesport mit so viel Einsatz und Erfolg betrieben wie auf Helmstorf. Magnus v. Buchwaldt, † 1987, gehörte zu den bedeutendsten Turnierreitern, die die Bundesrepublik Deutschland in den 50er und 60er Jahren gehabt hat. Mit seinem weltberühmten Fuchswallach Jaspis hat er wohl auf allen großen Turnierplätzen Europas Sieg auf Sieg errungen, und die Trauer in aller Welt war groß, als Jaspis wegen eines gebrochenen Kronbeins aus der deutschen Equipe auf der Olympiade in Stockholm 1956 ausscheiden mußte.

Der Meierhof Wetterrade war bis 1975 von Franz Lage gepachtet worden. Er hat hier 28 Jahre lang gewirtschaftet. Franz Lage zeichnete sich auf internationalen Turnieren als Fahrer seiner berühmten Viererzüge vielfach aus. Unter anderem ist er neunfacher Gewinner des Hamburger Spring- und Fahrderbys sowie mehrfacher Sieger der wohl schwersten Konkurrenz auf dem Turnier in Aachen gewesen. Auch heute noch wird immer wieder sein Rat in bezug auf Anspannung, Dressur und Fahrkunst eingeholt. Franz Lage entwickelte sich zu einem der bedeutendsten Fahrer Europas im Ein-, Zwei- und Vierspännerzug. Franz Lage hat sich jetzt einen neuen Grundbesitz in Dannau geschaffen, den er Neu Wetterrade benannt hat.

Adliges Gut Helmstorf

Besitzer: Christian v. Buchwaldt

Besitzer

13. Jahrh.	Ritter von Helmerickesdorpe
14. Jahrh.	Landesherrlich
1439–1649	(v.) Rantzau
seit 1649	v. Buchwaldt
1649–1669	Caspar v. Buchwaldt
1669–1713	Henning v. Buchwaldt
1713–1763	Friedrich Christian v. Buchwaldt
1763–1797	Detlev v. Buchwaldt
1797–1828	Christoph v. Buchwaldt
1828–1863	Magnus v. Buchwaldt I
1863–1912	Hermann v. Buchwaldt
1912–1945	Magnus v. Buchwaldt II
1945–1987	Magnus v. Buchwaldt III
seit 1987	Christian v. Buchwaldt

Gut und Bauten

13. Jahrh.	Burg Helmerickesdorp
15.–16. Jahrh.	Wasserburg in der Kossau
1725	Bau des ersten Herrenhauses
1836 1878 1912	Um- und Erweiterungsbauten
17. Jahrh.	Bau der Fachwerkscheune
ca. 1730	Bau der großen Scheune
1837	Bau des herrschaftlichen Pferdestalles

22 Neudorff

Kirchspiel Lütjenburg   Kreis Plön

So neu der Name klingt, so geht doch die Bezeichnung Neudorff bis ins Mittelalter zurück, wahrscheinlich als Neugründung gegenüber dem Dorfe Schmiedendorf, wo eine erste Ritterburg gestanden haben soll. Auch von einem Dorfe Neudorf ist nichts bekannt, es muß schon sehr früh wieder verschwunden sein. Die ältesten uns bekannten Besitzer gehören zum Geschlecht Rantzau, das in ganz Ostholstein umfangreichen Besitz hatte. Vielleicht saß schon der Ritter Gosche Rantzau, der zwischen 1380 und 1407 genannt wird, auf Neudorff, wahrscheinlicher der Sohn Hinrich und der Enkel Claus Rantzau. Mit dessen Sohne Hinrich Rantzau beginnt die sichere Stammreihe der Rantzau auf Neudorff, er wird seit 1523 und noch im Jahre 1543 als Herr auf

Neudorff genannt. Sein Sohn Paul kommt in den Jahren von 1558 bis 1569 vor, 1577 bezahlt seine Ehefrau Catharine den Türkenschatz (eine Sondersteuer zur Abwehr der Türken) und ist 1587 noch am Leben. Ihr Sohn, der nach dem Großvater wieder Hinrich heißt, verkauft im Jahre 1592 das Gut Neudorff an seinen Vetter Breide Rantzau aus der Linie Neverstorf. Aber dieser behält Neudorff nur für 3 Jahrzehnte, dann gibt er es weiter an Marquard von Pentz.

Das Geschlecht Pentz stammt aus Mecklenburg, aber schon der Vater Balthasar v. Pentz hatte bis 1573 das adelige Gut Nütschau besessen, sich später in Oldesloe niedergelassen und durch seine Heirat mit Anna Pogwisch den Weg zum holsteinischen Landesadel gefunden. Marquard v. Pentz, der mit Anna v. Thienen vermählt war, war zunächst Hofjunker am Hofe Christian IV. von Dänemark, später Amtmann von Segeberg. Im Kalmarkrieg nahm er mit großem Ruhme teil und wurde zur Belohnung 1616 Ritter vom gewaffneten Arm. Im sog. Kaiserkrieg 1625 wurde er Generalkriegskommissar und nahm an der für Christian IV. verhängnisvollen Schlacht von Lutter am Barenberge am 17. August 1626 als Führer der Reiterei teil. Hier empfing er die tödliche Wunde, der er 1627 auf dem Schlosse in Wolfenbüttel erlag.

Bei einem so bewegten reiterlichen Leben muß man vermuten, daß er sich um das Gut Neudorff, das er seit 1622 besaß, nicht allzu viel gekümmert haben mag. Erst der Sohn Christian v. Pentz, seit 1636 auch Reichsgraf, verstand es, den Besitz wesentlich zu erweitern. 1639 erwarb er von Hans Rantzau auf Neuhaus die Stadt Lütjenburg gegen Abtretung seiner Güter im Lande Oldenburg, Claustorf und Großenbrode. Die Stadt Lütjenburg, sicherlich damals eine kleine Ackerbürgerstadt, hatte sich schon seit dem 15. Jahrhundert in Erbuntertänigkeit der Rantzau befunden. Aber jetzt scheint der König es für notwendig gehalten zu haben, der Stadt zur Freiheit zu verhelfen. Er veranlaßte nur drei Jahre später, 1642, den Grafen Christian v. Pentz dazu, Neudorff mit Lütjenburg der Krone Dänemark zu übergeben. Im Tausch dafür erhielt Pentz das große adelige Gut Wandsbek und 40000 Rthlr. in bar. Jetzt war der König frei und konnte noch im gleichen Jahre 1642 Detlev Reventlow auf Futterkamp mit Neudorff belehnen. Von der Stadt Lütjenburg war nicht mehr die Rede.

Die beiden Pentz, Vater und Sohn, trugen den höchsten Orden, den Dänemark zu vergeben hatte, den Elephanten-Orden. Ja, vielleicht war der Sohn noch bedeutender als der Vater. Während dieser seinen Ruhm auf dem Schlachtfelde und als kühner Reiterführer errang, bekleidete

Christian Pentz viele Jahre hindurch praktisch die Stellung eines Außenministers von Dänemark.
Aus der Verbindung des Königs Christian IV. von Dänemark mit Kristine Munk war eine Tochter hervorgegangen, Sophie Elisabeth, die 1634 den Titel einer Gräfin von Schleswig-Holstein erhielt und die dadurch den Prinzessinnen von Geblüt gleichgestellt wurde. Als Christian Pentz das Fräulein Sophie Elisabeth heiratete, war er damit auch der Schwiegersohn des Königs geworden.
Die Reventlowsche Zeit umfaßt nur zwei Generationen, den Vater Detlev, † 1664, und den Sohn Friedrich, † 1728, gleichwohl ist sie bedeutsam geworden sowohl für das Geschlecht Reventlow insgesamt, wie auch für das Gut Neudorff im besonderen. Mit dem Vater waren die mecklenburgischen Reventlow in die alte Heimat zurückgekehrt, er wurde kgl. dänischer Geheimer Rath, deutscher Kanzler und Amtmann von Hadersleben, der Sohn Friedrich war Klosterprobst von Uetersen und Verbitter von Itzehoe, Großkreuz vom Dannebrog und Ritter des Elephanten-Ordens. In seine Zeit fällt der Bau des heutigen Herrenhauses hinein, nach den Initialen im Jahre 1703 erbaut. Die vorherige Wasserburg, die auf die Zeit von Claus Rantzau um 1469 datiert wird, war ein schmuckloser Bau mit einem kleinen Vorbau und einem turmartigen über dem Hauptgebäude vorspringenden Aufsatz, vielleicht einem Treppenturm.
Diese alte Burg ist anscheinend ein höchst einfacher Bau gewesen, im Erdgeschoß aus Sicherheitsgründen noch ohne Fenster, der Eingang an der Giebelseite, wohl nach Osten hin. Friedrich Reventlow erbaute das in seinem Kern noch heute fast unveränderte Haus von 1703, bemerkenswerterweise ohne Keller, im übrigen ein einfaches Langhaus von 9 Achsen und sicherlich auf der Stelle der alten Rantzauischen Wasserburg.
An der Ostfassade sind als große Maueranker die Jahreszahlen der Erbauung angebracht: A O 1703, darunter aus späterer Zeit zwei kleine ovale Wappenschilder mit dem Wappen Buchwaldt und Blome, – wahrscheinlich auf Detlev v. Buchwaldt, † 1797, und Magdalene Lucia geb. Blome, † 1787, bezogen.
Das Haus liegt auf einem Hügel, unmittelbar am Ufer der Kossau, ursprünglich auch am Ufer des Binnensees, der weiter als heute in das Land hineinragte. Sicherlich gab es auch in alter Zeit einen Hausgraben nach Süden hin, zwischen Herrenhaus und Bauhof. Während man im Schleswigschen, wo die Burgen durchweg älteren Datums sind als im

Marquard v. Pentz 1627

Holsteinischen, häufig die schiefe Achse zwischen Herrenhaus und Hof findet, ist diese Orientierung in Holstein seltener. Neudorff ist ein klares Beispiel für die zeitliche Abfolge: erst entsteht an gesicherter Stelle an Fluß und See die Wasserburg des Mittelalters, später am gleichen Ort das neuzeitliche Herrenhaus. Für die Vorburg, später den Wirtschaftshof, wurde ein Plateau südlich und erheblich höher gelegen gewählt. Ja, die

Verbindung zwischen Herrenhaus und Hof ist so wenig ausgeprägt, daß die Zufahrt zum Herrenhause nicht wie sonst in Holstein üblich über den Hof führt, sondern durch eine Allee rund um den Hof herum.
Friedrich Reventlow war zweimal verheiratet gewesen, als aber auch seine zweite Frau starb (im Jahre 1717), entschloß er sich von Neudorff zu trennen und verkaufte den Besitz 1719 an Friedrich Christian v. Wedderkop. Die Wedderkop gehörten damals erst seit kurzem zur Ritterschaft, der Vater Magnus v. Wedderkop, † 1721, war als Präsident des Geheimen Raths lange Jahre hindurch in politisch hervorragender Stellung tätig gewesen. Der Sohn, † 1756, suchte sich bodenständig zu machen, um es dem alten Landesadel gleich zu tun. So erwarb er außer Neudorff noch die adeligen Güter Marutendorff und Blockshagen am Westensee, brachte es auch im öffentlichen Dienst zu Ansehen und Wirkung. Er trug die Titel eines gottorpischen Landraths und Geheimen Raths, hatte vom Vater her den Rang eines General-Erb-Postmeisters geerbt, war Domherr und Domdechant von Lübeck und Ritter des russischen Alexander-Ordens.
1738 verkaufte er Neudorff an die Herzogin von Braunschweig. In unseren Topographien wird sie nirgends näher bezeichnet, es kann sich jedoch nur um die Herzogin Eleonore Charlotte von Braunschweig-Bevern, geb. Prinzessin von Kurland, † 1748, handeln. In einem Privathause in Holstein befindet sich das vorzüglich von Antoine Pesne gemalte Porträt ihrer Schwester, der Prinzessin Marie Dorothea von Kurland, vermählt mit dem Markgrafen Albrecht von Brandenburg-Schwedt.
So entstand jetzt auf Neudorff für einige Jahrzehnte eine fürstliche Hofhaltung. Die Herzogin Anna Elisabeth von Anhalt-Zerbst, † 1760, war lange Zeit mit ihrer Tochter Sophie Auguste bei der Herzogin von Braunschweig zu Besuch, später konnte sie sogar das Gut von der Herzogin von Braunschweig käuflich erwerben.
Man muß diese fürstliche Hofhaltung unter zwei Gesichtspunkten verstehen. Einmal war der fürstbischöfliche Hof in Eutin nicht fern mit seiner umfangreichen Verwandtschaft und dem dadurch ständig wachsenden Bedürfnis nach territorialer Ausdehnung, um die vielen Verwandten standesgemäß unterzubringen. Zum anderen suchte man und gerade im 18. Jahrhundert nach Stätten einer unberührten Natur, nach ausgeglichener, anmutiger und reizvoller Landschaft. Dies alles konnte man in Neudorff in schönster Harmonie vereinigt finden, nicht allzu weit von Eutin entfernt, eine hügelige, von Wäldern umkränzte Landschaft, einen Fluß zu Füßen des Herrenhauses, von den Fenstern die

Fernsicht auf Binnensee und das offene Meer. Ungesäumt machte sich die Herzogin von Braunschweig ans Werk, das Herrenhaus nach ihrem Geschmack zu erweitern. Nach Westen zu wurden zwei pavillonartige 5 Achsen breite Flügelbauten dem einfachen Langbau von 1703 vorgesetzt, nicht in einer Flucht mit der Ostfassade, sondern um eine Achse vorgerückt, der schmale Zwischenraum zwischen den Flügelbauten wurde durch eine aus 5 Bogen bestehende Vorhalle ausgefüllt, eine Zimmerwand nach Osten aufgerissen und zur Loggia umgestaltet, um den freien Blick in die Ferne zu ermöglichen. Auf Neudorff befinden sich noch heute mehrere Aquarelle, die den baulichen Zustand des Herrenhauses zu jener Zeit uns deutlich machen.

Höchst bemerkenswert auch die Gestaltung der Keller. Das Langhaus von 1703 enthielt überhaupt keine Keller, obwohl doch die Lage auf dem trockenen Hügel deren Anlage sicherlich gestattet hätte. Die Herzogin ließ jetzt die beiden pavillonartigen Flügelbauten je zu zwei Dritteln ihrer Breite unterkellern, wie die Gouache auf Neudorff deutlich erkennen läßt. Zwischen diesen weit voneinander entfernten Kellern wurde ein gewölbter Gang angelegt, der naturgemäß nicht unter dem Langhaus, sondern vor ihm verläuft.

So merkwürdig es auf den ersten Blick erscheint, daß diese mitteldeutschen Fürstinnen sich auf unseren Gütern niederließen, so wird doch die Erklärung einfach, wenn man die verwandtschaftlichen Zusammenhänge ins Auge faßt. Die Herzogin von Anhalt-Zerbst war eine geborene Prinzessin von Holstein-Gottorp und war am Eutiner Hof in dem Schlosse aufgewachsen, in dem ihre Eltern residierten. Ihre Tochter Sophie Auguste bestieg später als Kaiserin Katharina II. von Rußland den russischen Thron und ging als eine unserer bedeutendsten Fürstinnen in die Geschichte ein.

Die Herzogin von Braunschweig verkaufte anscheinend im Jahre 1748 Neudorff an die Herzogin von Anhalt-Zerbst. Zur Erinnerung an die Jugendzeit der Tochter, der späteren Kaiserin Katharina, wird noch ihr Bett aufbewahrt; im benachbarten Waterneverstorff steht ihre Marmorbüste, die sie als junges und liebliches Mädchen wiedergibt.

Die Herzogin von Anhalt-Zerbst war im Jahre 1760 verstorben. Im Jahre darauf verkauften ihre Erben Neudorff an die Familie v. Buchwaldt, bei der das Gut bis zur Gegenwart verblieben ist. Käufer war nicht, wie in unseren Topographien zu lesen ist, Caspar v. Buchwaldt, sondern Friedrich Christian v. Buchwaldt, Klosterprobst von Preetz, † 1763, der auch das benachbarte adelige Gut Helmstorf besaß. Von ihm gingen die

Güter über an den ältesten Sohn Detlev, † 1797, fürstlicher Conferenzrath und Landrath. Er hatte 11 Kinder, darunter fünf Söhne, aber nur zwei von diesen erreichten ein höheres Alter. Diese beiden, Christoph, † 1828, und Wolf, † 1830, warfen nach altholsteinischem Brauch das Los über die Güter. Jeder von beiden wollte Neudorff haben, obwohl Helmstorf dreimal so groß und wesentlich wertvoller war. Als Wolf v. Buchwaldt Neudorff erloste, war der Bruder Christoph so erbittert, daß er nach Lübeck zog, wo er Domherr war und Helmstorf praktisch nie betrat.
Wolf v. Buchwaldt hinterließ bei seinem Tode aus seinen drei Ehen fünf Kinder, darunter zwei Söhne, aber keiner von ihnen war in der Lage, das Gut zu übernehmen und die Geschwister auszuzahlen. Offenbar hatte der Ankauf des adeligen Gutes Farve im Jahre 1800 viel Geld erfordert, und noch mehr war in Verlust geraten, als Wolf v. Buchwaldt Farve schon wenige Jahre später an den Kammerherrn Jens Peter v. Neergaard veräußern mußte. Als jetzt Neudorff selber zum Kaufe anstand, fand sich ein wohlhabender Vetter, Detlev v. Buchwaldt, der für den Preis von 133 400 Rthlr. das Gut kaufte. Detlev v. Buchwaldt besaß damals schon die beiden großen adeligen Güter Seedorf und Hornstorf im heutigen

Suite de Salons, links eine Causeuse

Kreise Segeberg, hatte sie aber kurz zuvor an den Fürsten von Schwarzburg-Rudolstadt für fast eine halbe Million Rthlr. verkauft und befand sich daher im Besitz stattlicher Mittel. Einige Jahre später erwarb er noch das adelige Gut Tralau bei Bad Oldesloe hinzu.
Detlev v. Buchwaldt, † 1836, und sein Sohn Caspar v. Buchwaldt, † 1869, haben Neudorff zu dem gemacht, was es heute ist. Caspar v. Voght, der das Gut Kl. Flottbek bei Altona begründete, hatte aus England den Gedanken der „ornamented farm" mitgebracht, der durch Alleen und Baumgruppen belebten Landschaft. Es gelang Detlev v. Buchwaldt, diesen Gedanken auf Neudorff in die Tat umzusetzen. Das Gut reichte in seiner ursprünglichen Ausdehnung fast von Lütjenburg bis zur Ostsee hin als verhältnismäßig schmaler Landstreifen. Jetzt wurde eine Allee von Eichen angelegt, die die ganze Länge des Gutes durchzog und die heute eine der größten Zierden der Landschaft darstellt. Mit behutsamer Hand wurde ein Riesenbett oder Hünengrab, das den Namen Pangenberg trägt, hierbei geschont. Es erhebt sich, bis heute ungeöffnet, als stattliche Anlage dicht neben der Allee.
Die Hänge links und rechts der Kossau wurden zu einem großen Park umgestaltet und durch kleine Grotten und Lusthäuser belebt. Diese, einfache Fachwerkbauten mit Strohdach, erhielten biedermeierlich anmutende Namen, Sonnentempel, Regentempel, Spiegeltempel, das Englische Bettgestell usw. Heute sind sie bis auf eines sämtlich verschwunden, dieses letzte steht auch nicht mehr an ursprünglicher Stelle, sondern dicht am Herrenhause und trägt die Inschrift: „Zum Stelldichein im Vogelsang". Auch eine Kapelle in neugotischem Stile wurde erbaut, aber sicherlich nicht für gottesdienstliche Zwecke benutzt. Auch sie gehört zu der Gruppe der Lusthäuser. Heute steht sie nicht mehr.
In den Schleswig-Holsteinischen Provincial-Berichten von 1830 findet sich eine sehr hübsche Schilderung dieser Parkgestaltung, die voller Anerkennung für die großzügige Leistung des Gutsherrn ist. Der ungenannte Verfasser kann es sich freilich nicht versagen, am Schlusse seiner dithyrambischen Lobpreisung von den jämmerlichen Kathen, die das übrige Dorf bilden, zu sprechen und der Hoffnung Ausdruck zu geben, daß „der holprige schmutzige Steindamm, der über Mistpfützen hineinführt, einem fahrbaren Wege Platz machen möge" –, überflüssig zu erwähnen, daß heute das Gut über vorbildliche Arbeitshäuser und gute, feste Straßen verfügt.
Detlev v. Buchwaldt, der den hohen Titel eines Geheimen Conferenzra-

„Zum Stelldichein im Vogelsang"

thes führte, hatte es auch im öffentlichen Leben zu großem Ansehen gebracht. Er war zunächst Amtmann von Cismar, dann Amtmann der kombinierten Ämter Bordesholm, Kiel und Kronshagen, später von Plön und Ahrensbök. Neudorff, das inzwischen Fideikommiß geworden war, ging über auf den ältesten Sohn Caspar v. Buchwaldt, †1869. Dieser baute das Herrenhaus zu seiner heutigen Gestalt um, sicherlich mit Hilfe eines begabten Architekten. Nach einer in der Eingangshalle befindlichen Plakette erfolgte der Umbau im Jahre 1856, in einem von der Kunst Karl Friedrich Schinkels geprägten Spätklassizismus. Die großen Pavillons aus der Zeit der beiden Herzoginnen wurden abgerissen, angeblich als Folge eines Brandes, obwohl dagegen spricht, daß in den heutigen Flügelbauten ein Teil der Türen und Paneele erhalten sind, die zweifelsfrei aus der Mitte des 18. Jahrhunderts stammen.
Die neu errichteten Flügelbauten sind schmäler als die Pavillons des 18. Jahrhunderts und ruhen mit ihren Außenmauern unmittelbar auf den kleineren Kellergewölben von 1740. Die Fassaden sind in hellem gelblichem Mauerwerk aufgeführt unter reicher Verwendung von geformten Steinen und Terrakotta-Platten mit neugotischen Ornamen-

ten. So verläuft ein Hauptgesims und ein Band zwischen den beiden Stockwerken um das Haus, ebenso unter den Fenstern, die verhältnismäßig groß und flachbogig gestaltet sind. Bei dem Umbau wurden die Seitenflügel verlängert, so daß sie jetzt in einer Flucht mit der östlichen Fassade des Hauptgebäudes stehen. Gleichzeitig wurde ein Flur eingebaut mit einer großen Eingangshalle an der Hoffassade gen Westen. In der Eingangshalle befinden sich drei große Medaillons mit Abgüssen nach Bertel Thorvaldsen, die Jahreszeiten darstellend. An der Stelle des vierten Medaillons befindet sich die oben erwähnte kleine Plakette mit den Initialen des Bauherrn und der Jahreszahl 1856.

Gleichzeitig mit dem Umbau wurde das Hauptgebäude einer Modernisierung unterzogen und erhielt eine Folge von großen ineinandergehenden Sälen, die ihren Zugang von dem neuen Korridor haben. Die innere Ausstattung ist in diesem Teil des Gebäudes überall spätklassizistisch, mit einfachem Deckenstuck und niedrigen Paneelen. In einem großen Teil des nördlichen Seitenflügels ist ein großer Saal untergebracht mit neugotischem Paneel, das eichenholzartig bemalt ist, mit Supraporten und mit sechs großen Wandspiegeln zwischen den Fenstern.

Die niedrigen Satteldächer sind mit Schiefer gedeckt. Der nördliche Seitenflügel hat nach Osten hin eine turmartige Partie erhalten mit einer Aussichtsplattform, in Wahrheit also ein Söller.

Neudorff, Gouache um 1780

Bei dem Umbau ist dem Architekten trotz allen Könnens eines nicht gelungen, die Fassade des Herrenhauses in Einklang zu bringen mit der Zufahrt über den Wirtschaftshof oder durch die Allee. Praktisch steht das Gebäude mit einer vom Beschauer abgewandten Fassade nach Westen zu da, der eigentliche Eingang in das Gebäude ist daher aus praktischen Gründen in eine kleinere Eingangstür im Seitenflügel nach Süden verlegt worden.
Nach dem Tode von Caspar v. Buchwaldt ging das Fideikommiß über auf den ältesten Sohn Detlev v. Buchwaldt, † 1907, der im öffentlichen Leben wenig hervorgetreten ist. Da er nur eine Tochter, aber keine Söhne hatte, folgte ihm der älteste Sohn seines bereits im Jahre 1900 gestorbenen Bruders Wolf im Fideikommiß nach. Der Vater hatte zusammen mit seiner Frau die adeligen Güter Rögen und Mohrberg in Schwansen besessen, hatte aber vorgezogen, in dem schönen altertümlichen Herrenhause des adeligen Gutes Hagen zu wohnen, nachdem er dieses Gut gepachtet hatte. Wolf v. Buchwaldt war der erste Vorsitzende der für Schleswig-Holstein neu begründeten Provinzialabteilung des Bundes der Landwirte gewesen, und war eine ausgesprochen starke Persönlichkeit. Als Kürassier hatte er an der Schlacht von Mars-La-Tour 1870 teilgenommen und erschien daher bei offiziellen Anlässen stets in der Uniform eines Kürassier-Offiziers. Wie es ein Zeitgenosse beschreibt, wirkte er geradezu wie ein Ritter des Mittelalters. Seine Frau, Marie geb. v. Carstenn-Lichterfelde, stammte aus der bekannten Berliner Familie der sog. Gründerzeit.
Neudorff hat er nie besessen, es ging unmittelbar vom Onkel über an den Neffen, gleichfalls Wolf mit Vornamen, † 1941. Dieser machte sich als tüchtiger Landwirt einen Namen. Die von ihm gezüchtete Neudorffer Gerste wurde als besonders ertragreiche Sorte in ganz Schleswig-Holstein angebaut. Im Jahre 1928 übergab er das Gut seinem ältesten Sohne, wiederum Wolf mit Vornamen, * 1906. Dieser war langjähriger Kreispräsident des Kreises Plön und ist in vielen agrarpolitischen und landwirtschaftlichen Vereinigungen an führender Stelle tätig gewesen. Zu Neudorff gehörten bis etwa 1925 außer Schmiedendorf, das noch heute mit dem Gut verbunden ist, die beiden Dörfer Hassberg und Hohwacht. Hassberg, oberhalb des Binnensees gelegen, ist einer der ersten Badeorte an der Ostküste Schleswig-Holsteins gewesen. Es ist zu einer Zeit entstanden, als noch die Ostsee selber als wildes und rauhes Meer empfunden wurde und man lieber seinen Aufenthalt nahm an den durch Wald geschützten stillen Gewässern des Binnensees. Zum Baden

fuhr man freilich schon damals durch den Wald hindurch an den Strand der Ostsee. Der kleine Ort Hassberg bestand aus einem einzigen Badehotel, das heute nicht mehr steht, und einem Pavillon auf einem gegenüberliegenden Hügel, das Panorama genannt, von dem aus man in der Tat einen weiten Rundblick über die Landschaft hat.

Hohwacht war noch im Anfang des 20. Jahrhunderts ein bescheidenes Fischer- und Schifferdörfchen von 10 Wohngebäuden. Der einstige lebhafte Schiffsverkehr nach Dänemark mit Ausfuhr von Getreide und Einfuhr von Pferden hatte sich längst größere und bessere Häfen gesucht. Erst in den letzten Jahren ist Hohwacht zu einem der beliebtesten und größten Seebäder an der schleswig-holsteinischen Ostseeküste herangewachsen.

Die Größe von Neudorff betrug ursprünglich 854 ha. Durch die Abtrennung der beiden Dörfer und den Verkauf eines Teiles des Waldes ist die Fläche des Gutes auf 644 ha gesunken, hiervon entfallen auf den Haupthof 494 ha, auf den Wald 50 ha, auf den Anteil am Binnensee 100 ha.

Adeliges Gut Neudorff

Besitzer: Wolf v. Buchwaldt

Besitzer

ca. 1380–1622	(v.) Rantzau
1622–1642	v. Pentz
1642–1719	v. Reventlow
1719–1738	v. Wedderkop
1738–1761	Herzogin v. Braunschweig, dann Herzogin von Anhalt-Zerbst
seit 1761	v. Buchwaldt

Gut und Bauten

15. Jahrh.	Wasserburg
1703	Bau des jetzigen Herrenhauses
nach 1738	Anbau von 2 Flügelbauten
nach 1821	Anlage des Parkes
1856	Umbau des Herrenhauses

23 Kletkamp

Kirchspiel Kirchnüchel   Kreis Plön

Kletkamp liegt in einer reizvollen, stark kupierten Landschaft, dicht am Rande der holsteinischen Schweiz, der Gutshof selber in einer tiefen, von Wasserläufen und Seen erfüllten Niederung. So bot sich hier von jeher eine leichte und gute Möglichkeit zur Anlage eines befestigten Platzes. Das heutige Schloß liegt auf dem gleichen Platze wie die Wasserburg des Mittelalters, bis zum heutigen Tage steigt der Bau unmittelbar aus dem Wasser auf, ebenso wie das weite Gelände der Vorburg rings von einem zweiten Graben umschlossen ist. Heute befindet sich hier der Wirtschaftshof. Ein Teil der Gräben ist später zugeschüttet worden, insbesondere bei der Erweiterung des Wirtschaftshofes nach 1838, aber im Süden und Südosten sind sie noch wohlerhalten.

Schon sehr früh werden Ritter von Kletkamp genannt. Wir kennen nur einige wenige Namen, zur Bildung einer eigentlichen Familie ist es nicht gekommen, vielleicht handelt es sich um einen Zweig der Rantzau. Im Jahre 1253 wird der Ritter Detlev von Kletkamp erwähnt (Tetleuus de Cletkamp), derselbe kommt 1273 im ältesten Kieler Stadtbuch, das von 1264 bis 1289 reicht, wiederum vor, jetzt zusammen mit seinem gleichnamigen Sohn. 1259 wird Johannes de Cletkámpe unter den Rittern und Knappen genannt, 1315 Henneke von Kletkamp. Bald darauf scheint Kletkamp in den Besitz des Cistercienser-Klosters in Reinfeld gekommen zu sein, Peter Hanssen macht in seiner Chronik von 1759: „Kurzgefaßte zuverlässige Nachricht von den Holstein-Plönischen Landen, ... zugleich die Geschichte von den beiden berühmten Clöstern Arensbök und Reinfeld" diese Angabe. Da gleichzeitig weiterer Besitz des Klosters in Ostholstein genannt wird, – Putlos und Löhrstorff – erscheint die Angabe glaubhaft.
Aber schon seit 1387 sitzen die Rantzau selber auf Kletkamp und bleiben hier – mit einer kurzen Unterbrechung von zwei Jahrzehnten –, bis es um 1620 auf die Brockdorff übergeht, die es bis zur Gegenwart hin besitzen. Als erster Rantzau wird der Knappe Otto Rantzau genannt, dessen Nachkommen das Gut bis etwa 1486 innehaben. In diesem letzteren Jahre erscheint der Ritter Burchard von Krummendieck, Amtmann von Flensburg und Herr auf Heiligenstedten in der Elbmarsch auch als Besitzer von Kletkamp. Wieso er zu diesem Besitz gekommen ist, wissen wir nicht, ebensowenig, wodurch die Rantzau wieder das Gut erhalten haben. Burchard Krummendieck hinterließ seine Witwe Catharina und eine einzige Tochter Heilwig, die mit Christoph v. Ahlefeldt vermählt war. Daher fielen die Güter in der Marsch an die Ahlefeldt, aber spätestens im Jahre 1520 sitzt wieder ein Rantzau, dieses Mal Schack Rantzau, auf Kletkamp. Er verkauft das Gut im Jahre 1533 an seinen Vetter Cai Rantzau, von diesem geht es über an dessen vierten Sohn Detlev, † nach 1605, Amtmann von Cismar, Oldenburg und Eutin, Besitzer außer von Kletkamp noch von Hanerau an der Grenze nach Dithmarschen und Gereby, dem heutigen Carlsburg an der Schlei. Detlev Rantzau war ein bedeutender Mann, war schon 1570 Rat Herzog Adolfs, 1572 Statthalter in der Abwesenheit des Herzogs, nahm teil an den Verhandlungen über die Lehnsverhältnisse des Herzogtums Schleswig und trat 1596 bei der Krönung König Christians IV. von Dänemark als Brautwerber für Herzog Johann Adolf auf, als dieser um die Hand der Prinzessin Augusta von Dänemark anhielt.

Kletkamp, Torhaus

Detlev Rantzau hatte mehrere illegitime Kinder, wir kennen die Namen von mindestens drei Söhnen und einer Tochter, sie führten alle den Namen Rantzau, einer von ihnen, Paul Rantzau, wurde sogar mit der Burg von Itzehoe belehnt. Aber aus seiner Ehe gab es nur einen einzigen Sohn Cai, der lange vor dem Vater im Jahre 1590 als Student in Straßburg starb. Infolgedessen gingen die Güter Kletkamp und Gereby auf die Tochter Ida Rantzau über, die mit Detlev Brockdorff auf Windeby verheiratet war.
Auf diese Weise kam Kletkamp in den Besitz der Familie Brockdorff, von Detlev Brockdorff erbte Kletkamp die Tochter Magdalene, auch Malenecke genannt, die mit Bendix Pogwisch vermählt war.
In der Tat erhielt Pogwisch auch im Jahre 1612 einen Lehnsbrief auf Kletkamp. Aber schon ein Jahr später war er tot, auf einem Tanzfest in Kiel wurde er von Alexander Sehestedt im Streit so unglücklich am Oberschenkel verwundet, daß er kurz darauf starb. Magdalene Brockdorff verkaufte einige Jahre später das Gut an ihren Bruder Cai Brockdorff, der im Jahre 1619 die Belehnung mit Kletkamp erhielt. Seitdem hat sich Kletkamp in 10 Generationen, stets von Vater auf Sohn, bis auf den jetzigen Besitzer Christian Friedrich Graf v. Brockdorff, * 1930, vererbt.
Ein einziges Mal gab es eine Ausnahme, Wilhelm Brockdorff, † 1888, hatte aus seinen beiden Ehen, beide mit zwei Cousinen Brockdorff, keine Kinder. Daher ging der Besitz auf den nächsten Bruder Friedrich Adolph Emil Brockdorff, † 1906, über.
So bodentreu dieses Festhalten am Besitz durch über 350 Jahre auch erscheint, so kommt dem doch ein Umstand wesentlich zu Hilfe, das ist die Begründung des Fideikommisses. Diese Rechtsform, die im allgemeinen der landesherrlichen Bestätigung bedurfte, schloß grundsätzlich die Veräußerung, in vielen Fällen auch die Verschuldung des Besitzes aus. Die Erbfolge war fest geregelt, durchweg zugunsten des ältesten Sohnes, die übrigen Geschwister wurden mit mehr oder weniger Geld aus dem freien Vermögen abgefunden, die Töchter erhielten außerdem, wenn sie nicht heirateten, eine angemessene, oft gar nicht einmal schlechte Versorgung durch die Aufnahme in eines der vier adeligen Klöster. Die Brockdorff auf Kletkamp haben als erste schon vor 1700 diese Institution des Fideikommisses bei uns eingeführt, analog dem Bestreben der fürstlichen Häuser, die unbeschränkte Teilung der Besitzungen zu verhindern. Erst die Weimarer Reichsverfassung von 1919 hat die Fideikommisse aufgehoben, unter dem Vater des jetzigen Besitzers, Cai

Bertram Brockdorff, † 1945, fand die Auflösung des Fideikommisses Kletkamp statt.
Die ersten Generationen legten den Grundstock zu dem geradezu märchenhaften Reichtum, der den Brockdorff auf Kletkamp durch viele Generationen treu bleiben sollte. Es gibt auf alle altholsteinischen Adelsgeschlechter, auf die sogenannten originarii, Sprüche des Volksmundes von erstaunlicher Treffsicherheit, so heißt es:

stolt as en Rantzau
from (oder klook) as en Reventlow
wilt as en Blome
listig as en Rumohr,

aber von den Brockdorff heißt es:

riik as en Brockdörp.

In der Tat wuchs der Besitz höchst stattlich an, zu Kletkamp kam schon 1635 das benachbarte adelige Gut Grünhaus hinzu, das praktisch wie ein Meierhof behandelt wurde. Da es unmittelbar bei der Kirche von Kirchnüchel liegt und daher auch dorthin eingepfarrt ist, wurde Kletkamp aus dem Kirchspiel Neukirchen, zu dem es ursprünglich gehört hatte, herausgelöst und ebenfalls zu Kirchnüchel gelegt. Bald kamen weitere Besitzungen hinzu, Westensee und das sehr bedeutende Bothkamp in Holstein, durch die Verbindung zu Wilhelm III. von Oranien, dem späteren König von England, die beiden Herrschaften Doorn und Uiterwyck in Holland. Hand in Hand damit geschah der Aufstieg des Geschlechtes, Cai Lorenz Brockdorff, † 1725, wurde 1672 dänischer Graf, 1706 Reichsgraf. Die Titelfolge war nach dem dänischen Adelsrecht eigentümlich geregelt, von den Söhnen führt nur der älteste den Grafentitel, die nachgeborenen Söhne sind Barone v. Brockdorff, die Töchter führen sämtlich den Namen einer Gräfin v. Brockdorff. Cai Lorenz Brockdorff war außerdem Archidiakon und Dompropst von Utrecht. Doorn ist in neuerer Zeit sehr bekannt geworden als Wohnsitz des letzten deutschen Kaisers Wilhelm II.
Cai Lorenz, † 1725, war Großkreuz vom Dannebrog, ebenso wie sein Sohn Christian Friedrich, † 1750, und sein Enkel, Christian Ulrich, † 1808. Letzterer war auch Geheimer Conferenzrath und Verbitter des adeligen Klosters Itzehoe.

Gartenfassade

Alles, was an Gebäuden auf dem Hofe steht, verdankt diesem baulustigen Geschlecht seine Entstehung mit einer einzigen Ausnahme, dem Herrenhause selber. Sicherlich ist es erst in der Brockdorffschen Zeit zu dem imponierenden schloßartigen Bauwerk umgestaltet worden, aber der Kern ist alt und geht auf die Rantzauische Zeit zurück. Wir besitzen auf der Rantzauischen Tafel, die etwa um 1586 entstanden ist, ein Bildchen der Rantzauischen Burg, ein quadratischer Fachwerkbau mit überkragendem Obergeschoß und vier mit spitzen Helmen geschmückten niedrigen Türmen an den Ecken. Dieses Haus steckt als Kern in dem heutigen Bau. Bei Ausbesserungsarbeiten um 1920 wurden in den unten später verstärkten Mauern Reste des Strebewerks des ursprünglichen Fachwerkbaues mit dem etwa 40 cm vorspringenden Obergeschoß aufgedeckt, ein klarer Beweis für die Richtigkeit der Darstellung auf der Rantzauischen Tafel. Wahrscheinlich geht es auf Cai Rantzau zurück, der seit 1533 Besitzer von Kletkamp war, oder auf seinen Sohn Detlev.

Das Haus, wie es sich heute darstellt, ist ein höchst eigentümlicher Bau mit praktisch zwei Gesichtern. Nach Westen hin, nach der Parkseite, macht es einen ganz bodenständigen, echt holsteinischen Eindruck. Hier

ist es aus glattem roten Backstein aufgeführt. In späterer Zeit, wohl in der zweiten Hälfte des 18. Jahrhunderts, ist in der Mitte ein formenschöner Risalit mit schlanken Pilastern vorgemauert worden. Der Abschluß mit hohem Dreiecksgiebel gehört wahrscheinlich einer späteren Baustufe an, wohl erst dem Anfang des 19. Jahrhunderts.
Ganz anders ist die Vorderfassade gestaltet. In den eigentlichen Baukörper ist ein stark vorspringender Mittelteil eingebaut worden. Das Jahr der Erbauung ist mit 1676 überliefert, obwohl eine Jahreszahl an dem Gebäude nicht angebracht ist. Ursprünglich ragte dieser Mittelbau mit fünf Stockwerken in imponierender Höhe hervor und fiel völlig aus dem Rahmen aller uns bekannter Herrenhaustypen im Lande heraus. Man hat versucht, Anknüpfungen zu dem Herrenhaus in Gjorslev auf der Insel Seeland zu finden, auch hier ragt ein stattlicher Mittelbau in mehreren Stockwerken hoch empor. Möglich, daß hier Verbindungen bestehen. Gjorslev wurde für den in Holland geborenen Großkaufmann Joachim Jürgens durch den aus Holland stammenden königlichen Baumeister Ewert Janssen 1666 gebaut. Bei den starken Beziehungen der Brockdorff sowohl zu Dänemark wie zu Holland besitzt diese Theorie durchaus eine gewisse Wahrscheinlichkeit. Andere Quellen nennen den Utrechter Baumeister P. S. Brögers. In jedem Falle dürfte der Bau holländischen Ursprungs sein und ist ein schönes Beispiel der frühklassizistischen Baukunst dieses Landes.
1952 brach ein Brand in den Obergeschossen aus, dem das Türmchen, das mit seiner Laterne das 5. Stockwerk bildete, zum Opfer fiel. Jetzt besteht der Bau aus drei vollen 5achsigen Geschossen, darüber über einer Attika ein viertes Geschoß von 3 Achsen mit Volutengiebeln, im Dreieck-Abschluß darüber ein großes gemaltes Wappen, der fliegende Fisch der Brockdorff.
Das Eingangsportal ist schlicht, offenbar spätklassizistisch, darüber Sandsteinwappen aus älterer Zeit mit den Wappen Brockdorff und Schack. Ebenso stehen an der Zufahrt zum Schloß auf jeder Seite dreieinhalb m hohe schlanke, reich skulpierte Sandsteinpfeiler mit kleinen wappentragenden Löwen, wiederum mit dem Wappen Brockdorff und Schack, ferner Putten in Nischen und Blütenkränzen, wahrscheinlich ein Werk von Theodor Allers aus dem Ende des 17. Jahrhunderts.
1838 wurde ein seitlicher Anbau mit einem Laubengang, dem sog. Wildbogen, angefügt.
Das Innere ist stark geprägt von späteren Umbauten, hauptsächlich im

Anfang des 19. Jahrhunderts. Die Keller unter dem nördlichen Teil des Gebäudes besitzen drei parallele Tonnengewölbe. Unter dem Vorbau nach der Hofseite zu befinden sich ein Tonnengewölbe in der Mitte, Kreuzgewölbe auf jeder Seite. Der größte Teil der Keller hat jedoch heute eine flache Decke, sicherlich sind die Gewölbe aus Raumgründen hier herausgeschlagen worden.
Das Hauptstockwerk zu ebener Erde ist verhältnismäßig niedrig. In der Mitte befindet sich die Halle, ohne eigene Lichtzuführung von außen, die Decke wird hier von vier schlanken kanellierten Holzsäulen mit Palmetten-Kapitellen getragen, so daß sich hier praktisch drei Schiffe ergeben. Längs der Wand zur Linken geht die schlichte Treppe nach oben mit einem Geländer von gedrehten Balustraden. Alles ist in hellen weißen Farben gehalten.
Auf der rechten Seite befindet sich der sehr große Speisesaal, früher auch Spinnsaal genannt, in einer Größe von 9×12 m. Dieser Raum hatte ursprünglich eine Fußbodenbelegung durch Steinplatten, diese sind um 1890 durch Parkett ersetzt worden. Bis dahin war der Fußboden der Halle mit Mauersteinen ausgelegt, jetzt wanderten die Steinplatten von dem Speisesaal in die Halle.
Die Wände dieses Saales sind stukkiert, wohl schon im Ende des 18. Jahrhunderts, und aufgeteilt durch 19 große kanellierte ionische Pilaster, zwischen denen Medaillons in goldstaffiertem Bandelwerk eingehängt sind. Auch die sehr schwere Decke ist reich stukkiert mit kräftigen Gesimsen und Plafonds; die Einfassungen sind mit Eichenblättern belegt. Bei Ausbesserungsarbeiten vor wenigen Jahren entdeckte man über dieser Decke eine reich bemalte Holzbalkendecke aus dem Anfang des 17. Jahrhunderts, also wohl aus der ersten Brockdorffschen Zeit, etwa vergleichbar mit der Balkendecke in Panker. Balken wie auch Bretterlagen sind völlig bedeckt mit Schweifwerkkartuschen und Grotesken, in denen Liebespaare und Szenen des Trojanischen Krieges abwechseln. Teile dieser Decke sind mittlerweile in der Diele des Obergeschosses eingebaut.
Auf der linken Seite des Hauses zeigt ein ursprünglich größerer Raum noch in situ eine ähnlich gestaltete Balkendecke, jedoch mit biblischen Szenen.
Der Salon hinter dem großen Eßsaal liegt gegen Westen und ist ebenso wie die übrigen Räume im Anfang des 19. Jahrhunderts insgesamt umgebaut worden. Die Wände sind mit Ledertapeten vollständig ausgekleidet, ausgemalt in Feldern, wo auf ockergelbem Grund stilisierte

Salon mit Schmuckfußboden

pompejanische Motive in Weiß gemalt sind, eingefaßt von einem Mäanderband und umschlungen von grünen Kränzen. Ein großer weißer Fayenceofen mit einer Urne als Krönung schmückt den Raum. Der Fußboden ist großartig parkettartig ausgelegt mit großer Windrose.

Daneben in dem Anbau von 1838 befindet sich das Porzellankabinett mit umfangreichen Porzellansammlungen verschiedener Proveniencen. Zur Linken folgt der große Gartensaal mit einfacher spätklassizistischer Ausschmückung, einfach kassettierter Stuckdecke mit vergoldeten Rosetten, die Wände auch hier aufgeteilt durch schlanke Pilaster und belegt mit stilisierter Blumen- und Grotesken-Ornamentik. Auch hier ist ein schöner Parkettboden in großer Feldaufteilung vorhanden, vielleicht aus der ersten Hälfte des 19. Jahrhunderts.

Das Haus besitzt eine bedeutende Sammlung von Porträts aus allen Jahrhunderten, darunter Werke von so hervorragenden Malern wie Abraham Wuchters und Jens Juel.

Die Hofanlage ist außerordentlich großzügig, sie ist in den Jahren nach 1838 gründlich umgestaltet worden. Heinrich Christian Friedrich Brockdorff wandte sein besonderes Interesse der Neuanlage des Hofes

zu. Der alte Hof war ringsum von Wassergräben umgeben und die Gebäude dadurch auf kleinem Raum zusammengedrängt. Am Weg vom Herrenhaus zum Torhaus lagen zwei alte Fachwerkscheunen, die abgetragen wurden, um die Feuersgefahr zu vermindern. Es wurde daraufhin ein neuer Hofplatz mit großen Ausmaßen angelegt. Das bedingte das Zuschütten des Grabens vom Torhaus bis hinter das Waschhaus und das Entfernen der Kettenbrücke vorm Tor. Nach und nach entstanden folgende Gebäude: 1838 der Kutschstall und vermutlich auch die Reitbahn, 1846 die Sommerscheune, 1850 die Winterscheune und das Kuhhaus, der Wagenschauer und die Stellmacherei mit dem unteren Speicher. Die Meierei, die hinter dem Obstgarten lag, wurde im Nordwesten als Abschluß des Hofes wieder aufgebaut, daneben links das Backhaus, rechts der Schweinestall. Der Sohn Friedrich Adolph Emil ergänzte diese Bauten auf dem Hofe durch einen Fohlenstall im Jahre 1891. Zu seiner Zeit brannte durch Blitzschlag 1894 das von dem Vater 1842 gebaute Kuhhaus ab. Er erbaute jetzt auf denselben Fundamenten den neuen Stall.
Das Torhaus stammt aus dem Jahre 1773 oder 75. Dieses Torhaus hat

Galantes Paar, Deckenmalerei um 1625

einen ganz besonderen Reiz. Es erhebt sich unmittelbar aus den Hausgräben auf einem kräftigen Granitsteinsockel mit einem großen Mansardendach auf jeder Seite der turmartigen Torfahrt. Diese letztere ist mit kleinen Obelisken geziert und besitzt stark geschwungene Abdeckungen sowie ein reich ornamentiertes Mauerwerk. Dieses Torhaus gehört damit zu den stattlichsten Torhäusern in Holstein und braucht keinen Vergleich zu scheuen mit den wesentlich schwerer konstruierten und rustikaler wirkenden Torhäusern wie auf Testorf und Hasselburg. Das Torhaus in Kletkamp besitzt eine außerordentlich feine Architektur. Die flachen Bänder des Mauerwerks wiederholen die geschwungenen Konturen und Linienführungen des Daches. Die Torfahrt selber wird eingefaßt von Pilastern mit verkrüppelten Kapitellen und hat auf jeder Seite Sandsteinkartuschen. Auf der Innenseite ist das Doppelwappen Brockdorff und Hahn in Sandstein angebracht, darunter ein Band mit Bauinschrift. Die Durchfahrt ist außerordentlich hoch mit Kreuzgewölben.
Ein hochbedeutendes Bauwerk verdankt den Brockdorff seine Entstehung, das ist die Grabkapelle des Grafen Cai Lorenz v. Brockdorff, † 1725, bei der Kirche in Kirchnüchel. Diese Grabkapelle ist wahrscheinlich nach einem Gesamtentwurf von Thomas Quellinus aus dem Jahre 1697 geschaffen, nach anderen Quellen stammt sie aus dem Jahre 1709. Sie ist ein freistehender Baukörper, der nur durch einen Gang mit dem Chor verbunden ist. Der Bau ist würfelförmig gehalten, mit einem niedrigen, von offener Laterne bekrönten Zeltdach und mit strenger Pilastergliederung. Der Zugang vom Chor geht durch ein schönes Pilasterportal aus Sandstein mit dem Wappen Brockdorff im gebrochenen Giebel und dem Datum von 1693. Dieses letztere Datum spricht dafür, daß die Kapelle gleichzeitig entstanden ist. Der Kapellenraum selber ist von einem steinernen Spiegelgewölbe überdeckt mit reicher Stukkierung, in den Kartuschen des Gewölbes Spiegelmonogramme. Anstatt eines Fußbodens befindet sich hier eine schmale umlaufende Galerie, von der man in die darunterliegende Gruft hineinblickt, die heute nurmehr zwei Sandsteinsarkophage enthält. Gegenüber dem Eingang ist das pompöse Wandgrabmal des Stifters, des Grafen Cai Lorenz v. Brockdorff, angebracht, aus verschiedenfarbigem Marmor, von Thomas Quellinus signiert. In der Mitte befindet sich das bereits durch das Kapellengitter her sichtbare repräsentative Bildnismedaillon auf einem Sockel aus schwarzem Marmor in schönen Proportionen mit einer durch eine schwere rotmarmorne Draperie zusammengefaßten

freiplastischen Gruppe von allegorischer Bedeutung. Der Gott der Zeit, Chronos, und Putten weisen auf den an einem Pfeiler aufgehängten Dannebrog-Orden des Verstorbenen und verkünden damit den überdauernden persönlichen Ruhm. Zu den Seiten des Grabmals befinden sich zwei Bildnismedaillons, wahrscheinlich Darstellungen der Eltern des Grafen. Am Sockel wiederum Wappen und eine geschweifte Inschrifttafel.

So sicher fundiert dieser große Besitz auch zu sein schien, so gab es doch eine lange Epoche voll der bösesten Verwickelungen, die Kletkamp bis dicht an den Rand des Zusammenbruches führten. Cai Bertram Brockdorff, † 1689, war seit 1656 Witwer und hatte sich schon zu Lebzeiten entschlossen, seine Güter seinem einzigen Sohn aus dieser Ehe, dem späteren Reichsgrafen Cai Lorenz Brockdorff zu übergeben. 1667 fand dieser Akt statt, der Sohn – eben 21 Jahre alt geworden – erhielt Kletkamp mit Grünhaus sowie Westensee in Holstein, ferner die Besitzungen in Holland sowie das Archidiakonat nebst den Pfründen des Dompropsten von Utrecht. Der Vater behielt sich nur das adelige Gut Bothkamp vor, das allerdings mit seinen rd. 6000 ha das größte Einzelgut in ganz Holstein und ein sehr wertvoller Besitz war. Darüber hinaus erklärte sich der Vater bereit, keine neue Ehe einzugehen, so daß Bothkamp früher oder später dem Sohne auch noch zufallen mußte. Eine einzige Bedingung knüpfte der Vater an diese gewiß sehr großzügige Handlungsweise: der Sohn solle sich mit der eben erst 20jährigen Hedwig Rantzau a. d. H. Ascheberg vermählen. Aber gerade diesen Wunsch des Vaters wollte der Sohn ganz und gar nicht erfüllen. Er hatte sein Herz auf die blutjunge Sophie Amalie Schack geworfen, eine Tochter des Reichsfeldherrn Hans Schack, des Begründers der Grafschaft Schackenburg bei Tondern, und hat sie bald darauf auch geheiratet.

Die Folge war ein tiefes Zerwürfnis zwischen Vater und Sohn, das noch verstärkt wurde, als nun der Vater seinerseits die dem Sohne zugedachte Hedwig Rantzau heiratete. Der Vater war schon in den 50ern, aber aus dieser Ehe gingen noch zwei Söhne und drei Töchter hervor.

Jetzt begannen die Prozesse. Der Vater fühlte sich an sein Wort nicht mehr gebunden, keine zweite Ehe einzugehen, der Sohn fürchtete um das Gut Bothkamp, als dessen künftigen Erben er sich bis dahin betrachtet hatte. 1681 kam ein Vergleich zustande, der mit den Siegeln von König und Herzog bekräftigt wurde. Trotzdem begann der Streit im gleichen Jahre von neuem und schleppte sich jetzt durch Jahrzehnte hin. 1725 erließ das Reichskammergericht ein Urteil, durch das der

Halle

Brockdorffschen Seite das Gut Bothkamp zuerkannt wurde nebst allen Nutzungen, die die anderen Erben nach dem Tode der Stiefgroßmutter aus dem Gut gezogen hätten. Aber die holsteinische Landesregierung verweigerte die Vollstreckung des Urteils.
Inzwischen wuchsen die finanziellen Nöte für Kletkamp an. Vater und Sohn waren beide längst nicht mehr am Leben, aber der Enkel Christian Friedrich setzte unverdrossen die Prozesse fort. Die Kosten stiegen ins Ungemessene, hinzu kam, daß die Gräfin Ulrike Eleonore v. Brockdorff, geb. v. Fölkersam, ihrem Agenten eine Blankovollmacht gegeben hatte, die dieser gewissenlos benutzt hatte, um weitere Schulden zu kontrahieren. Kurz: die Fideikommißeigenschaft von Kletkamp mußte aufgehoben werden, um die vielen Gläubiger befriedigen zu können, aber es half alles nichts, im Jahre 1731 wurde der Konkurs über die Güter Kletkamp und Grünhaus eröffnet. Jetzt in letzter Stunde fanden sich die Parteien zu einem wirklichen Vergleich bereit, die Erben des Großvaters aus dessen zweiter Ehe zahlten an Christian Friedrich Brockdorff die Summe von 150000 Rthlr., dagegen verzichtete er auf seine Ansprüche auf Bothkamp.
So kommt es, daß Kletkamp zweimal mit Fideikommißeigenschaft belegt wurde, das zweite Mal im Jahre 1800 durch den Hofjägermeister Ludwig Achatz Brockdorff, † 1820.
Während bei unseren großen adeligen Gütern die Frauen fast durchweg

dem Landesadel entstammen, haben die Brockdorff auf Kletkamp sich in überraschend großer Zahl mit adeligen Damen aus anderen Ländern vermählt. Hierbei sind nur die Besitzer von Kletkamp selber in die Betrachtung einbezogen worden. Cai Bertram Brockdorff, von dem oben die Rede gewesen ist, war in seiner ersten Ehe mit Susanne Amalie v. Münster aus Franken verheiratet, der Enkel Christian Friedrich, † 1750, mit Ulrike Eleonore v. Fölkersam aus baltischem Adel. Heinrich Christian Friedrich Brockdorff, † 1880, hatte Charlotte Freiin Grote aus Niedersachsen zur Frau. Nicht weniger als sechs Verbindungen gab es mit dem mecklenburgischen Adel, dreimal mit den Hahn, je einmal mit den Bülow, den Meerheimb und den Behr. Demgegenüber treten die Ehen innerhalb der schleswig-holsteinischen Ritterschaft zurück.

Kletkamp und Grünhaus hatten bis zu der Zeit der beiden Bodenreformen nach den Weltkriegen eine Gesamtfläche von 3325 ha. Nach dem Ersten Weltkrieg wurden die Dörfer vom Gut getrennt und in freies Eigentum überführt, nämlich die vier Dörfer Alt-Harmhorst, Neu-Harmhorst, Nessendorf und Rathlau. In den Jahren 1928/29 folgten die Meierhöfe Kirchmühl und Grünhaus, 1931/33 die Meierhöfe Friedrichsleben und Groß-Rolübbe. Der Meierhof Ludwigshof ging im Erbgang an die Schwester des jetzigen Besitzers, Frau Therese Fink, geb. Gräfin v. Brockdorff, über. Groß-Rolübbe gehört heute Frfr. v. Meerheimb, geb. Blohm; Grünhaus Frau van Tienhoven, geb. Huth.

Heute besteht das Gut aus dem Haupthof nebst zugehöriger Parzelle Hähnersaal sowie der Ziegelei mit insgesamt 420 ha, einem Waldareal von 320 ha, Fischteichen von 80 ha, alles in allem umfaßt Kletkamp heute mithin rund 800 ha. Trotz dieser starken Verkleinerung des Besitzes ist innerhalb der letzten Jahre eine wesentliche Festigung eingetreten. Sowohl die Landwirtschaft als auch die Wälder einschließlich eines eigenen Sägewerkes werden vorzüglich bewirtschaftet, die Fischteiche sind nach modernen Gesichtspunkten angelegt und ausgebaut worden und enthalten eine ertragreiche Fischzucht. Seit 1969 ist das Schloß selber als vierter Betriebszweig in die Bewirtschaftung einbezogen worden. Die Familie des Besitzers wohnt nicht mehr dort, sondern im Inspektorhaus vor dem Tore. Im Schloß sind in den Obergeschossen 12 Appartements für Sommergäste eingerichtet, die ihre Ferien auf dem Lande verbringen wollen, mit allen Möglichkeiten eines ländlichen Daseins, Reiten, Angeln und Wandern. Die großen Gesellschaftsräume im Erdgeschoß werden für Veranstaltungen aller Art vermietet, Hochzeiten, Firmen-Jubiläen, Geburtstage usw.

Adeliges Gut Kletkamp

Besitzer: Christian Friedrich Graf v. Brockdorff

Besitzer

seit 1253	Ritter v. Cletkamp
14. Jahrh.	Cistercienserkloster Reinfeld
1387–1612	(v.) Rantzau von 1486–1520 Krummendieck
seit 1612	(v.) Brockdorff
bis 1619	Cai Brockdorff
1619–1667	Cai Bertram Brockdorff
1667–1712	Cai Lorenz Graf v. Brockdorff
1712–1750	Christian Friedrich Graf v. Brockdorff
1750–1786	Christian Ulrich Graf v. Brockdorff
1786–1820	Ludwig Achatz Graf v. Brockdorff
1820–1880	Heinrich Christian Friedrich Graf v. Brockdorff
1880–1888	Wilhelm Ernst Berchthold Graf v. Brockdorff
1888–1906	Friedrich Adolf Emil Graf v. Brockdorff
1906–1945	Cai Bertram Graf v. Brockdorff
seitdem	Christian Friedrich Graf v. Brockdorff

Gut und Bauten

16. Jahrh.	Wasserburg nach der Rantzauischen Tafel
1664	Waschhaus (mit Wappen von Cai Bertram Brockdorff)
1676	Umbau des Herrenhauses
1692	Portal an der Kirche von Kirchnüchel
1709	Grabkapelle in Kirchnüchel
1745	Kapelle vor dem Torhaus (wieder abgebrochen)
1775	Torhaus
1800	Zweiter Umbau des Herrenhauses
1838	Neuanlage des Hofes, Kuhstall und Reitbahn
1846	Sommerscheune
1850	Winterscheune, Meierei und Kuhhaus
1891	Fohlenstall und neues Kuhhaus
1967	Restaurierung der Grabkapelle in Kirchnüchel

24 Weissenhaus

Kirchspiel Hohenstein   Kreis Ostholstein

Henning Pogwisch auf Farve, † 1607, hielt am 18. Januar 1607 in Kiel gemeinsam mit seiner Ehefrau Margarethe geb. Rantzau Erbteilung mit seinen vier Söhnen, Hans, Claus, Otto und Wolf. Hans lebte zu der Zeit bereits gänzlich in Dänemark, wo er Landbesitz erworben hatte und wo er sich zweimal mit Frauen aus dänischem Adel vermählte. Er ebenso wie der nächste Bruder Claus wurden in der väterlichen Erbteilung mit Geld abgefunden. Der große Besitz Farve wurde geteilt, Otto erhielt Farve selber, dem jüngsten Sohne Wolf wurden die bis dahin zu Farve zählenden Dörfer Wanderow oder Wanderohe, Waschebuck (heute Wasbuck), Donnsdorf (=Döhnsdorf) und Weissick (später Wessek)

übergeben. Ob zu dieser Zeit in Wanderow außer dem Dorf schon ein Hof vorhanden war, ist ungewiß. Auf alle Fälle kann diese Erbteilung als die Geburtsstunde des großen adeligen Gutes Weissenhaus angesehen werden. Wolf Pogwisch legte alsbald nach der Übergabe das Dorf Wanderow nieder und begründete den Hof Weissenhaus. Sicherlich hatte auch das erste Herrenhaus, das er errichtet haben wird, einen weißen Anstrich, ebenso wie die späteren Bauten von 1731 und 1897. Auf Plattdeutsch heißt das Gut Wittenhus. Das Wort klingt ähnlich wie Witwenhaus, man hat manchmal daraus den Schluß gezogen, als ob Weissenhaus der Wohnsitz der Witwen von Farve gewesen sei. Aber nach dem Ausgeführten besteht kein Grund zu dieser Annahme.
Farve war zu der Zeit der Erbteilung schon lange, mindestens seit der Mitte des 15. Jahrhunderts in der Hand der Pogwisch, vielleicht nächst den Rantzau unseres bedeutendsten und stärksten Adelsgeschlechtes. Nachdem Weissenhaus als selbständiges Gut konstituiert ist, geht es im ganzen folgenden Jahrhundert zwischen den Pogwisch und den Rantzau hin und her. Wolf Pogwisch behielt Weissenhaus bis an sein Lebensende, er starb 1636. Aber wenige Jahre später, im Jahre 1639, verkauften die Erben das Gut an den Nachbarn Joachim Rantzau auf Putlos. Dessen Sohn Bertram veräußerte Weissenhaus im Jahre 1667 wiederum an einen Pogwisch, Bertram Pogwisch aus der Linie Dobersdorf, † 1672. Dieser hatte Farve von seinem Vater her geerbt, für Weissenhaus bezahlte er immerhin 55 000 Rthlr. und konnte nun die beiden Güter für einige Jahre vereinigen. Er war ein hochbedeutender Mann, hatte erst in Helmstedt und Siena studiert, war dann in die Dienste des Markgrafen von Baden getreten und hatte es hier bis zum Major gebracht, wurde dann Hofmeister des Herzogs August Friedrich von Holstein-Gottorp und begleitete ihn auf seinen vielen Reisen in fremde Länder. 1665 wurde er Geheimer Rath und Hofmarschall. Außerdem fielen ihm die Würden eines Amtmanns von Eutin, später auch von Tondern zu. In schleswig-holsteinischem Privatbesitz befinden sich zwei Ölbilder, das eine stellt ihn fast lebensgroß dar, die linke Hand ist offensichtlich gelähmt, das andere, ein kleines Ölbild, gibt ihn zusammen mit seiner Ehefrau Anna geb. Rantzau und einem wahrscheinlich früh verstorbenen Kinde wieder. Auch von Frau Anna Pogwisch geb. Rantzau existiert ein Ölbild, das sie in hohem Alter wiedergibt, sie erreichte ein Alter von 88 Jahren, als sie 1722 starb.
Bertram Pogwisch hinterließ keine Leibeserben, daher ging Weissenhaus jetzt auf die Witwe über, die es ihrerseits dem Sohne ihres Bruders

übergab, dem Grafen Christian Rantzau auf Rastorf, † 1729. Er scheint das Gut nur kurze Zeit behalten zu haben, entweder er selber oder sein Sohn, der Graf Christian Emil zu Rantzau, verkauften Weissenhaus an den Freiherrn Paul Albrecht Balthasar v. Liliencron auf Putlos, † 1765. Dieser stammte aus einer erst neu geadelten Familie, sein Großvater hatte noch Paul Martens geheißen und war Kaufmann in der kleinen Stadt Bredstedt an der Westküste gewesen. Der Sohn Andreas Pauli, † 1700, trat auf Grund ungewöhnlicher Begabung als ganz junger Mann in den dänischen Staatsdienst ein und versah viele Jahre lang den wichtigen Posten eines kgl. dänischen Ministerresidenten am kaiserlichen Hofe in Wien. Schon mit 27 Jahren erhielt er den dänischen Adelsstand, als er im Jahre 1673 Wien verließ, wurde er vom Kaiser in den Reichsfreiherrenstand erhoben.
Aber erst die Söhne erreichten die Aufnahme in die schleswig-holsteinische Ritterschaft, freilich auf Grund einer dem Vater schon gegebenen Zusage, vor allem erreichten erst sie das begehrte connubium mit der Ritterschaft, die Vermählung mit Frauen des Landesadels. Der ältere Bruder war mit einer Wohnsfleth vermählt, Paul Albrecht Balthasar Frhr. v. Liliencron erst mit Anna Emerentia v. Rumohr a. d. H. Düttebüll, in zweiter Ehe mit Dorothea Ölgard Rantzau. Im Jahre 1720 hatte er das adelige Gut Putlos gekauft, nun kam einige Jahre später das angrenzende Weissenhaus hinzu, und hier erbaute er im Jahre 1731 ein neues Herrenhaus. Später wurde es um zwei Flügelbauten erweitert, 1895 brannte es ab, angeblich infolge eines Rasierspiegels, den ein Gast in die Gardine seines Schlafzimmers gehängt hatte und der wie in einem Brennglas die Strahlen der Morgensonne auffing.
Dieser Bau ist uns aus Abbildungen wohl bekannt, es war ein stattliches Haus von zwei Stockwerken mit Frontispiz, der Ehrenhof im Halbrund umgeben von einem Kranz schlanker Pyramideneichen, die auch heute noch stehen. Eine kleine Au, die die Hofanlage durchzieht, ist nördlich des Hofes zu einem See aufgestaut, möglicherweise Rest eines Hausgrabens, der früher den Hof umschlossen haben wird. Im Park westlich vom Herrenhaus führen große Lindenalleen nach Westen hin sowie nach Norden hinunter zum Strand. Teile einer einstmals bedeutenden französischen Parkgestaltung aus der gleichen Zeit wie das Hauptgebäude selber.
Liliencron hat die Güter nur kurze Zeit besessen, jetzt erschien ein potenter großer Herr auf dem Plan, der ihn verdrängte und binnen weniger Jahre einen sehr bedeutenden Landbesitz im östlichen Holstein

erwarb, der Graf Georg Ludwig v. Platen Hallermund, † 1772. Als erstes hatte er im Jahre 1735 aus Buchwaldtschem Besitz das große adelige Gut Futterkamp erworben, nun folgten im gleichen Jahre noch Weissenhaus und 1738 Putlos. Damit war ein Grundbesitz in eine einzige Hand gekommen, der etwa 6000 ha umfaßte, die Größe von Futterkamp betrug bis in das 20. Jahrhundert hinein 2232 ha, von Weissenhaus 2002 ha; Putlos war während des 19. Jahrhunderts mehrfach verkleinert worden, dürfte im 18. Jahrhundert indessen kaum kleiner gewesen sein als die beiden anderen Güter. Ursprünglich hatten so große selbständige Güter dazugehört wie Seegalendorf und Schwelbeck.
Das Geschlecht Platen, von der Insel Rügen herstammend, trug seinen Namen nach der Rüstung, lateinisch plata. Im letzten Drittel des 17. Jahrhunderts nahm es einen steilen Aufstieg, Franz Ernst v. Platen trat in die Dienste des Kurfürsten von Hannover und bekleidete hier die Würden eines Geheimen Raths, Oberhofmarschalls und Ersten Staatsministers. Am 20. Juli 1689 wurde er vom Kaiser in den Grafenstand erhoben, am 21. April 1706 erhielt er die Belehnung mit der Grafschaft Hallermünde und erreichte damit die Aufnahme in den hohen Adel

Aquarell in Weissenhaus

Deutschlands. Infolgedessen führt auf Grund eines Beschlusses des Deutschen Bundestages vom 13. Februar 1829 der jeweilige Chef des Gesamthauses das Prädikat Erlaucht. Seit 1819 war er gleichzeitig erbliches Mitglied der 1. Kammer des Königreichs Hannover.
1709 verlieh ihm der Kurfürst das General-Erbpostmeisteramt in den sämtlichen Braunschweigischen und Lüneburgischen Landen. Diese letztere Verleihung sollte sich als höchst segensreich für die Familie Platen erweisen, nur wenige Jahre später reute den Kurfürsten die Abgabe dieses einträglichen Amtes, 1735 kam ein Rezeß zustande, durch den die Platen und die mitberechtigten Kielmansegg auf das Erbpostmeisteramt verzichteten gegen Zahlung einer Abfindung in Höhe von 450 000 Thlr. Ein Fünftel erhielten die Kielmansegg, die Tochter Sophie Charlotte von Platen war mit dem Stallmeister Johann Adolf Frhr. v. Kielmansegg verheiratet gewesen, vier Fünftel erhielt Georg Ludwig Graf v. Platen Hallermund. Er hatte dadurch die Mittel zum Ankauf der großen Güter in Ostholstein in der Hand. Die Kielmansegg kauften für ihren Anteil das große Lehengut Gülzow im Herzogtum Lauenburg, das bis etwa 1930 in der Familie geblieben ist. Graf Platen behielt sich außerdem für sich und seine Nachkommen das Recht vor, den Titel eines General-Erbpostmeisters auch weiterhin zu führen.
Außer den Besitzungen in Holstein bestanden schon die beiden Herrschaften Linden und Stöckum in Hannover. Der Sohn Ernst Franz Platen, †1818, geriet in finanzielle Nöte, daher mußten die hannoverschen Besitzungen verkauft werden. Das Fideikommiß Putlos wurde aufgelöst und in ein Fideikommißkapital umgewandelt, das Gut selber gleichfalls veräußert. Seinem Sohne Georg Wilhelm Platen, †1873, gelang es, aus diesen Kapitalien erneut Grundbesitz in Hannover zu erwerben, in den Jahren 1826 bis 1861 wurden die Güter Drantum, Lindhorst, Laer und Königsbrück hinzugekauft. Die beiden letztgenannten gehören auch heute noch zum Hause Platen, und zwar der Schwester des jetzigen Besitzers von Weissenhaus, Sabine Gräfin v. Platen Hallermund, verh. Freifrau v. Richthofen.
So lange das Königreich Hannover bestand, blieben die Beziehungen dorthin äußerst enge. Jeweils der älteste Sohn nahm seinen Wohnsitz in Weissenhaus, die altertümliche Wasserburg in Futterkamp wurde abgebrochen, der schöne Renaissancebau von Putlos wurde nicht mehr bewohnt und verfiel zusehends, so daß er bald nach dem Verkauf des Gutes gleichfalls der Spitzhacke zum Opfer fiel. Im übrigen aber wurden die Platen bald bei uns im Lande heimisch. In der sog. Großen Reception

von 1756 war bereits der Ersterwerber, Georg Ludwig Platen, in die schleswig-holsteinische Ritterschaft aufgenommen worden.
Um so fester hielten die Brüder die Beziehungen zu Hannover aufrecht, Georg Ludwig war noch hannoverscher Generalleutnant gewesen, sein Sohn Ernst Franz Großkreuz des hannoverschen Guelphen-Ordens, der Enkel Georg Wilhelm, † 1873, kgl. hannoverscher Oberschenk, Oberkammerherr, Großkreuz des Guelphen-Ordens und Präsident der hannoverschen Ersten Kammer.
Von dessen Söhnen widmete sich der älteste, Carl Ernst Felix, † 1887, vollständig den holsteinischen Gütern. Von den Brüdern erhielten nicht weniger als drei das Großkreuz des Guelphen-Ordens, der eine war kgl. hann. Oberstallmeister, ein anderer Oberschenk und Generalintendant des kgl. hannoverschen Theaters. Adolf Platen war der letzte Außenminister des Königreichs Hannover und begleitete treu seinen König ins Exil nach Österreich. Von hier aus versuchte er Fäden anzuknüpfen, um das Königreich Hannover wieder zu restaurieren. Preußen reagierte darauf äußerst ungeschickt mit der Einleitung eines Hochverratsprozesses gegen Adolf Platen mit der Begründung, daß er durch die Einverleibung Hannovers in Preußen preußischer Untertan geworden sei und in konspirativer Absicht das Königreich Preußen zerschlagen wolle. Der Prozeß endete mit einer Verurteilung Platens in dessen Abwesenheit und erwies sich als ein Schlag ins Wasser, Platen blieb dort, wo er war und hat preußischen Boden nie betreten.
Der oben genannte Carl Ernst Felix Platen wurde landauf landab bekannt durch die unglaublich große Kinderschar von 24 Kindern aus zwei Ehen. Aus der ersten Ehe mit Mathilde Gräfin Pace aus einem Triestiner Patriziergeschlecht stammten neun, aus der zweiten Ehe mit Louise Freiin v. Hollen a. d. H. Schönweide weitere fünfzehn Kinder. Drei starben jung, aber elf Söhne und zehn Töchter erreichten das Erwachsenen-Alter. Der Vater hatte im Jahre 1837 den zu Futterkamp gehörenden Meierhof Sehlendorf gepachtet.
Das Haus liegt unweit der Ostsee, aber nicht so unmittelbar am Meer, wie es der Künstler Adolf Hornemann um 1850 dargestellt hat. Carl Platen ließ das Haus um ein niedriges drittes Geschoß erhöhen, um die riesige Kinderschar unterzubringen, und mit einem Flachdach versehen. Später ist dieses dritte Geschoß wieder abgetragen und das flache Dach durch ein Walmdach ersetzt worden.
Unter den vielen Kindern bildeten sich zwei Gruppen, die auch altersmäßig weiten Abstand voneinander hatten, die Pace-Kinder und

Fassade Gut Sehlendorf

die Hollen-Kinder. Ganz Holstein freute sich an den Geschichten über die vielen Streiche, die von der lebendigen Kinderschar berichtet wurden. Mit 10 Jahren kamen die Jungen unerbittlich auf die Kadettenanstalt in Plön. Der Altersabstand zwischen dem ältesten und dem jüngsten Sohn betrug 41 Jahre, es konnte daher durchaus vorkommen, daß der eine Bruder dem anderen auf einem Hofball in Berlin erst vorgestellt werden mußte. Viele Geschichten sind wohl erfunden, manche mögen stimmen.
Die elf Söhne erreichten fast sämtlich angesehene Stellungen im Leben, der älteste wurde noch hannoverscher Diplomat, einer fiel im Kriege von 1870/71, ein weiterer wurde preußischer Offizier, zwei Brüder traten in die österreichische Armee ein. Zwei Platen waren preußische Landräte, zwei weitere kauften sich in Ostpreußen und Mecklenburg an. Am bekanntesten wurden die Brüder Carl, † 1922, und Oskar, † 1957. Carl war erst Landrat des Kreises Segeberg, später langjähriger Landeshauptmann der Provinz Schleswig-Holstein und ungemein populär auch und gerade beim kleinen Mann durch seinen schlagfertigen Witz und seine tiefe Menschlichkeit. Oskar war Militärgouverneur mehrerer kaiserlicher Prinzen, später Vice-Admiral und Hofmarschall und erfreute sich

des besonderen Vertrauens des letzten deutschen Kaisers Wilhelm II. Weissenhaus ging vom Großvater unmittelbar auf den Enkel über. Der nach dem Fideikommißstatut berufene Erbe, der älteste Sohn George, starb schon 1881, der Vater erst 1887. Daher erbte die Güter der älteste Enkel Carl, † 1919, der aber nur Töchter hinterließ. Das Fideikommiß ging dann über auf seinen Bruder Erasmus, † 1930, von diesem auf den Sohn Clemens Graf v. Platen Hallermund. Er starb 1983 und überließ Weissenhaus mit Friederikenhof seinem Sohn Erik. Clemens Graf v. Platen Hallermund ist im öffentlichen Leben vielfach an führender Stelle hervorgetreten, als langjähriger Deichhauptmann des großen und wichtigen Grube-Wesseker Deichverbandes, ebenfalls viele Jahre hindurch als Vizepräsident des schleswig-holsteinischen Waldbesitzerverbandes.
Sein besonderes Verdienst liegt in der Einrichtung einer Europa-Kurzschule in den großen Räumen des Schlosses, der Besitzer begnügt sich mit einigen Zimmern im Südtrakt. Der bekannte Pädagoge Kurt Hahn hatte den Gedanken entwickelt, junge Menschen aus allen Schichten der Bevölkerung für einige Wochen zusammenzufassen, damit sie lernen sollten, ihren Körper zu beherrschen, um mit Mut, Entschlußkraft und Ausdauer zum Gefühl der eigenen Kraft und zu Selbstvertrauen zu gelangen. Das physische Training sollte begleitet sein von der Gewöhnung an Pflichterfüllung, an Verantwortung und Opfer für die Gemeinschaft.
Inzwischen sind in Weissenhaus über 15 000 junge Menschen durch die Kurzschule gegangen. Heute gibt es derartige Schulen in allen fünf Kontinenten. Die Schule in Weissenhaus besteht jetzt nicht mehr.
Das Schloß, das nach dem Brande des alten im Jahre 1897 erbaut worden ist, hatte sich mit seinen vielen Räumen als sehr geeignet für diese den heutigen Zeitumständen angepaßte Zweckbestimmung erwiesen. Das Bauwerk ist länger als das alte, wie man an der Gestaltung der Keller erkennt. Es ist ein schloßartiges großes Bauwerk, das sowohl außen wie im Inneren als ein wohlgelungenes neubarockes Gebäude erscheint, etwa entsprechend der durch den dänischen Hof-Baumeister N. Eigtved entwickelten einfachen Formensprache. Das drückt sich vor allem aus in der Behandlung der Fassaden, in den mit flachen Bögen versehenen glatten Fenstereinfassungen mit Schlußstein, in den durchlaufenden rustizierten Pilastern mit Mittelrisalit und in den dekorativen Einzelheiten. Der Mittelrisalit ist nach der Hofseite zu durch einen flachen Segmentgiebel abgeschlossen, in dem das gräfliche Wappen in großer

Sandsteinausführung steht, umgeben von einem reich ausgearbeiteten Trophäengesteck und Wappenspruch. Nach Westen, nach der Parkseite zu hat der Mittelrisalit einen hohen Dreikantgiebel über einer flachen Mezzanin-Etage.

Im Inneren ist das Gebäude regelmäßig aufgeteilt durch Halle und Gartensaal, der nach der Innenseite mit schrägen Ecken versehen ist, in dem Kamine stehen, mit Dekorationsmalerei an den Wänden auf grau-grünem Grund. Nach Westen zu befindet sich ein großer durch das ganze Haus durchlaufender Saal, nach rechts Treppenhaus und Speisesaal.

Im Inneren des Hauses hat man versucht, dem Charakter eines alten Gutshauses gerecht zu werden. Bei dem Brande waren die Familienporträts gerettet worden, die überlebensgroßen Bildnisse von Gebhard von Alvensleben und seiner Ehefrau aus dem ersten Drittel des 17. Jahrhunderts waren schon angesengt. Auch das wertvolle und umfangreiche, vorzüglich geordnete Familienarchiv blieb erhalten. Jetzt kaufte der Erbauer des neuen Hauses in Frankreich eine Reihe von qualitätvollen Marmorkaminen, auch eine große eiserne Ofenplatte aus dem alten Platenschen Schloß Linden bei Hannover mit dem Platenschen Wappen konnte erworben werden. Vor allem kam eine Folge von sechs Kolossalgemälden des französischen Schlachtenmalers Jaques Courtier genannt Le Bourgignon, † 1671, ins Haus, Schlachtenbilder von Land- und von Seeschlachten. Der Maler hatte in seiner Jugend im Vatikan das berühmte Schlachtbild gesehen, das den Sieg Kaiser Konstantins über Maxentius darstellt und das auf einen Entwurf Raphaels zurückgeht.

Speisesaal mit den Gemälden von Le Bourgignon

Dieses Bild hatte ihn so begeistert, daß er selber Schlachtenmaler wurde. Die Gemälde sind im Speisesaal in die Wand eingelassen.
Das Schloß wird in einigem Abstand von schräg stehenden Kavalierhäusern eingerahmt, nach Norden ein Fachwerkgebäude mit Giebel aus dem 18. Jahrhundert, nach Süden eins mit festen Mauern von 1817. Vor ihm stehen zwei gewaltige Löwen aus Sandstein mit finsterem Ausdruck, die aus Hannover stammen.
Während bis zum Ersten Weltkriege das Gebiet von Weissenhaus und Futterkamp der Größe nach unverändert bestehen blieb, ja sogar noch um den Zukauf von 80 ha Wald von Neudorff erweitert werden konnte, brachten die Bodenreformen nach den beiden Weltkriegen einschneidende Veränderungen. Nach dem Ersten Weltkrieg wurden die Zeitpachtdörfer in freies Eigentum überführt, von Weissenhaus die Dörfer Döhnsdorf und Wasbuck, von Futterkamp Sechendorf und Blekendorf. Der Meierhof Groß Wessek mußte der deutschen Wehrmacht im Jahre 1935 überlassen werden, als diese das Gut Putlos ankaufte, um hier einen Truppenübungsplatz anzulegen und hierfür weiteres Land benötigte.
Nach dem Zweiten Weltkriege wurde das adelige Gut Futterkamp in seinem bisherigen Bestande völlig aufgelöst, 1950 wurden der Meierhof Friederikenthal und das Dorf Sehlendorf zu Siedlungszwecken abgegeben. Der Meierhof Sehlendorf ging 1950 im Wege der freiwilligen Erbteilung über an den Bruder des damaligen Besitzers (Clemens), Georg Graf v. Platen Hallermund, † 1963, jetzt dessen Sohn Jörg Christian Graf v. Platen Hallermund, * 1945. Hier hat sich ein selbständiges neues Gut entwickelt, mit schönen alten Hofgebäuden, die eine Scheune mit einem Knaggengiebel versehen, der von Putlos hierhergebracht worden sein soll, das schlichte Herrenhaus mit einer gediegenen Einrichtung von wertvollem Mobiliar aus Empire und Biedermeier. Die Größe von Sehlendorf beträgt 285 ha, hiervon entfallen 10 ha auf Zelt- und Campingplätze, 35 ha auf Dünen- und Strandgelände, 240 ha auf den Hof selber.
Der Haupthof Futterkamp wurde zu einem großen Teile aufgesiedelt. Es verblieb ein Resthof von 168 ha, der mit Wirkung vom 1. Oktober 1961 von der Landwirtschaftskammer Schleswig-Holstein erworben wurde. Diese richtete hier eine Lehr- und Versuchsanstalt für Viehhaltung ein und erbaute umfangreiche moderne Zweckbauten.
Heute besteht Weissenhaus aus dem Haupthof und dem Meierhof Friederikenhof, die einheitlich bewirtschaftet werden und zusammen 600 ha Landwirtschaft umfassen, Waldungen in Größe von 350 ha und

200 ha Naturschutzfläche als Strand, Düne und Gewässer. Die landschaftlich bevorzugte Lage unmittelbar am Strande der Ostsee hat in den letzten Jahren umfangreiche Campingplätze sowohl in Weissenhaus als auch in Sehlendorf entstehen lassen, Hotelbauten größten Ausmaßes verändern das Bild der Landschaft in Weissenhaus.

Adeliges Gut Weissenhaus

Besitzer: Erik Graf v. Platen Hallermund

Besitzer		*Gut und Bauten*	
1607–1639	(v.) Pogwisch	Anfang 17. Jahrh.	Dorf Wanderow niedergelegt, Hof Weissenhaus gebildet
1639–1667	(v.) Rantzau	1731	Bau des neuen Herrenhauses
1667–1722	(v.) Pogwisch	1895	Brand des Herrenhauses
1722–1729	(v.) Rantzau	1897	Bau des jetzigen Schlosses
1729–1735	Frhr. v. Liliencron	1945	Brand der Scheune
seit 1735	Grafen von Platen Hallermund	1950	Sehlendorf abgetrennt
		1952	Einrichtung der Europa-Kurzschule
		1981/82	Abbruch von Kuhhaus und Scheune

Adeliges Gut Sehlendorf

Besitzer: Jörg Christian Graf v. Platen Hallermund

1820	Bau des Herrenhauses
1839	Erweiterung
um 1900	Abbruch des dritten Obergeschosses, Ersetzung des Flachdaches durch ein Walmdach
1976	Brand der Gartenscheune

25 Farve

Kirchspiel Hohenstein   Kreis Ostholstein

Der Name Farve ist wendischen Ursprungs und bedeutet in seiner alten Form Verwe soviel wie Wiese oder Weide. Dazu paßt der Name eines zweiten in Farve aufgegangenen Rittersitzes Stove, der mit Teich übersetzt wird. Noch heute heißt eine Flur in der Nähe des Meierhofes Charlottenhof Stoverdiek. Es gab auch Ritter von Stove, von denen uns aus den mittelalterlichen Urkunden eine Anzahl mit Namen bekannt sind.

Während die geschichtliche Überlieferung in Ostholstein im allgemeinen kaum über das Jahr 1200 zurückgeht, gibt es für Farve einen glücklichen Umstand, der eine wesentlich frühere Datierung zuläßt, das ist der Silberfund von Farve. Im Jahre 1847 wurden bei Erdarbeiten zwei

Steinsetzungen dicht unter der Oberfläche gefunden, über die doch seit Jahrhunderten der Pflug gegangen war, zwischen ihnen die Reste von Holzkohlen eines dort ausgebrannten Feuers. Als man im darauffolgenden Jahre die Ausgrabung zu den Seiten hin fortsetzte, kam etwas zum Vorschein, was geradezu als Sensation empfunden wurde, ein Tonkrug von etwa 25 cm Höhe und einer größeren Ausbauchung in der Mitte, Deckel und Fuß entsprechend kleiner. Der Krug war sorgsam eingebettet zwischen Fliesen aus rötlichem Sandstein. Er enthielt 17 große silberne Ringe, 23 kleinere silberne Schmucksachen, 74 silberne Bruchstücke der verschiedensten Art, einen silbernen Schlüssel, einen silbernen Falken, das Oberstück eines Ohrgehänges aus Silberblech und endlich mehrere tausend silberne Münzen.
Die Münzen gestatten uns eine genauere Datierung. Es finden sich solche aus den meisten und wichtigsten deutschen Münzwerkstätten des 10. und 11. Jahrhunderts, von Bremen, Hildesheim, Stade, Trier, Utrecht, Breisach, Straßburg, Köln, Magdeburg, Andernach und Lüneburg; ferner aus Böhmen, aus der Normandie, aus England und Irland. Mehrere hundert Münzen stammen aus Ungarn, eine sehr große Menge ist wendischen Ursprungs. Einige Münzen sind arabisch, darunter die älteste überhaupt vorhandene, aus dem Jahre 898, geprägt von dem Saminiden Ismail ben Achmed in Taschkent im heutigen Usbekistan. Die jüngste Münze ist unter dem König Harthaknut von England geprägt, der von 1039 bis 1041 regierte. Danach zu urteilen, muß der Schatz etwa um 1040 vergraben worden sein.
Der Fund hat naturgemäß von Anfang an das größte Interesse der Wissenschaft auf sich gezogen. Er läßt weitreichende Schlüsse zu auf die geradezu weltumspannende Weite des Handels aus der Zeit vor bald 1000 Jahren, ebenso wie auch auf den ungeheuren Reichtum in der Hand eines einzelnen Kauffahrers, der vielleicht auf dem Wege von Holstein nach Skandinavien oder Rußland seinen Schatz hier vergrub in der Hoffnung, ihn bei glücklicher Heimkehr von ferner Fahrt wieder beheben zu können.
Für die Geschichte von Farve im besonderen ist die Erkenntnis wichtig, daß hier schon um die Jahrtausendwende Menschen gesiedelt haben. Die Geschichte des Gutes beginnt erst bedeutend später für uns sichtbar zu werden und ist jetzt durch Jahrhunderte mit dem Namen des Geschlechts Pogwisch verknüpft. Der erste Pogwisch, der auf Farve bezeugt ist, Henning Pogwisch, geboren etwa 1418, wird seit 1454 auf Farve genannt, aber er ist kaum der erste seiner Familie überhaupt, der hier

Farve, Fassade zum Garten

gelebt hat. Ob die ältesten Bauteile des vierflügeligen schloßartigen Gebäudes, nämlich die Keller unter dem Ostflügel, tatsächlich wie früher vermutet ins 14. Jh. zurückreichen, ist nicht sicher erwiesen; dann aber wären sie älter als die Zeit von Henning Pogwisch. Wir wissen auch von keinem anderen Geschlecht, das schon vorher hier gesessen hätte. So spricht vieles dafür, daß Farve den Pogwisch schon bedeutend früher gehört hat, als aus den Urkunden ersichtlich. Propst Traugott Schulze in Eutin, der sich viel mit der Geschichte unserer alten Herrensitze in Ostholstein beschäftigt hat, entwickelt eine kühne These, die jedoch durchaus ernst zu nehmen ist. Er geht davon aus, daß die Pogwisch mit den Herren v. d. Wisch eng verwandt und wappengleich sind und daß es für die Pogwisch keine nachweisbare Lokalisation gibt, wie sonst für fast alle altholsteinischen Geschlechter. Die v. d. Wisch führen ihren Namen nach dem großen Gelände der Salzwiesen in der Probstei, das ihnen im Anfang des 13. Jahrhunderts zustand. Traugott Schulze meint nun, daß die Pogwisch als Zweig der Herren v. d. Wisch sich ihren Namen in ähnlicher Form nach den Froschwiesen von Farve gewählt hätten.

Mit Henning Pogwisch begegnen wir einer der kraftvollsten Gestalten des holsteinischen Adels im Mittelalter. Er steht in der Mitte um die Wahl des Königs Christian I. von Dänemark zum Herzog von Schleswig und Holstein und ist einer der Hauptwortführer bei der Urkunde von Ripen von 1460, die die berühmten Worte des up ewig ungedeelt enthält. Die Wahl des Königs kam nur zustande durch umfangreiche Verpfändungen königlichen Besitzes an den holsteinischen Adel. Als nun nach Wahl und Inthronisation der König seinen Bruder, den Grafen Gerhard, nach Holstein entsandte, um zu versuchen, die zahlreichen und wertvollen Pfandschaften wieder einzulösen, erwuchs ihm innerhalb des holsteinischen Adels eine starke Opposition, und wieder war es Henning Pogwisch, der an der Spitze stand. Es kam zum Adelsbündnis von 1469, das gegen den Grafen Gerhard gerichtet war, das aber der König auf sich bezog. Und als er Jahre später mit der Ritterschaft Frieden schloß, nahm er ausdrücklich Henning Pogwisch mit seinen Söhnen davon aus, der Besitz wurde vom König eingezogen. Ja schlimmer noch, Henning Pogwisch wurde des Landes verwiesen, er fand freundliche Aufnahme bei dem Herzog Albrecht von Mecklenburg und starb schon ein Jahr später in der Fremde, im Dom zu Güstrow wurde er bestattet, wo sein Grabstein noch vorhanden ist. Das Schloß Farve wurde geschleift.

Henning Pogwisch war Pfandinhaber von Tondern Schloß und Stadt, mit den Vogteien Tondern und Hoyer und den Schlux-, Karr-, Böking- und Horsbüll-Harden, sowie mit Sylt und Osterlandföhr und nannte sich stolz: Erbe zu Tondern. Seine Untertanen wurden von ihm nicht gerade glimpflich behandelt. Als sie sich zur Wehr setzten und mit einer Klage vor dem König drohten, gab er ihnen die stolze Antwort: Wat Koning, wat Koning, ik bin juw Koninges genuch. Auch diese umfangreiche Herrschaft ging ihm bei seinem Sturz verloren.

Bemerkenswert für die starke Persönlichkeit von Henning Pogwisch ist auch, daß er im Jahre 1467 für sich und seine Ehefrau Margarethe geb. Rantzau vom Papst die Erlaubnis erhielt, sich selber einen Schriftgelehrten zu wählen, der ihnen beiden Plenarablaß gewähren dürfe.

Erst nach dem Tode der beiden Streiter – König Christian I. und Henning Pogwisch starben fast gleichzeitig im Frühjahr 1481 – kam es durch die geschickte Vermittlung der Königin-Witwe Dorothea zu einer Einigung mit den Söhnen von Henning Pogwisch. Sie erhielten Farve zurück, außerdem den Kieler Hof, ferner die Anerkennung einer landesherrlichen Schuld von 30000 Mark und weitere geldliche Verpflichtungen. Man kann daher die Baugeschichte von Farve, abgesehen von den oben erwähnten Resten älterer Keller, mit einiger Sicherheit auf das Ende des 15. Jahrhunderts datieren, denn sicherlich haben die Söhne alsbald nach der Rückgabe von Farve mit dem Neubau begonnen.

Völlig abweichend von der holsteinischen Bauweise ist Farve ein Komplex von vier Flügeln um einen Innenhof herum. In ähnlicher Form ist etwas später Troiborg bei Tondern entstanden, auch Alt-Bülk muß nach der Wiedergabe bei Henninges vergleichbar ausgesehen haben. Weitere Beispiele dieser Art gibt es in unserem Lande nicht. Aber sicher darf man annehmen, daß diese eigentümliche, etwas schiefe 4-Flügel-Anlage nicht aus einem Guß, sondern nach und nach, wenn auch innerhalb weniger Jahrzehnte entstanden ist. Das Gebäude wird von tiefen, teilweise versumpften Niederungen umgeben, jedoch nicht von eigentlichen Hausgräben. Nach Osten führt eine große doppelte Lindenallee herauf zu der Kirche von Hohenstein, die auf dem Areal des Gutes steht. Von den vier Flügeln laufen der West- und der Ostflügel durch von Giebel zu Giebel, während der Süd- und der Nordflügel als Verbindung zwischen diesen Flügeln eingebaut sind. Der Nordflügel bestand ursprünglich nur aus einer Sperrmauer und ist auch später außerordentlich schmal über dieser Mauer aufgebaut worden. Unter dem Ost- und unter dem Südflügel befinden sich tiefe tonnengewölbte Keller, die sicherlich spätestens um 1500, wenn nicht schon bedeutend

Portal

früher entstanden sind. Vermutlich ist der West-Flügel mit einem kleinen in den Flügel hineingebauten Treppenturm der älteste Teil, der also etwa auf 1500 datiert werden kann. In den folgenden Jahrzehnten dürfte die 4-Flügel-Anlage im wesentlichen fertiggestellt worden sein. Diagonal stehen sich zwei Türme in der Südwest- und in der Nordostecke gegenüber, sie sind sicherlich ursprünglich zu Verteidigungszwecken angelegt worden.

Von den Söhnen von Henning Pogwisch fiel der älteste Wolf im Jahre 1500 bei Hemmingstedt, der zweite Sylvester erhielt Farve, starb aber unvermählt. So ging Farve über auf den dritten Sohn Hans Pogwisch, † um 1560.

Jetzt folgt wieder ein Henning Pogwisch, † 1607, so genannt nach Großvater und Urgroßvater. Kurz vor seinem Tode, im Umschlag 1607, nahm er mit seiner Ehefrau und seinen vier Söhnen die Erbteilung vor. Die ältesten beiden, Hans und Claus, wurden mit Geld abgefunden, der dritte, Otto, erhielt Farve, für den vierten, Wolf, wurden von Farve das Dorf Wanderow mit anderen Dörfern abgelegt, dieser begründete hiervon das große adelige Gut Weissenhaus.

Otto behielt Farve nur bis zum Jahre 1623 oder 1633, dann verkaufte er das Gut an den Vetter Wolf Pogwisch auf Dobersdorf, wahrscheinlich weil seine Ehe mit Anna Blome kinderlos war. Die Witwe von Wolf Pogwisch behielt Farve auch ihrerseits nicht mehr lange, ihr Sohn Bertram erbte Weissenhaus, ihre Tochter war mit dem Prinzen Georg Christian von Hessen-Homburg vermählt. Daher verkaufte sie Farve an Hinrich Blome auf Hagen. 1647 wird sie noch als Besitzerin genannt, 1662, als Hinrich Blome Waterneverstorff kauft, heißt er schon erbgesessen auf Farve.

Die Blome, die in diesem Jahrhundert die Nachfolge auf mehreren Gütern der Pogwisch antreten, setzten auch deren Stellung im Lande fort. Mit den Pogwisch geht es sichtlich zu Ende, um 1600 besitzen sie 18 Güter, 1684 sind es noch drei. Das Geschlecht verarmt in kürzester Zeit so sehr, daß um das Jahr 1720 zwei Fräulein von Pogwisch beim König um die Erlaubnis einkommen, den kupfernen Sarg ihres Großvaters aus der Gruft bei der Kirche in Lensahn verkaufen zu dürfen.

Die Zeit der Blome auf Farve umfaßt noch nicht einmal ein Jahrhundert und im Grunde nur drei Generationen, auf Hinrich Blome, † 1676, folgt der Sohn Christopher, † 1729, auf diesen der Enkel Heinrich Blome, † 1736. Letzterer hinterließ außer einem als Kind verstorbenen Sohne nur eine Tochter Lucie Henriette, durch deren Heirat Farve auf die Grafen von Holstein überging. Aber alle diese drei Generationen Blome zeichneten sich durch angesehene und bedeutende Stellungen im öffentlichen Leben aus. Der Großvater Hinrich Blome besaß den höchsten Orden, den der König von Dänemark zu vergeben hatte, den Elephanten-Orden, war Gouverneur der Festung Rendsburg, Landrath, Amtmann und Geheimer Rath, Oberschenk bei König Christian IV. 1644 wurde er in diplomatischer Mission zu König Vladislaus von Polen entsandt, 1666 mit ähnlicher Aufgabe nach Dresden. Der Sohn Christopher war Gouverneur von Süderdithmarschen, Landrath in den Herzogtümern, im Jahre 1700 bei den Friedensverhandlungen von Traventhal beteiligt, von 1702–1708 Mitglied des Conseils, Amtmann von Steinburg, Jägermeister in Schleswig und Holstein und Großkreuz vom Dannebrog. Und endlich der Enkel Heinrich Blome bekleidete ebenso wie der Vater die Würde eines Amtmanns von Steinburg und Gouverneurs von Süderdithmarschen, war gleichfalls Großkreuz vom Dannebrog, außerdem Verbitter des adeligen Klosters Itzehoe und Geheimer Conferenzrath. Seit 1726 war er Mitglied der Kommission für die Sequestrierung der Reichsgrafschaft Rantzau.

In allen diesen Generationen bestand eine enge Verbindung zwischen

Farve und Waterneverstorff, der Großvater Hinrich Blome hatte die beiden Güter fast gleichzeitig erworben. Welches der Güter der Hauptwohnsitz der Familie in diesen Jahrzehnten war, ist nicht eindeutig zu bestimmen, mit Sicherheit kann man nur die Zeit von Christopher Blome feststellen. In seiner Lebenszeit geschah für die innere und äußere Ausgestaltung von Farve vieles. Im Skizzenbuch von Sophie Reventlow, geb. Baudissin, sind drei Tuschzeichnungen vorhanden, die den Zustand von Farve vor dem großen Umbau von 1837 wiedergeben. Offensichtlich ist an den Ostflügel ein weiterer Flügelbau getreten, der die Jahreszahl AN 1680 trägt. Dieser Erweiterungsbau dürfte mithin Christopher Blome zuzuschreiben sein. Im Jahre 1703 wurde von ihm der Reitstall erbaut, ein eingeschossiger Backsteinbreitbau von 7 Achsen mit formenschöner Gliederung durch Backsteinpilaster im Wechsel mit zarten Fensterrahmungen, überspannt von einem mächtigen hölzernen Dachgesims und Walmdach, im Inneren mit reizenden farbig behandeltem Holzwerk zur Unterteilung der einzelnen Stände. Über dem Eingang ist das Wappen von Christopher Blome mit der Jahreszahl 1703 in Sandstein angebracht. Anschließend an diesen Reitstall entstand eine Reithalle, die bei den Stürmen des Jahres 1970 so stark beschädigt wurde, daß sie abgebrochen werden mußte.
Etwa zur gleichen Zeit wurden eine Reihe von Räumen im Obergeschoß des Nord- und des Westflügels in großzügiger und großartiger Weise dem Geschmack der Zeit angepaßt. Mit anderen Worten müssen in diesen Jahren die herrschaftlichen Wohnräume hier gelegen haben. Um diese Zeit entstand auch das große Eingangsportal aus grauem Sandstein am Südflügel, das Theodor Allers zugeschrieben wird. Das Portal hat Pilaster mit korinthischen Kapitellen, die einen gebrochenen Dreiecksgiebel tragen, in dem sich ein großes Spiegelmonogramm befindet, umgeben von Blattwerk. Eine hohe Steintreppe mit altem Eisengitter führt herauf zum Eingang.
Der Umbau aus jener Zeit spiegelt sich auch wider in dem Inneren des Südflügels, so sind die großen Füllungstüren aus jener Zeit noch an vielen Stellen vorhanden, mit alter Bemalung, die teilweise ergänzt worden ist und die aus Blattwerk, grotesken und anderen Szenen im Régence-Stil besteht.
Im Nordflügel über dem Tor sind zwei Räume mit prächtiger stuckierter Deckenausschmückung erhalten geblieben. Der Flügel ist außerordentlich schmal mit einer inneren Breite von nur viereinhalb m, daher sind die Räume außerordentlich klein, auf der anderen Seite vorzüglich

Deckengemälde mit Stuck

erhalten, wenn auch nur das östliche Zimmer seine ursprüngliche Deckenmalerei in starken Farben bewahrt hat. Die Darstellung soll offensichtlich die fünf Sinne wiedergeben: eine Dame liest, als Darstellung des Gesichts. Ein junger Herr trinkt, als Darstellung des Geschmacks, ein anderer Herr flirtet mit einer jungen Dame, als Darstellung des Gefühls usw. In den Ecken der bildlichen Darstellung befinden sich gemalte Masken, das ganze wird eingefaßt von einem kräftigen Rahmen mit Girlanden und Muschelschalen, in fast völlig frei geschaffener Skulptur. In den Ecken des Raumes finden wir vier bekränzte Büsten, mitten an jeder Seite figürliche Darstellungen, u. a. eine Jagdszene, eine Gartenanlage und dergleichen mehr. Der anstoßende Raum hat Stukkaturen von ähnlichem Gepräge, aber ohne die figürlichen Darstellungen, ebenso ist hier keine Deckenmalerei. Hier werden Stuckgirlanden von Löwenmasken getragen, außerdem sind Blumenkörbe in feiner Stukkatur dargestellt.
Eine Reihe von Zimmern im Westflügel, von denen die meisten jetzt in kleinere Räume aufgeteilt sind, haben eine ganz ähnliche Stukkaturausschmückung, am Südende befindet sich ein Raum mit einem prachtvollen Kamin.
Als Heinrich Blome 1736 gestorben war, blieben die beiden Güter Farve und Waterneverstorff zunächst in den Händen der Witwe Elisabeth geb. Rantzau, die ihren Mann um volle 40 Jahre überlebte und erst 1776 starb. Die Tochter Lucia Henriette, die mit dem Grafen von Holstein

vermählt war, war vor der Mutter verstorben, ihr Ehemann bereits im Jahre 1749. Daher folgte jetzt der Enkel Heinrich Graf von Holstein im Besitz nach. Aber da seine Schwester Lucia Charlotte Gräfin von Holstein wiederum einen Blome geheiratet hatte, nämlich Christopher Blome auf Hagen und Dobersdorf, †1814, kam Farve für einige Jahrzehnte wieder in Blomeschen Besitz. Da das Ehepaar keine Söhne hatte, verkaufte Christopher Blome Farve im Jahre 1800 an seinen Schwiegersohn Wolf v. Buchwaldt auf Neudorff. Dieser behielt Farve nur wenige Jahre, seine Ehefrau Charlotte geb. Blome war schon 1802 mit nur 30 Jahren verstorben, wirtschaftliche Nöte kamen hinzu. So gab er Farve schon 1806 weiter an den Kammerherrn Jens Peter Bruun von Neergaard, †1842, dem wir bei seinen vielen Güterkäufen wieder und wieder begegnen. Von seinem großen Landbesitz kann man nur sagen: wie gewonnen, so zerronnen. Im Jahre 1815 kam der große Zusammenbruch, nach und nach mußten alle seine vielen Güter verkauft werden, nur Eckhof im Dänischen Wohld und Oevelgönne bei Neustadt konnten für die Familie gerettet werden. Farve wurde im Jahre 1827 aus der Masse verkauft an den Grafen Ernst Christian v. Reventlow, †1873, a. d. H. Wittenberg. Ihm stand Farve sehr nahe, da er mit Sophie

Herrenhaus Farve, Federzeichnung von Sophie Reventlow, 1819

Adelaide v. Buchwaldt vermählt war, deren Eltern Farve, wenn auch nur wenige Jahre, besessen hatten. Als Käuferin trat daher zunächst die Gräfin Reventlow, geb. v. Buchwaldt, auf, der Kaufpreis betrug 175 400 Rthlr., aber im Jahre 1834 übertrug sie das Gut ihrem Gemahl.
Im Jahre 1837 wurde das altertümliche Schloß einem durchgreifenden Umbau unterzogen, durch den es seine heutige Gestalt erhielt. Ernst Reventlow war stolz darauf, den Umbau selber ohne einen Architekten geplant, entworfen und ausgeführt zu haben. Manches von der alten Bausubstanz verschwand, das man nur mit großem Bedauern vermißt, so vor allem die hohen Blendnischen an der Südfassade, anderes wieder hatte sich als überflüssige Zutaten früherer Bauepochen erwiesen. Kurz vor dem Umbau hatte der Kunstwissenschaftler Carl Friedrich v. Rumohr Farve besichtigt. Er schreibt hierüber in seiner Studie „Überblick der Kunsthistorie des transalbingischen Sachsen", insbesondere über den mächtigen Turm an der Südwestecke:

> „So erinnere ich mich auch noch des schönen runden Thurmes am Schlosse des Gutes Farve, welcher, nach den geschichtlichen Umständen, nicht sehr alt sein konnte und dennoch das Ansehn hatte, vor Einführung des gotischen Styles gebaut zu seyn."

Dieser Turm wurde angeblich wegen Baufälligkeit völlig abgebrochen und neu aufgebaut. Er erhielt jetzt einen im Erdgeschoß offenen Raum mit großen, spitzbogigen Öffnungen und mit der Inschrift:

„Honeste vive – neminem laede – suum cuique
tribue"
(Lebe in Ehren – tritt niemand zuleide –
gib jedem das Seine).

Das ganze Gebäude wurde im neugotischen Stil erneuert, überall gotische Fenster eingebaut, die Türme und Mauern mit Zinnen abgeschlossen. Stolz prangen über dem Eingang die Worte:

„Soli Deo Gloria
Ernst Sophia Reventlow   MD CCC XXXVII
Murus aheneus esto."

Von den Grafen Reventlow ging das Gut Farve auf die Familie der Grafen v. Reventlow-Criminil über. Der Graf Alfred v. Reventlow-Criminil, † 1898, war erst vermählt gewesen mit einer Gräfin Reventlow aus Dänemark, der Gräfin Malwine zu Reventlow aus dem Hause Brahe-

Trolleborg, † in London 1857. Alfred Criminil heiratete daraufhin zweimal eine Schwester Reventlow aus dem Hause Farve. Hier hatte es ursprünglich sieben Kinder gegeben, aber die beiden Söhne waren früh verstorben. Alfred Criminil war erst vermählt mit Camilla Gräfin v. Reventlow, † 1869, dann mit deren Schwester Marie Gräfin v. Reventlow, † 1911. Nur aus der zweiten Ehe gab es einen Sohn Ernst Graf v. Reventlow-Criminil, † 1924, der nun Erbe von Farve wurde.

Die Criminil waren im Zuge der französischen Revolution von 1789 nach Holstein gekommen. Der französische Oberst François Valentin Graf Le Merchier de Criminil auf Criminil, Méricourt und Maringham war diensttuender Stallmeister bei der Königin Marie Antoinette von Frankreich gewesen. Er vermählte sich im Jahre 1796 auf dem Schlosse Ahrensburg mit der Gräfin Caroline Friederike von Schimmelmann, einer Nichte der bekannten Gräfin Julia Reventlow geb. Gräfin Schimmelmann von Emkendorf. Da das Ehepaar auf Emkendorf kinderlos war, adoptierte Fritz Reventlow die beiden Söhne Criminil, Josef und Heinrich unter dem Namen eines Grafen Reventlow-Criminil. Beide Söhne zeichneten sich durch hohe Staatsämter im dänischen Staatsdienst aus, der obengenannte Alfred Reventlow-Criminil war ein Sohn des jüngeren Bruders Heinrich Anna.

Während der Besitzzeit von Ernst Reventlow-Criminil, und zwar im Jahre 1910, unternahm die schleswig-holsteinische Landwirtschaftskammer aus Kiel eine größere Besichtigungsfahrt nach Farve. Aus diesem Anlaß veröffentlichte der Gutsherr eine auch im Druck erschienene Beschreibung des Gutes Farve, die uns ein anschauliches Bild der patriarchalischen Zustände auf einem ostholsteinischen großen Gut kurz vor den Umwälzungen im Gefolge der beiden Weltkriege vermittelt. Mit minutiöser Genauigkeit werden alle Einzelheiten aufgeführt, die politischen Verhältnisse, die Administration des Betriebes, die Landwirtschaft, die Forstwirtschaft, die Jagd, die zum Gute gehörenden Dörfer, die Land- und die Hausinsten. Es wird eingehend über die sozialen Verhältnisse berichtet, den Gutsarzt, die Hebamme, die Gutskrankenschwester, über Samariterkurse, Arzneien und Gutsapotheke. Wir erfahren, daß alle Kinder der Gutsangehörigen einen Konfirmationsanzug seitens der Gutsherrschaft erhalten, daß bei Todesfällen der Sarg von den Gutshandwerkern angefertigt wird und daß hierfür bei Erwachsenen 7,20 Mark, bei Kindern die Hälfte bezahlt werden muß. Dann kommen die Gilden, die Totengilde, die Schweinegilde, die Viehgilde, weiter die gutseigene Spar- und Darlehnskasse, die

unter der Bürgschaft des Gutsherrn arbeitet. Es schließen sich Ausführungen an über Lieferungen an die Arbeiter (Leute hieß es damals) an Fleisch, Mehl, Kälbern, Ferkeln, Saatkorn, Stroh usw. Auch die Verhältnisse in den Räucherkaten und Arbeiterwohnungen werden eingehend geschildert, und es wird besonders vermerkt, daß die mit Reth gedeckten alten Räucherkaten „merkwürdigerweise" vor den anderen moderneren Wohnungen bevorzugt werden.
Kurz bevor Ernst Reventlow-Criminil 1924 starb, hatte er die Absicht gehabt, seinen entfernten Neffen Friedrich Graf Reventlow a. d. H. Wittenberg an Kindesstatt zu adoptieren, aber es kam nicht mehr hierzu. So ging Farve unter denkbar ungünstigen Umständen auf den noch minderjährigen Neffen über. Die bei der weiten Verwandtschaft überaus hohe Erbschaftssteuer konnte nicht aufgebracht werden. Zunächst versuchten die Vormünder, das Gut durch den Verkauf der beiden Dörfer Grammdorf und Wangels zu retten. Beide Dörfer hatten seit langem zu Farve gehört, Grammdorf freilich wohl kaum seit jeher, ja es scheint sogar, als ob Grammdorf zunächst ein eigener adeliger Besitz gewesen ist. Im Jahre 1373 vertauscht der Ritter Gottschalk Rantzau, manchmal auch Cai genannt, seinen Besitz in Grammdorf gegen anderen Landbesitz an den Bischof von Lübeck, im Jahre 1421 verkauft der Ritter Marquard Rumohr zwei Hufen in Grammdorf an den Bischof Johann von Lübeck. Eine umfangreiche Burganlage im Walde bei Grammdorf ist vielleicht noch älteren Ursprungs. Ja sogar im Sprichwort kommt das Dorf vor, so heißt es:

„He wennt darvoor üm as Gott voer Grammdörp".

Gedruckte Gutsbeschreibung von Farve

Beschreibung

des

im Herzogthum Holstein

und zwar im Oldenburger Güter-District

belegenen

adelichen Guts Farve cum Pertinentiis,

nebst

den Bedingungen,

unter welchen solches

unter Autorität der dazu verordneten Königl. Landgerichts-Commission

am 2ten July 1827,

Vormittags 11 Uhr,

auf dem Rathhause zu Kiel

öffentlich zum Aufgebot gebracht und verkauft werden soll.

Das Wort soll sich auf die Pest beziehen, die die Gegend betroffen hatte und die die Bewohner von Grammdorf durch eifriges Beten von ihrem Dorfe abgewendet hatten.
Farve mußte unter den geschilderten Umständen im Jahre 1927 verkauft werden. Das Gut ging über zunächst an den Grafen Franz v. Waldersee, nach dessen Tode an den Sohn des Grafen Alfred v. Waldersee a. d. H. Waterneverstorff, der es aber gleichfalls nicht halten konnte. 1929 wurde Farve wiederum verkauft, jetzt an den Grafen Harald v. Holck, †1952. Die Holck entstammen einem unserer nordschleswigschen Heermannengeschlechter und sind auf dem Umweg über die Insel Fünen gegen Ende des 18. Jahrhunderts wieder in unserem Lande heimisch geworden. Farve wurde zunächst nach dem Tode von Harald Holck von der Witwe Ingeborg, geb. Gräfin v. Luckner, mit starker Hand geführt, nach ihrem Tode 1971 ging Farve über auf den jüngsten Sohn Christian Graf v. Holck, geb. 1939. In der Erbteilung der Geschwister erhielt der zweitälteste Sohn Conrad Graf v. Holck den Meierhof Charlottenhof.
Das Gut, das bis in unser Jahrhundert hinein eine Größe von 1690 ha besaß, besteht heute aus dem Haupthof mit 718 ha, dem Wald mit 198 ha und 32 ha sonstigen Flächen wie Knicks, Wegen, Hof, Gewässern und Unland.

Adeliges Gut Farve

Besitzer: Christian Graf v. Holck

Besitzer

bis 1662	(v.) Pogwisch
1662–1806	erst Blome, dann Grafen v. Holstein und wieder Blome, dann v. Buchwaldt
1806–1827	Bruun v. Neergaard
1827–1926	Grafen v. Reventlow, dann Grafen v. Reventlow-Criminil und wieder Grafen v. Reventlow
1926–1929	Grafen v. Waldersee
seit 1929	Grafen v. Holck

Gut und Bauten

14. Jahrh.	erste Burg
15./16. Jahrh.	Neuaufbau
um 1700	Anbau am Ostflügel, Ausgestaltung der Innenräume Bau des Portals, Bau des Reitstalles
1837	Umbau des Schlosses

26 Testorf

Kirchspiel Hansühn   Kreis Ostholstein

Dieses große und bedeutende Gut ist erst spät entstanden, erst in der 2. Hälfte des 16. Jahrhunderts. Lange Jahrhunderte hindurch gab es in dieser Umgebung nördlich des Bungsberges viele wendische Dörfer, hie und da durchsetzt mit deutschen Kolonisten. Der heutige Hof Testorferfelde steht jetzt im Besitz von Jost Graf von Hagen. Der alte Name des Hofes lautet Schüttenbarg und ist seit dem 12. Jahrhundert als der Stammhof der Familie Schütt bezeugt. Die Inhaber dieses Hofes hatten offensichtlich eine Vogtstellung innerhalb einer wendischen Umwelt inne. Ein glücklicher Umstand hat es gefügt, daß umfangreiche Archivalien dieses Hofes erhalten geblieben sind und als „Familienarchiv Schüttenbarg" sorgfältig gehütet werden, bis von berufener Seite größere Veröffentlichungen erfolgen können.

Hier sollen nur die wesentlichen Fakten, wie sie für die Entstehung des Gutes als auch für die Baugeschichte des Hofes von Belang sind, mit freundlicher Erlaubnis der Berechtigten mitgeteilt werden.
Danach kommen die Dörfer rund um den Bungsberg in der Zeit zwischen 1197 und 1224 in den Besitz des St. Johannisklosters in Lübeck, Testorf selber im Jahre 1224 zusammen mit dem ganzen Walde in Richtung Kasseedorf. Daß Testorf ein wendisches Dorf ist, beweist die alte Namensform Tetzlavesthorp, Dorf des Tetzlaff, woraus durch Abschleifung das heutige Wort entstanden ist.
In den Jahren von 1245 bis 1256 werden diese Dörfer aus der Hoheit des St. Johannisklosters in Lübeck entlassen und dem neu begründeten Benediktinerkloster in Cismar unterstellt. Im Jahre 1304 wird der Besitz um das Dorf Barensdorf erweitert, das dem Ritter Hinrich Stove gehört hatte.
1460 hält der Landesadel seinen Einzug im Bungsberggebiet. In diesem Jahre vertauscht der Ritter Detlev von Buchwaldt auf Sierhagen seinen Besitz am Gruber See, der aus Grube selber, aus Dahme und vielen weiteren einzelnen Höfen besteht, gegen die Dörfer am Bungsberg an das Kloster Cismar. 1482 wird zum ersten Male von einem Bauwerk auf Testorf berichtet. Detlev von Buchwaldt, zum Unterschied vom Vater „de jong" genannt, erbaut auf einer Testorfer Mönchshufe einen festen Turm mit einem Steinhaus über einem guten Steinkeller. Der feste Turm hatte eine Durchfahrt zum Hof. Vom Hofe aus konnte man durch den Turm hindurch die Kirche auf dem hohen Berge sehen, die Kirche Hansühn, genau wie man heute noch von der Terrasse des Herrenhauses durch eine Schneise im Park den Kirchturm erblickt.
Der Zugang zum Turm erfolgte, wie in alter Zeit üblich, nicht zu ebener Erde, sondern über eine einziehbare Leiter. Das Steinhaus, von dem aus man zum Turm gelangen konnte, war nach außen hin gesichert durch eine feste Türe mit eisernem Beschlag. Aus dieser genauen Beschreibung in den alten Urkunden ist ersichtlich, wie ernst man es mit der Sicherung gegen Überfälle nahm.
Seit 1523 besitzt der Ritter Dietrich Blome auf Seedorf und Hornstorf eine Hufe im Dorfe Testorf innerhalb des riesigen Buchwaldtschen Besitzes. Damit faßt das Geschlecht Blome zum ersten Male Fuß in diesem Gebiet, ein Schritt, der nicht ohne bedeutsame Folgen bleiben sollte. In der gleichen Zeit erhebt sich unter den Buchwaldtschen Brüdern von Sierhagen und Testorf ein Familienstreit, der schließlich zum Zusammenbruch des Besitzes rund um den Bungsberg und zum

Übergang an die Blome führen sollte. Detlev von Buchwaldt, ein Enkel des als „de jong" bezeichneten Detlev von Buchwaldt, zog als erster seines Geschlechts in das feste Haus auf Testorf ein, den Pächter setzte er kurzerhand heraus, mitten in der Ernte, wie es anschaulich heißt. Zur selben Zeit wird von ihm der feste Turm auf Mönchneverstorf abgebrochen, der gleichzeitig mit dem auf Testorf entstanden war, und hier auf den alten Steinkellern ein neues Haus erbaut, das er im Jahre 1548 beziehen konnte.

Ob durch diese baulichen Maßnahmen, ob durch den Familienstreit, fest steht, daß Detlev von Buchwaldt schon bald darauf bei Dietrich Blome in großen Schulden stand. Schon drei Jahre nach seinem Erbantritt, im Jahre 1549 mußte er die Pfändung seiner Dörfer Testorf, Kükelühn und Hansühn hinnehmen. Ebenso erging es mit dem Dorfe Nessendorf, in dem Dietrich Blome schon eine Einzelhufe besaß, auch dieses Dorf mußte Detlev v. Buchwaldt dran geben. 1565 erwirbt der Sohn Dietrich Blomes, der bekannte und berühmt gewordene Hans Blome, †1599, diesen ganzen Pfandbesitz zu eigen. Schon im Jahre darauf teilt er allen Hintersassen des Besitzes mit, daß er ein großes Gut mit Testorf als Hauptsitz einzurichten gedenke. Im Morgengrauen des 16. März 1569 wird von ihm allen Vögten die Gründung des Gutes verkündet. Der feste Turm wird in den folgenden zwei Jahren durch Anbauten erweitert. Um Testorf herum wird ein Wassergraben als Hausgraben gezogen, von der gleichen Arbeitsgruppe, die bald darauf eine ähnliche Anlage auf dem Blomeschen Hauptsitz Seedorf schafft. Hierher verlegt Hans Blome, der große Gegenspieler des Statthalters Heinrich Rantzau, nach dem Tode der Eltern im Jahre 1572 seinen Hauptwohnsitz. Aber sein Bestreben auf Erweiterung des Besitzes am Bungsberg läßt nicht nach, zunächst gelangt er als Pfandgläubiger, 1581 als Eigentümer in den Besitz des Buchwaldtschen Dorfes Schönwalde, 1590 endlich von Mönchneverstorf selber.

Hans Blomes Sohn, Wulf Blome, ergreift nach dem Tode des Vaters blitzschnell, noch vor der Beisetzung, Besitz von Testorf und richtet sich im Turm zur Verteidigung ein, wird aber von der Mutter Catherine geb. Sture gezwungen, zunächst ins Ausland, nach Frankreich zu gehen. Hans Blome d. J. übernimmt vorübergehend die Verwaltung von Testorf, bis im Jahre 1606 die endgültige Erbauseinandersetzung stattfinden kann und die Brüder um die Erbteile losen. Thomas Blome war kurz vor der Erbteilung an den Blattern gestorben, daher erhält jetzt sein minderjähriger Sohn Christoph Testorf. Aber Wulf Blome weigert sich,

Testorf herauszugeben und entfaltet alsbald eine umfangreiche Bautätigkeit. Der alte Turm aus der Buchwaldtschen Zeit wird durch zwei langgestreckte Flügelbauten zu einem Torhaus umgestaltet. An der Stelle des heutigen Torhauses erbaut er unmittelbar am Wasser ein Herrenhaus, die Rückfront zum Wasser erhielt sicherheitshalber Schießscharten. Als 1622 Christoph Blome „eine halbe Meile vor Kiell" erschossen aufgefunden wird, lösen sich die Erbschaftsprobleme von selber, Wulf Blome bleibt jetzt unangefochten Besitzer von Testorf bis zu seinem Tode im Jahre 1667.

Im Jahre 1644 wurde der Hof von den Schweden überfallen und niedergebrannt, nur das Torhaus mit den beiden Seitenflügeln blieb stehen. Die Schweden standen unter dem Befehl ihres Obersten v. Wrangel. Ohne Hilfe leisten zu können, brannten die Gebäude ab und „die Schweden haben gelacht und geklaut". Auch das Herrenhaus wurde ein Opfer der Flammen, wurde aber von Wulf Blome alsbald wieder aufgebaut. Anstelle der Schießscharten erhielt das Haus jetzt Fenster. Noch ein Jahrhundert später stand dieses Haus, verächtlich von den späteren Architekten als der „alte Blomenkasten am Wasser" bezeichnet. Es verschwand erst endgültig bei dem Umbau des Hofes durch Wittmaack.

Portal

Wulf Blome war durch 40 Jahre hindurch Amtmann von Tondern, ein Mann von hohen Verdiensten, insbesondere um das Deichwesen an der Westküste. Er ließ hier einen großen Koog eindeichen, der ihm zu Ehren den Namen Blomen- oder Blumenkoog erhielt. Noch als Vierundachtzigjähriger nahm er in seiner Eigenschaft als herzoglicher Rat an den Einweihungsfeierlichkeiten der Universität in Kiel teil.

Seinen Hauptwohnsitz dürfte er auf Seedorf, dem alten Blomeschen Besitz südlich des Plöner Sees, gehabt haben. Testorf hinterließ er seinem dritten Sohn Dietrich Blome, †1681. Dieser hatte noch zu Lebzeiten des Vaters das Gut Refstrup im Amte Vejle in Jütland erworben und hat anscheinend dort auch gelebt, jedenfalls soll er dort gestorben sein. Testorf verkaufte er am 18. Januar 1681 an Detlev Reventlow, den späteren Geheimen- und Conferenzrath, den ersten seines Geschlechts, der aus der mecklenburgischen Heimat nach Holstein zurückkehrte.

Mit diesem Verkauf beginnt eine Epoche von fast einhundert Jahren, in der Testorf von einer Hand in die andere geht, kaum einmal im Erbgang, fast stets durch Verkauf, oft schon nach wenigen Jahren. Der Grund für diesen überaus häufigen Besitzwechsel dürfte die schwierige Bewirtschaftung des Gutes in alter Zeit gewesen sein, ein stark kupiertes Terrain mit tiefen Senken und lehmigen Kuppen, dazu von wechselnder Bodenbeschaffenheit. Detlev Reventlow gab Testorf schon 1695 an Cay Brockdorff auf Gaarz weiter, diesem folgte 1734 der Landgraf Carl von Hessen-Philippsthal, 1738 der Kammerrath Stolle, 1754 dessen Erben. 1761 kaufte Graf Adam Gottlob v. Moltke auf Noer für seine vielen Kinder Testorf hinzu, mußte es aber schon bald darauf an den Kaufmann Hieronymus Küsel aus Lübeck weiterveräußern. Porträts von Hieronymus Küsel und seiner Ehefrau geb. Nölting von der Hand des italienischen Malers Stefano Torelli hängen in der Gelben Diele des St. Annen-Museums in Lübeck.

Von Küsel erwarb Dietrich Wittmaack aus Altona im Jahre 1764 das Gut für 126090 Rthlr. Dieser letztere, in den Urkunden als Kauf- und Handelsmann aus Preetz bezeichnet, ist der Schöpfer und Erbauer von Herrenhaus, Wirtschaftshof und Torhaus und einer großzügigen und wahrhaft künstlerischen Gesamtkonzeption, wie sie heute vor uns dasteht.

Manche von diesen vielen Besitzern haben sich eifrig um die Errichtung von Neubauten bemüht. An der Spitze steht der Landgraf Carl von Hessen-Philippsthal, auf den die Anlage des französischen Gartens am

Südrande des Hofes zurückgeht. In dem Garten entstand ein Lusthaus nach einem Entwurf von Johann Gottfried Rosenberg, das bis zur Gegenwart Bestand gehabt hat. Mehr Schwierigkeiten gab es mit der Errichtung eines neuen Herrenhauses an der Südseite des Hofes, am Eingang zum französischen Garten. Auch hierfür liegen Entwürfe von der Hand Rosenbergs vor, und in der Tat wurde mit dem Bau auch begonnen. In den Jahren von 1736 bis 1737 ist an dem Bau gearbeitet worden, aber als der Landgraf schon 1738 Testorf weiterverkaufte, blieb der Bau zunächst liegen. 1745 legt Rosenberg einen neuen Entwurf vor, der die vom Landgrafen begonnene „Ruinöse Herschaftliche Bauwerey" wieder aufnimmt. Aber auch jetzt nimmt der Bau keinen Fortgang. 1761 wird wieder „am neughen Herschaftlichen Huse auf Tesstorff ... gearbeidet." 1762 scheint es trotz allem fertig geworden zu sein, denn Hieronymus Küsel hat hier gewohnt und in diesem Hause große Feste gefeiert. Aber schon 1763 heißt es: „Der Bau reisst".
Bei den Bauten auf unseren Gütern ist meistens der Name des Architekten bekannt, aber selten nur der des ausführenden Baumeisters. Für Testorf ist auch dessen Name bewahrt, Hubertus Detlev Böhmker. Böhm(i)ker war in Wahrheit eine Frau und hieß mit Vornamen Hubertine Detlefine. Sie besaß eine ungewöhnlich tiefe Stimme, hatte eine vollständige Berufsausbildung als Meister hinter sich gebracht und verstand ihre Arbeitsgruppen sicher und tatkräftig zu führen. Kaum jemand aus ihrem Bekanntenkreise war das Geheimnis bekannt, das sie zeitlebens mit sich herumschleppen mußte, anscheinend nur dem Vogt Claas Bendix Schütt auf Schüttenbarg. Zu dessen Magd Maria Kirkemeier stand sie in enger freundschaftlicher Beziehung. Bei der Veranlagung dieser Frau muß man im Grunde voller Bewunderung die ungeheure Arbeitsleistung anerkennen, mit der sie Jahrzehnte hindurch auf Testorf, später auch in Jütland und auf Seeland gebaut hat und bei der sie so eigenwilligen Architekten wie Johann Gottfried Rosenberg und George Greggenhoffer gerecht zu werden wußte, ganz zu schweigen von den vielen Bauherren, deren Wünsche sie zu befriedigen hatte.
Es darf nicht verwundern, daß Dietrich Wittmaak, als er Testorf 1764 kaufte, die ewigen unaufgeräumten Baustellen verwarf und eine Schlußstrich unter alles zog, wie es etwa in Briefen der Zeit heißt. Er drehte die gesamte Hofanlage um 180° herum. Der Eingang wurde auf die heutige Seite verlegt. An der Stelle, wo der alte Turm einmal stand und wo das Torhaus des Landgrafen Carl von Hessen-Philippsthal entstanden war, baute Dietrich Wittmaack sich ein neues Herrenhaus.

Torhaus

Für die Bauzeit sind die Jahre 1774–75 angegeben. 1775 konnte es bereits bezogen werden. Der Keller ist der alte Steinkeller aus der Zeit von Detlev v. Buchwaldt von 1482.
Die Idee zu der völlig neuen Hofanlage stammt von George Greggenhoffer. Wittmaack hatte sich an verschiedenen Stellen Höfe angesehen, wobei er besonders eng mit dem Grafen Gerhard v. Dernath auf Hasselburg „konferierte", mit dem er freundschaftlich verbunden war.
Die Scheunen auf dem Hofplatz waren bereits halb fertig, als Wittmaack den Hof übernahm. Er nahm jetzt Änderungen vor, die 1767 abgeschlossen wurden. Das Torhaus entstand zwischen 1768 und 1769, die beiden Kavalierhäuser 1771 und 1772.
Es kann danach kein Zweifel sein, daß George Greggenhoffer der Architekt der jetzigen Hofanlage gewesen ist. Schon die Ähnlichkeit des Torhauses von Testorf mit dem von Hasselburg vermittelt zwingend diesen Eindruck, er wird aber auch durch die Korrespondenzen der Zeit voll bestätigt.
So wie die Gesamtanlage sich heute darstellt, macht sie einen ungewöhnlich geschlossenen großartigen Eindruck, teilweise noch von den breiten Hausgräben umgeben, die sich nach Osten hin zu einem

großen See erweitern, über den ein langer Damm zum Torhaus hinführt, das sich unmittelbar aus dem Wasserspiegel erhebt. Ebenso wie auf Hasselburg enthält das Torhaus auf Testorf eine große, turmartige Mittelpartie mit korbbogenförmiger Durchfahrt. Darüber befinden sich Sandsteinkartuschen mit Monogramm und Jahreszahl. Die Mittelpartie hat Mansarddach mit offener Laternenspitze in zierlicher Gestaltung mit schmalen Pilastern und Giebelfeld für die Hofuhr. Es folgen die beiden großen Scheunen in ungewöhnlich gutem Erhaltungszustand, beide haben Krüppelwalmdach aus Stroh, die Westgiebelfront der einen Scheune besitzt noch die ursprüngliche Gliederung durch Luken und Tore. Das Herrenhaus liegt in vornehmer Isolierung westlich des Wirtschaftshofes, abgetrennt durch dichte Hecken. Links und rechts stehen die beiden Kavalierhäuser mit Mansarddach, halb abgewalmt mit großem Frontispiz. Das nördliche enthält Stallungen und Garagen, das südliche Wohnräume.

Das Herrenhaus selber war ursprünglich ein stattlicher Querbau von 11 Achsen mit 2 Stockwerken und großem Mansarddach. 1902 fand eine wesentliche Veränderung des Baukörpers statt. Am Südende entstand ein turmartiger Vorbau, in dessen Ecke das alte Sandsteinportal, das zunächst in der Mitte des Hauses gestanden hatte, eingefügt wurde. Das Portal besitzt schräggestellte Pilaster, darüber im gesprengten Giebel eine Kartusche mit Monogramm und Jahreszahl. In das Mansarddach wurden zahlreiche Giebel eingefügt.

Aber vielleicht waren es gerade diese großen Bauvorhaben, die Wittmaack schon 1784 zum Verkauf nötigten, vielleicht waren es auch die wenig erfreulichen Affären, die sich um seinen Namen rankten. Gemeinsam mit David Ludwig v. Mevius auf Schrevenborn unternahm er es, dem geistesschwachen Detlev v. Hahn a. d. H. Neuhaus Schuldscheine abzunötigen und ihn wie einen Gefangenen von Ort zu Ort zu schleppen, erst nach Oldesloe, dann nach Güstrow, schließlich nach Prenzlau.

Als Testorf 1784 von Dietrich Wittmaack verkauft wurde, hieß der neue Besitzer Matthias Ludwig Scheel, †1829. Seine Familie stammte aus dem Dorfe Leezen bei Segeberg. Der Vater Christian Scheel war erst Verwalter auf dem adeligen Gut Fresenburg bei Oldesloe gewesen, hatte später den zum Gute Mönchneverstorf gehörenden Meierhof Halendorf gepachtet und konnte endlich die beiden adeligen Güter Osterrade und Kluvensieck am heutigen Nord-Ostseekanal erwerben. Der Sohn Matthias Ludwig Scheel war zunächst dem Vater in der Pachtung von

Halendorf gefolgt, hatte dann aber im Jahre 1784 Testorf gekauft. Ihm folgte im Besitz nach sein Sohn Christian Ludwig Scheel, der kinderlos verheiratet war. Am 17. September 1794 gab es auf Testorf eine Doppelhochzeit, die beiden Schwestern von Christian Ludwig Scheel heirateten am gleichen Tage, Sophie Scheel Gottlieb Hederich, der das adelige Gut Büstorf in Schwansen besaß, Maria Magdalene Scheel Nikolaus Hinrich Johanssen, † 1840, aus einer Lübecker Kaufmannsfamilie. Der Enkel Ludwig Nikolaus Johanssen war seit 1854 Besitzer des adeligen Gutes Sophienhof bei Preetz.

Als nun Christian Ludwig Scheel 1854 unbeerbt starb, ging Testorf auf zwei Vettern über, die Söhne der beiden Schwestern, auf Carl Friedrich Ludwig Christian Hederich, † 1861, und Ludwig Christian Johanssen, † 1863, dann auf deren Söhne Ludwig Heinrich August Hederich, † 1880, und Ludwig Nikolaus Johanssen, † 1889. Auf Dauer scheint sich dieses Miteigentümerverhältnis nicht bewährt zu haben, beide Vettern hatten ja ohnehin ihre eigenen Güter, so entschlossen sie sich im Jahre 1872 zum Verkauf von Testorf. Beide Güter sind auch bis zur Gegenwart bei den Erben geblieben.

Käufer war Wilhelm v. Carstenn-Lichterfelde, aus der bekannten Berliner Familie der Gründerzeit. 1879 erwarb der Rittmeister a. D. Carl v. Abercron, † 1913, das Gut für den stattlichen Preis von 2 Millionen Mark. Durch seine Heirat mit Olga Schröder, † 1922, aus der großen Hamburger Bankiersfamilie waren ihm bedeutende Geldmittel zugeflossen. Ihr Vater war John Henry Schröder, seit 1868 preußischer Freiherr, Inhaber des weltbekannten Bankhauses I. H. Schröder & Co in Hamburg mit Niederlassungen in London und Liverpool sowie Fideikommißherr auf den Gütern Groß- und Klein-Schwansee in Mecklenburg. Aus seiner Ehe gingen zwölf Kinder hervor, viele von ihnen wieder mit angesehenen Familien aus Hamburg oder dem norddeutschen Adel verschwägert. Olga war die jüngste der sechs Töchter.

Carl v. Abercron konnte im Jahre 1861 als erstes das adelige Gut Meischenstorf erwerben, 1879 folgte Testorf, als letztes im Jahre 1900 das adelige Gut Ehlerstorff. Insgesamt entstand auf diese Weise ein Besitz von über 3200 ha. Testorf ging nach dem Tode von Carl v. Abercron über auf dessen Sohn Ernst, † 1949, langjährigen ersten Kreisdeputierten des Kreises Oldenburg.

Erbe sollte werden der zweite Sohn Ernst-Manfred, der aber aus dem Krieg nicht zurückkehrte und 1946 für tot erklärt wurde. Testorf ging daher auf den ältesten Enkel Christian Friedrich v. Abercron, * 1945,

über, der Nießbrauch auf Lebzeiten verblieb der Witwe Frau Maria v. Abercron geb. Gräfin v. Waldersee, die 1989 hochbetagt im 100. Lebensjahr verstarb.
Die Familie v. Abercron stammt ursprünglich aus Schottland und leitet ihre Abkunft her von den Herren Abercrombie of Birkebog. Im Jahre 1911 haben sie deren Wappen angenommen. Vor allem in Mecklenburg und Schleswig-Holstein gab es viele Mitglieder der Familie. Hier trat Christian Friedrich v. Abercron insofern hervor, als er im dänischen Gesamtstaat zu hohen militärischen Ehren aufstieg und sich 1813 im Gefecht bei Sehestedt unter dem napoleonischen Marschall Davout glänzend schlug. Er starb 1815 und auf ihn führen sich die Abercron aus Testorf und Ehlerstorff zurück; sie wurden im Jahre 1968 in die Schleswig-Holsteinische Ritterschaft recipiert.
In den letzten Jahrzehnten hat im Verfolg der beiden Bodenreformen und durch Erbteilungen eine wesentliche Veränderung des Gesamtbesitzes stattgefunden. Ehlersdorff ist bereits im Besitz von Urenkel Hartwich v. Abercron, Meischenstorf ging an die Enkelin von dem oben erwähnten Carl, nämlich an Lucie von Abercron, vermählte Freifrau Schuler v. Senden. Der Haupthof Testorf, der ursprünglich 565 ha umfaßte, ist infolge der Siedlungen nach dem Zweiten Weltkriege auf 370 ha verkleinert worden, die Meierhöfe Karlshof, Neu-Testorf und

Christian Friedrich von Abercron

Katharinenthal wurden in den Jahren um 1950 vom Gut getrennt und aufgesiedelt. Das Dorf Barensdorf war schon von alters her in Erbpacht gegeben, das Dorf Kükelühn wurde nach 1925 in freies Eigentum umgewandelt, das Dorf Hansühn ab 1950 aufgesiedelt. Gegenwärtig gehören zum Gut etwa 800 ha, davon rund die Hälfte als Wald. Wie bei anderen viehlos und maschinenintensiv wirtschaftenden Betrieben wurden auch auf Testorf Stallungen und alte Scheune überflüssig. Mit Einfühlungsvermögen für die harmonische Hofanlage sind moderne Einrichtungen wie Maschinenhalle und Trocknung in die alten Wirtschaftsgebäude integriert worden.

Unter den wenigen Archivalien, die sich aus älterer Zeit erhalten haben, ist ein Dokument von besonderem Interesse, nämlich die Übergabe des Gutes Testorf von Hieronymus Küsel an Dietrich Wittmaack am 5. und 6. Dezember 1764. Die Urkunde ist in doppelter Hinsicht von Wert, einmal gibt sie den Gang der Übergabe eines adeligen Gutes mit allen dazugehörigen Bräuchen genau wieder, zum anderen läßt sie klar erkennen, daß die „leibeigenen Unterthanen" keineswegs rechtlos waren, sondern durchaus ihre Stimme erheben konnten. Beide Seiten, Verkäufer und Käufer, hatten Notare hinzugezogen, Wittmaack sogar 2 Notare und 2 Zeugen. Alle Gutsangehörigen hatten sich im Torwege neben dem herrschaftlichen Wohnhause versammelt und wurden in das Zimmer nächst dem Torwege hereingerufen, um die Handlung der Übergabe mitanzusehen und den Treu-Eid zu schwören. Sie weigerten sich jedoch hereinzutreten, blieben im Torwege stehen und erklärten auf Befragen, daß sie gegen Herrn Wittmaack nichts einzuwenden hätten, sie würden aber nicht eher schwören, als bis der Pächter Farchau, gegen den sie verschiedene Beschwerden schriftlich an Herrn Wittmaack übergeben hätten, das Gut verlassen hätte. Wittmaack äußerte, daß er ihnen in den Punkten, in denen sie Recht hätten, Gerechtigkeit widerfahren lassen wolle. Trotzdem blieben die Männer dabei, nicht zu schwören. Darauf erklärte Wittmaack, daß er sich unter diesen Umständen das Gut nicht übergeben lassen könne.

Nun begann der Streit der Juristen, der bis zum nächsten Tage andauerte. Der Notar des Verkäufers verwies darauf, daß dieser letztere die Untertanen aus ihrer Eidespflicht entlassen habe und daß Wittmaack gemäß dem Kaufvertrage das Gut nunmehr anzunehmen habe. Es sei seine Sache, ob die Untertanen ihm schwören würden oder nicht.

Tatsächlich fand die Übergabe am nächsten Tage statt. Der Bevollmächtigte von Hieronymus Küsel, der dänische Cancelley-Assessor Ernst

Albrecht Magius überreichte dem Käufer Dietrich Wittmaack den Hausschlüssel, eine Erdscholle und einen von einer Tür geschnittenen Span. Dann wurden die wieder versammelten Untertanen angewiesen, dem neuen Gutsherrn treu zu sein und ihm statt eines Eides den Handschlag zu tun. Jetzt begab Magius sich an einen bei dem Torweg befindlichen Kamin und löschte das dort vorhandene Feuer, indem er es mit Wasser ausgoß. Wittmaack entzündete das Feuer von neuem und hatte damit Besitz vom Gut ergriffen. Die Gutsangehörigen erklärten, daß sie Herrn Wittmaack wohl als ihren nunmehrigen Gutsherrn anerkennen wollten, auch bereit seien, wenn er es verlangte, den Handschlag zu tun, den Eid aber aus den gestern angegebenen Gründen noch nicht leisten könnten.

Adeliges Gut Testorf

Besitzer: Christian Friedrich v. Abercron

Besitzer		*Gut und Bauten*	
seit 1224	St. Johanniskloster in Lübeck	Mittelalter	Dorf Tetzlavesthorp
1245–1460	Benediktinerkloster in Cismar	1482	Bau eines Turmes
1460–1565	v. Buchwaldt	1569	Bildung des Gutes
1565–1681	Blome	1571	Erweiterung des Turmes durch Flügelbauten
1681–1764	verschiedene Besitzer	nach 1606	Bau des ersten Herrenhauses („Blomenkasten")
1764–1784	Dietrich Wittmaack	1644	Brand des Herrenhauses und Wiederaufbau
1784–1872	Scheel dann deren Nachkommen Hederich und Johanssen	1736–1762	Bau des zweiten Herrenhauses an der Südseite
seit 1879	v. Abercron	1767–1774	Neubau von Herrenhaus, Torhaus, Kavalierhäusern und Scheunen
		1902	Um- und Erweiterungsbau des Herrenhauses
		1960 und 1987	Renovierung des Torhauses

27 Ehlerstorff

Kirchspiel Hohenstein   Kreis Ostholstein

Die Straße von Lütjenburg nach Oldenburg durchschneidet die einstige Allee von mächtigen Kastanien und Linden, die zum Gutshof führte. So durchmaß der Besucher die schöne Allee in ihrer ganzen Länge von 400 m, bis sich der Blick auf Hof und Herrenhaus öffnete. Quer vorgelagert erhebt sich das stattliche Herrenhaus, anscheinend ein einfacher Querbau von acht Achsen, ohne Mittelrisalit und ohne besondere Portalgestaltung, zur Linken das niedrige frühere Kavalierhaus, in dem noch einige Supraporten des 18. Jahrhunderts die alte Zweckbestimmung verraten, zur Rechten ein einfaches Nebengebäude.
Vergleicht man den Eindruck des Herrenhauses von der Vorderseite her mit anderen Bauten wie etwa Wulfshagen im Dänischen Wohld oder dem jetzt abgetragenen Schrevenborn an der Kieler Förde, so scheint das Haus in Ehlerstorff nicht viel an Besonderem zu bieten. Aber der Schein trügt, erst die rückwärtige Front offenbart dem Beschauer den eigentlichen Charakter des Hauses. Von hier aus ist deutlich erkennbar, daß es

sich um ein Dreifachhaus des 16. Jahrhunderts handelt, drei fast gleich große Gebäude, jedes mit gemeinsamer Mittelmauer, stehen nebeneinander. Auch die drei parallel verlaufenden Dächer sind noch vorhanden. Ursprünglich werden die Gebäude durch glatt hochgezogene Giebel abgeschlossen gewesen sein, wie an dem noch stehenden Dreifachhaus von Nütschau bei Bad Oldesloe oder durch Treppengiebel, wie in den Doppelhäusern von Jersbek bei Bargteheide und Wensin im Kreise Segeberg. Später hat man die Dächer abgewalmt. Die Keller sind im wesentlichen zugeschüttet, so daß man hier wenig an Aufschlüssen erwarten kann, aber im Erdgeschoß laufen die Trennwände der drei Baukörper noch heute quer durch das ganze Haus. Was von der Vorderseite wie ein einfacher Querbau anmutet, stellt sich in Wirklichkeit als nahezu quadratischer Block heraus.
Man kann vermuten, daß das Haus in seiner ursprünglichen Form im 16. Jahrhundert durch die baulustigen Herren v. d. Wisch errichtet worden ist und um 1760 durch Hans-Heinrich v. Levetzow zur heutigen Form umgebaut wurde.
Das Gut entsteht erst gegen Ende des Mittelalters. Zunächst ist ein Dorf vorhanden: Elerestorp, das noch bis in das 13. Jahrhundert hinein im Besitz des Landesherrn, des Grafen Adolf III. von Schauenburg bleibt. Dann wird es an den Bischof von Lübeck verkauft, bis es Cay Rantzau gelingt, sich hier festzusetzen; freilich nur für kurze Zeit, im Jahre 1373 vertauscht er Ehlerstorff mit Grammdorf wieder an den Bischof von Lübeck gegen Ländereien im Kirchspiel Grube. Jetzt scheint auch das

Rückfront

St. Johanniskloster in Lübeck Besitzrechte ausgeübt zu haben, vielleicht hierzu vom bischöflichen Stuhle aus ermächtigt. Der Name des Baches Johannisbek und das früher zu Ehlerstorff gehörende Dorf Johannisdorf erinnern an diese Zugehörigkeit.

1464 kauft Wolf Pogwisch, † 1474, Ehlerstorff und Klausdorf vom Kapitel in Lübeck, von jetzt an verbleibt das Gut in adeliger Hand. Wolf Pogwisch dürfte auch das eigentliche Gut gebildet haben. Auf Wolf Pogwisch folgen Sohn und Enkel, beide gleichen Namens, aber es scheint, als ob noch ein Vetter Hinrich Pogwisch Miteigentumsrechte hatte. Denn dieser übertrug seine Ansprüche an Ehlerstorff im Jahre 1533 auf Claus v. d. Wisch. So gelangten die Herren v. d. Wisch nach Ehlerstorff, der Sohn Otto v. d. Wisch, † nach 1564, wurde am 7. September 1557 durch Herzog Adolf feierlich mit dem Gut belehnt. Er dürfte auch der Erbauer des Herrenhauses in seiner ursprünglichen Form sein, im Jahre 1550 ließ ihm die Witwe von Wolf Pogwisch III das Bauen auf Ehlerstorff verbieten.

Aber auch die andere Seite blieb nicht untätig. Wolf Pogwisch III hatte einen Sohn Enewald, der nach dem Osten ging, das Rittergut Saalau in Ostpreußen erwarb, lange Reisen nach Litauen, Polen und Ungarn unternahm, um wie er sagte, Länder und Völker kennenzulernen. Er verpfändete 1545 seinen Anteil an Ehlerstorff an Claus Rantzau und verkaufte ihn mit Zustimmung des Herzogs Adolf schon im Jahre darauf an ihn. Aber Claus Rantzau scheint sich schon bald von dem Besitz getrennt zu haben, er hatte überall Streit, erst mit Enewald Pogwisch, dann mit Wolf Pogwisch, dessen Tochter Barbara er die Ehe versprochen hatte, sodann mit dem herzoglichen Kanzler Adam Tratziger, endlich mit dem Herzog selber. So schied er aus allen hiesigen Verhältnissen und Diensten aus und zog nach Lübeck, wo er 1571 verstorben ist.

Die Herren v. d. Wisch behalten Ehlerstorff in vier Generationen, bis um das Jahr 1625 Otto v. d. Wisch Ehlerstorff an Tönnies v. Buchwaldt verkauft.

Tönnies v. Buchwaldt stand als General-Proviantkommissar im königlichen Dienst und muß ein vermögender Mann gewesen sein. Als König Christian IV. im Jahre 1628 in finanziellen Nöten war, verpfändete er das große Collier, das ihm der König von England geschenkt hatte, an Tönnies und seine Brüder für 15 000 Rthlr. Tönnies v. Buchwaldt starb bald darauf, seine Witwe Mette, geb. Reventlow, entschloß sich 1632 zum Verkauf von Ehlerstorff an Gosche v. Ahlefeldt. Dieser erwarb noch im gleichen Jahre von Hinrich v. d. Wisch das unfern liegende

Güldenstein hinzu. Von da ab bis zum Jahre 1900 geht nun das Gut Ehlerstorff in ständiger Folge im Erbgang weiter, auf Gosche v. Ahlefeldt folgt sein Sohn Cai, der zwar das Gut 1659 wieder an einen Buchwaldt verkauft, nur um es schleunigst zwei Jahre später zurückzuerwerben und den Besitz in Ostholstein um Petersdorf zu erweitern. Ein Brief von Cai v. Ahlefeldt an den Landesherrn, den Herzog Christian Albrecht auf Gottorf vom 16. August 1666 ist erhalten. In ihm heißt es:

„Da mein gantzes Vorwerk Ehlersdorf, aus vier kostbaren Gebäuden bestehend zu leider angezündet und innerhalb zwey Stunden sambt Vieh und Korn verbrannt, wodurch nicht allein ich, sondern meine zehen Erben und annoch unschuldigen Kinder in großer, ja ohne des lieben Gottes sonderbarer Sorge, mir und meiner Lebenszeit unabsehbarer Schade zugefügt sey, solches Euer Fürstlichen Durchlaucht aus gemeinen (täglichen) Berichten schon kundt geworden seyn. Mit welch großer Schwierigkeit solch, durch Gottes Gewitter eingeäschertes und doch nothwendiges Gebäu wieder zu errichten sey, werden Fürstl. Durchlaucht verstehen. Sie werden lieber sehen daß eine ihrer Adligen Familien Unterthanen erhalten als niedergedrücket werde, wie doch auch der Krieg meine Ländereyen verheeret hat."

Und in einer langen, dem Stile der damaligen Zeit umständlichen Sprache wird ihm seitens des Landesherrn die Zahlung der Pflugsteuer und anderer, schon lange fälliger hoher Verpflichtungen erlassen.
Von Cai v. Ahlefeldt gehen die Güter zunächst auf die beiden Söhne Johann und Wolf Christian über, aber als jetzt zwei Töchter Apollonia Adelheid und Augusta Elisabeth zwei Brüder v. Levetzow aus einem alten mecklenburgischen Geschlecht heiraten, die eine den Landrat Hinrich v. Levetzow, die andere den Kapitän Theodosius v. Levetzow, wird Ehlerstorff im Jahre 1702 im Wege der Erbauseinandersetzung an die Levetzow verkauft. Käufer ist nicht Friedrich v. Levetzow, wie in den meisten Handbüchern zu lesen, sondern der ältere der beiden Brüder, Hinrich v. Levetzow, der damit den holsteinischen Zweig der Levetzow begründet, während Theodosius die mecklenburgischen Güter erhält.
Hinrich v. Levetzow erreichte im Jahre 1711 die Aufnahme in die schleswig-holsteinische Ritterschaft, sein Vetter, der Generalleutnant Theodosius v. Levetzow folgte im Jahre 1714. Sie waren schon seit Generationen her keine Landfremden mehr, Hinrichs Vater, Joachim Dietrich v. Levetzow, war vermählt gewesen mit Ida v. Brockdorff

Kavalierhaus

a. d. H. Windeby und hatte Windeby bei Eckernförde 1675 von den Brockdorffschen Erben gekauft und 1690 seinem Sohne Hinrich vererbt. Dieser letztere erwarb auch Petersdorf wieder zurück. Er hinterließ zwei Söhne, die sich beide mit Frauen aus dem holsteinischen Adel vermählten, der eine mit einer Qualen, der andere mit einer Brömsen. Der zweite Sohn, Cay mit Vornamen, kaufte 1720 das adelige Gut Rosenhof im Oldenburgischen an.

Der ältere der beiden Brüder hatte eine Tochter, die erst mit Cay v. Thienen auf Wahlstorf, dann mit dem Grafen Otto Manderup Rantzau auf Brahesborg verheiratet war, und einen Sohn Hans-Hinrich, der der bedeutendste Mann dieser Linie wurde. Er war zunächst im militärischen Dienst tätig, nahm aber bereits 1749 seinen Abschied. Später war er Conferenzrath und Landrat sowie kaiserlich-russischer Kammerherr. Er hatte den Dannebrogorden und das Großkreuz des russischen St. Annenordens erhalten. Nur mit seinen persönlichen Verhältnissen hatte er seine Nöte. Er lebte viele Jahre hindurch mit einer Leibeigenen zusammen, namens Margarethe Barg. Aus diesem Verhältnis gingen fünf Kinder hervor, bis sich Hans-Hinrich zur Heirat entschloß. Nach der Heirat wurde noch ein sechstes Kind geboren, der Sohn Cay Dietrich, der als letzter Mann der holsteinischen Linie im Jahre 1835 unverehelicht starb.

Trotz der illegitimen Geburt der fünf Kinder erreichte es der Vater, daß

vier Töchter in das adelige Kloster Preetz eingeschrieben wurden, eine von ihnen wurde später Konventualin.
Im Jahre 1811 kaufte Cay Dietrich v. Levetzow das benachbarte adelige Gut Putlos an. Dieser Kauf gab zu großen Wirrungen Anlaß. Das alte Rantzauische Gut mit einer bemerkenswerten, umfangreichen Wasserburg gehörte damals dem Kaufmann I. G. Böhme aus Lübeck. Dieser geriet in wirtschaftliche Schwierigkeiten, so daß sich die beiden Gutsnachbarn zu einem seltsamen Tausch entschlossen. Cay Dietrich v. Levetzow übernahm das adelige Gut Putlos mit den Meierhöfen Ernsthausen und Georgenthal sowie dem Dorfe Kröss gegen Übernahme der Schulden von I. G. Böhme in Höhe von 120000 Rthlr. Böhme erhielt dagegen den Meierhof Einhaus von Ehlerstorff übereignet gegen die Zusicherung, daß Einhaus die Qualität eines adeligen Gutes erhalten werde; widrigenfalls sollte Levetzow ein Reugeld von 4000 Rthlr. an Böhme zahlen. Dieser Fall trat tatsächlich ein, nach dem Jahre 1806 sind keine adeligen Güter mehr gebildet worden. Trotz seines flehentlichen Bittgesuchs an den König erreichte Levetzow sein Ziel nicht. Vergebens bot er an, für ein neuerrichtetes Armenhaus in der Stadt Glücksburg 320 Rthlr. zu spenden. Sein Gesuch wurde abgelehnt und er mußte zahlen.
Nach dem unbeerbten Tode von Cay Dietrich v. Levetzow gingen die adeligen Güter Ehlerstorff und Putlos nun auf die nächste, nicht zur schleswig-holsteinischen Ritterschaft gehörende Linie Levetzow über. Erbe wurde Friedrich Ferdinand v. Levetzow, † 1884. Auch er war in dänischen Diensten großgeworden, hatte seine juristische Laufbahn auf Gottorf abgelegt und war dann Amtmann auf Fehmarn geworden. Als er die Erbschaft der Güter antrat, nahm er seinen Abschied aus dem Staatsdienst und widmete sich ganz der Bewirtschaftung seines Besitzes.

Ansicht von A. Hornemann um 1850

1845 wurde er königlicher Kammerherr, 1878 Kommandeur des Dannebrog. 1861 und 1863 saß er in der holsteinischen Ständeversammlung als Vertreter des Landgrafen von Hessen für die Herrschaft Hessenstein.
Ihm folgte sein Sohn Julius, † 1901, der gleichfalls innerhalb der dänischen Armee seine Laufbahn gemacht hatte und später in die preußische Armee übertrat. Er erhielt noch kurz vor der Abtretung der Herzogtümer den Titel eines kgl. dänischen Hofjägermeisters. Während seiner Besitzzeit, im Jahre 1890, wurde Putlos wieder verkauft. Von ihm ging Ehlerstorff auf seinen Sohn Konrad v. Levetzow über, der als letzter der Linie Herr auf diesem alten Gute war. Er geriet in wirtschaftliche Schwierigkeiten und mußte im Jahre 1900 sich von Ehlerstorff trennen. Er war verheiratet mit einer Holländerin, Marie geb. Meurs-Gerken. Das Ehepaar zog nach dem Verkauf von Ehlerstorff nach dem Brök bei Weissenhaus, wo nach dem Tode des Mannes seine Witwe noch viele Jahre gelebt hat.
Käufer war Ernst v. Abercron, der Kaufpreis betrug 958000 Mark. Damit war es der Familie v. Abercron gelungen, ihren Besitz in Ostholstein wesentlich zu erweitern. 1861 hatte bereits der Vater Carl v. Abercron zusammen mit seiner Gemahlin Olga Sophie, geb. Schröder, die die Tochter des Inhabers des Bankhauses John Henry Schröder & Co in Hamburg war, und dadurch über bedeutende Mittel verfügte, das adelige Gut Meischenstorf erworben. 1879 kam das große adelige Gut Testorf hinzu, durch den Zukauf von Ehlerstorff im Jahre 1900 gelang es, den Besitz auf eine Gesamtfläche von über 3000 ha abzurunden. Freilich blieb der Besitz in dieser Größe nur verhältnismäßig kurze Zeit erhalten, in dem Zeitalter der beiden Bodenreformen nach dem Ersten und nach dem Zweiten Weltkrieg sind erhebliche Verkleinerungen eingetreten.
Die Herren v. Abercron stammen aus Schottland und führen ihre Abkunft zurück auf das Geschlecht der Abercrombie of Birkebog, sie haben auch deren Wappen im Jahre 1911 angenommen. Mit Christian Friedrich v. Abercron, † 1815, kommt das Geschlecht nach Deutschland und hat vor allem in Schleswig-Holstein und Dänemark viele Mitglieder gehabt.
Die Größe von Ehlerstorff betrug ursprünglich bei dem Ankauf durch Ernst von Abercron 531 ha. Heute hat das Gut eine Größe von 622 ha, hiervon sind 346 ha Ackerland, 101 ha Wald, 52 ha Wiesen, 32 ha Wasser, Öd- und Unland sowie Wege und Hofplatz. Durch die teilweise

Trockenlegung des Wesseker Sees Mitte der dreißiger Jahre verlor der Hof die wertvolle Reetnutzung sowie das Fischereirecht.
Die Hofgebäude erfuhren ihre eigenen Schicksale. Die alte Meierei, die zur Rechten der Allee lag, wurde im Jahre 1905 abgebrochen, die Gerstenscheune, die auf der anderen Seite der Allee lag, brannte 1913 infolge Blitzschlages ab. Darauf entschloß sich Ernst v. Abercron, den Hof zu verlegen und in schräger Achse zum Herrenhaus wieder aufzubauen. Als Hauptgebäude entstand hier im Jahre 1921 ein äußerst stattliches Kuhhaus, das bei aller Modernisierung in alten schönen Formen aufgebaut wurde und sogar ein Strohdach erhielt. Quer zu dem Kuhhaus wurde in Richtung auf die Straße ein Torhaus angelegt, das aber wegen der Verlegung der Landstraße niemals als Torhaus benutzt worden ist. Der Torfahrt angegliedert wurden links und rechts zwei kleine Gebäude aufgestellt, die früher an anderer Stelle auf dem Hofe gestanden hatten und jetzt mit Hilfe von Rollen, die mit grüner Seife reichlich eingeschmiert wurden, an ihren neuen Standort hintransportiert wurden. Die neue Hofanlage wurde durch den Architekten Lau aus Kiel errichtet.
Nach dem Tode von Ernst v. Abercron im Jahre 1949 ging Ehlerstorff über an seinen Sohn Friedrich Karl v. Abercron, * 1914. Besitzer ist heute Hartwich v. Abercron, * 1948, der Vater Friedrich Karl v. Abercron hat sich den lebenslänglichen Nießbrauch vorbehalten und den Hof seinem Sohn Hartwich verpachtet.

Adeliges Gut Ehlerstorff

Besitzer: Hartwich v. Abercron

Besitzer		*Gut und Bauten*	
13./14. Jahrh.	Bischof von Lübeck Cay Rantzau	13. Jahrh.	Dorf Elerdesdorp
1464–1557	(v.) Pogwisch	Ende 15. Jahrh.	Gut Ehlerstorff gebildet
1557–1625	v. d. Wisch	16. Jahrh.	wohl nach 1550 Bau des Herrenhauses
1625–1702	v. Ahlefeldt	1666	Brand des Hofes
1702–1900	v. Levetzow	um 1760	Umbau des Herrenhauses
seit 1900	v. Abercron	nach 1921	Anlage des neuen Wirtschaftshofes

28 Löhrstorff

Kirchspiel Neukirchen Kreis Ostholstein

Dem Namen nach zu urteilen muß das Gut aus einem Dorf hervorgegangen sein. Aber hierüber schweigen die Urkunden, nur der Name selber hat geschwankt, im Mittelalter heißt es Loderstorp oder Lodderstorf oder Loyerstorp. Dagegen sind außer diesen Namen die Ortslagen von drei Dörfern überliefert, die in dem heutigen Gut aufgegangen sind, Harkendorf, Sucksdorf und Poppendorf. Die beiden letzteren werden schon im Jahre 1249 genannt und als deutsche Kolonistendörfer bezeichnet (villae Teutonicae). In den Flurnamen Harkendorferkamp und Sucksdorferfeld sind letzte Erinnerungen an die verschwundenen Dörfer bewahrt.

Im Jahre 1384 wird Löhrstorff als Besitztum des Cistercienserklosters in Reinfeld genannt, kommt aber bald darauf in den Besitz der Rantzau und bleibt jetzt über 300 Jahre bei dieser großen Familie. Über die Besitzer des 15. Jahrhunderts wissen wir praktisch sehr wenig, als erster wird Schack Rantzau genannt, der die eine große Hauptlinie seines Geschlechtes begründete. Im Jahre 1387 war er noch Knappe, 1397 bei der Landesteilung jüngster Ritter von allen Anwesenden. Bis 1445 wird er häufig genannt, u. a. bei der Eroberung von Fehmarn im Jahre 1416 und bei der Verleihung des Lindwurmordens durch König Sigismund im Jahre 1439.

Ihm folgten der Sohn Cai, † 1486, und der Enkel Schack, der im Jahre 1506 Amtmann auf Fehmarn war. Sind diese ersten Generationen auch nicht mit voller Sicherheit als Herren auf Löhrstorff bestimmbar, so wird die Reihenfolge von da ab deutlicher. Auf Schack d. J. folgt der Sohn Hinrich, † 1538, der außer auf Putlos und Helmstorf ausdrücklich auf Löhrstorff genannt wird, dann dessen Sohn Joachim, † 1563. Dieser letztere war Amtmann von Cismar und im Jahre 1560 während der Abwesenheit Herzog Adolfs von Gottorp Mitglied der Statthalterschaft. Von seinen 5 Söhnen erhielt der zweite, Sievert mit Namen, Löhrstorff. Die Namen von ihm und seiner Ehefrau Margarethe, geb. v. Buchwaldt, sind im Löhrstorffer Kirchenstuhl in der Kirche von Neukirchen eingeschnitzt. Ihm folgen die Söhne, erst Joachim, † 1614, dann nach dem Tode von dessen Frau im Jahre 1630 der zweite Sohn Detlev, † 1650. Aber obwohl beide Brüder Nachkommen hatten, ging Löhrstorff jetzt aus dem Besitz dieser Linie heraus. Aus dem Konkurse von Detlev Rantzau heraus kauft es der Vetter Hans Rantzau auf Neuhaus, † 1655, anscheinend im Verfolg einer großen Tauschaktion, bei der die Stadt Lütjenburg ihre eigene Rolle spielte.

Als Detlev Rantzau, der Amtmann von Cismar war, mit seinem großen Vermögen im Jahre 1648 Konkurs machte, wurde bei dieser Gelegenheit ein genaues und sorgfältiges Inventar über seinen Besitz aufgestellt. Es beginnt mit der Aufzählung von 17 Konfekttellern und 17 Schüsseln, beiderseits mit des Herrn Amtmanns Wappen und endigt mit: 506 Pfund Speck und 40 Pfund Talg.

Bis dahin hatte die Stadt Lütjenburg zu Neuhaus gehört. Jetzt übertrug Hans Rantzau seine Rechte auf die Stadt an den Feldherrn Christian Pentz, gefallen in der Schlacht von Lutter am Barenberge im Jahre 1626. Pentz war offenbar einer der Hauptgläubiger des in Konkurs geratenen Detlev Rantzau, denn er übertrug als Gegenwert seine Ansprüche auf Löhrstorff an Hans Rantzau. So gelangte diese Linie Rantzau nunmehr in den Besitz der Güter in Wagrien.

Auf Hans Rantzau folgte die Witwe Catharine geb. Rantzau. Da sie in

ihrer zweiten Ehe mit Wolf v. Buchwaldt verheiratet gewesen war, erscheint jetzt für wenige Jahre der Name Buchwaldt unter den Besitzern von Löhrstorff. Das Gut ging dann über an ihre beiden Kinder aus erster Ehe, Hans und Christine Rantzau. Letztere verkaufte 1655 ihren Anteil an Löhrstorff an den Bruder, der noch im gleichen Jahre starb und von seinen Söhnen beerbt wurde.
Nun folgt der Sohn Hinrich Rantzau, der 1664 auf der sog. Kavalierstour in St. Jean in Savoyen stirbt, dann dessen Bruder Cai Rantzau, † 1704. Dieser geriet trotz seines großen Besitzes – er hatte außer Löhrstorff noch Neuhaus, Satjewitz, Clausdorf, Großenbrode und Dobersdorf in Ostholstein, ferner Güter in der Elbmarsch und in Dänemark zu eigen – in große Schulden, so daß nach seinem Tode die Güter verkauft werden mußten. Für kurze Zeit – nur für zwei Jahre – wird ein Herr v. Reichel als Besitzer genannt, vielleicht der herzogl. gottorpische Generalmajor v. Reichel, der später Gesandter in Schweden war, vielleicht Hans Wilhelm v. Reichel, der mit Anna Rantzau a. d. H. Bothkamp vermählt war.
Bald darauf, wohl seit 1718 geht Löhrstorff über an den kgl. Hannoverschen Feldmarschall Cuno Josua v. Bülow, † 1735, seit 1705 auch Reichsgraf. Dieser besaß enge Beziehungen zu Holstein, seine Mutter war Lucia v. Ahlefeldt a. d. H. Quarnbek, seine Frau Anna Ölgard v. Ahlefeldt a.d.H. Lehmkuhlen. Bülow hatte sich im spanischen Erbfolgekriege großen Ruhm errungen und trachtete jetzt danach, einen großen Landbesitz in seine Hand zu bringen. Außer Löhrstorff erwarb er binnen weniger Jahre die adeligen Güter Satjewitz, Claustorf, Großenbrode und Siggen, alle im Lande Oldenburg gelegen; später kam noch Emkendorf bei Rendsburg hinzu.
Löhrstorff scheint sein Hauptwohnsitz gewesen zu sein, so großartig wurde gerade dieses Haus von ihm geschmückt. Die Rantzauische Tafel von etwa 1586 gibt leider kein Bild wieder von dem alten Löhrstorff. Das braucht uns nicht in Erstaunen zu versetzen, obwohl doch zu jener Zeit ein Rantzau dort Besitzer war. Aber es gab nach den Angaben des Statthalters Heinrich Rantzau zu jenem Zeitpunkt 71 Burgen und Schlösser in Rantzauischem Besitz, die Tafel gibt nur 50 Abbildungen wieder.
Der Hof Löhrstorff liegt auf einer großen, rechteckigen Anlage, die mit den breiten wassergefüllten Gräben ein Areal von etwa 18000 qm umfaßt. Das Herrenhaus liegt im südwestlichen Teil der Anlage und besteht aus einem Südflügel von zwei Stockwerken und einem Westflügel mit einem Geschoß. Eine breite, aus neuerer Zeit stammende

Brücke aus Granitsteinen führt über die Hausgräben im Süden. Der Westflügel ist aus größeren Steinen errichtet als der Südflügel und scheint deswegen der ältere Teil zu sein, etwa um 1600 entstanden, obwohl es schwer mit Sicherheit zu sagen ist, da die Gebäude stark verändert worden sind. Der Südflügel besaß ursprünglich nur ein Stockwerk, ist aber schon in früher Zeit auf zwei Stockwerke erhöht worden. Wenn man davon ausgeht, daß der Westflügel der älteste Teil ist, ist der Südflügel etwa um 1700 angebaut worden, damals haben beide Flügel rustizierte Ecken erhalten. Die gegenwärtigen sehr großen Fensteröffnungen sind einem späteren Zeitpunkt zuzuschreiben. Um etwa 1920 wurde das frühere Walmdach umgebaut zu einem Mansardendach mit Giebeln, gleichzeitig wurde die Eingangspartie in der ganzen Breite des Flügels am Westgiebel umgebaut. Beide Flügel haben Sockel von großen Granitquadern. Der Westflügel besitzt auch ein Mansardendach, dürfte jedoch ursprünglich ein Walm- oder Satteldach besessen haben.
Das eigentliche Herrenhaus liegt im Südflügel, ein verhältnismäßig kurzes und tiefes Haus in Größe von 12 × 21 m, gleichmäßig aufgeteilt durch eine durchgehende Längsscheidewand, mit drei Salons nach der Gartenseite, einer großen Halle mit zwei kleinen Kabinetten nach der

Stuckkamin mit Doppelwappen Bülow/Ahlefeldt

Hofseite. In der Halle führt die Treppe nach oben in das obere später entstandene Stockwerk. Alle anderen fünf Räume sind mit Stuckreliefs ausgestattet von einer bemerkenswerten Qualität und haben darüber hinaus ausgezeichnetes Holzwerk bewahrt, die Türen zu den Zimmern, die Paneele und dergleichen mehr mit einem spätbarocken Charakter, sicherlich nicht später entstanden als etwa 1740. Daher bietet Löhrstorff eine der bestbewahrten Innenausstattungen aus der ersten Hälfte des 18. Jahrhunderts dar. Die kräftigen Füllungstüren haben ihre großen Messingschlösser wohl bewahrt, sind jedoch mit eiförmigen Handgriffen versehen worden aus dem Ende des 18. Jahrhunderts.
Die Stuckdekorationen bedecken Decken und Wände, vor allem die Umrahmungen der Kamine in sämtlichen Räumen des Hauptgeschosses außer der Halle. Die Decken sind mit großen Plafonds geschmückt, eingefaßt von kräftig geschwungener und geknickter Bandelornamentik und mit verschiedenartigen figürlichen Darstellungen am Rand und in den Ecken. In dem Zimmer im Ostgiebel sind Tiere in Stuck dargestellt, ein Hund, ein Lamm, ein Storch, ein Kranich, letzterer offensichtlich als Symbol seiner Wachsamkeit mit einer Kugel in den Klauen. In der Stube nach Norden finden sich Muschelschalenverzierungen in den Ecken, ebenso wie im Gartensaal, wo es auch Blumen-Girlanden gibt, während der Eßsaal westlich mit Darstellungen einer Grafenkrone geschmückt ist. Der Kamin in diesem Raum trägt außerdem das Porträt des Bauherrn im Profil, geschmückt mit einem Lorbeerkranz und darüber einem Blumenkorb, eingefaßt von Pilastern. Über dem Kamin in dem Gartensaal ist ein Spiegel eingesetzt, hierüber befindet sich das Doppelwappen Bülow und Ahlefeldt, von zwei Bären gehalten. Im Zimmer des Sohnes eine antike Büste mit Lorbeerkranz, hierüber ein Blumenkorb, der von zwei Adlern gehalten wird. Das Gästezimmer im Westgiebel, nördlich des Eßsaales, ist von besonderem Interesse. Die Wand über dem Kamin ist hier mit kleinen Absätzen verziert worden, die zur Aufnahme von Porzellan vorgesehen sind, außerdem mit einer überaus reichen Rankenornamentik um den Spiegel herum, während die Decke selbst in ihrem Mittelplafond eine Akanthus-Ornamentik zeigt, Muschelschalen und Vögel. Im Plafond selber finden sich vier Fontänen.
Die Stukkaturen auf Löhrstorff erinnern stark an die etwa zur selben Zeit entstandenen auf Güldenstein und dürften vielleicht von demselben Meister geschaffen worden sein.
Der Sohn, der Graf Ernst August v. Bülow, scheint auf Löhrstorff nicht

gewohnt zu haben, sondern anfangs auf Godderstorf, später auf Siggen. Nach seinem Tode gingen die Güter über an den Neffen Friedrich Ulrich v. Bülow. Dieser hatte sich 1778 von Siggen getrennt, 1775 verkaufte er die drei Güter Löhrstorff, Claustorf und Großenbrode an den hannoverschen General v. Hardenberg.
Von diesem erbte der Sohn Carl August v. Hardenberg im Jahre 1785 die Güter. Dieser Mann, † 1822, ist einer der bedeutendsten Staatsmänner geworden, die das Königreich Preußen aufzuweisen hat. Er ist es, dessen Name mit den Stein-Hardenbergschen Reformen verknüpft ist, der das überalterte soziologische Gefüge der Fridericianischen Zeit in ein für damalige Zeiten höchst modernes Staatswesen umformte. Er stieg auf bis zum preußischen Staatskanzler und erhielt 1814 die Fürstenwürde. Als er Löhrstorff übernahm, lagen die Dinge anders. Er führte zu dieser Zeit die Titel eines herzoglich Braunschweig-Lüneburgischen Geheimen Raths und Cammerpräsidenten. Seine Beziehungen zu Holstein und Dänemark hatten sich verdichtet durch seine Heirat mit Friederike Gräfin zu Reventlow a. d. H. Brahetrolleborg, † 1793. Aber als die Ehe in einem aufsehenerregenden Scheidungsprozeß im Jahr 1788 aufgelöst wurde, verlor er die Lust an seinen holsteinischen Besitzungen und verkaufte sie im Jahr 1789 an die Balley Sachsen des Deutschen Ritterordens bzw. an deren Landkomthur, seinen Vetter Gottlob Friedrich Wilhelm v. Hardenberg in Lucklum bei Braunschweig.
Da es sich um einen Verkauf an die sog. Tote Hand handelte, bedurfte es der Genehmigung des Königs. Eingaben und Gutachten von allen Seiten gingen hin und her, vergeblich verwies Hardenberg darauf, daß nicht der Orden der Käufer sei, sondern sein Vetter, vergeblich auch darauf, daß der Orden überall Güter ankaufe und wieder abstoße. Durch zwei königliche Resolutionen vom 28. Juli 1789, die eine an Carl August v. Hardenberg, die andere an den Vetter in Braunschweig gerichtet, wurde die Genehmigung zum Verkauf versagt. Ja, die Affäre hatte noch ein gesetzliches Nachspiel, im Jahre 1799 erging eine königliche Verordnung: „wider die Veräußerung unbeweglicher Güter in die Todte Hand". Die Verordnung war im unmittelbaren Anschluß an den Verkauf der Hardenbergischen Güter vorbereitet worden.
Hardenberg besann sich alsbald eines anderen, die Stiefmutter seiner Ehefrau Ida Lucia v. Plessen hatte sich in ihrer zweiten Ehe mit Wulf Hinrich v. Thienen, † 1808, vermählt. Dieser gehörte zu den reichsten Grundbesitzern seiner Zeit, besaß nach und nach 10 oder 11 Güter und ein Barvermögen von 2 Millionen Rthlr. Seinen Hauptwohnsitz hatte er

Stuckkamin mit Stuckrelief des Feldmarschalls C. J. v. Bülow

auf Sierhagen, daher dürften die Güter im Lande Oldenburg von ihm nur gelegentlich besucht worden sein.
Thienen verkörpert sehr deutlich den großen Herrn des anciènrégime. Sein auf Kupfer gemaltes vorzügliches Porträt, das sich im Schlosse Sierhagen befindet, weist ihn aus als grand seigneur der alten Zeit. So stand er auch den freiheitlichen Bestrebungen, wie sie im Verfolg der französischen Revolution auch in unserem Lande spürbar wurden, fremd gegenüber. Das führte innerhalb des mit Löhrstorff verbundenen adeligen Gutes Großenbrode zu einem schweren Konflikt. Mit Großenbrode hatte es seine eigene Bewandtnis. Hier gab es nie ein Gut, ja auch im Mittelalter keine Ritterburg, das Dorf gehörte lange Zeit zum Amte Segeberg. Erst im Jahre 1640, als Marquard Pentz auf Neudorff den großen oben beschriebenen Landtausch mit den Rantzau auf Neuhaus gegen Freigabe der Stadt Lütjenburg durchführte, wurde das Dorf Großenbrode vom Amt Segeberg abgetrennt und mit den Gerechtsamen eines adeligen Gutes versehen.

Während der Besitzzeit Thienens ereignete sich ein schwerer Zwischenfall. Thienen hatte offensichtlich ohne entsprechende und vorherige Benachrichtigung der Dorfbewohner damit begonnen, Fährhaus und Fährstelle nach Fehmarn zu verlegen. Die Großenbroder Einwohner waren nicht damit einverstanden, rotteten sich zusammen, zerstörten das bereits gelegte Fundament des neuen Fährhauses und verjagten die Handwerker. Thienen forderte Militär an, es kamen ein Leutnant mit 18 oder 20 Mann, um die Einwohner zum Gehorsam zu zwingen. Sie wurden jedoch von den aufgebrachten Großenbrodern mit Sensen, Forken und Dreschflegeln angegriffen und in die Flucht geschlagen, ja es ging nicht ohne Verwundete auf beiden Seiten ab. Daraufhin entsandte die Regierung eine Kompanie Soldaten aus Rendsburg. Das Dorf wurde bei Nacht umzingelt, und mehrere Aufrührer wurden gefangengenommen. Einige kamen ins Zuchthaus, andere wurden mit Gefängnis bestraft. Die Rädelsführer hatten sich rechtzeitig durch die Flucht nach Fehmarn gerettet und genossen hier Gastfreundschaft, bis der Vorgang in Vergessenheit geraten war.
Im Zusammenhang mit Ereignissen ähnlicher Art auf unseren Gütern muß hier berichtet werden, daß auf dem Hofe Löhrstorff nördlich des Herrenhauses das sog. Gefängnis liegt, ein pavillonartiges Gebäude mit großem Mansardendach und einem Glockenstapel, außerdem einem von 1848 datierten Uhrengiebel. Dieses Gebäude dürfte gleichzeitig mit dem Südflügel des Herrenhauses entstanden sein und ist mit dem alten Pferdestall zu einem Gebäude zusammengefaßt, der sich nach Norden anschließt.
In diesen Jahren muß auf Löhrstorff immerhin ein herrschaftlicher Haushalt geführt worden sein, auch wenn Wulf Hinrich v. Thienen seinen Hauptwohnsitz in Sierhagen gehabt hat. In einem Brief vom 25. März 1808 heißt es:

> „Der alte Thienen auf Sierhagen ist, als er in Löhrstorff war, um 5000 Rthlr. in Bankbillets bestohlen worden".

Im Jahre darauf, 1809 verstarb er im hohen Alter von 88 Jahren. Sein riesiges Vermögen wurde nach den Bestimmungen seines Testamentes aufgeteilt, Haupterbe war der Enkel seiner Schwester, der Graf Magnus v. Scheel-Plessen auf Sierhagen. Eine besondere Rolle spielten seine Beziehungen zu Fräulein Wilhelmine Schwerdtfeger. In den erwähnten alten Briefen heißt es hierüber:

„Es ist ja allgemein bekannt, daß (der alte Thienen) in den achtziger Jahren des vorigen Jahrhunderts mit Fräulein Sch(werdtfeger) in Holland eine große Erbschaft gemacht hat.“

In der Tat hatte ein Bruder der Mutter von Fräulein Schwerdtfeger, Gottlieb v. Borries, ihr sein sehr großes Vermögen in Surinam, Holl. Guayana, hinterlassen. Wieviel von diesem Vermögen auf Thienen überkommen ist und welcher Art seine Beziehungen zu Fräulein Schwerdtfeger waren, ist heute nicht mehr zu ermitteln. Sicher ist nur, daß er ihr noch zu seinen Lebzeiten die adeligen Güter Wensien, Seegalendorf mit Bankendorf, Travenort und Müssen überließ, – manche behaupten, als Schenkung, obwohl über die meisten Güter ordnungsgemäße Kaufbriefe vorliegen. Sicher ist auch, daß starke persönliche Bindungen zwischen den beiden bestanden.
Löhrstorff mit Claustorf sollten auch in den Besitz der Familie Schwerdtfeger gelangen, freilich erst einige Jahrzehnte später. Zunächst hatte Thienen als Erbe dieser Güter einen Urenkel seiner Schwester Elisabeth Christine, die mit dem Grafen v. Scheel-Plessen verheiratet gewesen war, eingesetzt, den Grafen Christian Heinrich August v. Hardenberg. Dieser war ein Sohn des späteren Staatskanzlers Karl August Fürst v. Hardenberg, der Löhrstorff vor Thienen besessen hatte. Zudem waren sie miteinander verwandt, Ida Lucia v. Plessen war in ihrer ersten Ehe mit dem Grafen Christian Detlev Reventlow auf Brahetrolleborg vermählt gewesen, in ihrer zweiten Ehe mit Thienen. Die einzige Tochter aus erster Ehe, Friederike Gräfin Reventlow war mit dem Staatskanzler Hardenberg bis zur Scheidung dieser Ehe 1788 vermählt gewesen. Christian Heinrich August v. Hardenberg hatte auf den Fürstentitel verzichtet, sich jedoch die Führung des fürstlichen Wappens vorbehalten. Dafür wurde nunmehr in Dänemark aus den umfangreichen Reventlowschen Besitzungen Brahetrolleborg, Friesenvold und Krenkerup auf den Inseln Fünen und Lolland die Lehnsgrafschaft Hardenberg-Reventlow gebildet mit entsprechender Namensführung der Nachkommen. Jetzt entstanden daher die seltsamsten Namensverbindungen. Christian Hardenberg hinterließ nur eine Tochter Ida, † 1867, nach dem Tode des Vaters 1840 Erbin der holsteinischen Güter und der dänischen Lehnsgrafschaft. Infolge ihrer Vermählung mit dem Grafen Harald Holck, † 1839, führte sie den Namen einer Lehnsgräfin v. Holck-Hardenberg-Reventlow, ja, sie wechselte noch zweimal ihren Namen, auf Grund ihrer zweiten Verheiratung mit dem Baron Christian

Parkseite

Ludwig von Gersdorff, † 1846, hieß sie Lehnsgräfin v. Gersdorff-Hardenberg-Reventlow, endlich durch ihre dritte Ehe mit dem spanischen Diplomaten Simon Dominici d'Almaforte, † 1864, gab es den Namen einer Lehnsgräfin Ida d'Almaforte-Hardenberg-Reventlow.
Als der Vater der Gräfin Ida 1840 gestorben war, trennte sie sich bald darauf von ihren holsteinischen Gütern. 1842 verkaufte sie die Güter in Wagrien an Johann Hinrich Schwerdtfeger, † 1864. Er war für sie kein Unbekannter, auf Grund der alten Beziehungen zwischen Thienen und seiner Tante Wilhelmine, † 1816. So zog jetzt auf Löhrstorff eine Familie ein, die landverbunden und von großer wirtschaftlicher Fähigkeit erfüllt war. Auf Johann Hinrich Schwerdtfeger folgten der Sohn Ernst Wilhelm, † 1877, und der Enkel Johannes Schwerdtfeger, † 1882. Mit ihm bricht die Reihe ab, er hinterließ zwar einen Sohn Wilhelm, aber dieser wurde nicht Landwirt, sondern Techniker, Baurat der Behörde für Technik und Arbeit, Strom- und Hafenbau in Hamburg.

Daher wurde Löhrstorff im Jahre darauf, 1883, verkauft. Großenbrode war schon vorher ausgeschieden, bei der Einführung der preußischen Verwaltung nach 1867 wurde es kurzerhand in eine Landgemeinde umgewandelt, was ja auch den tatsächlichen Verhältnissen entsprach. Die geringen Abgaben der Dorfbewohner konnten durch eine einmalige Abfindungssumme an den Gutsherrn abgegolten werden. Und auch Claustorf gehörte nicht mehr dazu, es ging bereits im Jahre 1859 in andere Hände über.
Käufer von Löhrstorff war zunächst E. Voss, Direktor der Spar- und Leihkasse in Verden, er bezahlte 1,7 Millionen Mark. Aber schon im Jahre darauf trat er das Gut an die Sparkasse selber ab. 1903 kaufte die Berliner Landbank das Gut, um es bald darauf zu parzellieren. Das Dorf Lütjenbrode und die Höfe und Pachtstellen, Mittelhof, Lütjenhof, Eichthal und einige weitere einzelne Landstellen und Mühlen wurden vom Gute getrennt und einzeln verkauft. Den Haupthof in Größe von 454 ha, davon 400 ha Acker und Grünland, 54 ha Wald und Wasser, erwarb am 1. August 1904 Hans Paarmann aus Königslutter im Braunschweigischen. Der Großherzog von Oldenburg kaufte das Löhrstorffer Holz zurück. Die Güter im Lande Oldenburg sind fast sämtlich waldlos, außer Siggen fehlt ihnen allen eine größere Waldfläche. Wulf Hinrich v. Thienen hatte diesen Mangel, der in alter Zeit mit seinen umfangreichen Brennholzlieferungen für Herrenhaus und Deputate an die Arbeiter bedeutend fühlbarer war als heute, klar erkannt und von dem großen Güldensteiner Wald, der ihm ja auch gehörte, ein größeres Areal abgetrennt und seinen Besitzungen im Lande Oldenburg zugelegt. So kam das Gut Löhrstorff zu seinem Waldanteil im Forstort Kremperkate bei Güldenstein.
Paarmann ließ im Jahre 1920 das Herrenhaus umbauen, statt des alten Satteldaches erhielt es ein Mansarddach mit ausgebautem Dachgeschoß. In dem Winkel zwischen Süd- und Westflügel entstand ein turmartiger Zwischenbau, im Erdgeschoß als Eingangshalle, im Obergeschoß als Erkerzimmer ausgestaltet. An die Räume des Südflügels wurden Erweiterungsbauten angeschlossen, die von dem Lübecker Architekten Wilhelm Braeck entworfen und von dem Berliner Professor Aereboe ausgemalt wurden. Nach Hans Paarmanns Tode, † 1945, erbte Löhrstorff der Sohn Otto, der 1963 durch einen Betriebsunfall sein Leben verlor. Heute ist Besitzer dessen Sohn Hans Otto Paarmann.
Die Hofgebäude brannten zum großen Teil im Jahre 1909 ab und sind in zeitgemäßen Formen wieder aufgebaut worden. Von bemerkenswerter

Schönheit ist der Park, durch zwei Brücken von der Hofinsel aus zu erreichen. In ihm haben mehrere Steine aus Hünengräbern ihre Aufstellung gefunden, darunter ein steinzeitlicher Opfer- oder Schalenstein, ein sog. Wächterstein mit dem kolossalen Gewicht von 200 Zentnern.

Adeliges Gut Löhrstorff

Besitzer: Hans Otto Paarmann

Besitzer

1384	Cistercienserkloster in Reinfeld
1387–1716	(v.) Rantzau
1718–1775	Graf v. Bülow
1775–1842	v. Hardenberg v. Thienen Graf v. Hardenberg Reventlow
1842–1883	Schwerdtfeger
1883–1904	verschiedene Besitzer
seit 1904	Paarmann

Gut und Bauten

15./16. Jahrh.	Wasserburg des Mittelalters
um 1600	Westflügel erbaut
nach 1712	Südflügel, zunächst einstöckig
um 1730	Ausstattung der Räume im Erdgeschoß mit Stukkaturen
18. Jahrh.	Südflügel durch ein zweites Stockwerk erweitert
1909	Brand der Hofgebäude
1920	Umbau des Herrenhauses

29 Siggen

Kirchspiel Neukirchen Kreis Ostholstein

Siggen ist einer der bedeutendsten Adelssitze im Lande Oldenburg. Der Name ist wendischen Ursprungs, er wird von dem Ortsnamenforscher Reinhold Trautmann von zychom abgeleitet und als ein wendischer Eigenname mit angehängter Endung gedeutet. Aller Wahrscheinlichkeit nach hat schon in slawischer Zeit hier eine befestigte Siedlung gelegen. Die Örtlichkeit war hierfür in hohem Maße geeignet, dicht am Meer mit schwer zugänglicher Steilküste, auf der Westseite unmittelbar am Rande des Siggener Sees, der erst im 19. Jahrhundert trockengelegt wurde und der in alter Zeit leichte Möglichkeit bot, Haus und Hof durch breite Wassergräben zu sichern. Ja es sind sogar Vermutungen geäußert worden, daß hier schon in frühgermanischer Zeit, also noch vor der Einwanderung der Wenden, eine Ansiedlung bestanden habe; man hat sogar versucht, die von dem römischen Schriftsteller Tacitus überlieferten Sagen über den Kult der Erdgöttin Nerthus auf eine Insel im

Siggener See zu verlegen. Mangels näherer Anhaltspunkte muß es bei diesem Hinweis bleiben.
Erstmalig im Jahre 1282 tritt Siggen in das Licht der Geschichte, in einer Urkunde aus diesem Jahre hören wir von den beiden Brüdern Marquard und Gottschalk von Siggen. Sicherlich handelt es sich bei diesen beiden Brüdern um Mitglieder eines altholsteinischen Adelsgeschlechts, wenn sie sich auch nach dem ihnen zu Lehen gegebenen Besitz nennen. Die Stammesverwandtschaft mit dem Geschlecht Porsveldt (nach dem heutigen Postfeld bei Preetz) und den Herren von Wotzeke (nach Wessek am Nordwestrande des Oldenburger Grabens) ist auf Grund des gleichen Wappens eindeutig. Noch der eine der fünf Söhne von Gottschalk von Siggen nennt sich Hinricus dictus de Porsveld (Hinrich genannt von Porsveld).

Siggen umfaßt im Mittelalter ein bedeutend größeres Territorium als das heutige adelige Gut, Satjewitz, Görtz, Godderstorf, Süssau, Teile des heutigen Rosenhof und viele andere Höfe und Dörfer gehören zum Besitz. Er löst sich allmählich auf, dabei ist die Vererbung des Hauptgutes nicht klar. Siggen selber geht keineswegs, wie sonst in Holstein üblich, stets auf den ältesten Sohn über, es vererbt sich mehrfach unter den nachgeborenen Söhnen. Als letzter Herr von Siggen ist Marquard v. Siggen um 1430 mit Sicherheit bezeugt, dessen Tochter Margarethe das Gut ihrem Mann Schack Rantzau in die Ehe zubringt. So wird jetzt Siggen für zwei Jahrhunderte Rantzauischer Besitz. Freilich noch nicht sofort mit der Heirat, noch leben der Vater Marquard und die Brüder Hinrich und Gottschalk von Siggen. Erst als diese alle tot sind, ohne weitere Leibeserben zu hinterlassen, wohl erst nach 1472, geht das Gut auf Schack Rantzau über und verbleibt nun in fünf Generationen bei diesem Geschlecht. Auf Schack Rantzau folgt der zweite Sohn Sievert, der nur einmal, im Jahr 1523 genannt wird, dann dessen Sohn Paul, der 1565 auf Siggen sitzt und der mit Margarethe v. d. Wisch verheiratet war, dann dessen Sohn Wulf, † 1623. Letzterer war mit Ida v. Buchwaldt a. d. H. Borstel vermählt. Aus der Ehe stammte nur der einzige Sohn Jasper. Dieser wurde im Jahre 1629 von Hans v. Ahlefeldt aus Stendorf „auf der Gasse in Lübeck", wie es in alten Chroniken heißt, kläglich und grundlos erstochen.
Die empörte Witwe, Catharine geb. v. Brockdorff a. d. H. Gaarz wandte sich an König und Herzog, und verwies darauf, daß es sich um kein Duell gehandelt habe: „daß der Entleibte seines rechten Armes, worin er

deßselben Vormittags sich zur Ader gelassen, nicht mechtig noch zu einer Gegenwehr, viel weniger zur Offensive geschickt gewesen."
Sie bemängelt ferner in erregten Worten, daß Hans v. Ahlefeldt nicht wie sonst bei Duellen üblich für ein sächsisches Jahr, d. h. 1 Jahr, 1 Monat und 1 Tag das Land verlassen habe, sondern sich ungescheut frei und offenbar in Glückstadt, auf seinem eigenen Hofe und auch sonst in Holstein habe sehen lassen.
Hans v. Ahlefeldt wurde darauf vor ein ordentliches Gericht nach Kiel geladen, der Ausgang des Prozesses ist unbekannt.
Die Rantzauische Zeit ist gekennzeichnet durch zwei Bauten, die Wasserburg, die etwa auf 1500 zu datieren ist und das Herrenhaus, das in seinem Kern noch in dem heutigen Herrenhause erhalten ist und das aus dem Jahre 1590 stammt. Die sog. Rantzauische Tafel von 1586, heute auf dem Gute Krengerup auf Fünen, ist eine mit einem Rantzauischen Stammbaum bemalte Kupfertafel, als Randleiste kleine Bildchen von 50 Rantzauischen Burgen. Unter ihnen befindet sich auch ein Bild der „arx Siggemia", der Burg Siggen. Bemerkenswerterweise ist in dem Namen noch das m der alten slawischen Endung erhalten geblieben. Die Wiedergabe ist recht primitiv, läßt aber doch die Bauweise des Gebäudes erkennen. Anscheinend war es in Kreuzform gebaut, ein Langhaus mit vorgesetztem Treppenturm in der Mitte, an der Rückfront ein entsprechender Giebelvorbau. Das Haus ist zweigeschossig, auch im Erdgeschoß befinden sich Fenster, die Eingangstüre im Turm ist zu ebener Erde, daher kann das Gebäude nicht mehr mittelalterlich sein, sondern dürfte erst um 1500 entstanden sein.
Dieses Gebäude muß zwischen 1590 abgebrochen und durch das jetzige Haus ersetzt worden sein, denn an den mächtigen Quadern, auf denen dieses Bauwerk ruht, steht zur Linken des Portals eingemeißelt:

„Wulf Rantzow
S.P.S. Ao. 90"

(=Wulf Rantzau, seligen Pauls Sohn, Anno 1590) und

„Ida Rantzow
S.I.V.B. Dochter
Thom Borstel. Ao 90"

(=Ida Rantzau, seligen Jasper v. Buchwaldts Tochter Zu Borstel, Anno 1590).

Portal von 1784

Dieses Herrenhaus entstand als einstöckiges Langhaus von 9 Achsen mit zwei an den Enden vorgesetzten Türmen mit je einer Achse, die sicherlich ursprünglich die Treppen enthalten haben werden. Später sind diese Turmvorbauten als Flügelbauten in den Baukörper des Herrenhauses einbezogen worden, nachdem das formenschöne doppelläufige Treppenhaus in die Eingangshalle eingebaut worden war. In den letzten Jahren ist dieses Treppenhaus von Grund auf erneuert, aber vollständig in den alten Formen wieder hergestellt worden.
Dieses Haus blieb bis zur Mitte des 19. Jahrhunderts im wesentlichen unverändert, hinzugekommen war nur während der Besitzzeit von Ernst August Lassen, † 1796, das Portal, das im Stil des Rokoko von Pilastern und Rocaillen eingerahmt ist, später noch ein zweiachsiges Frontispiz mit Dreiecksgiebel. Erst in der 2. Hälfte des 19. Jahrhunderts erhielt das Haus seine heutige Form mit zwei vollen Geschossen und Treppengiebeln an den beiden Turmvorbauten. Nur die Rückfront blieb völlig ungegliedert und wirkt dadurch etwas nüchtern.
Als Jasper Rantzau so elend ums Leben kam, hatte er außer seiner Ehefrau nur eine kleine Tochter von 4 Jahren, Abel oder Apollonia,

hinterlassen. So behielt die Witwe das Gut in der Hand, bis an ihren Tod 18 Jahre später im Jahre 1647. Im gleichen Jahre reichte Abel Rantzau ihre Hand Claus v. Qualen, †1664, der kurz zuvor Witwer geworden war. Er hatte in seiner Jugend weite Reisen nach Belgien, Frankreich, Italien und England unternommen, wurde fürstl. gottorpischer Kammerherr, Landrath und Amtmann von Trittau, Reinbek, Cismar, Oldenburg, Neumünster und Fehmarn und galt als guter Jurist und Staatsmann. Er ist auch der Erbauer der großen Hofgebäude. Die Haferscheune trug die Jahreszahl 1655, der große Kuhstall 1661. Beide Gebäude fielen dem großen Brande im Jahre 1934 zum Opfer. Heute stehen aus der Zeit von Claus v. Qualen nur mehr die beiden kleinen Häuser, die anstelle eines Torhauses die Einfahrt zum Hofe hin flankieren. Das gegen Süden stehende Haus trägt die Jahreszahl 1655. Im Inneren beherbergt es die sog. Burgstube, ein Raum, in dem sich seit altersher auf unseren Gütern die Arbeiter zur Arbeitsausgabe zu versammeln pflegen. Im Jahre 1935 wurde die Burgstube zeitgerecht modernisiert und mit Wandfresken des Malers A. Paul Weber versehen. Die Gemälde, 15 schmale und 2 größere, schildern den Ablauf des ländlichen Jahres mit Saat und Ernte, mit Pferden und Rindvieh, sogar an den Tierarzt ist gedacht.
Als der Sohn Otto v. Qualen, †1698, volljährig geworden war, übernahm er Siggen, 1694 kaufte er noch das große adelige Gut Windeby im Dänischen Wohld hinzu. Er bekleidete am fürstbischöflichen Hofe von Eutin die Charge eines Marschalls und Geheimen Rats. Im Jahre 1680 ging er als Kammerherr mit der dänischen Prinzessin Ulrica Eleonora, die dem König Karl XI. von Schweden vermählt war, nach Schweden. Auf der Reise wurde er mit einer Hofdame der Prinzessin bekannt, Maria Friederika Wetzel von Marsilien. Sie war 1661 im Elsaß geboren, hatte der Franzosen halber flüchten müssen, war Hoffräulein am dänischen Hofe geworden und reiste nun mit der dänischen Prinzessin nach Schweden. Noch im gleichen Jahre 1680 reichte sie Otto v. Qualen die Hand zum ehelichen Bündnis. Mit dieser Frau aus südwestdeutschem Geschlecht zog eine der bedeutendsten Frauen in das Siggener Herrenhaus ein. Sie war eine Frau von vielgerühmter Schönheit und Klugheit, von Leutseligkeit und Frömmigkeit, eine Förderin der Künste und Wissenschaften. Sie beabsichtigte, ein Stipendium für in Kiel Studierende zu stiften, starb aber vor der Ausführung dieser Absicht im Jahre 1719. Ihre beiden Söhne Jasper Ludwig und Otto v. Qualen vollzogen im Jahre 1722 diesen ihren

Willen, wie es heißt: „Aus kindlicher Pflicht, Ehrerbietung und Liebe gegen ihre wohlselige Frau Mutter". Von den jährlichen Zinsen des gestifteten Kapitals sollten dem Prorektor der Universität ein Fünftel zustehen, vier Fünftel wurde armen, aber begabten Studenten zur Verfügung gestellt.
Unter den Söhnen wurden die Güter verteilt, der älteste, der nach dem Großvater Claus hieß, sollte Siggen erben, die beiden anderen um Windeby losen. Aber die Dinge entwickelten sich anders, zunächst konnte die Erbteilung nicht durchgeführt werden, da Claus auf Reisen im Ausland war. Nach seiner Rückkehr trat er zwar den Besitz von Siggen an, starb aber schon nach kurzer Zeit unvermählt. Jetzt begann der Streit der beiden überlebenden Brüder, Jasper Ludwig erhob nunmehr Anspruch als nächstältester auf Siggen, Otto bestand auf der Auslosung. Schließlich wurde wirklich gelost, aber das Ergebnis blieb praktisch das gleiche, Siggen fiel an Jasper Ludwig, Windeby an Otto v. Qualen, bei dessen Nachkommen es noch für ein Jahrhundert blieb.
Jasper Ludwig trennte sich alsbald nach dem Tode der Mutter im Jahre 1719 von Siggen. Er verkaufte nach fast einem halben Jahrtausend der Weitergabe des Gutes im Erbgang Siggen an den kgl. hannoverschen Generalfeldmarschall Cuno Josua v. Bülow, † 1733, für den stattlichen Preis von 70000 Rthlr. Er selber kaufte zwar andere Güter dafür an, Westensee sowie Bienebek an der Schlei, gab aber schon im Jahre darauf Westensee weiter an die Tochter seiner mit Wilhelm v. Rumohr vermählten Schwester, Ida Emerentia v. Rumohr. Auch Bienebek besaß er nur wenige Jahre, führte hier ein großes und aufwendiges Leben bis hin zu eigenen Lustschiffen auf der Schlei für Gäste und Musikanten und zog dann nach Schleswig, wo er inmitten einer reichen Sammlung von Gewehren, Gemälden und Naturalien mit sich und der Welt zerfallen hauste. Dort starb er im Jahre 1752.
Cuno Josua v. Bülow, seit 1705 Reichsgraf, hatte sich im spanischen Erbfolgekriege ausgezeichnet und war in hannoverschen Diensten zu höchsten militärischen Ehren aufgestiegen. Durch seine Mutter Lucia, geb. v. Ahlefeldt a. d. H. Quarnbek, waren seine Blicke auf Holstein gelenkt worden, durch seine Ehefrau Anna Ölgard v. Ahlefeldt a. d. H. Lehmkuhlen waren die Bindungen noch verstärkt worden. So erwarb der Feldmarschall zu seinen hannoverschen Besitzungen einen ansehnlichen Güterkomplex in Holstein. Im Jahre 1712 kaufte er von Cai Rantzau die adeligen Güter Löhrstorff, Satjewitz, Großenbrode, Klaustorf und Rethwisch, 1719 kam Siggen hinzu, 1729 das große adelige Gut

Emkendorf unweit Rendsburg. Seinen Wohnsitz scheint er auf Löhrstorff gehabt zu haben, wie die reiche Innenausstattung des dortigen Herrenhauses beweist, Siggen sank in seiner Zeit auf die Stufe eines Nebengutes herab.

Sein Sohn hingegen, der Reichsgraf Ernst August v. Bülow, † 1766, hat offensichtlich auf Siggen gewohnt und hat auch viel für die Ausgestaltung und Verschönerung des Besitzes getan. Er hatte zunächst im öffentlichen Dienst gestanden, war als hannoverscher Gesandter in Paris gewesen, dann wurde er Oberkammerherr, Geheimer Kammerrat und war Ritter des russischen Alexander-Newsky-Ordens. Ihm ist die Anlage des französischen Gartens auf Siggen zuzuschreiben, von dem sich noch Reste erhalten haben. Da unmittelbar hinter dem Herrenhause der See lag, konnte der Garten nicht hier angelegt werden, sondern mußte vor der Hofeinfahrt seinen Platz erhalten. Eine mächtige Lindenallee quer zur Hofanlage verlaufend schließt den französischen Garten nach Westen hin ab, von hier aus sind noch Teile der rechteckig hierzu verlaufenden Nebenalleen zu erkennen. Auf einer kleinen Anhöhe, genau in der Achse vom Portal des Herrenhauses durch die beiden die Einfahrt flankierenden kleinen Gebäude ließ er sich ein Denkmal aus Granit und Sandstein setzen, das über dreifachem Sockel von einem Obelisken gekrönt wird, dem eine steinerne Kugel als Abschluß dient. Das Denkmal ist ausweislich seiner Inschrift nicht, wie in der Literatur angegeben, für den Generalfeldmarschall gesetzt

Obelisk von 1758

worden, sondern kündet eindeutig von den Taten des Grafen Ernst August v. Bülow. Die Inschrift ist auf lateinisch abgefaßt und lautet:

„Ernest.,
August.,
S. R. I. Comes
A Bülow
Mag. Brit. Reg.
Elect. Br. & Lüneb.
Sum. Cubiculi Pra.
fect Camerae Regiae
Consil. Intim. Dominus
in Abensen Stellefeld
Blede Marschacht.
Siggen. Löhrst.
Satiewiz. Claust.
Grossenbrode etc.
hoc horti ornamentu
confi jussit ao 1758"

auf deutsch:

„Ernst August
des Heiligen Römischen Reiches
Graf v. Bülow
Großbritannischer und Kurfürstl.
Braunschweigischer und Lüneburgischer
Ober-Kammerherr, Präsident der Königlichen
Kammer, Geheimer Rat.
Herr auf Abbensen, Stellerfeld,
Bleckede und Marschacht, auf
Siggen, Löhrstorff, Satjewitz,
Claustorf, Grossenbrode usw.
ließ diesen Schmuck des Gartens
errichten im Jahre 1758".

Dieses Denkmal wurde in den Parkanlagen am Herrenhaus neu aufgestellt, nachdem der alte französische Garten nicht mehr vorhanden ist.

Luftbild

Zu den vielen Gütern, die der Graf v. Bülow von seinem Vater geerbt hatte, kam noch eines hinzu, mit dem es seine eigene Bewandtnis hatte. Das war Godderstorf, ein unmittelbar an Siggen angrenzendes Gut, ursprünglich sogar ein Meierhof von Siggen. Dieses Gut schenkte Bülow im Jahre 1756 seinem Patensohne Ernst August Lassen, †1796. In Wahrheit war Ernst August Lassen nicht nur Patensohn, sondern leiblicher Sohn von Ernst August Graf v. Bülow. Letzterer war mit dem Inspektor auf Siggen Jasper Sigismund Knust und mit dessen Familie freundschaftlich verbunden. Insbesondere die Tochter scheint es dem Grafen angetan zu haben, ja der Volksmund schreibt sogar den Namen Lassen dieser Liaison zu: er konnte von ihr nicht lassen.
Als Graf Bülow 1766 starb, hatte er zum Erben von Siggen – er selber war nicht verheiratet – seinen Neffen, den Freiherrn Friedrich Ulrich Arwegh v. Bülow, eingesetzt, die hannoverschen Besitzungen fielen an andere Vettern. 1778 verkaufte Friedrich Ulrich v. Bülow Siggen selber

Treppenhaus

an den jetzigen Oberkriegskommissar Ernst August Lassen auf Godderstorf, so waren beide Güter wieder vereinigt, und Lassen konnte seinen Wohnsitz nach Siggen verlegen. Als er das oben erwähnte Portal im Herrenhause einsetzen ließ, wurden die Initialen von ihm selber und seiner Ehefrau, Ernst August Lassen und Margarethe Hedwig geb. Schildknecht (=E. A. L. und M. H. L.) über dem Portal angebracht. Auf der Rückseite des Hauses sind die Initialen der beiden Söhne angebracht, die nach den beiden Grafen Bülow ihre Vornamen trugen: Ernst August Lassen und Cuno Josua Lassen (=E. A. L. und C. J. L.).
Godderstorf hatte noch Ernst August Lassen d. Ä. wieder verkauft, als er Herr auf Siggen geworden war. Im Jahre 1782 kaufte der Geheime Conferenzrath Wulf Hinrich v. Thienen zu seinen 10 Gütern noch Godderstorf hinzu. Andererseits gehörte zu Siggen noch das Gut Süssau, ursprünglich ein Dorf, später ein Meierhof, seit 1806 ein eigenes adeliges Gut. In der Erbteilung der Brüder im Jahre 1809, viele Jahre nach dem Tode des Vaters erhielt Ernst August Lassen d. J. Siggen, Cuno Josua Lassen, †1835, Süssau. Als Ernst August Lassen in der Zeit der Agrarkrise nach den Befreiungskriegen im Jahre 1816 mit seinem gesamten Vermögen konkurs ging, kaufte Cuno Josua Lassen Siggen aus dem Konkurs an. Süssau verblieb bei ihm und bei seinem Schwiegersohn Ernst August Mau bis zum Jahre 1886.

Siggen behielt nun Cuno Josua Lassen d. J., † 1890, von ihm ging es über auf den zweiten Sohn Hermann Lassen, der im Jahre 1900 in den erblichen Adelsstand erhoben wurde. Er starb im Jahre 1937, nachdem er 1933 Siggen hatte verkaufen müssen. Das Dorf Fargemiel war bereits 1928 verkauft worden, der Meierhof Kalkberg folgte 1929, das adelige Gut Süssau im Jahre 1931. Die Zeit der großen wirtschaftlichen Depression im Anfang der dreißiger Jahre brachte unüberbrückbare Schwierigkeiten. So wurde Siggen – praktisch zum zweiten Male in seiner langen Geschichte – jetzt nach über 200 Jahren des Familienbesitzes wieder verkauft. Der Rittmeister Hermann v. Lassen behielt auf Lebenszeit das Wohnrecht im Herrenhaus mit der Jagd und andere Vergünstigungen, geehrt und geachtet von allen, die ihn kannten. Käufer war der Hamburger Getreidekaufmann Alfred Toepfer, der sich sowohl durch seine Tatkraft auf dem Gebiete der Agrarpolitik als auch durch seinen bahnbrechenden Einsatz für den Naturschutz im In- und Ausland einen Namen gemacht hatte. Er brachte das Gut Siggen in die von ihm im Jahre 1931 gegründete F. V. S.-Stiftung ein, diese wiederum verpachtete das Gut Siggen an die KG Landbau in Hamburg. Wenn somit das Gut heute eines Gutsherrn im eigentlichen Sinne entbehrt, so steht doch hinter diesen mehr oder minder anonymen Gesellschaften überall anregend und entscheidend die Person von Dr. h. c. A. Toepfer. Das, was ihm bei dem Ankauf des Gutes vorschwebte, hat er in allen wesentlichen Punkten erreicht, intensive und fortschrittliche Bewirtschaftung, Erhaltung der überkommenen Werte an Bauten, vorbildliche soziale Betreuung der Mitarbeiter.

Alsbald nach dem Ankauf begann er mit dem Umbau und der Modernisierung alter Arbeiterhäuser, bald gefolgt von der Errichtung neuer zeitgemäßer Wohnungen unter Wahrung des heimischen Baustils. Schon 1933 wurde der Kuhstall einem gründlichen Umbau unterzogen, eine Maßnahme, die kaum durchgeführt schon wieder zunichte gemacht wurde. Im August 1934 brannten infolge von Selbstentzündung von Kleeheu drei der schönen alten Hofgebäude nieder, die noch aus der Zeit des Amtmanns Claus v. Qualen aus der Mitte des 17. Jahrhunderts stammten, nur der Pferdestall mit seinem kleinen Dachreiter, der die Sturmglocke birgt, blieb erhalten. Inzwischen ist auch er abgebrochen worden, die zierliche Glocke befindet sich heute im Herrenhause. Alfred Toepfer ließ alsbald neue Hofgebäude errichten, streng in Anlehnung an die Proportionen und Stilmerkmale der verschwundenen, aber gleichzeitig unter voller Beachtung modern-

ster Erkenntnisse aus dem Gebiete des ländlichen Bauwesens. Als Architekt stand ihm Ernst Vosgerau aus Oldenburg zur Seite.
Für die Arbeiter wurde die Burgstube künstlerisch ausgestaltet, für deren Kinder ein eigener Kindergarten eingerichtet, für die Frauen die Möglichkeit geschaffen, ihren Haushaltsbedarf auf dem Hofe selber einzukaufen.
Das Gut Siggen besteht heute aus dem Haupthofe in Größe von 516 ha, dem Walde, Großes Holz genannt, 83 ha und sonstigen Flächen mit 32 ha, zusammen 631 ha.
Das Herrenhaus hatte seine eigenen Schicksale. Solange der Rittmeister a. D. Hermann v. Lassen lebte, wurde an dem Hause nichts verändert. Von 1945 bis 1965 wurde es mit Flüchtlingsfamilien aus dem Osten belegt, zeitweilig wohnten nicht weniger als 30 Familien im Haus. Für diese Familien wurde das Haus in Wohnzellen aufgeteilt. Außerdem wurden im Park massive Stallgebäude für diese Familien erbaut.
In den Jahren von 1967 bis 1970 wurde das Herrenhaus einschließlich Park und Auffahrt auf Wunsch des Landesdenkmalsamtes in Kiel unter erheblichem Geldaufwand wieder hergerichtet und ausgestattet. Die heutige Eigentümerin, die Gemeinnützige F. V. S.-Stiftung in Hamburg hat das Haus dem Europarat in Straßburg, der EG-Kommission in Brüssel, dem Auswärtigen Amt in Bonn und der Schleswig-Holsteinischen Landesregierung in Kiel für Konferenzen und für die Unterbringung von Staatsgästen zur Verfügung gestellt. Die Stiftung selber wird das Haus daher nur mehr in beschränktem Umfange für Stiftungszwecke nutzen.
Inzwischen ist eine Reihe von weiteren Restaurierungsbauten durchgeführt worden. Das große Eßzimmer wurde nach der Generalrenovierung durch den bekannten holsteinischen Maler Prof. Karl Storch, der lange als Porträtmaler in Berlin lebte, mit 20 Bildern bedeutender Schleswig-Holsteiner der letzten 1000 Jahre ausgestattet.
Das Haus wird seit der Wiederherrichtung für Gäste der Stiftung F.V.S. aus West- und Osteuropa – vielfach Preisträger – sowie für Tagungen genutzt.
Am Nordrand von Siggen hat die Stiftung 1976 ein Gästehaus für die zahlreichen Mitarbeiter des Hauses Toepfer nebst deren Familien gebaut. Bei den vielen Neubauten auf Siggen seit 1933 – alle in Backstein – wurde auf einen schlichten, landgebundenen Stil geachtet.

Wirtschaftshof Siggen (1987)

Adeliges Gut Siggen

Besitzer: Gemeinnützige F. V. S.-Stiftung in Hamburg

Besitzer

1282–1472	v. Siggen
1472–1647	(v.) Rantzau
1647–1719	(v.) Qualen
1719–1778	Graf v. Bülow
1778–1933	Lassen (v. Lassen)
1933	Dr. h. c. Alfred Toepfer bzw. die von ihm begründete Gemeinnützige F. V. S.-Stiftung in Hamburg

Gut und Bauten

1282	Zychom
16. Jahrh.	arx Siggemia
1590	Bau des jetzigen Herrenhauses
1655–1661	Bau der Hofgebäude
1758	Anlage des französischen Gartens
2. Hälfte des 19. Jahrh.	Erweiterungsbau des Herrenhauses
1934	Brand der Hofgebäude
1970	Widmung des Herrenhauses für kulturelle Zwecke Umfangreiche Renovierungen, Restaurierungen und Erweiterungsbauten für die Zwecke der Stiftung und deren Teilnehmer

30 Gaarz

Kirchspiel Oldenburg Kreis Ostholstein

Der Name Gaarz ist wendischen Ursprungs und bedeutet etwa Burg, befestigter Platz. Der Hof Gaarz liegt auf einer erhöhten Landzunge unmittelbar am Rande des Oldenburger Grabens, der als Wasserstraße des Mittelalters sich von Grube im Südosten bis Wessek im Nordwesten hinzog und das Land Oldenburg inselartig vom übrigen Festland abtrennte. Daher ist es wahrscheinlich, daß hier schon in der Zeit vor der Kolonisation Ostholsteins eine Burg stand, wenn auch bisher nur wenige Tonscherben wendischen Ursprungs gefunden worden sind. Die Flurbezeichnung Alt-Gaarz unweit der Hoflage kann sich auf das untergegangene Dorf Gaarz beziehen. Seit dem Anfang des 15. Jahrhunderts können wir die Spuren von Gaarz deutlicher verfolgen, in einer Urkunde aus dem Jahre 1411 wird der Ritter Marquard Stake „to Gartze"

genannt, gleichzeitig mit Vettern der gleichen Familie auf Kabelhorst, Kirchspiel Lensahn, auf Mönchneverstorf, Kirchspiel Schönwalde, auf Pölitz, Kirchspiel Oldesloe. Das Geschlecht ist zu Beginn der Neuzeit erloschen.
Bei den Stake dürfte das Gut nicht allzu lange geblieben sein, 1426 wird Gaarz im Zehntregister des Bistums Lübeck erwähnt. Die Besitzerreihe wechselt schon im Mittelalter unaufhörlich. 1462 wird Gottschalk (Gotzik oder Gosche) Rantzau auf Gaarz genannt.
Gosche Rantzau erhielt in diesem Jahre vom König die Erlaubnis, eine Rente von seinem Hofe Gaarz mit Dorf und Mühle und mit den Dörfern Lütjendorf, Klenau und Quals an das St. Johanniskloster in Lübeck zu verkaufen. Zwischendurch war das Gut im Besitz der Brockdorff, im Jahre 1469 erscheint Sievert Brockdorff auf Gaarz, er überläßt in diesem Jahre den Besitz seinem Sohne Heinrich. Letzterer scheint Gaarz noch vor 1472 an Claus Reventlow verkauft zu haben. Später, wohl im Jahre 1479, wird Gaarz von ihm an das Kloster in Cismar veräußert.
1496 gibt das Kloster Cismar das Gut an den Knappen Iven Reventlow zurück, aber 1529 wird wieder ein Brockdorff, jetzt Detlev Brockdorff, † 1538, mit Gaarz belehnt. Erst von jetzt an können wir die Besitzerreihe vollständig anführen. Der häufige Wechsel der Besitzer mag seine Ursache in der ungewöhnlichen Lage des Hofes haben, noch 1694 und sogar 1872 litt das Gut schwer unter den Überschwemmungen und Sturmfluten der Ostsee. Jetzt verbleibt Gaarz mit kurzen Unterbrechungen über 2 Jahrhunderte bei den Brockdorff. Detlev Brockdorff war ein bedeutender Mann. Er besaß außer Gaarz den großen Hof Benz, Kirchspiel Neukirchen, und das adelige Gut Windeby bei Eckernförde. Er gehörte zu den Edelleuten, die sich schriftlich zur Gefangenhaltung König Christians II. von Dänemark auf dem Schlosse Sonderburg verpflichtet hatten, ihm wurde auch der junge Herzog Hans d. Ä. zur Beschützung übergeben. König Christian III. von Dänemark betraute ihn mit der Blockade von Kopenhagen und ernannte ihn zum Feldherrn. Später war er kgl. Rat und Amtmann von Sonderburg, dort ist er auch gestorben, dort befindet sich noch heute sein Grabstein mit dem in Lebensgröße ausgehauenen Monument des Ritters.
Im Besitz von Gaarz folgte ihm sein Sohn Joachim Brockdorff, † 1564. Er war vermählt mit Apollonia v. Ahlefeldt, in den Urkunden gewöhnlich als Abel Brockdorff bezeichnet. Noch als fast 90jährige nahm sie im Jahre 1588 an der berühmt gewordenen Abbitte von 36 Mitgliedern des Geschlechts Brockdorff teil, 12 Männern, 12 Frauen und 12 Jungfrauen,

vor den versammelten und bis zur Weißglut empörten Rantzau in der Nicolaikirche in Kiel wegen der Ermordung des jungen Gert Rantzau auf dem Lehenstag in Odense im Jahre 1580. Joachim Brockdorff wurde zunächst von seinem Bruder Friedrich, † nach 1599, dann von seinem Sohne Detlev beerbt, † 1616, Klosterprobst von Preetz und Verbitter von Itzehoe. Er war zweimal verheiratet, das zweite Mal – was in der katholischen Zeit nicht denkbar gewesen wäre –, was aber den Umbruch der Zeit deutlich anzeigt, – mit der Priörin des adeligen Klosters Preetz, mit Abel Gadendorf.

Nach dem Tode von Detlef Brockdorff im Jahre 1616 teilten die Söhne den stattlichen Besitz. Der ältere Bruder erhielt Rixdorf nebst anderen Gütern, der jüngere Bendix Gaarz. Aber er stirbt bereits 1628, noch mit jungen Jahren. Daher geht Gaarz zunächst über an die Witwe, Magdalene geb. Pogwisch. Sie heiratet einige Jahre später zum zweiten Male, Thomas v. Ahlefeldt a. d. H. Seegaard, ist aber geschäftstüchtig genug, ihn nicht einheiraten zu lassen, sondern verkauft ihm das Gut. Thomas v. Ahlefeldt war nicht der Mann, mit Problemen der Wirtschaft fertigzuwerden, schon wenige Jahre später, im Jahre 1649, mußte er Gaarz seinen Gläubigern übergeben. Aus dem Konkurse heraus kaufte es wieder ein Brockdorff, Joachim Brockdorff a. d. H. Wensin, ihm folgten Sohn und Enkel, erst Detlev, † 1732, dann Cai, † 1736. Der Sohn wird 1681 auf Gaarz genannt, der Enkel 1711.

Im Jahre 1711 fand die Hochzeit zwischen Bertha Catharine v. Ahlefeldt a. d. H. Osterrade und dem Conferenzrath Detlev Brockdorff auf Gaarz statt. Es gibt wohl wenige Verbindungen in unserem Lande, die so viel Aufsehen erregten wie diese Trauung. Bertha Catharine war in ihrer ersten Ehe vermählt gewesen mit Cai v. Ahlefeldt a. d. H. Seestermühe, verlor ihren Mann aber schon im Alter von 33 Jahren. Bertha Catharine, die zweifellos in höchstem Maße sowohl intrigant als auch habgierig war, warf ihr Auge auf zwei Männer von großem Reichtum, Wulf Hinrich v. Thienen auf Wahlstorf und Güldenstein, und Detlev Brockdorff auf Gaarz und Saxtorf. Aus ihrer kurzen Ehe mit Cai v. Ahlefeldt gab es eine Tochter, Anna Catharine, * 1676. Die Mutter zwang das unglückliche Mädchen, sich mit Thienen zu verloben, obwohl er bedeutend älter war als sie und sie ihn durchaus nicht leiden konnte. Die Ehepakten wurden schon aufgesetzt und das Schicksal der jungen Anna Catharine schien besiegelt, als ihre Vormünder auf den Plan traten, die Verlobung aufhoben und Thienen zwangen, die Brautgeschenke wieder herauszugeben. Freilich behielt Thienen einen großen

Bunte Kammer

goldenen Pokal zurück, der Anna Catharines Vater gehört hatte und mit dem Ahlefeldtschen Wappen geschmückt war.

Wer beschreibt die Entrüstung des ganzen Landes, als bald darauf die Nachricht eintraf, daß die leibliche Mutter, Bertha Catharine v. Ahlefeldt, sich am 21. 1. 1691 mit Wulf Hinrich v. Thienen vermählt habe. Die Sache erregte allgemeines Aufsehen, sogar der Fiskal (=Staatsanwalt) am Obergericht in Glückstadt erstattete einen Bericht an den König.

Thienen, † 1708, brachte der neuen Gemahlin ein erhebliches Vermögen zu, das aus den adeligen Gütern Travenort, Osterrade, Kluvensieck, Schinkel und Hohenlieth in Schleswig-Holstein, ferner aus Visselbjerg und Grimsted in Dänemark bestand. Aber Bertha Catharine war noch nicht zufrieden, ihr Galan blieb in allen diesen Jahren Detlev Brockdorff, und sein großer Besitz stand lockend hinter ihm. Er besaß außer Gaarz noch Saxtorf, Rohlstorf, Rosenhof und Mannhagen. Hinderlich für ihre Pläne war nur, daß Detlev Brockdorff noch verheiratet war, so mußte sie mit mehr oder weniger Geduld den Tod von dessen Frau abwarten. Aber sie blieb nicht untätig, sie brachte jetzt die Vermählung ihrer Tochter Anna Catharine mit dem Sohn von Detlev Brockdorff, Cai mit Vornamen, * 1670, † 1736, zuwege (am 29. Januar 1692). Die Ehe war,

wie zu erwarten, höchst unglücklich. Cai Brockdorff erreichte zwar hohe Ämter, war fürstlich-holstein-gottorpischer Geheimer Conferenzrath, Landrath und Amtmann in Oldenburg, aber ein persönliches Glück war dem Ehepaar unter diesen Umständen nicht beschieden.
Endlich starb Detlev Brockdorffs Frau, und Bertha Catharine v. Ahlefeldt konnte ihn heiraten (am 3. März 1711). Infolge dieser Heirat wurde die Mutter gleichzeitig die Schwiegermutter ihrer Tochter, ein Anlaß mehr, sie zu demütigen und zu quälen.
Anna Catharine v. Brockdorff, geb. v. Ahlefeldt, nahm einen höchst eigentümlichen Lebensweg. Auf Grund ihrer schweren Jugend und ihrer unglücklichen Ehe suchte sie Hilfe und Trost bei der Wissenschaft. Sie war von Natur aus ausgerüstet mit einer großen Wissenskunde und einem seltenen Gedächtnis sowie einer glänzenden Erscheinung. Im Hause ihrer Pflegeeltern in Hamburg hatte sie Hebräisch und Chaldäisch studiert. Sie konnte die Bibel lesen sowohl im hebräischen Grundtext als auch in der alten aramäischen Übersetzung Targun, sie konnte die mittelalterlichen jüdischen exegetischen Schriften lesen und verstehen,

Bunte Kammer, Gemälde Semper constans

sie konnte viele Bibelstellen aus dem Alten Testament auswendig in der Originalsprache zitieren. Überdies war sie bewandert in antiken Schriften, insbesondere in semitischen und hatte Josephus Flavius mehrere Male durchgelesen. Sie besaß selber eine große und gewählte Bibliothek, insbesondere reichhaltig in der geschichtlichen Abteilung, in der sie sich auch gründlich zuhause fühlte. Sie übersetzte alle Psalmen Davids in deutsche Verse und schrieb Gedichte für alle Festtage des Jahres, wie auch über das Leben Jesu Christi. Endlich war sie äußerst musikalisch und spielte ihr Lieblingsinstrument, die Angelika, mit großer Fertigkeit. Sie schrieb selber Verse und zierliche Sonette auf Französisch und konnte die lateinischen und griechischen Klassiker mit größter Leichtigkeit lesen. Ihre Gelehrsamkeit wird rühmend erwähnt von Otto Sperling, und Lackmann nennt sie Deutschlands Dacie, die Zierde ihrer Zeit, ebenso wie ihr Kirchspielspfarrer Behm einen ausführlichen Bericht erstattet hat über ihre seltenen für die Welt leider verlorenen Kenntnisse.

Anna Catharine starb am 4. Januar 1727, nur fünf Jahre nach ihrer bösen Mutter.

Cai Brockdorff stieg nach dem Tode seiner Frau noch bis zur Würde eines fürstlich holstein-gottorpischen Rentekammerpräsidenten auf, gleichwohl wurde bei seinem Tode im Jahre 1736 der Konkurs über sein Vermögen verhängt. Es gelang aber dem ältesten Sohne Heinrich Friedrich Brockdorff, † 1781, das Gut zu retten, ja mehr noch es zu dem heutigen eindrucksvollen Besitz auszubauen. Sicherlich von Seiten der Mutter her, der unglücklichen Anna Catharine geb. v. Ahlefeldt, mit Sinn für Ausgewogenheit der Bauten und Schönheit ihrer Ausstattung begabt, schuf er im Laufe weniger Jahre eines unserer bedeutendsten Herrenhäuser, sowohl was die Architektur des Gebäudes angeht, wie vor allem auch die umfangreichen Stukkaturarbeiten und die Ausmalungen mehrerer Räume.

Das Herrenhaus, das unmittelbar am Rande des Oldenburger Grabens liegt, wo das Gelände recht steil gleich hinter dem Hause abfällt, ist ein verhältnismäßig langes und schmales Gebäude von zwei Stockwerken, mit einer Länge von 38 m und einer Breite von nur 10 m. Es steht auf einem Sockel von großen Granitquadern, an den Längsseiten sind zwei Schichten, an den Ecken und an den Giebelseiten vier Schichten, die eine Höhe von über 2 m erreichen. Das Bauwerk gehört wahrscheinlich in die Zeit von etwa 1600 hinein, und hat offensichtlich ursprünglich nur ein Stockwerk besessen. Es ist errichtet aus verhältnismäßig großen,

ungleichmäßigen Steinen, nicht im Klosterformat, überall am Mauerwerk sieht man starke Spuren von Änderungen und Ausbesserungen. Am Westgiebel ist ein Abtrittspfeiler erhalten geblieben, der nur bis in das untere Stockwerk hinaufreicht. Zwischen den Stockwerken sind alte Maueranker in Lilienform angebracht.
In seiner gegenwärtigen Verfassung ist das Herrenhaus stark geprägt von dem durchgreifenden Umbau, den Heinrich Friedrich Brockdorff sicherlich 1745 begann, wie die stark verwitterte Inschriftstafel über dem gemauerten Hauptportal kündet, über einem gebrochenen Dreiecksgiebel. Die Inschriftstafel ist mit dem Wappen Brockdorff und Levetzow geziert, Brockdorffs Frau war Margarethe Ölgard geb. v. Levetzow a. d. H. Ehlerstorff. Bei diesem Umbau scheint das obere Stockwerk hinzugekommen zu sein, ebenso wie die Hauptfassade nach dem Hofe zu, einem schwach vorspringenden Mittelrisalit mit hohem Dreiecksgiebel erhielt. Die Treppe ist vor allem zu bemerken, ausgebildet als eine doppelte, geschwungene Freitreppe von grauem Sandstein mit breiten Stufen. Das Hauptgesims und die halb abgewalmten Giebel entsprechen dem Baustil von etwa 1700, ebenso wie die großen und hohen Fenster.
Im Inneren hat der Keller, der verhältnismäßig hoch ist, Kreuzgewölbe in zwei Schiffen von Giebel zu Giebel, mit Stützen von gemauerten Pfeilern. Hier ist jetzt das Museum eingerichtet. Der Fußboden besteht sowohl im Keller als auch in der Halle aus großen gotländischen Fliesen. Am westlichen Ende des Hauptgeschosses sind Reste erhalten geblieben der von Brockdorff 1757 eingerichteten herrschaftlichen Wohnung. Ursprünglich bestand diese aus vier gleichmäßig großen Zimmern, die später durch Zwischenwände verändert worden sind und jetzt als Küche und andere Wirtschaftsräume dienen. Jedoch sind bis zur Gegenwart in drei von den früheren Salons reich stukkierte Ofennischen erhalten geblieben, zwei von ihnen mit Spiegelmonogramm und der Jahreszahl 1757, das dritte mit dem Doppelwappen Brockdorff – Levetzow. In dem vierten dieser Räume führt die Treppe nach oben herauf, mit kräftigen rustikalen Rokoko-Balustraden. Die Halle hat ein Eichenholz-Paneel aus neuerer Zeit in beachtlicher Höhe. Hier sind als Supraporten drei Ölgemälde angebracht, die Maskeradeszenen zeigen, sicherlich aber nicht ursprünglich für diesen Raum geschaffen worden sind, die Formate passen nicht zu den darunter befindlichen Türen.
Im Obergeschoß befindet sich in der Mitte ein Saal, der ursprünglich quer durch das ganze Haus lief, mit einem großen Kamin mit feinem

Teufelszimmer

Rokokostuck. Ursprünglich stand dieser Kamin in der Mitte der Längswand des Saales, später ist im Obergeschoß ein Korridor abgenommen, so daß jetzt der Kamin etwas in die Ecke gerückt erscheint. Westlich des Saales und mit Blick in den Park befinden sich zwei sehr interessante kleine Zimmer, das sogenannte Teufelszimmer und die getäfelte Stube.

Das Teufelszimmer enthält eine Wandmalerei in blaugrauen Tönen, die al Fresco aufgebracht sind, mit galanten und Maskerade-Szenen eingefaßt, mit Rocaille-Ornamenten in großen Kartuschen. Man sieht hier eine fröhliche Gesellschaft von elegant gekleideten Herren und Damen, teilweise maskiert beim Kartenspiel. Auf dem Tisch liegen Münzen, hinter einer schönen Frau sitzt der Teufel und gibt ihr offensichtlich Ratschläge, welche Karte sie ausspielen soll, wegen dieser Teufelsgestalt hat das Zimmer wahrscheinlich seinen Namen erhalten. In den anderen Wänden sieht man Szenen und Bilder aus dem ländlichen

Leben, junge Leute holen kleine Vögel aus den Netzen, andere mähen Korn usw. Ein liegendes Reh trägt ein Halsband mit der Signatur des Besitzers: v. B. 1757. In der Ecke ist eine Ofennische mit Stuck aus der gleichen Zeit. Ein niedriges Paneel läuft um das Zimmer herum, der Fußboden besteht aus breiten Bohlen wie im ganzen oberen Stockwerk.
Westlich des Teufelszimmers liegt die getäfelte Stube, in einem Ausmaß von nur 5×6 m, deren Wände vollständig verkleidet sind mit gemalten Holzplatten, aufgeteilt in Felder in der Größe von etwa 60×70 cm und eingefaßt von breiten hellmarmorierten Rahmen. Die Felder – insgesamt 48 volle und 6 halbe – geben allegorische und symbolische Darstellungen wider, entsprechend der Emblemmalerei des 16. und 17. Jahrhunderts. Jede Tafel trägt an ihrem Fußende einen Spruch, in der Hauptsache lateinische Sentenzen, eine einzelne auch plattdeutsch, aber auch französische Worte finden sich vor. Sie sind gemalt in warmen, kräftigen Farben und entsprechen weitgehend der etwa gleichzeitigen Emblemmalerei in dem getäfelten Zimmer in Ludwigsburg bei Eckernförde. Sicherlich sind die Malereien in der getäfelten Stube älter als 1757, sie dürften etwa in die Mitte des 17. Jahrhunderts hineingehören und sind offensichtlich bei dem Umbau durch Heinrich Friedrich v. Brockdorff in das obere Stockwerk gebracht worden. Die Decke hat Rokokostuck, unter den Bildfeldern verläuft rundherum ein Fries mit landschaftlichen Szenen und Personen.
Das Teufelszimmer kann verglichen werden mit dem Blauen Kabinett im Herrenhaus Wulfshagen bei Gettorf, das etwas früher entstanden ist als das Teufelszimmer auf Gaarz.
Es wird allgemein angenommen, daß die Buchstaben und Zahlen auf dem Halsband des Rehes auf Heinrich Friedrich v. Brockdorff als den Maler des Teufelszimmers hindeuten sollen, wahrscheinlich zu Unrecht. Die Ausmalung dieses Raumes ist nicht das Werk eines begabten Dilettanten, sondern verrät ausgesprochen die Hand eines wirklichen Künstlers, sowohl was die Komposition der verschiedenen Themen wie auch die Durchbildung der einzelnen Elemente, Personen und Tiere angeht. Die Buchstaben und Zahlen sind nicht mehr als ein Hinweis auf den Auftraggeber. Zum Vergleiche sei verwiesen auf die beiden wappenhaltenden Hunde vor dem Herrenhaus des adeligen Gutes Buckhagen in Angeln, auch sie tragen in ihre Halsbänder eingeprägt die Anfangsbuchstaben von Hausherr und Hausfrau, – ohne daß jemals die Vermutung aufgetaucht wäre, die Hunde seien von ihnen selber geschaffen.

Die Geldmittel von Heinrich Friedrich v. Brockdorff werden durch die Erweiterung und Verschönerung des Herrenhauses aufgezehrt gewesen sein, nur wenige Jahre später, im Jahre 1765 geht Gaarz über an den Neffen Cai Rantzau auf Güldenstein, †1792. Dessen Schwiegermutter war Margarethe Ölgard geb. Brockdorff, eine Schwester von Heinrich Friedrich v. Brockdorff. So blieb Gaarz praktisch in der Familie, aber wohl kaum mehr als Wohnsitz. Cai Rantzau brachte es zu hohen Ämtern im Staatsdienst, war Gesandter in London, später erst Vicekanzler, dann Kanzler, Geheimer Conferenzrath und Klosterprobst des adeligen St. Johannisklosters vor Schleswig. Als er starb, behielt seine Frau zweiter Ehe, Anna Ernestine Baronesse v. Brockdorff, das Gut Güldenstein, Gaarz verkaufte sie im Jahre 1800.

Dann kommen einige Jahrzehnte, in denen Gaarz unaufhörlich seinen Besitzer wechselt. Im Jahre 1800 ging das Gut über an den Grafen Christian Rantzau, 1802 an den Kammerherrn Jens Peter v. Neergaard, dem wir immer wieder bei seinen vielen An- und Verkäufen von Gütern begegnen, schon im Jahre darauf ist Otto Johann Daniel Wulf Besitzer, dem vorher die adeligen Güter Satjewitz und Schrevenborn gehört hatten.

Von 1806 an gehört Gaarz dem Freiherrn Christian Ulrich Detlev v. Eggers, †1813. 1815 erwirbt Gaarz I. C. Amberg für 140000 Rthlr., der aber schon 1821 mit dem gesamten Besitz Konkurs macht. Von allen diesen vielen Besitzern tritt einzig der Oberpräsident v. Eggers hervor, gleich bedeutend als Schriftsteller wie durch seine hohen Staatsstellungen. Er hat offenbar für Gaarz eine besondere Liebe gehabt, denn er fand seine letzte Ruhestätte auf einer Anhöhe im Park.

Aus dem Ambergschen Konkurse kauft Heinrich Graf v. Holstein auf Waterneverstorf Gaarz für 165000 Rthlr. an und vererbt es 1842 auf seinen Sohn Conrad. Diese beiden Grafen v. Holstein gehören zu den politisch besonders hervortretenden Männern in unserem Lande, der Vater als Begründer des Wagrischen landwirtschaftlichen Vereines im Jahre 1828, der Sohn als langjähriger Reichstagsabgeordneter der Konservativen Partei.

In der holsteinischen Zeit entstanden mehrere Nebengebäude zu dem Herrenhaus. Links und rechts stehen zwei pavillonartige Kavalierflügel, die von Conrad Graf v. Holstein 1871 und 1891 erbaut worden sind. Das ersterbaute trägt einen vornehmeren Charakter durch die Portalgestaltung. Schräg zu diesen flankierenden Bauwerken steht der 1881 aufgeführte herrschaftliche Pferdestall, als Gegenstück zu dem auf der rechten Seite stehenden Speichergebäude. Dieses Speichergebäude ist das ältest erhaltene Bauwerk auf dem ganzen Hofe und enthält ein Kornmagazin. Dieses außerordentlich interessante und bestens erhaltene Gebäude ist von sehr schwerem Eichenholz errichtet, wohl noch vor 1600. Der Speicher enthält zwei Stockwerke, das obere kragt hervor über mit Voluten geschnitzten Knaggen sowohl auf den Längsseiten wie auch auf den Giebelseiten, eine charakteristische Bauweise des 16. Jahrhunderts. Das Holzwerk hat kräftig profilierte Markierungen mit schrägen Stützen im oberen Stockwerk. Insgesamt enthält das Gebäude 16 breite Fach mit gemauerten Tafeln, die Steine sind von größerem Format als die in dem Herrenhaus.

Conrad Holstein besaß zwei Söhne und hatte die Absicht, dem älteren das alte Hauptgut der Familie Waterneverstorf zu vererben, während dem jüngeren Gaarz zugedacht war. Aber beide Söhne starben schon als Kinder lange vor dem Vater, so entschloß sich Graf Holstein, Gaarz noch zu seinen Lebzeiten zu veräußern. Käufer war der eigene Pächter, Otto Capsius, der aber schon bald in Schulden geriet, so daß Gaarz nicht mehr gehalten werden konnte. Nach seinem Tode verkauften die Erben im Jahre 1905 Gaarz mit allen Nebenhöfen an die Landbank in Berlin.

Diese nahm eine weitgehende Parzellierung des Besitzes vor, von den ursprünglichen 1400 ha blieb nur mehr ein Viertel übrig, nur mehr 360 ha. Die Meierhöfe Christiansthal und Antoinettenhof sowie die Erbpachtstelle Gaarzermühle und die Dörfer und Einzelstellen Lütjen-

Speicher

dorf, Plügge, Quals, Gaarzerfeld, Giebelberg, Bockkate und Sklavenkate wurden einzeln verkauft und zu einer neuen Landgemeinde Plügge vereinigt.

Den Resthof erwarb Adolf Struckmann, der erst im Jahre 1966 im hohen Alter von 95 Jahren verstarb, bis in seine letzten Lebenstage voller Frische und Schaffenskraft. Nicht weniger als 60 Jahre hatte er auf Gaarz gelebt und in dieser Zeit den Betrieb zu einem Musterbetrieb entwickelt. Gleich im ersten Jahre seines Besitzes erlebte er den großen Brand der Hofgebäude, der ihn zu einer umfangreichen Neubautätigkeit veranlaßte. Dieses Vorhaben wurde erst mit dem Bau der großen Scheune im Jahre 1931 abgeschlossen. Von der Fläche des Gutes mußten im Zeitalter der Bodenreform 40 ha abgegeben werden, so daß das Gut Gaarz heute nur mehr 320 ha umfaßt. Auch für die Pflege und Verschönerung von Herrenhaus und Park hat Adolf Struckmann viel getan. Im Eßsaal entstand eine Gemäldegalerie mit Ölgemälden seiner Vorfahren aus drei Jahrhunderten.

Erbe wurde sein Sohn, Karl Eberhard Struckmann, * 1904, † 1977. Er ließ es sich angelegen sein, die Ertragslage des Gutes durch ausgedehnte Obstbaumpflanzungen auf eine bessere Grundlage zu stellen und richtete in den Kellerräumen des Herrenhauses das oben erwähnte Heimatmuseum ein. Es umfaßt steinzeitliche Funde an Äxten und Beilen und führt durch die Jahrhunderte hindurch bis zur Gegenwart hin mit Erinnerungsstücken von Uniformen und anderen Kleidungsstücken, von alten Schriften und Urkunden, von Orden und Ehrenzeichen sowie von landwirtschaftlichen und hauswirtschaftlichen Geräten.

Nach seinem Tode ging Gaarz über auf den jetzigen Besitzer, Hans-Hemme Struckmann, * 1946, er hatte schon im Jahre zuvor den Besitz übernommen.

Das Herrenhaus wurde in den Jahren von 1977 bis 1980 gründlich instandgesetzt. Hierbei ergaben sich nach Mitteilung des Landesdenkmalsamtes bemerkenswerte Ergebnisse. Der erste Bauabschnitt umfaßte die Überholung des gesamten Äußeren, Erneuerung des Daches mit Pfannen, Überholung des Mauerwerks, Auswechselung sämtlicher Fenster. Im zweiten Abschnitt wurde das Innere des Hauses einer gründlichen Renovierung unterzogen. Hierbei war es selbstverständlich, daß die beiden bekannten Räume im Obergeschosse restauriert wurden; das vermutlich 1757 hierher verbrachte Zimmer mit einer geschlossenen Wandvertäfelung, mit gemalten, emblematischen Darstellungen und Hieroglyphenbildern und das benachbarte, sog. Teufels-

zimmer, mit einer kompletten blau-monochromen Ausmalung mit ländlichen Szenen in gemaltem Rokokorahmen.
Die Darstellungen der Gaarzer „Bunten Kammer" haben nach Abnahme des vergilbten und stark nachgedunkelten Firnis sowohl in den bildlichen Darstellungen wie auch in den marmorierten Rahmen eine erstaunliche Leuchtkraft und Farbintensität zurückerhalten.
Die Wandmalereien des „Teufelszimmers" mußten in Teilen durch Festlegung des Putzes gesichert werden. Auch hier konnten durch Abnahme der vergilbten Firnisse und eine behutsame Retusche der durch Feuchtigkeitsschäden entstandenen Fehlstellen wieder ein gutes Gesamtbild dieser Rokokomalereien entstehen. Im Verlaufe der Renovierungsarbeiten zeigten sich an zahlreichen Stellen des Hauses unter späteren Putzschichten und Anstrichen Reste von ursprünglichen, dekorativen Farbfassungen, die Hinweise darauf lieferten, daß offenbar das gesamte Haus im Zuge der von 1745 an durch Heinrich Friedrich v. Brockdorff vorgenommenen umfassenden Erneuerung eine durchgehende, künstlerisch gestaltete Ausmalung besessen haben muß. In drei Räumen waren die Befunde so bedeutsam, daß man sich hier zur Restaurierung entschloß. In den beiden mittleren Sälen des Erd- und Obergeschosses konnten Teile einer marmorierten Quadermalerei in Stucco-Lustro-Manier freigelegt und wiederhergestellt werden. Nach ihrem Vorbild wurde die Fassung der übrigen Wandflächen rekonstruiert.
Im Vestibül wurde die im 19. Jahrhundert nachträglich auf der Nordseite eingezogene Flurwand entfernt, so daß hier das eindrucksvolle Bild der barocken Eingangshalle mit ihrer ursprünglichen Wandfassung wieder entstanden ist.
Im östlich an das Vestibül anschließenden Raum waren die Wände ursprünglich mit einer dekorativen Malerei in Stucco-Lustro-Manier mit gemalten Säulenstellungen ausgemalt worden. Erst in einem zweiten Bauabschnitt hat man darüber eine alle vier Wände überziehende figürliche Malerei gelegt, die jetzt im Bereich der Westwand wiederhergestellt worden ist. Das auf Putz gemalte Wandbild war zur Aufnahme späterer Wandverputzungen in seiner gesamten Fläche stark beschädigt, so daß sich die Restaurierung in diesem Abschnitt – Freilegung, umfangreiche Mörtelkittungen der zahlreichen Hammerschlaglöcher sowie Retuschen und erforderliche Ergänzungen – als eine technisch außerordentlich schwierige und zeitlich sehr aufwendige Maßnahme herausstellte.

Die bildliche Darstellung – ein tanzendes Paar mit einem Dudelsackpfeifer in ländlicher Umgebung – eingefaßt von großen, geschwungenen Rokokorahmen, steht stilistisch mit den durch Inschrift von 1757 datierten Malereien im „Teufelszimmer" auf einer Stufe und dürfte gleichzeitig entstanden sein.
Gleichzeitig wurde der langgestreckte zweigeschossige Fachwerkspeicher der Hofanlage mit einem neuen Dach mit Tonpfannen versehen.

Adeliges Gut Gaarz

Besitzer: Hans-Hemme Struckmann

Besitzer

1411–1450	Ritter Marquard Stake
1462–1529	verschiedene Besitzer
1529–1765	v. Brockdorff (mit zwei kurzen Unterbrechungen)
1765–1802	v. Rantzau
1802–1821	verschiedene Besitzer
1821–1897	Graf v. Holstein
1897–1905	Capsius
seit 1905	Struckmann

Gut und Bauten

15./16. Jahrh.	Wasserburg
16. Jahrh.	Bau des Speichers
um 1600	Bau des einstöckigen Herrenhauses
17. Jahrh.	„getäfelte Stube"
1745–1757	Erweiterungsbau des Herrenhauses, Ausmalung des Teufelszimmers, Einbau der getäfelten Stube im Obergeschoß
1871 und 1891	Bau der Kavalierhäuser
1881	Bau des Pferdestalles
1905	Aufteilung des Gutes
1906	Brand der Hofgebäude
1931	neue Scheune errichtet
1977–1980	umfangreiche Restaurierungsarbeiten im Herrenhaus

31 Güldenstein

Kirchspiel Lensahn   Kreis Ostholstein

Das Gut Güldenstein ist gegen Ende des 16. Jahrhunderts entstanden. Wir kennen zwei Dörfer gleichen Namens, Deutsch- und Wendisch-Gneningen. Aus dem letztgenannten ist etwa zur gleichen Zeit das benachbarte adelige Gut Petersdorf erwachsen. Die Feldmark von Deutsch-Gneningen dürfte in dem Hoffeld von Güldenstein aufgegangen sein. Aber das Dorf ist erst allmählich niedergelegt worden. In Caspar Dankwerths Erneuerter Landesbeschreibung von 1652 wird der Hof Güldenstein mit 25 Pflügen benannt, aber auf den Landkarten ist er noch nicht verzeichnet, hier heißt es Gnenyn. Trotz des Namens Deutsch-Gneningen gab es im Mittelalter auch wendische Bauern im Dorf, im Lübecker Zehntenregister von 1433 heißt es, daß vom deutschen Acker 6 Scheffel Gerste, vom wendischen aber nur 2 Scheffel Roggen entrichtet werden.

Die ältesten uns bekannten Besitzer von Güldenstein gehören dem Geschlechte Sehestedt an. Jürgen Sehestedt, † 1618, der umfangreichen Besitz in der Heimat seiner Familie an der oberen Eider hatte, außerdem Güter in Dänemark besaß, wird 1599 auf Güldenstein genannt. Ihm folgte sein Sohn Alexander Sehestedt, † 1617. Da dieser schon seit 1593 auf Güldenstein genannt wird und noch vor dem Vater starb, dürfte er das Gut schon zu Lebzeiten des Vaters besessen haben. Dafür spricht auch, daß Alexander Sehestedt es war, der im Jahre 1608 das Gut verkaufte und zwar an Hinrich v. d. Wisch. Alexander Sehestedt hatte das Unglück, bei einem Streit im Tanzsaal in Kiel Bendix Pogwisch auf Oevelgönne so sehr am Bein zu verletzen, daß dieser an der Wunde starb. Das hinderte jedoch nicht, daß Alexander wenige Jahre später Klosterprobst des adeligen Klosters Uetersen wurde. Er war mit der reichen Margarethe v. Ahlefeldt a. d. H. Gelting vermählt. Sie brachte ihm als Mitgift 15000 Rthlr. zu, weitere 2000 Rthlr. als Wert von Kleidung und Schmuck, erbte von der Großmutter nochmals 2000 Rthlr. und als besonderes Schmuckstück einen Jesusnamen in Brillanten.
Aus der kurzen Besitzzeit von Hinrich v. d. Wisch, † nach 1661, ist nur die Glocke im Torhaus erhalten mit der Inschrift: Herr Hinrich v. d. Wisch. Schon 1630 oder 1632 ging das Gut weiter an Gosche von Ahlefeldt, der etwa gleichzeitig das benachbarte adelige Gut Ehlerstorff gekauft hatte. Nach seinem frühen Tode im Jahre 1643 erbte sein Sohn Cai, eben erst 20 Jahre alt, die beiden Güter und erweiterte den Besitz noch um Petersdorf. Doch scheint er in späteren Jahren in finanziellen Nöten gewesen zu sein, im Jahre 1676 mußte er um Steuersermäßigung einkommen und gab als Gründe hierfür an: die Rücksicht auf seine große Familie, die aus 10 Kindern bestand, sowie eine Feuersbrunst, die durch Blitzschlag entstanden sei und den einen seiner Höfe mit der gesamten Ernte in Asche gelegt habe. Wir erfahren freilich nicht, um welches seiner Güter es sich gehandelt hat. Die durchziehenden Truppen im letzten Kriege (das ist wohl der sog. Polackenkrieg) hätten zudem seine Güter zerstört.
Cai v. Ahlefeldt starb 1688, hatte aber schon zu seinen Lebzeiten im Jahre 1685 Güldenstein der ältesten Tochter Ida Clarelia übergeben, die es ihrem Ehemann Detlev Brockdorff zubrachte. Die Ehe dauerte nur wenige Jahre, 1693 ist Detlev Brockdorff schon gestorben. Kinder aus der Ehe gab es nicht, so entschloß sich Ida Clarelia zum Verkauf von Güldenstein. Im Jahre 1701, kurz vor ihrem eigenen Tod, ging das Gut über an Wulf Hinrich v. Thienen und kam damit in die Hand eines

reichen und baulustigen Geschlechts, dem wir Herrenhaus und die älteren Hofgebäude zu verdanken haben. Wulf Hinrich v. Thienen, † 1708, besaß schon vom Vater her das adelige Gut Wahlstorf am Lanker See, das Jahrhunderte lang der Hauptsitz der Thienen gewesen ist und erhielt durch seine Eheschließung mit Bertha Catharine v. Ahlefeldt noch das Gut Schinkel, das heutige Rosenkranz im Dänischen Wohld. Die Eheschließung ging unter merkwürdigen Umständen vor sich, die Mutter hatte zunächst die eigene Tochter genötigt, sich mit Wulf Hinrich v. Thienen zu verloben, besann sich aber später eines anderen und veranlaßte jetzt, wohl auch auf Druck der Vormünder, die Tochter, angeblich aus Mangel an Respekt, die Verlobung aufzukündigen, nur um ein Vierteljahr später nun selber den reichen Wulf Hinrich v. Thienen zu heiraten. Als er tot war, ging sie eine dritte Ehe ein mit dem reichbegüterten Detlev Brockdorff. Da ihre Ehe mit Wulf Hinrich v. Thienen kinderlos geblieben war, mußte sie anläßlich ihrer dritten Vermählung Güldenstein ihrem Neffen Heinrich v. Thienen abtreten. Über die Einzelheiten dieser Affäre ist im Artikel Gaarz eingehend berichtet.

Heinrich v. Thienen, † 1737, ist der Erbauer des schloßartigen, großartigen und repräsentativen Herrenhauses, der Architekt war Rudolf Matthias Dallin, der sich seinen Namen als Bauinspektor am Eutiner Hof gemacht hat. Sicherlich fand Heinrich v. Thienen bereits die äußerst großzügige Hofanlage vor, mit klarer Trennung von Herrenhof und Wirtschaftshof, in Holstein Bauhof genannt.

Der Hof liegt auf einer großen, natürlichen ovalen Insel, umgeben von breiten mit Wasser gefüllten Hausgräben, die nach Süden in neuerer Zeit zu einem See verbreitert sind mit kleinen Inseln, die Rhododendronbüsche tragen. Das Herrenhaus liegt auf der südlichsten Spitze der Burginsel und lag ursprünglich auf einer kleinen eigenen Insel, aber die künstlichen Gräben zwischen Herrenhaus und Insel sind 1843–46 zugeschüttet worden. Auf drei Seiten erhebt sich das Gebäude unmittelbar aus dem Wasserspiegel, in rotem Mauerwerk auf einem kräftigen Granitsockel. Die Hoffassade des Gebäudes ist kraftvoll ausgebildet mit Seitenrisaliten, über denen das Dach abgewalmt ist und die ein volles Fensterfach vorspringen. Der Mittelrisalit hat einen kleineren Vorsprung, ist aber dafür stark hervorgehoben durch den Dreiecksgiebel und die große Freitreppe. Alle Ecken des Gebäudes sind rustiziert, die Gesimse und die breiten flachbogigen Fenstereinfassungen sind weiß gekalkt.

Güldenstein, Fassade

Die Seitenfassaden und die Gartenfassade weisen dagegen keine größeren architektonischen Besonderheiten auf und sind etwas schlichter gehalten. Auch die Verteilung der Fenster an den Seiten und an der Rückfront ist erstaunlich unregelmäßig gestaltet. Der einzige bauliche Schmuck der Rückfassade sind zwei Abtrittspfeiler zur Linken und zur Rechten der Rückfront.

Das Portal ist groß und kräftig aus Granit aufgeführt, die Pilaster tragen einen gebrochenen Dreiecksgiebel, in dem sich die Wappen Thienen und Brockdorff aus Sandstein befinden mit der Inschrift Soli Dei Gloria 1777. Die große Treppe ist in der heutigen Form erst zur Zeit von Cai Rantzau entstanden, wie die Jahreszahl 1789 in dem schönen schmiedeeisernen Gitter beweist.

Im Inneren zeichnet sich Güldenstein durch seine großartige Folge von hervorragend ausgestatteten Innenräumen aus. Die Fußböden, die Paneele und die Stuckdecken sind von einer Qualität, die man nur selten sieht und kaum an einer anderen Stelle in einem so großen Ausmaß. Als Stukkateur ist nachgewiesen der Italiener J. Bossio, der die eine Stuckdecke signiert hat. In der Mitte des Hauses befindet sich die mächtige Halle, deren Fußboden belegt ist mit grauen und roten gotländischen Fliesen, auf jeder Seite große Kamine mit stukkierter Einfassung sowie mythologischen Malereien über der Feueröffnung. Die Halle ist bedeckt mit einer prachtvollen Stuckdecke im Régence-Stil von einer außerordentlich sicheren künstlerischen Auffassung, kräftiger

Catharine Pogwisch geb. Rantzau/Gneningen, 1526 (Ahrensbök)

als die etwa zur selben Zeit entstandene auf Waterneverstorff. In der Decke sind groteske Masken und kräftig geschwungene und abgeknickte Bandelornamentik angebracht. In der Halle hängt das lebensgroße Porträt der Prinzessin Johanne Elisabeth von Anhalt-Zerbst, geborene Prinzessin von Holstein-Gottorp, der Mutter der Kaiserin Catharina II. von Rußland.

Die Rückwand der Halle öffnete sich früher in drei Bögen auf das schmale Treppenhaus zu, jetzt sind die Bögen durch Wände verkleidet. Von den Räumen des Erdgeschosses ist vor allem bemerkenswert der Wohnraum des Herzogs im linken Seitenrisalit mit großer stukkierter Ofennische mit einem hellbraunen Empire-Ofen, einem sog. Tischbeinofen, und einer sehr interessanten Decke, die mit großer ornamentaler Malerei im Régence-Stil mit Vögeln und grotesken Szenen (spielenden Putten und dergleichen mehr) auf hellblauem Hintergrund bedeckt ist. Einzelne der Figuren verraten chinesisches Gepräge. Rundherum um die Decke zieht sich ein gemaltes Scheingeländer, so daß man den Eindruck erhält, als ob man in den Himmel hinaufsehen könne. Weiter ist der frühere große Speisesaal zu erwähnen im rechten Seitenrisalit, jetzt in eine Reihe von kleineren Kabinetten aufgeteilt, aber noch vollständig erhalten mit seiner früheren interessanten Ausschmückung im Stil des Empire mit Deckenstuck, der mit Akanthusblättern und Rosetten geschmückt ist, mit zwei schlanken weißen Porzellanöfen und einem großen grauen Marmorkamin.

Nach Süden liegt zur Rechten der Halle ein Salon mit Stuckdecke in kräftigen Formen, der in den Ecken der Hohlkehle Medaillons hat mit mythologischen Szenen, die von Putten gehalten werden. Mitten an den Wänden groteske Masken. In der Mitte eine große Deckenmalerei, die die Mächte der Finsternis und des Lichts darstellen. Der Fußboden ist schön eingelegt mit kräftigen barocken Formen, mit einer großen Windrose in der Mitte. Der anschließende Salon, der jetzt als Eßsaal verwendet wird, hat ebenfalls einen schönen eingelegten Fußboden in starken, geschwungenen Formen des Barock, während die Decke einen frühen Empirestuck aufweist mit einer großen Mittelrosette in der Mitte.

Im oberen Stockwerk ist vor allem der große Festsaal über der Halle zu nennen, der sich bis hinauf in das Dach erhebt, mit zwölf großen kannellierten Pilastern mit goldstaffierten Kapitellen, die aus Holz geschnitten sind. Die Pilaster stehen auf hohen Postamenten.

Das Gebäude ist nach der Überlieferung im Jahre 1728 entstanden. 1777 scheint ein Umbau vorgenommen worden zu sein, obwohl das nicht ganz zu der Zeitfolge der Besitzer paßt. Auf alle Fälle dürfte 1789 ein größerer Umbau vorgenommen worden sein, der die frühen Empire-Details in das Haus hineingebracht hat.

Die Hofanlage ist in ihren Grundzügen wie aus einem Guß entstanden, wenn auch in späterer Zeit stark verändert. Am Nordende der Burginsel steht das Torhaus von 1743, das zwei Stockwerke besitzt und sich unmittelbar aus dem Hausgraben erhebt, mit überwölbter Durchfahrt, die von schmalen Pilastern eingefaßt ist. Auf dem Hof stehen zwei große strohgedeckte Scheunen, im Osten die mächtige, sehr breite Fachwerkscheune von 1836, an der Westseite das 1910 erneuerte Stallgebäude. Nach Süden hin wird der Bauhof abgeschlossen durch quergestellte kleine Stallgebäude, die im 18. Jahrhundert entstanden sein dürften. Das Herrenhaus wird flankiert von sehr ansehnlichen, wenn auch einfach gehaltenen Kavalierflügeln mit halb abgewalmtem Dach, mit festen Mauern nach dem Schloßhof zu, mit Fachwerk nach der Rückseite.

Heinrich v. Thienen kaufte 1722 das adelige Gut Grünholz in Schwansen hinzu. Hier hat seine Ehefrau Ida Lucia geb. v. Brockdorff nach seinem Tode das heute noch stehende stattliche Herrenhaus erbaut, nicht ganz so großartig wie Güldenstein, aber doch vergleichbar in Konzeption und Struktur.

Aus der Zeit von Heinrich v. Thienen hat sich ein höchst bemerkenswertes Ausstattungsstück erhalten, eine in Ölfarben auf Leinwand gemalte Ahnentafel mit Heinrich v. Thienen als Probanden, anscheinend später hinzugefügt die Namen und Lebensdaten der Ehefrau. Die Tafel hat die stattliche Größe von 2,0 m × 1,60 m und ist durch acht Generationen bis zur Mitte des 15. Jahrhunderts sorgfältig und vollständig durchgeführt. Sie befindet sich heute im Besitz der Freiherren v. Thienen-Adlerflycht in Österreich.

Güldenstein ging nach seinem Tode über auf den ältesten Sohn Wulf Heinrich v. Thienen, † 1809, einen der reichsten und angesehensten Männer, die unser Land im 18. Jahrhundert hervorgebracht hat, Muster und Vorbild eines großen Herrn seiner Zeit. Von den 10 Gütern, die er besaß, wählte er sich Sierhagen als seinen Hauptwohnsitz aus, Güldenstein scheint ihm wenig bedeutet zu haben. Daher verkaufte er das Gut im Jahre 1779 an den Nachbarn, den Geheimen Rath Cai (v.) Rantzau auf Gaarz, der auch alsbald seinen Wohnsitz nach Güldenstein verlegte. Er war Gesandter in London gewesen, später Kanzler des Obergerichts auf Schloß Gottorp und gleichzeitig Klosterprobst des

Halle

adeligen St. Johannisklosters vor Schleswig. Nach seinem Abgang aus den öffentlichen Ämtern wurde er Klosterprobst von Preetz und Verbitter des adeligen Klosters Itzehoe. Außerdem bekleidete er die Würden eines Kammerherrn und Geheimen Conferenzraths und war Großkreuz vom Dannebrog. Er selber starb 1792, nachdem er zweimal verheiratet gewesen war, beide Male kinderlos. Die erste Ehefrau war eine Ahlefeldt, die zweite Anna Ernestine Baronesse v. Brockdorff, genannt Nancy. Über deren zweite Ehe ist noch zu berichten.

Anna Ernestine machte es sich nach dem Tode von Cai Rantzau zur Aufgabe, die Gedanken ihres Mannes über fortschrittliche Landbaukultur, insbesondere über Viehzucht, in die Wirklichkeit umzusetzen. Cai Rantzau hatte in den Jahren, in denen er Gesandter in London gewesen war, – das ist von 1754 bis 1757 –, Gelegenheit gehabt, die englische Landwirtschaft in Theorie und Praxis zu studieren. Jetzt ging die Witwe ans Werk, ein eigener Meierhof wurde angelegt, der ihrem Mann zu Ehren den Namen Rantzaufeld erhielt, ebenso wie ein weiterer auf den Namen Caihof getauft wurde. Erst durch ihre zweite Ehe 1811 mit dem Kammerherrn und Baron Charles Joseph (August) Selby auf Baekkeskov in Seeland kamen die Versuche auf Rantzaufeld in den richtigen

Schwung. Selby war englischer Herkunft, war aber am 2. Dezember 1796 in den dänischen Freiherrenstand aufgenommen worden. Er war intimer Freund der Familie des John Heyliger Burt Esqu. aus Colton House bei Lichfield in Staffordshire. Beide Familien besaßen große Interessen auf den dänischen Inseln in Westindien, insbesondere Zuckerplantagen auf St. Croix. Es war daher nur natürlich, daß der eine Freund, als er nach Holstein ging, alsbald den anderen nachzog.
Durch die enge Freundschaft und Verwandtschaft der Familien Brockdorff, Selby und Burt ergaben sich mehrere Heiraten innerhalb dieses Kreises. Der Sohn John Heyliger Burt heiratete die Tochter des Schwagers von Ernestine Brockdorff, des Majors Magnus v. Staffeldt. Aus dieser Ehe gingen zwei Töchter hervor, die eine namens Marie heiratete den späteren preußischen Generalfeldmarschall Helmuth Graf v. Moltke, die andere Jeanette den Baron Cai Lorenz v. Brockdorff. Aus dessen Ehe gingen außer zwei Söhnen vier Töchter hervor, die wegen ihres ungewöhnlichen Liebreizes den poetischen Beinamen trugen: die Rosen von Holstein. Durch die Heiraten dieser Töchter kamen weitere Verwandtschaften zustande, so mit den Herren v. Bülow auf Bossee, den Grafen v. Bülow auf Kühren und den Herren v. Rumohr auf Rundhof.
Als Selby 1823 starb, wurde er im Mühlenholz begraben. Über seinem Grab wurde ein großes Monument errichtet nach einem Entwurf des Hofbaumeisters Jörgen Hansen Koch in der Nähe des Denkmals, das seine Ehefrau für ihren ersten Mann Cai Rantzau hatte aufstellen lassen. Selby hatte für sie den sog. Nancy-Tempel erbaut, der jetzt im wesentlichen verschwunden ist. In ihm hatte der Schwager, der Major v. Staffeldt, ein langes Gedicht als Inschrift angebracht, das in schwärmerischen Worten im Stil der Romantik die Liebe und Güte der Verstorbenen preist. Böse Zungen behaupteten freilich, daß es sich in Wahrheit um ein Anagramm handele und daß man nur bestimmte Buchstaben umzustellen brauche, um die wirkliche Bedeutung der Verse zu erkennen, dann seien sie alles andere als schmeichelhaft.
Der Sohn Nicolaus Selby war bereits im Jahre 1815 mit 33 Jahren verstorben, daher erbte Güldenstein die Enkelin Ernestine Selby, † 1899. Sie war vermählt mit Friedrich v. Bülow, der später im Herzogtum Lauenburg das große Lehngut Kogel mit Sterley besaß. Als Ernestine Selby noch als junges Mädchen am 5. Mai 1833 nach Güldenstein kam, gab es einen geradezu fürstlichen Einzug, der auch in einer zeitgenössischen Zeichnung festgehalten ist. Bei ihrer Ehe blieb man auch hier in ihrer Verwandtschaft. Die Mutter von Friedrich v. Bülow war gleichfalls

eine Baronesse Selby, aus der ersten Ehe ihres Vaters Charles Joseph Selby.

Durch Kaufvertrag vom 23. April bzw. 3. Mai 1839 ging das Gut Güldenstein für den Kaufpreis von 275000 Rthlr. über an den Großherzog Paul Friedrich August von Oldenburg. Damit setzte dieser eine Politik des Landerwerbs fort, die seit Jahrhunderten von seinen Vorfahren verfolgt worden war. Seit dem Jahre 1607 war der Brauch eingehalten worden, den Bischofsstuhl von Lübeck mit einem nachgeborenen Prinzen des Hauses Holstein-Gottorp zu besetzen. Die Residenz dieser Fürstbischöfe, die evangelisch waren, war Eutin. Schon der zweite Fürstbischof, Johann oder Hans von Holstein-Gottorp, hatte mit umfangreichen Güterkäufen im Raume von Eutin begonnen, sicherlich in der Absicht, dem fürstbischöflichen Hofe einen festen Rückhalt durch ein großes Grundvermögen zu schaffen. Er kaufte im Jahre 1639 das Gut Stendorf, im Jahre 1640 das Gut Mönch-Neverstorf und endlich im Jahre 1650 das Gut Lensahn und belegte diese drei Güter in seinem Testament mit Fideikommißeigenschaft. Diese drei Güter bildeten seitdem die sog. älteren Fideikommißgüter.

Auf Grund der Streitigkeiten, die im Verlauf des 18. Jahrhunderts zwischen der regierenden Linie des Hauses und der jüngeren Linie Holstein-Gottorp entstanden waren, kam es zu einem Vergleich, durch den der derzeitige Fürstbischof eine bare Entschädigung von 340000 Rthlr. erhielt. Diese Schuld wurde im Jahre 1769 dadurch getilgt, daß aus dem großfürstlichen Amte Oldenburg weitere sieben Güter und das Freidorf Sütel dem Fürstbischof übertragen wurden. Diese acht Besitzungen bildeten seitdem die jüngeren Fideikommißgüter.

Durch die Staatsverträge von 1773 und 1774 wurden die Grafschaften Oldenburg und Delmenhorst zum Herzogtum Oldenburg erhoben und der Fürstbischof von Lübeck gleichzeitig Herzog von Oldenburg. Durch den Reichsdeputationshauptschluß von 1803 wurde das Bistum Lübeck säkularisiert und dem bisherigen Bischof Friedrich August als erbliches Besitztum unter dem Namen des Fürstentums Lübeck übertragen. Seit dem Jahre 1815 stand dem Chef des Hauses der Titel eines Großherzogs zu, doch hat der erste, Herzog Peter von Oldenburg, diesen Titel nie geführt.

Der obengenannte Bischof-Herzog Friedrich August hatte 1778 das adelige Gut Manhagen von den Erben des Staatsministers Henning Bendix v. Rumohr erworben. Nun folgte 1839 Güldenstein, 1865 noch das adelige Gut Wahrendorf, endlich 1885 der Forstort Kremperkathe.

Torhaus von 1743

Damit hatte es folgende Bewandtnis. Die Güter im Lande Oldenburg haben fast sämtlich überhaupt keinen Wald. Um diesem Mangel abzuhelfen, der in alten Zeiten sehr fühlbar war, da die Höfe Bauholz und Brennholz benötigten, hatte Wulf Heinrich v. Thienen, der ja gleichzeitig Güldenstein und mehrere Güter im Lande Oldenburg besaß, diesen Gütern Waldanteile im Güldensteiner Walde Kremperkathe überlassen. Damals erhielt Löhrstorff 143 ha Wald, Seegalendorf 20 ha, Satjewitz desgleichen, Gaarz wohl erst durch Cai Rantzau, der Gaarz und Güldenstein gleichzeitig besaß, ebenso seinen Waldanteil. Inzwischen sind alle diese Wälder wieder mit Güldenstein vereinigt worden, außer Seegalendorf, das immer noch seine 20 ha Wald im Güldensteiner Forst besitzt.
Durch diese umfangreichen Güterkäufe kam nach und nach ein sehr ansehnlicher Besitz zusammen, der sich von Eutin bis Oldenburg in einem großenteils geschlossenen Distrikt erstreckte und der zur Zeit seiner größten Ausdehnung ein Areal von über 18000 ha umfaßte. Infolge der großen Bodenreformen nach den beiden Weltkriegen sind seither erhebliche Veränderungen eingetreten, die Zeitpachtdörfer wurden schon nach dem Ersten Weltkrieg in freies Eigentum umgewandelt, die meisten Güter wurden zur Siedelung freigegeben. Das Gut Stendorf wurde schon im Jahre 1930 veräußert.
Ursprünglich war Lensahn der Mittelpunkt des großherzoglichen Besitzes gewesen und das Haus Lensahn der Aufenthalt des jeweiligen

Großherzogs während des Spätsommers und Herbstes. Nur Großherzog Nikolaus Friedrich Peter, † 1900, lebte in Güldenstein. Der Sohn und Nachfolger, Großherzog Friedrich August, † 1931, baute Lensahn weiter aus und kam nach Güldenstein vor allem zu den Jagden. Daher führte Güldenstein lange Jahre hindurch ein wenig beachtetes Dasein. 1940 wurde das Thaulowmuseum aus Kiel dorthin verbracht, um dessen Schätze vor Luftangriffen zu bewahren. Erst nachdem das Museum nach dem Kriege in das Schloß Gottorf in Schleswig übergesiedelt ist, entwickelte sich Güldenstein zu dem jetzigen Mittelpunkt des Hauses Oldenburg. Der letzte Erbgroßherzog, Nikolaus von Oldenburg, † 1970, verlegte seinen Wohnsitz gänzlich hierher neben seinem Schloß Rastede in Oldenburg. Nach seinem Tode gehört Güldenstein dem jetzigen Chef des Hauses, Herzog Anton Günther von Oldenburg, * 1923. Zum Gut rechnet ein Areal von 550 ha Acker und Grünland, sowie der gesamte Waldbestand aller aufgesiedelten Güter. Außerdem gehört das Schloß Eutin mit seinen reichen Sammlungen dazu. Der Hof Lensahn in Größe von 216 ha ist Eigentum des zweiten Bruders, Herzog Peter von Oldenburg, * 1926, das Gut Sievershagen des vierten Bruders, des Herzogs Friedrich August von Oldenburg, * 1936. Dieses Gut umfaßt 300 ha.

Adeliges Gut Güldenstein

Besitzer: Herzog Anton Günther von Oldenburg

Besitzer		*Gut und Bauten*	
Ende des 16. Jahrh. – 1608	(v.) Sehestedt	im Mittelalter	Deutsch-Gneningen
1608–1632	v. d. Wisch	seit Ende des 16. Jahrh.	Güldenstein
1632–1701	v. Ahlefeldt dann (v.) Brockdorff	1728	Herrenhaus erbaut
1701–1779	v. Thienen	nach 1779 oder 1789	Modernisierung
1779–1839	(v.) Rantzau dann Barone v. Selby	1818	Nancytempel erbaut
seit 1839	Großherzöge bzw. Herzöge von Oldenburg	1836	Fachwerkscheune

32 Petersdorf

Kirchspiel Lensahn Kreis Ostholstein

Das Gut Petersdorf ist erst in nachmittelalterlicher Zeit entstanden, ebenso wie das benachbarte Güldenstein. An der Stelle dieser beiden Güter lag im Mittelalter das große Gut Gneningen, das später verschwunden ist, so gründlich, daß man heute nur mehr mit Mühe den Ort findet, wo es einstmals gelegen hat. Im Mittelalter gab es zwei Ortschaften gleichen Namens, einmal ein Dorf (Deutsch-)Gneningen, das erst im Laufe des 17. Jahrhunderts niedergelegt worden ist. Das Land dürfte den Kern des Hofes Güldenstein bilden. Daneben gab es ein Wendisch-Gneningen, wahrscheinlich schon im Mittelalter ein Edelhof, dieser letztere lag innerhalb des späteren adeligen Gutes Petersdorf in der Hölzung Vossgraben, wo es noch einen kleinen runden Turmhügel

gibt, nahe an dem das Gut Petersdorf von dem Gute Lensahn scheidenden Grenzbach. Der Hügel wird noch heute Gneningberg genannt. In einer alten Sage, die sich auf das nahebei gelegene Dorf Grammdorf bezieht, das ursprünglich zum Gute Farve gehörte, wird von der Pest erzählt, die die Gegend hart betroffen habe. Da ist die Rede von einem Dorfe Geneni, das ganz ausgestorben sei, das Dorf sei daraufhin geschleift worden und eingegangen. Da das Dorf Deutsch-Gneningen noch bei Danckwerth um 1652 erscheint, kann es sich bei der Sage nur um Wendisch-Gneningen handeln, das bei der Burg gelegen haben wird.
Seit der Mitte des 15. Jahrhunderts sind die Pogwisch auf Gneningen bezeugt, ebenso wie ihre Vettern auf dem angrenzenden großen Besitz Farve, als erster Wolf Pogwisch, der 1459 und 1462 als Herr auf Gneningen genannt wird und der im Jahre 1464 den Besitz vergrößert durch Zukauf von Claustorf, Ehlerstorff und Johannesdorf vom Domkapitel in Lübeck. Vor 1474 ist er gestorben.
Gneningen geht über auf seine Söhne Benedict und Wolf Pogwisch, die 1473 als Miteigentümer genannt werden, später den Bruder Benedict alleine. Auf Benedict Pogwisch, der noch vor dem Jahre 1500 verstorben ist, folgt sein Sohn gleichen Namens, dann dessen Bruder Cai Pogwisch. Beide Brüder kommen nur einige wenige Male in den Urkunden vor, in den Jahren 1504 und 1523, beide scheinen auch keine Nachkommen gehabt zu haben. Denn Gneningen geht jetzt, und zwar im Jahre 1543 auf die Schwester Margarethe über, die mit dem Staller im Strand (das heißt dem herzoglichen Oberbeamten auf der Insel Nordstrand) Sievert Reventlow vermählt war. Er war außerdem Amtmann von Steinburg und Klosterprobst des Klosters Preetz und war noch im Jahre 1572 am Leben. Um diese Zeit muß die Aufteilung von Gneningen vorgenommen worden sein, das Gut Güldenstein erscheint jetzt unter diesem Namen und ist mindestens seit 1599 im Besitz der Sehestedt, während Benedict Pogwisch, ein anderer als die obengenannten, im Jahre 1564 einen Lehnsbrief auf Petersdorf erhält. Erst von jetzt an kann man von einem eigenen adeligen Gute Petersdorf sprechen. Es umfaßte anfangs zwei Dörfer gleichen Namens, das größere (Deutsch-)Petersdorf wurde niedergelegt, an seiner Stelle entstand der Gutshof. Die Ländereien des kleineren (Wendisch-)Petersdorf wurden zur Anlage des Meierhofes Johanneshof verwendet, das Dorf existiert auch heute noch als reines Kätnerdorf mit der winzig kleinen Grundfläche von nur mehr 7 ha.
Zu Petersdorf gehören außer dem Haupthof, der 410 ha umfaßt, die Meierhöfe Johanneshof mit 178 ha und Christianenhain. Letzterer ist

wieder niedergelegt worden, das Land mit dem Haupthof vereinigt. Außerdem besitzt das Gut 30 ha Wald und etwa ebensoviel an Unland. Insgesamt gesehen ist der Umfang des Gutes mit 648 ha von seiner Bildung an bis zur Gegenwart nahezu unverändert geblieben.

Benedict Pogwisch wurde von seinem Sohne Henning Pogwisch, † 1575, beerbt, dieser von seinem gleichnamigen Sohne, † 1591. Dessen Witwe Mette geb. Krummendieck konnte das Gut nicht halten und mußte es den Gläubigern ihres Ehemannes überlassen, die es im Jahre 1605 an ihren Neffen Dietrich Pogwisch, † 1632, verkauften. Von ihm geht es weiter an den Sohn Claus Pogwisch. Er wurde 1639 in Hamburg von einem fremden Rittmeister erschlagen. Petersdorf ging in Konkurs und wurde im Jahre 1642 an Detlev v. Buchwaldt veräußert. Dessen Witwe gab das Gut im Jahre 1671 weiter an Cai v. Ahlefeldt, † 1688.

Jetzt treten wieder ruhigere Besitzverhältnisse ein, Cai v. Ahlefeldt besaß außer Petersdorf die angrenzenden Güter Güldenstein und Ehlerstorff und konnte den Besitz für lange Zeiten in der Familie vererben. Die älteste Tochter erhielt Güldenstein, die zweite namens Apollonia Adelheid heiratete den herzoglichen Rat Hinrich v. Levetzow und brachte ihm Petersdorf in die Ehe. Im Jahre 1702 wurde es ihm im Wege der Erbauseinandersetzung verkauft. Jetzt vererbte sich Petersdorf zusammen mit Ehlerstorff mehrfach in der Familie v. Levetzow. Hinrich v. Levetzow hatte zwei Söhne, Joachim Diederich † 1731, der Ehlerstorff erhielt und Cay v. Levetzow, dem Petersdorf zufiel. Von diesem erbte Petersdorf der älteste Sohn des Bruders, namens Hans Heinrich v. Levetzow † 1794, der nun wieder beide Güter in einer Hand vereinigte. Im öffentlichen Leben trat er vielfach hervor, war Conferenzrath und kaiserlich russischer Kammerherr und besaß das Großkreuz des Dannebrogordens und des Russischen St.-Annen-Ordens. Er trennte sich im Jahre 1769 von Petersdorf und behielt nurmehr Ehlerstorff. Damit beginnt eine geradezu hektische Epoche von einem halben Jahrhundert, von da ab bis zum Jahre 1820 hat das Gut nicht weniger als neun Mal den Besitzer gewechselt, davon nur einmal im Erbgang. Erst war es der Legationsrat v. Lossau, dann P. A. v. d. Wettering; es folgen Nikolaus Baur und Andreas Baur, dann W. Schalburg. 1802 kauft Detlev Christian v. Rumohr aus der Linie Seegalendorf das Gut Petersdorf an. Er besaß nach und nach, manchmal auch gleichzeitig die adeligen Güter Krieseby, Maasleben und Schönhagen in Schwansen, Sehestedt und Steinrade im Dänischen Wohld und in den wenigen Jahren von 1802 bis 1804 auch noch Petersdorf, machte aber gleichwohl wenige Jahre später

mit seinem gesamten Vermögen Konkurs und starb in Armut 1820 in Plön.
Petersdorf ging weiter an den Freiherrn Hans Detlev v. Hammerstein, † 1826. Ihm erging es nicht anders als seinem Vorgänger, auch er machte Konkurs, übrigens im gleichen Jahre 1812. Gleichwohl bedürfen diese wenigen Jahre einer eingehenden Betrachtung, da in dieser Zeit das Haus die geradezu einzigartige Ausstattung erhalten hat, die es bis zur Stunde hin kennzeichnet. Die Hammerstein stammen aus dem Hannöverschen, aber als der hannoversche General Christian Ludwig v. Hammerstein, † 1759, sich mit Marie Elisabeth v. Ahlefeldt a. d. H. Lehmkuhlen vermählte, hatte er dem Schwiegervater versprechen müssen, sich in Holstein anzukaufen. Er erwarb zunächst schon im Jahre 1720 die beiden adeligen Marschgüter Krummendieck und Kampen von der Gräfin Dorothea v. Dernath für 62 300 Rthlr., verkaufte sie freilich 1762 weiter an den Freiherrn Hinrich v. Meurer, bei dessen Nachkommen die Güter bis ins 20. Jahrhundert blieben. Dafür kaufte er 1749 das Gut Kastorf im Herzogtum Lauenburg an. Sohn und Enkel behielten Kastorf bis 1820, der Enkel Hans Detlev Freiherr v. Hammerstein, der gleiche, der auch Petersdorf besaß, erbaute im Jahre 1801 auf Kastorf durch Christian Joseph Lillie nach einem Entwurf von C. F. Hansen ein klassizistisches Herrenhaus von bemerkenswerter Schönheit.

Eingangshalle

Die Verbindung Hammersteins zum einheimischen Adel war sehr eng, die Großmutter war eine Ahlefeldt gewesen, die Mutter Caroline v. Schrader, deren Familie im Herzogtum Lauenburg angesessen war, er selber war vermählt mit der Gräfin Sophie Dorothea Louise v. Holck, einer Tochter des Kammerherrn Friedrich Wilhelm Conrad v. Holck auf Eckhof. Seine einzige Schwester Friederike heiratete den Major Claus v. Qualen auf Windeby, von seinen fünf Töchtern waren zwei Konventualinnen in Preetz, zwei in Uetersen, die mittelste Agnes war mit dem Grafen Ludwig Detlev zu Reventlow vermählt, der der Stammvater der beiden Häuser Damp und Wulfshagen der Grafen zu Reventlow wurde. Hammerstein selber wurde am 18. Januar 1804 in die Schleswig-Holsteinische Ritterschaft recipiert.
Er war kgl. großbritannischer Oberst und hannoverscher Gesandter am Bundestage in Frankfurt am Main und benutzte die wenigen Jahre seiner Besitzzeit von Petersdorf dazu, das Haus von oben bis unten mit Tapeten aus Paris auszuschmücken, Empire-Möbel in geradezu verschwenderischer Fülle in das Haus zu bringen und die Innenausstattung mit einer von Säulen getragenen Halle und einem von Bögen überspannten Treppenhaus zu bereichern. Zweifellos ist auch hier die Hand von C. J. Lillie am Werk gewesen, die Halle von Petersdorf und die in dem von Lillie bald darauf gebauten Herrenhaus von Gudow sind sehr ähnlich gestaltet. Die hier und da zu findende Angabe, daß die Ausstattung des Hauses erst nach 1820 und erst durch die Familie Niemeyer erfolgt sei, ist nicht wahrscheinlich. Sowohl die mündliche Überlieferung als auch die Stilmerkmale sprechen eindeutig für die Hammersteinsche Epoche.
Wenn auch bisher schon die Vermutung für den Baumeister C. J. Lillie gesprochen hat, so ist der Beweis dafür jetzt zu erbringen. Vor kurzem fand sich im Archiv des Gutes Petersdorf ein Brief von Lillies eigener Hand aus Lübeck vom 23. April 1811 an den Freiherrn von Hammerstein, aus dem sich alle Einzelheiten ergeben. Als Beauftragter des Freiherrn von Hammerstein hat die sämtlichen Arbeiten der Hochfürstliche Landesbaumeister Meissner in Eutin überwacht, die Steinmetzarbeiten und den dazu benötigten Sandstein lieferte Georg Peter Reme aus Lübeck, die Öfen und Dachpfannen schwarzglasiert, der Töpfer J. F. Niemann in Eutin, endlich die Tischlerarbeiten und sämtliches Material dazu im ganzen Hause für Türen, Fußböden usw. der Tischlermeister C. Priehn, Eutin. Über alle diese Arbeiten liegen Rechnungen vor, aus der eigenhändigen Unterschrift des Briefes vom 23. April 1811 durch Lillie persönlich ergibt sich seine Urheberschaft einwandfrei.

Wir müssen an dieser Stelle Haus und Hof einer kurzen Betrachtung unterziehen. Der Gutshof liegt auf einer großen, länglichen natürlichen Burginsel, die von sehr breiten Hausgräben umgeben ist, um die sich außen herum Alleen ziehen. Der Wirtschaftshof ist etwa im Jahr 1808/9 auf ein Gelände südlich der Burginsel verlegt worden, der Zugang zum Herrenhaus geschieht durch das im Jahre 1867 errichtete Torhaus.
Dieses Herrenhaus erhebt sich auf drei Seiten unmittelbar aus dem Wasserspiegel und ist früher auf der vierten Seite nach Osten hin durch einen Graben von der übrigen Burginsel geschieden gewesen. Es besitzt zwei Stockwerke auf einem großen Keller aus Granitquadern, die geschlossene Blockform des Gebäudes in Größe von etwa 17,5 zu 22,5 m wird wirkungsvoll unterstrichen durch das niedrige Mansarddach, dessen unterer Teil mit roten Pfannen eingedeckt ist, während die flache Bedeckung nunmehr – wie früher – ein stilgerechtes Kupferdach aufweist. Das Mauerwerk ist weiß verputzt mit sehr sparsamen dekorativen Einzelheiten in Sandsteinfarben, so die Rustizierung der Ecken. Das Hauptportal selber besteht aus Sandstein in Form von zwei halb in der Mauer sitzenden kräftigen ionischen Säulen, die eine Attika tragen. Die Fenster im Hauptgeschoß sind mehr als doppelt so hoch wie in der oberen Etage.
Im Inneren wird das Gebäude ebenso wie von außen durch einen durchgreifenden Umbau geprägt, der in den ersten Jahren des 19. Jahrhunderts stattgefunden haben dürfte. Die Keller enthüllen, daß der östliche Teil des Gebäudes in Breite von etwa 12 m älter ist, indem dieser Teil durch schmale Tonnengewölbe in 3 Schiffen überdeckt ist. Der westliche Teil hat eine flache Decke und ist deutlich erst in viel späterer Zeit angebaut worden. Von außen ist ein Unterschied nicht mehr zu erkennen. Der westliche neugebaute Teil ist in die breiten Gräben hineingestellt und ruht genauso wie der östliche auf Pfählen.
Danach zu urteilen, dürfte das ursprüngliche Haus in das 17. Jahrhundert gehören und ein Doppelhaus gewesen sein, wie wir es in Holstein so häufig finden, vermutlich mit Treppengiebeln an den Schmalseiten. Die genaue Zeit des Erweiterungsbaues ist schwer zu bestimmen, von dem kurzlebigen Besitzer P. A. v. d. Wettering, der Petersdorf von 1783 bis 1793 besaß, wird berichtet, daß er im Jahre 1787 den Meierhof Johanneshof angelegt hat. Möglich, daß in seine Besitzzeit auch die Erweiterung des Herrenhauses fällt.
Die Raumeinteilung im Inneren ist ganz regelmäßig, mit einer Halle, hinter deren halbrunder Rückwand die geschwungene Treppe nach oben

Empireschlafzimmer mit Tischbein-Ofen

hinaufführt, und einem Festsaal in der Mitte sowie drei kleinen Stuben an jeder Giebelseite. Oben bildet die Treppe den Zugang zu einer großen Halle über dem Festsaal, während sich im übrigen dort Schlaf- und Gästezimmer mit verhältnismäßig tiefer Decke befinden. Zwei von diesen Zimmern in der südwestlichen und in der nordwestlichen Ecke haben ebenso wie der Weiße Saal und die Halle im unteren Stockwerk halbrunde Rückwände.

Die wandfeste Ausstattung ist einfach und sparsam, aber außerordentlich sorgfältig durchgeführt, ohne irgendwelche Spur der Fülle des 18. Jahrhunderts. Bemerkenswert ist vor allem die Halle mit ihren beiden großen kannelierten toskanischen Holzsäulen, die ebenso wie auf Gudow die Decke vor der halbrunden Rückwand tragen. Die Wände des Raumes sind verputzt in metallgrauen Tönen mit weißem Holzwerk und grauem Bretterfußboden.

Der Festsaal besitzt ebenso wie die beiden anderen Zimmer nach Westen – der Weißen und der Gelben Stube – alte französische Empire-Tapeten in einem außerordentlich gut erhaltenen Zustand. Der Festsaal in Größe von 6,5 × 8,5 m hat dunkelrote Velourstapeten, in Felder geteilt durch weißlackierte Lederstreifen mit Goldbordüren und geschmückt mit Musikinstrumenten in Golddruck, umgeben von Blumenkränzen. Die Musikinstrumente stellen dar Laute, Trompete, Hirtenflöte, Celeste, Horn und Viola. Diese drei jetzt fast nicht benutzten Festräume nach Westen haben sämtlich große Konsolspiegel an allen Teilen zwischen den Fenstern. Unter der roten Tapete verläuft ein niedriger Fries mit Medaillons, die gehalten werden von schwingentragenden Wesen auf grünem Hintergrund. In den Ecken des Saales stehen zwei große, gleichförmige Kalksteinöfen in Obeliskform mit einem Unterteil aus Gußeisen. Die Öfen gehören zu dem pompejanischen Stil, der auch in Dänemark vielfach um die Jahrhundertwende benutzt worden ist.
Die Weiße Stube südlich des Saales hat eine halbrunde Rückwand und ebenfalls eine alte Tapete mit Blumenornamentik in Lilienformen in Gold und Silber auf einem weißen moiréartigen Hintergrund und besitzt ebenfalls einen großen weißen Fayenceofen mit Goldstaffierung. Die Gelbe Stube zur Rechten, also nach Norden, hat eine alte Velourstapete mit großen gelben Blumenornamenten, umgeben von grauen Blättern und sowohl darüber wie darunter mit einem blauen Fries mit Grotesqueornamenten in Grau. In diesem Raum steht ein alter Tischbein-Ofen.
Das nordöstliche Zimmer im oberen Stockwerk hat ebenfalls eine alte Tapete in Form von grauen Drapierungen mit grünen Staffierungen, die von goldenen Kränzen von Kornähren gehalten werden und gleichsam aufgehängt sind in goldenen Rosetten. Oben verläuft eine Borte mit Kornähren, unten ein Eierstab und Akanthusornamentik.
Die Ausstattung mit Möbeln ist außerordentlich reich, fast alle Räume sind mit einer umfangreichen Zahl von Stühlen, Sesseln, kleineren und größeren Tischen, Schränken und Buffets, Kommoden und Sekretären ausgestattet. Einiges mag in der Zeit des Biedermeier hinzugekommen sein, das meiste stammt sicherlich aus der Hammersteinschen Epoche. Insbesondere müssen die schönen französischen vergoldeten Bronce-Kronleuchter erwähnt werden, die deutliche Züge des Empire tragen, wie einen Schwanenhals und andere charakteristische Züge der Zeit. Mehrere von ihnen haben außerdem Prismenkronen oder Kristallschalen.

Als Hans-Detlev v. Hammerstein im Jahre 1812 Petersdorf aufgeben mußte, erwarb im Konkurse der kgl. dänische Kammerherr Jens Peter Bruun (v.) Neergaard das Gut, ein Mann aus dänischem Adel, eine etwas schillernde Persönlichkeit. Auf Grund seiner Vermählung mit der Gräfin Henriette v. Baudissin a. d. H. Knoop hatte er schon 1790 das angrenzende Gut Eckhof im Dänischen Wohld erworben. Nun gedachte er, seine bedeutenden Mittel durch Ankauf von möglichst vielen Gütern anzulegen und dadurch zu Ansehen und Reichtum zu gelangen. 1795 kaufte er das adelige Gut Bülck im Dänischen Wohld hinzu, dann folgten die holsteinischen Besitzungen, Oevelgönne bei Neustadt im Jahre 1800, Farve 1806, Lehmkuhlen 1807, Quarnbek 1811, im gleichen Jahre noch Rathmannsdorf und Warleberg im Dänischen Wohld, endlich als letztes Petersdorf im Jahre 1812. Die große Agrarkrise nach den Befreiungskriegen zog Jens Peter Neergaard aber unausweichlich in den finanziellen Ruin, Gut auf Gut mußte wieder verkauft werden, darunter Petersdorf im Jahre 1820, endlich die meisten anderen Güter im Jahre 1827, ein Jahr später mußte er Konkurs anmelden, mit Mühe gelang es der Frau, aus dem Konkurse heraus Eckhof für sich zu retten, Oevelgönne für einen Enkel. Daher blieben diese beiden Güter bis zur Gegenwart in den Händen der Familie, während alle die anderen großen und bedeutenden Besitzungen nicht zu halten waren.
Erst jetzt, als Heinrich Conrad Niemeyer, Fideikommißherr auf dem nahebei gelegenen adeligen Gute Brodau im Jahre 1820 Petersdorf ankaufte, treten wieder stabile Besitzverhältnisse ein, seitdem hat sich Petersdorf stets innerhalb der Familie vererbt, wenn auch für den Außenstehenden mit verwirrendem Wechsel des Namens der Besitzer. Die Erklärung liegt darin, daß in mehreren Generationen nur Töchter geboren wurden und daher bei deren Verheiratung immer wieder neue Namen auftauchen. Der Oberamtmann Christian Eberhard Niemeyer, † 1757, hatte im Jahre 1739 das adelige Gut Brodau erworben und daraus ein Fideikommiß gestiftet mit der Maßgabe, daß jeweils allen Nachkommen gemeinsam die Nutzungen des Fideikommisses zustehen sollten. Immer dann, wenn gleichzeitig mehrere Fideikommißberechtigte vorhanden waren, durfte keiner von ihnen auf Brodau wohnen. In den ersten beiden nachfolgenden Generationen kam diese Bestimmung nicht zum Tragen, Sohn und Enkel, beide gleichen Namens, nämlich Heinrich Conrad Niemeyer I, † 1776, und Heinrich Conrad Niemeyer II, † 1824, waren die einzigen Fideikommißerben. Aber der letztere hatte zwei Töchter, übrigens Zwillingsschwestern, beide am 24. Januar 1794

Treppenhaus oben

geboren, Wilhelmine und Charlotte. Um diesen beiden Töchtern die Möglichkeit einer ländlichen Geborgenheit zu verschaffen, nachdem ihnen Brodau verschlossen war, wurde für die jüngere das adelige Gut Hasselburg angekauft, während die ältere Wilhelmine, † 1881, Petersdorf erhalten sollte. Als Heinrich Conrad Niemeyer 1824 verstorben war, glaubten die Erben, Petersdorf nicht halten zu können und verkauften etwas voreilig das Gut. Zwei Jahre später kauften sie es schleunigst zurück. Wilhelmine Niemeyer heiratete den hannoverschen Major Erduin v. d. Horst, † 1855, aus der Ehe gingen drei Töchter hervor, aber kein Sohn. Petersdorf fiel zunächst der ältesten Tochter Erduine v. d. Horst zu, die 1907 auf Petersdorf starb, dann der jüngsten Marie, die mit dem hannoverschen Offizier Harry v. Ludowig, † 1916, vermählt war. Als junger Offizier war er noch Adjutant des Königs von Hannover gewesen, später wurde er kgl. preußischer Generalmajor. Dadurch gelangte die Familie v. Ludowig in den Besitz der beiden Güter Brodau und Petersdorf. Die Ludowig stammen ebenso wie die Niemeyer aus dem Hannoverschen, der Oberamtmann Friedrich Lorenz Ludowig aus Buxtehude hatte 1786 den erblichen Adelsstand durch Kaiser Joseph II. erhalten.

Harry v. Ludowig hatte eine Reihe von Kindern, von ihnen trat der Sohn Friedrich v. Ludowig, †1959, Major bei den Königsulanen, die Besitznachfolge im Fideikommiß Brodau und in Petersdorf an. Von dessen Söhnen erbte der älteste Harry, * 1902, Brodau, während dem zweiten Sohne Horst, * 1908, das Gut Petersdorf zufiel.

Das Haus Petersdorf wurde während dieser langen Jahrzehnte in seiner vollen Schönheit treulich bewahrt, die ihm Hans Detlev v. Hammerstein verliehen hatte. Ein Teil Möbel aus der Biedermeierzeit kam noch hinzu, im übrigen ließ man alles so gut wie unverändert, so daß das Auge des Beschauers voller Entzücken über die einzigartige Ausstattung aus der Empire-Zeit in einem großen Gutshause schweift. Als bemerkenswerte Ergänzung sind hinzugekommen eine Fülle von Porträts der Familie Niemeyer und ihrer Nachkommen, so sind vorhanden Bilder des

Festsaal

Begründers der Linie Christian Eberhard Niemeyer, † 1757, des Enkels Heinrich Conrad Niemeyer II, † 1824, von dessen Tochter Wilhelmine und ihrem Ehemann Erduin v. d. Horst, dann von dem Ehepaar Harry v. Ludowig, † 1916, und dessen Ehefrau Marie Conradine, geb. v. d. Horst, † 1916, endlich von deren Sohn Friedrich Erduin Conrad v. Ludowig, † 1959, und dessen Ehefrau Hildegard, geb. v. Livonius, † 1958. Jetzt sind die nächsten Generationen in den Besitz der Güter gekommen. Seit 1970 ist der älteste Sohn Henning v. Ludowig Besitzer von Petersdorf, seit 1975 der nächste Sohn Volker Besitzer des Hofes Johanneshof. Dieser letztere hatte den Hof unmittelbar von seinem Großvater Friedrich v. Ludowig 1958 geerbt, damals war er noch minderjährig, daher hat bis 1975 sein Vater Horst v. Ludowig den Hof für ihn verwaltet.

Petersdorf mit dem Meierhof Christianenhain hat eine Größe von 470 ha, der Hof Johanneshof 178 ha, zusammen 648 ha, eine Gesamtgröße, die seit vielen Jahrzehnten unverändert geblieben ist.

Adeliges Gut Petersdorf

Besitzer: Henning v. Ludowig

Besitzer

1459–1642	(v.) Pogwisch
1642–1671	v. Buchwaldt
1671–1769	v. Ahlefeldt dann v. Levetzow
1769–1820	verschiedene Besitzer darunter von 1804–1812 Frhr. Hans-Detlev v. Hammerstein
seit 1820	Niemeyer, dann v.d. Horst und v. Ludowig

Gut und Bauten

im Mittelalter	Wendisch-Gneningen
1564	Lehnsbrief auf Petersdorf
17. Jahrh.	Bau des Herrenhauses
1787	Meierhof Johanneshof angelegt
um 1800	Herrenhaus erweitert
zwischen 1804 und 1812	Ausstattung des Herrenhauses im Empire-Stil
1867	Torhaus erbaut

33 Brodau

Kirchspiel Grömitz Kreis Ostholstein

Im Zeitalter der Reformation werden alle Klöster im Lande aufgehoben mit einziger Ausnahme der vier Frauenklöster Itzehoe, Preetz, Uetersen und St. Johannis vor Schleswig, die der Ritterschaft zur Versorgung ihrer Töchter überlassen werden. Der riesige Grundbesitz der übrigen Klöster geht in andere Hände über, in die Hände der Fürsten und des Adels. Das Karthäuserkloster in Ahrensbök war eine späte Gründung, erst im Jahre 1397 ist es entstanden. Ihm gehörte unter anderem das Dorf Brodensdorf im Kirchspiel Altenkrempe, ein Dorf von 12 Hufen. Heinrich Rantzau auf Helmstorf, †1538, eine der kraftvollen Persönlichkeiten seines Geschlechts, kauft im Jahre 1526 das Dorf an, läßt es alsbald niederlegen und gründet den Hof Brodau, der jetzt nach Grömitz eingepfarrt wird. 1530 schenkt ihm der König, sicherlich wegen seiner Verdienste um die Erhaltung der Krone in den Wirren um König Christian II. das Dorf Beusloe hinzu, er läßt auch dieses Dorf niederlegen und wandelt es in einen Meierhof um. Vom Cistercienserkloster in Cismar erwirbt er einige Klostergüter, aus denen der Hof Albersdorf gebildet wird, endlich von einer Vikarie in Neustadt das Dorf Schashagen. Der Sohn Joachim Rantzau, † 1563, folgt dem Vater sowohl im Besitz von Brodau wie auch in dessen Wirksamkeit im öffentlichen Leben nach, er ist herzoglich gottorpischer Rat und Amtmann von Cismar, auch Pfandinhaber von Oldenburg. 1560 wird er Mitglied der Statthalterschaft während der Abwesenheit Herzog Adolfs. Von seinen vielen Kindern erbt der vierte Sohn Paul, † 1614, Brodau und erweitert das Gut noch erheblich, indem er im Jahre 1592 vom Hospital in Neustadt die Dörfer Rettin und Logeberg ankauft. Jetzt hat das Gut die Größe erreicht, die es ohne große Veränderungen bis in das 20. Jahrhundert behalten sollte, mit dem Haupthof, den drei Meierhöfen Beusloe, Albersdorf und dem erst später gebildeten Hermannshof, den vier Dörfern Albersdorf, Rettin, Logeberg und Schashagen und bedeutenden Waldungen, alles zusammen in Größe von 2074 ha, dazu mit einer unvergleichlich schönen Lage in nächster Nähe der Ostsee bzw. der Neustädter Bucht.

Auch die Hofanlage erhielt während dieser ersten Rantzauischen Generationen die Gestaltung, die sie bis zur Gegenwart hin bewahrt hat, wohl zur Hauptsache schon durch den ersten Erwerber Heinrich Rantzau. Der Hof wurde nicht an der Stelle des Dorfes Brodensdorf angelegt, sondern weiter nördlich auf einer großen von der Natur geschaffenen Insel unweit des Meeres, von breiten Gewässern umflossen. Innerhalb der Insel gab es Platz genug für die weiträumigen Stallungen eines großen Gutshofes. Auf einer kleinen Anhöhe am südlichen Ende der Burginsel, die von der großen Insel durch Gräben geschieden war, entstand um 1530 das Herrenhaus, eines der ältesten noch erhaltenen Herrenhäuser in unserem Lande. Auf der Rantzauischen Tafel von 1587 ist das Haus abgebildet und besitzt zu der Zeit ein Doppeldach. Die Form der Keller und die Maße des Bauwerks machen dieses Doppeldach nicht unbedingt wahrscheinlich, das Haus ist mit 10 bis 11 m verhältnismäßig schmal, die Keller verlaufen nicht, wie sonst üblich, in zwei Längsschiffen, sondern sind quergestellte Tonnengewölbe, übrigens nicht einmal in der ganzen Länge des Hauses, was auf eine spätere Erweiterung deutet. Da aber auf der anderen Seite durch die ganze Länge des Hauses eine Scheidewand verläuft, wird man der Abbildung auf der Rantzauischen Tafel Glauben schenken dürfen. Es bleibt freilich zu bedenken, daß diese Scheidewand das Haus nicht in zwei gleich große Hälften teilt, mit anderen Worten müssen die Doppeldächer, wenn sie überhaupt vorhanden waren, verschieden hoch gewesen sein. Andererseits lassen sich noch heute in der Aufmauerung des Ziegelwerks an den Giebelseiten Spuren einer älteren Dachkonstruktion feststellen. Heute hat das Haus ein einheitliches großes Walmdach. Das Haus, so einfach es auch gehalten ist, entbehrt nicht eines reichen künstlerischen Schmuckes. Das Obergeschoß springt kräftig hervor und ruht auf kunstvoll geschnitzten Knaggen spätmittelalterlichen Typs. Das Fachwerk besteht aus schwerem Eichenholz, die Ständerfüße sind in Palmettenform geschnitzt.

Von ebenso großer Bedeutung und bestechender Schönheit ist das Speichergebäude gegenüber dem Herrenhause, das älteste erhaltene Wirtschaftsgebäude auf unseren Gütern überhaupt, sicherlich etwa zur gleichen Zeit wie das Herrenhaus entstanden. Das Bauwerk ist ungewöhnlich lang, ein Fachwerkgebäude aus schweren Eichenbalken von 56 Fach, die Knaggen volutenförmig geschnitzt, die Ständerfüße ebenfalls mit Palmettenschnitzereien. Auf das hohe Alter des Gebäudes deuten auch die niedrigen rundbogigen Toröffnungen hin. Besonders reich ist der Südgiebel ausgestaltet, mit drei stockwerksartig übereinander vorkragenden Geschossen. Auch hier findet sich reicher Schmuck mit Acanthusschnitzereien, Voluten und Palmetten an den Ständerfüßen. Auch die Füllungen aus Ziegelwerk sind ornamental behandelt. Der Giebel ist vor einigen Jahren sorgfältig restauriert worden. Die Giebelseite wird bekrönt von einem kleinen strohgedeckten Glockentürmchen, das eine kleine Glocke aufnimmt.

In dieses eine Gebäude sind enorme Mengen von schwerem Eichenholz verbaut worden, ein Zeugnis für sein hohes Alter. Schon um das Jahr 1600 machte sich die Knappheit an Holz stark bemerkbar. Man vergleiche nur das Speichergebäude auf Gaarz, das etwa ein Jahrhundert später entstanden ist, hier sind die Eichenhölzer nicht mehr so stark und die Abstände der einzelnen Fächer bedeutend größer.

Von den letzten Generationen der Rantzau auf Brodau ist nicht viel zu berichten. Der obengenannte Paul Rantzau, † 1614, hatte keine Kinder, Brodau ging daher über auf den 5. Sohn seines Bruders Hinrich, auf Otto Rantzau, † 1656. Von ihm weiß man nur, daß er im Jahre 1610 eine

Empfehlung des Königs von Dänemark an die Generalstaaten (d. h. die Niederlande) erhielt, mit der Flotte nach Ostindien zu gehen. Nach seinem Tode ging Brodau über auf seine Kinder, von denen uns fünf mit Namen bekannt sind, die beiden Töchter Catharine und Magdalene werden in den Jahren um 1680 auf Brodau genannt.
1692 wurde das Gut, mutmaßlich von deren Erben, verkauft und zwar an Detlev Sievert v. Ahlefeldt, † 1714. Er war ein Sohn des bekannten Staatsmannes Detlev v. Ahlefeldt, der uns eines der interessantesten Memoirenwerke hinterlassen hat, die wir über holsteinische Verhältnisse im 17. Jahrhundert besitzen. Detlev Sievert war zunächst Offizier geworden und hatte es bis zum Oberstleutnant gebracht. Später, nachdem er Brodau erworben hatte, – immerhin für den ansehnlichen Preis von 80000 Rthlr. –, wandte er sich Ämtern im Staatsdienst zu, wurde 1702 zum Landrath ernannt, 1713 zum Amtmann in Oldenburg und auf Fehmarn. Als er gestorben war, erhielt der Magistrat der Stadt Oldenburg den Befehl, die Glocken bei seiner Beerdigung zu läuten, aber die Witwe beklagte sich bald darauf beim König, daß die Anordnung nicht befolgt worden sei. Vielleicht war Detlev Sievert nicht unschuldig an diesem unfreundlichen Akt, er hatte im Jahre 1704 eine Begräbnisstelle an der Kirche von Altenkrempe, zu dem früher das Dorf Brodensdorf gehört hatte, für nicht weniger als 1000 Rthlr. gekauft und sich offenbar dorthin gezogen gefühlt.

Halle

Erbe war sein Sohn Detlev Friedrich v. Ahlefeldt, † etwa 1742. Er ging ebenso wie der Vater in den militärischen Dienst, nahm an der Schlacht von Höchstädt teil, stand anfangs in württembergischen, dann englischen, endlich seit 1714 in dänischen Diensten und erhielt im Jahre 1733 seinen Abschied als Generalmajor der Kavallerie. Aber trotz dieser Karriere blieben seine finanziellen Verhältnisse schlecht. Als er sich im Jahre 1731 für seinen jüngsten Bruder verwandte, mußte er eingestehen, daß seine Geldangelegenheiten bedrückend seien. Er schob die Schuld auf seinen Großvater, der polnische Truppen ins Land gelassen habe, wodurch er sich und seinen Nachkommen das Unglück zugezogen hätte, daß die Schweden seine Güter niederbrannten. Ob diese Behauptung richtig ist, mag dahinstehen. Sicher ist nur, daß zu Lebzeiten des Vaters im Jahre 1706 der Blitz auf Brodau einschlug und den Hof teilweise in Asche legte.

1737 mußte Detlev Friedrich v. Ahlefeldt Konkurs anmelden, das Gut Brodau wurde im Jahre darauf von seinen Gläubigern für 60 200 Rthlr. verkauft. Er selber zog nach Kiel und bat von dort aus im Jahre 1742 den König um eine Kommandantenstelle in irgend einer kleinen Festung, da er von einem Tag zum anderen nicht wisse, wie er nur zu einem Stück Brot gelangen solle. Bald darauf scheint er gestorben zu sein, unvermählt und in großer Armut. Dabei hatte er eine Schwester Catharine Christine, die es bis zur Herzogin gebracht hatte, sie war vermählt mit dem Herzog Philipp Ernst von Holstein-Glücksburg, und auch die übrigen Geschwister hatten gute und finanziell gesicherte Heiraten gemacht.

Käufer war Christian Eberhard Niemeyer, † 1757, Oberamtmann aus Lauenstein in Hannover. Er war durch seine außerordentliche Tüchtigkeit zu einem bedeutenden Vermögen gelangt und konnte bei seinem Tode seinen Erben fünf stattliche Güter hinterlassen, die vier Töchter erhielten jeder eines, der einzige Sohn Heinrich Conrad das wertvollste Gut, nämlich Brodau. Über den Ankauf von Brodau gibt es eine Schilderung des Professors Adolf Friedrich Rudorff in seiner Familienchronik von 1867, die den Titel trägt: „Die Knabenburg". Hier wird zunächst auf die Person des Generalmajors Detlev Friedrich v. Ahlefeldt angespielt und den Tatsachen zuwider angegeben, der General habe am Tage seiner Hochzeit sein ganzes Vermögen auf eine Karte gesetzt und verloren. Das weitere ist aber sicherlich wahr und wirft ein Licht auf die Bräuche der Zeit: wenn ein Auswärtiger, wie man es damals nannte, ein Ausländer erschien, um ein adeliges Gut zu kaufen, noch dazu ein

Bürgerlicher, so stand man einem solchen Bieter höchst skeptisch gegenüber. Rudorff berichtet hierüber:

> „Es kam dann in sequestur und die holsteinischen Advokaten dachten es in der subhastation für sich billig zu erwerben. Nachdem langsam bis 57000 Thlr. geboten sind, bietet mein Urgroßvater 60200 Thlr. und erhält den Zuschlag. Man bezweifelt seine Zahlungsfähigkeit, weil er einen Flicken auf dem Rockärmel hat. Er legt die Summe bar in Banknoten auf. Da verlangt man holsteinische Thaler in Silber. Auch diese beschafft er von Lübeck aus, und der herrliche Besitz ist sein."

Das Gut umfaßte nach Rudorff 5 leibeigene Dörfer (in Wahrheit waren es vier) und herrliche Eichenwaldungen und hatte damals einen Wert von 137000 Rthlr.

Christian Eberhard Niemeyer hat sich auf Brodau nur für kurze Zeiten aufgehalten. Sein Sohn Heinrich Conrad I, † 1776, darf im Grunde als der erste Herr auf Brodau aus der Familie Niemeyer betrachtet werden. Zu seiner Zeit, um 1760, erhielt das Haus die kleinen Flügelbauten zum Hof hin. Auch die Halle wurde in dieser Zeit in die Form gebracht, die sie heute noch auszeichnet, wenn auch sicherlich auf älterer Grundlage. Sie ist der einzige Raum des ganzen Hauses, dessen Ausstattung von Interesse ist. Sie hat die Größe von etwa 7×11 m, der Boden ist mit großen gotländischen Fliesen belegt, die Decke hat schwere Eichenbalken, an der Seite führt eine schöne barocke Treppe in das obere Stockwerk. Als besonderer Schmuck hängt in der Diele der Kaufbrief über Brodau aus dem Ahlefeldtschen Konkurs, ausgestellt 8 Tage nach den Heiligen Drei Königen 1738, unterschrieben und gesiegelt von den königlichen und herzoglichen Kommissaren und den 18 Gläubigern.

Als einziges namhaftes Kunstwerk aus späterer Zeit ist ein großes Gemälde von Christopher Frederick Faber, einem Kopenhagener Maler zu nennen, es stellt Brodau im Jahre 1829 dar.

Wir sind über das Leben Heinrich Conrad Niemeyers I sehr genau unterrichtet, weil er durch viele Jahre hindurch sorgfältig Tagebuch geführt hat und kaum einen Tag unerwähnt ließ. Er war zunächst ebenso wie sein Vater Oberamtmann geworden, eine Stellung, die etwa der eines Landrats entspricht, in seinem Fall für das Amt Sternberg in Hannover. Daher hat er in den ersten Jahren seiner Besitzzeit nicht ständig auf Brodau gewohnt, wohl aber häufige Reisen dorthin

Speicher

unternommen und dabei Rechte und Pflichten eines Gutsherrn wahrgenommen. So heißt es im September 1756, als er in Vertretung des Vaters nach Brodau kommt:

„Den Knecht, der wegen Widersetzlichkeit gegen den Verwalter in Arrest liegt, lasse mit 20 Stockschlägen abstrafen."

Gelegentlich des gleichen Aufenthalts auf Brodau erfahren wir merkwürdige Dinge von der medizinischen Behandlung der Zeit. Zwei Herren aus Pyrmont besuchen Heinrich Conrad Niemeyer in Brodau. Bei einer Spazierfahrt gehen die Pferde durch, der eine Herr springt vom Wagen herab und bricht sich das Bein. Heinrich Conrad vermerkt hierzu:

„Sende nach Neustadt und lasse den Scharfrichter kommen, der ihn verbindet."

In einem späteren Jahre erscheint der Stallmeister von Brodau bei dem neuen Gutsherrn im Hannoverschen und bringt ihm viele gute Sachen aus Holstein mit, nämlich 20 Seiten Speck, ein Faß Austern mit 325 Stück, 1 Tonne Butter mit 273 Pfund, 24 Pfund holsteinischen Käse, 15 geräucherte Gänsebrüste, 3 Ochsenzungen, 7 Hechte, 3 geräucherte Mettwürste und 1 Korb mit Barschen.
Die Verbindung zu den hannoverschen Gütern erwies sich für Brodau als sehr vorteilhaft. Als schwere Viehseuchen ganze Herden auf den Gütern Ostholsteins hinwegrafften, schaffte er entsprechende Viehbestände aus dem Hannoverschen dorthin und machte vor allem auch die Schafzucht bei uns heimisch.
In seinen späteren Lebensjahren scheint Heinrich Conrad Niemeyer gänzlich auf Brodau gewohnt zu haben, jedenfalls ist er dort am 26. Juni 1776 gestorben und im Erbbegräbnis an der Kirche von Altenkrempe beigesetzt worden.
Christian Eberhard Niemeyer hatte zugunsten dieses Sohnes und dessen Nachkommen das Fideikommiß Brodau gestiftet mit der Maßgabe, daß alle Nachkommen mit gleichen Anteilen die Nutzungen genießen sollten, daß aber dann, wenn mehrere Abkömmlinge gleichzeitig vorhanden waren, keiner von ihnen auf Brodau wohnen dürfe. Heinrich Conrad Niemeyer I hinterließ zwei Söhne, Friedrich August und Heinrich Conrad II, aber für diese Generation konnte eine Teilung noch vermieden werden, Friedrich August erhielt ein Gut im Hannoverschen und schied damit mit seinen Ansprüchen auf Brodau aus. Aber in der nächsten Generation mußten die strengen Bestimmungen des Urgroßvaters Platz greifen. Heinrich Conrad Niemeyer II, †1824, hatte nur zwei Töchter, Wilhelmine und Charlotte, übrigens Zwillingsschwestern, beide am 24. Januar 1794 geboren. Da der Vater voraussah, daß keine von ihnen auf Brodau werde wohnen dürfen, kaufte er im Jahre 1816 für Charlotte das adelige Gut Hasselburg an, im Jahre 1820 für Wilhelmine das adelige Gut Petersdorf. Charlotte vermählte sich mit dem hannoverschen Offizier August Friedrich Ernst, später unter dem Namen v. Ernst geadelt, Wilhelmine mit dem hannoverschen Major Erduin v. d. Horst. Als in der nächsten Generation wiederum nur Töchter geboren wurden, war kein Ende mit neuen Namen, aus der Ehe v. Ernst gab es eine Tochter, die erst mit Rudolf Frhr. v. Seydlitz-Kurzbach auf Nütschau, dann mit dem Oberstleutnant Biedermann vermählt war. Und ebenso ging es bei den Nachkommen der Branche v. d. Horst, die älteste Tochter blieb unvermählt, die zweite heiratete in erster Ehe

Emil v. Lupinski, † 1866, in zweiter Ehe den Major Ludwig Herwarth v. Bittenfeld, die dritte endlich den späteren preußischen Generalmajor Harry v. Ludowig, † 1916. Erst die Auflösung der Fideikommisse nach 1920 brachte Ordnung in diese unhaltbaren Verhältnisse. Die Branche Herwarth v. Bittenfeld, vertreten durch den General Friedrich v. Lossberg, erhielt Hermannshof mit Schashagen, die Branche v. Toll Beusloe und Logeberg, während Brodau mit Albersdorf und Rettin bei den Herren v. Ludowig verblieb.

Die Ludowig stammen ebenso wie die Niemeyer aus dem Hannoverschen und zwar aus Buxtehude. Der Stammvater Friedrich Lorenz Ludowig war Bremischer Landrat und Bürgermeister von Buxtehude gewesen und wurde von Kaiser Joseph II. 1786 in den erblichen Reichs-Adelsstand erhoben. Das künstlerisch ausgeführte Adelspatent befindet sich im Archiv von Brodau. Der Sohn des Generals v. Ludowig, Friedrich v. Ludowig, † 1959, hätte wegen der Fideikommißbestimmungen zunächst nicht auf Brodau wohnen dürfen; er besaß jedoch ohnehin das Gut Petersdorf, das er seit 1908 bewohnte. Dessen Sohn Harry v. Ludowig, * 1902, ist seit vielen Generationen der erste, der seinen

Luftbild

Wohnsitz auf Brodau hat. Aber die Übernahme des Besitzes wurde ihm nicht leicht gemacht, durch die Auflösung des Fideikommisses gingen die wertvollen Meierhöfe dem Gute verloren, 1927 machte der Pächter Konkurs und riß ums Haar den ganzen Besitz mit ins Verderben. Nur durch spartanische Sparsamkeit war es möglich, wieder voranzukommen. Der Hof Albersdorf, den ursprünglich der jüngere Bruder Falk v. Ludowig erhalten hatte, ging, nachdem er im Kriege 1945 gefallen war, durch dessen letztwillige Verfügung an den älteren Bruder Harry. Brodau selber wurde bereits 1965 dem Sohne Gustav Adolf v. Ludowig, geb. 1937, übertragen und hat eine Größe von rund 500 ha.
In den letzten Jahren hat das Gut in wirtschaftlicher Hinsicht eine sehr wertvolle neue Grundlage erhalten durch die Anlage umfangreicher Campingplätze am Ufer der Neustädter Bucht. Hier ist auch gelungen, die moderne Massen-Touristik in Verbindung zu einem alten adeligen Gut zu bringen: in regelmäßigen Führungen durch den Gutshof werden die vielen Erholungsuchenden auf Geschichte und Kultur unserer Güter hingewiesen.
Während des Zweiten Weltkrieges, im Jahre 1941, ging eine der schönen alten Scheunen mitsamt dem Maschinenschuppen durch Brandstiftung verloren. Der Britische Rundfunk (BBC) hatte die entlassenen polnischen Kriegsgefangenen in Deutschland zu Sabotageakten auf den Gütern aufgerufen. Warnungen, die die Geheime Staatspolizei an die Betriebe ergehen ließ, wurden sorgfältig beachtet, auf Brodau zusätzliche Nachtwachen eingeteilt. Die Polen suchten sich daraufhin eine stille Mittagsstunde aus und legten das Feuer.
Von den alten Hofgebäuden ist infolgedessen außer dem schon behandelten Speichergebäude nicht mehr allzuviel erhalten, nur der Pferdestall im Westen gehört noch in das 18. Jahrhundert. Er ist im Jahre 1706 erbaut worden, sicherlich nach dem oben erwähnten Brande des Hofes, ein langgestreckter Fachwerkbau mit Krüppelwalmdach und Nebentor an der Mitte der Seiten. Das Torhaus hat einen alten Kern, ist aber gegen Ende des 19. Jahrhunderts zu seiner jetzigen Form umgebaut worden. Zu ihm hin führt ein Damm durch das Gewässer, früher mit einer Zugbrücke, die noch im 20. Jahrhundert allabendlich aufgezogen wurde. Gegen Ende des 19. Jahrhunderts ist ein Teil der Wirtschaftsgebäude außerhalb der Burginsel nach Süden hin errichtet worden.

Adeliges Gut Brodau

Besitzer: Gustav Adolf v. Ludowig

Besitzer

1526–1692	(v.) Rantzau
1692–1738	v. Ahlefeldt
seit 1738	Niemeyer dann die Fideikommißerben jetzt v. Ludowig

Gut und Bauten

im Mittelalter	Dorf Brodensdorf
1526	Hof Brodau gebildet
1530 ff.	Beusloe mit Brodau vereinigt Hof Albersdorf gebildet Dorf Schashagen gekauft
1592	Dörfer Rettin und Logeberg gekauft
1706	Brand der Hofgebäude
1757	Begründung des Brodauer Fideikommisses
1760	Flügelbauten am Herrenhaus Ausbau der Halle
nach 1920	Auflösung des Fideikommisses
1941	Brand von Scheune und Maschinenschuppen

34 Hasselburg

Kirchspiel Altenkrempe Kreis Ostholstein

Hasselburg erscheint erst spät in den Urkunden, erst seit dem ersten Drittel des 15. Jahrhunderts, dürfte aber wesentlich älter sein. Die Nähe der Kirche Altenkrempe, die um 1200 erbaut worden ist, legt die Vermutung nahe, daß hier von altersher eine enge Verbindung zwischen Kirche und Ritterburg bestand, ähnlich wie in Pronstorf oder Haseldorf. Die ersten uns bekannten Besitzer gehören, wie in so vielen Fällen in dieser Gegend, dem Geschlecht von Buchwaldt an. Claus von Buchwaldt wird zwischen 1450 und 1476 auf Hasselburg genannt und wird als Sohn Detlevs von Buchwaldt bezeichnet, der Sierhagen und Hasselburg besaß und der 1413 erstmalig in den Urkunden vorkommt. Seitdem haben diese beiden Güter bis zur Gegenwart hin in einem erstaunlichen

Zusammengehörigkeitsgefühl gestanden, manchmal werden die Güter getrennt und gehen auf Nebenlinien über, ebenso oft aber werden sie wieder zusammengebracht, es scheint fast, als lägen hier sehr alte Gemeinschaften zugrunde.

Auf Claus folgt sein Sohn Detlev v. Buchwaldt, der verschiedentlich in öffentlichen Ämtern genannt wird, so im Jahre 1497 als einer der Richter in dem Streit zwischen dem Dompropsten in Schleswig und König Hans und Herzog Friedrich. Er ist in der Schlacht von Hemmingstedt am 17. Februar 1500 gefallen, hatte aber noch wenige Wochen vor seinem Tode das Gut Hasselburg an Gosche von Ahlefeldt übergeben, freilich sich dabei für zwei Jahre die Pachtung des Gutes vorbehalten. Es trifft daher nicht zu, daß Wulf Pogwisch die Nachfolge angetreten habe, wie die meisten unserer Topographien schreiben.

Gosche von Ahlefeldt war zweifellos der ausersehene Schwiegersohn, Detlev von Buchwaldt hatte nur zwei Töchter, die beide mit einem Ahlefeldt vermählt waren, sicher war die eine die Ehefrau von Gosche von Ahlefeldt. Bei dem Übergang hatte letzterer die Kaufsumme voll bezahlt. Für die Pacht wurde eine jährliche Abgabe von 500 Mark vereinbart. Aus dem Vertrag geht hervor, daß Detlev von Buchwaldt den Hof neu erbaut hatte.

Gosche von Ahlefeldt erweiterte den Besitz um den Hof Kniephof, das heutige Kniephagen, das bis zum Jahre 1806 als Meierhof mit Hasselburg verbunden blieb. Dieser Hof war zuvor in Brockdorffschem Besitz gewesen, Verkäufer war Joachim Brockdorff, Hinrichs Sohn.

Bis zum Jahre 1515 wird Gosche von Ahlefeldt auf Hasselburg geschrieben, 1518 ist er nicht mehr Besitzer, hat aber mindestens bis 1530 noch gelebt. Warum er sich von Hasselburg getrennt hat, ist nicht bekannt.

Hasselburg geht jetzt für 2 oder 3 Generationen an das Geschlecht Ritzerau über. 1518 wird Otto v. Ritzerau belehnt, dann sein Sohn Paul, der eine einzige Tochter Margarethe hinterließ. Die Ritzerau gehören nur bedingt zum schleswig-holsteinischen Landesadel, ihre Heimstätte ist die Burg Ritzerau südlich Lübeck, die später in den Besitz der Stadt Lübeck überging und die auch heute noch unter dem Namen Ritzerauer Hof deutlich erkennbar als alte Burganlage mitten in einem sumpfigen Gelände liegt. Otto v. Ritzerau wird als Sohn eines Volrad bezeichnet und erscheint seit 1497 im Gefolge Herzog Friedrichs von Gottorp. 1498 ist er in Antwerpen, zusammen mit dem Herzog 1502 in Stendal, 1504 in Berlin. Er wird Amtmann von Gottorp, von Oldenburg, von Segeberg.

Während der Abwesenheit des Königs ist er einer der Statthalter. 1525 wird er Verbitter des Klosters in Cismar. 1543 war er noch am Leben. Seine Ehefrau war Drude Krummendieck aus einem altholsteinischen Geschlecht.

Über den Sohn Paul v. Ritzerau ist wenig Gutes zu berichten. Seit dem Jahre 1555 schwebte gegen ihn ein Prozeß vor dem Reichskammergericht wegen Landfriedensbruchs. Der Kern der Anklage bestand darin, daß der Junker angeblich auf Lübecker Stadtgebiet einen Mann hatte einfangen lassen, der Morddrohungen gegen ihn ausgestoßen haben sollte. Er ließ ihn anschließend in Hasselburg auf grausame Weise hinrichten. In dem Prozeß ging es weniger um die Hinrichtung selber und ihre besonders scheußliche Art, als um die Behauptung, daß Paul v. Ritzerau in das Gebiet der Stadt Lübeck eingedrungen sei und von hier gewaltsam den Mann verschleppt habe. Die Entführung war im Dezember 1553 geschehen, erst im Januar 1555 erwirkte der Rat der Stadt Lübeck eine förmliche Ladung vor das Reichskammergericht. Die Ladung mußte Paul v. Ritzerau vorgelesen werden, weil er erklärte, nicht lesen zu können. Erst sieben Jahre später überreichte er seine Verteidigungsschrift, erst 1570, also 17 Jahre nach der Entführung, erging das Urteil. Es lautete zugunsten Ritzeraus, weil das Kammergericht zu der Auffassung gelangte, daß die Entführung nicht im Gebiet der Stadt Lübeck stattgefunden habe, daß mithin kein Landfriedensbruch vorläge.

Paul v. Ritzerau war der letzte männliche Sproß seines Geschlechts, er wird noch 1564 auf Hasselburg genannt. Das Gut ging über auf seine Tochter Margarethe, die mit Hans Rantzau vermählt war. Letzterer wird schon 1566 mit Hasselburg belehnt. Er stand mitten in den Kämpfen um die Einführung der Reformation, hatte in Wittenberg studiert und hier im Hause Philipp Melanchthons gewohnt. Später wurde er Verbitter von Bordesholm, von Fehmarn und Hadersleben.

Seine Ehe mit Margarethe Ritzerau war kinderlos, daher erbte Hasselburg nach seinem Tode 1608 der Sohn seiner Schwester, Balthasar v. Ahlefeldt. Dieser ließ dem Schwiegervater ein noch vorhandenes Epitaph in Versen in der Marienkirche von Rendsburg setzen. Das Gut gab er anscheinend sofort weiter an den eigenen Schwiegersohn Marquard Rantzau, † 1611, von diesem ging Hasselburg zuerst auf den zweiten Sohn Hinrich, der als Student in Leipzig starb, dann auf den älteren Burchard Rantzau, der 1633 bei Hameln gefallen ist. Nun kam die Schwester Margarethe an die Reihe, die mit dem steinreichen Cai v.

Ahlefeldt auf Saxtorf vermählt war. Nach ihrem Tode im Jahre 1647 trennte sich dieser von Hasselburg, jetzt kaufte Paul v. Buchwaldt auf Sierhagen das Gut hinzu, so waren jetzt wieder die beiden Besitze in einer Hand.

Paul v. Buchwaldt verarmte völlig. Nach seinem Tode versuchte die Witwe Ida Clarelia geb. v. Ahlefeldt die Güter zu halten, jedoch vergebens. 1666 mußte sie sich zum Verkauf entschließen. Käufer war der Graf Gerhard v. Dernath, dessen Familie bis zur Mitte des 19. Jahrhunderts geblüht hat, und so klein sie zahlenmäßig auch blieb, so doch eine Reihe von bedeutenden Staatsmännern hervorgebracht hat. Gerhard v. Dernath war mit der Familie des Verkäufers nahe verwandt auf Grund seiner Vermählung mit Christine v. Ahlefeldt, einer Tochter des bekannten Staatsmannes und Geheimen Raths Detlev v. Ahlefeldt. Dessen Schwester war Ida Clarelia v. Buchwaldt geb. v. Ahlefeldt, die ihm Hasselburg abgetreten hatte.

Das Geschlecht Dernath stammt aus Holland und führte anfänglich noch bis weit in das 18. Jahrhundert hinein den Namen van der Nath. Als die Schwiegertochter Dorothea Dernath geb. Blome auf ihrem Gute Seedorf einen Meierhof anlegen wollte, taufte sie ihn unter Benutzung der beiden Namen Blome und van der Nath auf den Namen Blomnath.

Die van der Nath, ursprünglich wohl eine Kaufmannsfamilie, hatten schon früh Adelsstand und Grafenwürde erlangt. Es gibt eine Hand-

Torhaus von 1763, Feldseite

schrift des Grafen Johann von Dernath, Heere van Senesse, Engien, Scravenambacht, Molenaersgraef usw., mit dem holländischen Titel:

Reyse gedaen door divershe Landen
unde Konningryken

die 1657 anhebt und insgesamt drei Reisen zusammen mit dem Bruder Adrian Dernath beschreibt und die sie bis nach Konstantinopel, nach Toledo und Madrid, nach Venedig und Neapel, im Norden immerhin bis Glückstadt und Lübeck führte. Die Handschrift harrt der Veröffentlichung.

Am 20. November 1655 waren die Brüder Theodor, Gerhard und Leon van der Nath in den Reichsgrafenstand erhoben worden, der mittlere von ihnen Gerhard ist der Begründer der holsteinischen Linie, † 1689. Er hatte erst in kursächsischen Diensten gestanden, war dort Kriegsrat und Oberfalkoniermeister am kursächsischen Hofe gewesen, seine Ehefrau Christine geb. v. Ahlefeldt kursächsische Oberhofmeisterin. Er scheint seinen Wohnsitz auf Sierhagen gehabt zu haben.

Unter seinen Söhnen wurden die Güter geteilt, der ältere Johann Georg erhielt Sierhagen, der jüngere Gerhard II, † 1740, Hasselburg. Außerdem erwarb er noch das benachbarte Oevelgönne. Dieser jüngere Gerhard Dernath gehört zu den hervortretendsten politischen Persönlichkeiten seiner Zeit. Als Herzog Friedrich IV. von Gottorp im Jahre 1702 in Polen gefallen war, mußte für den unmündigen Thronfolger eine vormundschaftliche Regierung eingesetzt werden. 1706 trat Gerhard Dernath in diese ein als Nachfolger des verstorbenen Freiherrn von Bannier und wurde dadurch unmittelbar in den Kreis der Männer einbezogen, die oft in skrupelloser Weise die Verwaltung des kleinen Herzogtums führten und die eine Kabinettspolitik voller Intrigen und interner Machtkämpfe entwickelten.

Präsident des Geheimen Conseils war Magnus von Wedderkop, Canzlei-Präsident Friedrich Rantzau auf Knoop, Kriegscommissar Johann Ludwig Pincier Freiherr von Königstein auf Oehe, Präsident der Rentekammer der Oberhofmarschall Georg Heinrich von Schlitz gen. v. Goertz. Mit allen ihnen nahm es kein gutes Ende, Rantzau zog sich rechtzeitig als erster grollend nach Knoop zurück, Wedderkop wurde 1709 auf der Festung Tönning gefangen gesetzt und entging nur um Haaresbreite der Hinrichtung. Königstein konnte sein Leben nur durch schleunige Flucht nach Dänemark retten. Goertz und Dernath rissen die gesamte Macht an sich und verdrängten rücksichtslos alle Nebenbuhler. Als 1715 die vormundschaftliche Regierung ihr Ende fand, gingen Goertz und Dernath nach Schweden. Goertz wurde hier unter Anklage gestellt und im Jahre 1719 in Stockholm enthauptet. Dernath blieb als einziger von allen fast ungeschoren, sein Gut Hasselburg wurde zwar von 1714 bis 1722 unter dänische Sequestration gestellt, ist ihm aber anscheinend ohne besondere Schwierigkeit zurückgegeben worden.

Nur in Verbindung mit diesen politischen Ereignissen sind die umfangreichen Bauten auf Hasselburg zu verstehen, die Dernath während seiner Besitzzeit vornahm und die das Herrenhaus zu einem unserer bedeutendsten und schönsten Bauwerke umgestaltet haben. Bis dahin stand hier die Rantzauische Wasserburg, wie sie auf der Rantzauischen Tafel von 1587 abgebildet ist, ein typisch holsteinisches Doppelhaus mit vorgesetztem rundem Treppenturm. Jetzt ging Dernath an einen großzügigen Umbau heran und berief hierfür – mit großer Wahrscheinlichkeit – den Hamburger Architekten Johann Nikolaus Kuhn, der schon für mehrere andere Mitglieder der vormundschaftlichen Regierung gebaut hatte, so für Goertz das sog. Goertzsche Palais am Neuen Wall in Hamburg, wahrscheinlich auch für Dernath das Dernathsche, später Bjelkesche Palais in Schleswig. Man kann daher vermuten, daß Kuhn auch in Hasselburg gebaut hat. Der Treppenturm, der über alten Kreuzgewölben steht, wurde zu einer Eingangshalle umgestaltet, die Mitte des einen Langhauses zu einer imposanten, durch zwei Geschosse reichenden Halle mit den stattlichen Ausmaßen von 11 zu 13 m erweitert, zur linken und zur rechten steigen anmutig geschwungene Treppen empor, die in eine umlaufende Galerie einmünden.

Noch bedeutender als diese bauliche Umgestaltung des Hauses ist die Innenausstattung der Halle mit einer großartigen illusionistischen Deckenmalerei über Scheingewölben. Lange Zeit war der Name des Malers nicht bekannt, der diese für ganz Holstein einmalige Komposition geschaffen hat. Erst der jetzigen Besitzerin von Hasselburg, der Gräfin Elisabeth zu Stolberg-Stolberg geb. Gräfin v. Plessen, ist es gelungen, den Namen des Malers eindeutig zu ermitteln. Johann Gottfried Simola aus Piemont erhielt am 15. Oktober 1718 die Bestallung von Graf Dernath, durch die er als Maler angenommen wurde mit freier Station auf Hasselburg oder wo er sich sonst aufhalten möge sowie einem jährlichen Salair von 100 Rthlr. Als Dernath 1730 in Vermögensverfall geriet, produzierte Simola diese Bestallung mit dem Hinzufügen, daß die Arbeit fortgesetzt werde, daß er aber seit 1729 kein

Hasselburg nach der Rantzauschen Tafel, 1587

Geld mehr erhalten habe. Als 1732 der Vermögens- und Schuldenstand Dernaths aufgenommen wird, rangiert der „Mahler Siemola" vor den Hypothekengläubigern und als einziger „Privilegiatus" mit einer Forderung von 577 Rthlr. 42 Schilling. Danach kann kein Zweifel an der Zuschreibung der Deckengemälde an Simola bestehen, auch wenn er sonst unbekannt geblieben ist.

Die Deckenmalerei ist als Apotheose Dernaths zu verstehen. Er ist der einzige unter allen Mitgliedern der vormundschaftlichen Regierung, der sich zu behaupten gewußt hat. Alle anderen sind längst tot, einige hingerichtet, andere geflüchtet, ihm allein ist es beschieden gewesen, seinen Ruhm zu mehren. Dernath war Generalleutnant, aber es gibt keine Schlacht, in der er sich ausgezeichnet hätte, keinen Krieg, den er gewonnen hätte. In der Gestalt des Aeneas kniet er vor Venus als der Siegesgöttin, die ihm Waffen zureicht, die personifizierten vier Erdteile schauen von der Scheinbalustrade zu, ihrerseits umgeben von je drei kleinen Szenen, die mit den Erdteilen in Verbindung stehen. So sieht man beispielsweise einen Inkafürsten vor einem Baldachin, davor Sklaven mit einem Papagei und einer Schale mit Obst; oder hinter einem

Buschneger mit der Keule in der Hand einen sarazenischen Diener; oder einen Kavalier in weißer Perücke, in der Hand die Schnupftabakdose, dem Lautenspiel einer Dame lauschend; oder zwei Astrologen, die diskutieren und mit der Lupe den Globus betrachten.

Die Halle ist in allen ihren Einzelheiten bemerkenswert qualitätvoll behandelt, die Balustraden sind reich geschnitzt, die Wände mit überreichen Rokoko-Stukkaturen ausgestattet, hängende Blumenranken mit Musikinstrumenten, Waffen, Zeichenutensilien usw. Selbst die Unterseite der Galerie ist stukkiert, mitten an jeder Längsseite der Halle steht ein großer Sandsteinkamin, über ihnen Wandspiegel in reich vergoldeten Rahmen.

Nach diesen Stilmerkmalen zu urteilen, ist die Ausschmückung erst unter dem Sohn oder Enkel Gerhard Dernaths geschehen. Die eine der Karyatidenbüsten im Obergeschoß zeigt schmerzvoll verzerrte Züge, sie stellt der Überlieferung nach den Auftraggeber beim Betrachten der Baurechnungen dar. Der letzte größere Umbau des Hauses fand im Jahre 1804 statt, durch den das Äußere ein klassizistisches Gepräge erhielt und auch stellenweise im Inneren Änderungen im Zeitgeschmack erfolgten.

Sierhagen konnte nicht gehalten werden, nach dem Tode des Bruders Johann Georg Dernath im Jahre 1739 mußte das überschuldete Gut verkauft werden. Um Hasselburg sah es lange Jahre gleichfalls bedrohlich aus, aber es gelang doch, die Schwierigkeiten zu meistern und

Halle

den Besitz noch mehrfach in der gleichen Familie zu vererben. Auf den Sohn Gerhard III Dernath, † 1759, folgte der Enkel Friedrich Otto Dernath, † 1805. Ihm ist der großzügige Ausbau der Hofanlage zu verdanken. 1761 entstand die Scheune auf der Nordseite, 1763 das Torhaus. Dieses letztere gehört zu den besten und bedeutendsten Schöpfungen seiner Art in Holstein. Baumeister war George Greggenhoffer, der kurz zuvor das schloßartige Rundhof in Angeln erbaut hatte. Das Torhaus ist ein umfangreicher Gebäudekomplex; mit zwei Querflügeln zum Hof hin umschließt es wirkungsvoll die weiträumige Hofanlage. Die Torfahrt selber ist als stattlicher Torpavillon von 5 Achsen ausgebildet, in zwei Geschossen mit Blendrahmengliederung und kuppelförmigem Aufbau über der Torfahrt, gekrönt von achtseitiger Laterne. Bald darauf baute Greggenhoffer auf Testorf ein sehr ähnliches Torhaus mit etwas vereinfachten Formen.

Auch die Scheune an der Nordseite ist ein bemerkenswertes Gebäude mit einer schönen und klar disponierten Architektur. Die Mauern sind sehr tief und stehen unter einer gewaltigen Dachkonstruktion, sie sind ihrerseits aufgeteilt an den Stirnseiten in vier rundbogige Tore, darüber einen Giebel, der sich in das Dach erhebt. Die Giebel sind mit Ohrenlisenen in drei Stockwerkshöhe ausgebildet. Die Größe von 80 × 22 m ist imponierend.

Der letzte der Reihe, zugleich der letzte männliche Sproß des Geschlechts Dernath, ist Magnus Graf v. Dernath, † 1828. Ähnlich dem Urgroßvater ging er in die große Politik, vor allem während seiner Tätigkeit als Gesandter in Stockholm, wo er von 1810 an tätig war. Der schwedische Thron war damals erledigt, Dernaths Pläne gingen dahin, ganz Skandinavien wie zu den Zeiten der Königin Margarethe im 14. Jahrhundert wieder zu vereinigen und den König von Dänemark auf den Thron dieses Reiches zu erheben. Dernath sah sich selber schon als Reichskanzler dieses in den Wolken schwebenden Reiches. Selbst dann noch, als Napoleon sich für den Marschall Bernadotte entschieden hatte und die schwedischen Reichsstände ihn zum Thronfolger gewählt hatten, glaubte er noch fest an die Durchführbarkeit seines Planes. Der König von Dänemark bereitete allen diesen Spekulationen ein jähes Ende, indem er Dernath von Stockholm abberief und ihm erst die Gesandtschaft in Dresden, dann die in Madrid anvertraute. Hochgeehrt schied er aus dem öffentlichen Dienst, wurde Großkreuz vom Dannebrog und Geheimer Conferenzrath.

Nur um Hasselburg sah es schlecht aus. Teilweise lag es sicher an dem starken politischen Engagement Dernaths, das ihn sich weniger um seine Güter kümmern ließ, teilweise an den trüben wirtschaftlichen Verhältnissen, die im Gefolge der napoleonischen Kriege über Holstein hereinbrachen. Im Jahre 1816 mußte Dernath Konkurs anmelden und damit als einer der ersten ein altes Familiengut unter den Hammer bringen. Die Sache erregte großes Aufsehen, gerade weil es sich hier um einen bekannten und im öffentlichen Dienst zu hohem Ansehen gelangten Mann handelte und gleicherweise um einen Besitz, der seit vielen Generationen von Vater auf Sohn vererbt worden war. Pastor Georg Peter Petersen in Lensahn gab seit 1811 die Neuen Schleswig-Holsteinischen Provincialberichte heraus. Er widmete dem Verkauf von Hasselburg einen längeren Artikel, in dem es heißt:

„Das merkwürdigste des diesjährigen Umschlags (Umschlag ist der allgemeine Zahlungstermin in den acht Tagen nach den Heiligen Drei Königen, der seit dem Mittelalter alljährlich in Kiel abgehalten wurde) war der Verkauf des Adlichen Guts Hasselburg, welches über anderthalb Jahrhunderte im Besitz der Edlen von Dernath gewesen ist. Der Herr Niemeyer, Besitzer von Brodau, fügte durch den Ankauf desselben seinem bisherigen Landbesitz von 4–5000 Tonnen noch 2000 hinzu, wodurch er dann zum Eigenthümer von beinahe einer halben Quadratmeile des fruchtbarsten und angenehmsten Erdstrichs von Holstein ward. Das Gut Hasselburg hat zweitausendvierhundert Tonnen Flächeninhalt, wovon eintausenddreihundert Tonnen Hoffeld sind. Ein großer Teil ist Wiesengrund und hundertundvier Tonnen Holzland. Wenn man einen Hof von schönen, regulären und soliden Gebäuden, von durchgängig fruchtbarem Boden, angenehm an einer Hölzung und an einem Meerbusen gelegen, von einer reichen und menschenfreundlichen Familie bewohnt, die ihre Untergehörigen zum Gefühl der Menschenwürde durch humane Bildung und Begegnung gerne erhob, kurz, wenn man von einem Adelssitz, geschmückt mit allen, Holstein eigenthümlichen, Reizen nennen wollte, so nannte man Hasselburg. Es war geschätzt vor 20 Jahren, wo man eine Tonne Landes 100 Rthlr. werth hielt, zu wenigstens 240 000 Reichsthalern. Itzt wird es aus dem Konkurs verkauft für 141 000 Rthlr.

Es war vor ungefähr 20 Jahren noch weit ausgedehnter an Flächen. Damals wurden von dem verstorbenen Grafen v. Dernath, demselben, der sich so viele Verdienste um die vaterländische Industrie, und

Venus dem Aeneas die Waffen reichend, Deckengemälde der Halle von J. G. Simola, etwa 1710

namentlich um die Saline zu Oldesloe erwarb, die beiden Meierhöfe Kniephagen und Wahrendorf, die ein Landmaaß von ungefähr 2000 Tonnen haben, durch Verkauf vom Hauptsitz getrennt. Das Gut behauptet einen vorzüglichen ökonomischen Werth, besonders wegen seines Rufes, den es in Mecklenburg wegen vorzüglichen Saatroggens sich erworben hat. Es werden dorthin jeden Herbst mehrere Tausend Tonnen von diesem Hofe und der umliegenden Gegend, unter dem Namen von Hasselburger Saatroggen ausgeschifft."

Heinrich Conrad Niemeyer auf Brodau, †1824, hatte Hasselburg für seine Tochter Charlotte angekauft. Diese vermählte sich mit dem hannoverschen Oberst August Friedrich (v.) Ernst. Die einzige Tochter aus dieser Ehe Sophie Wilhelmine v. Ernst, †1908, war in erster Ehe vermählt mit dem Freiherrn Rudolf von Seydlitz-Kurzbach auf Nütschau. So gelangte Hasselburg in den Besitz der Herren v. Seydlitz, nicht ohne daß der Schwiegervater den Schwiegersohn nötigte, ihm das Gut förmlich abzukaufen. Hasselburg wurde alsbald zum Fideikommiß erhoben, es vererbte sich noch mehrfach in der Familie.

Der Oberst v. Ernst hat sich angelegentlich um das Gut bemüht, 1826 entstand die zweite große Torscheune. Auch als Pferdezüchter machte er sich einen Namen und unterhielt auf Hasselburg eine bedeutende Vollblutzucht. Als Rudolf Seydlitz gestorben war, heiratete die Witwe im Jahre 1875 den Oberstleutnant Biedermann und zog mit ihm nach Hannover. Hasselburg blieb durch fast dreieinhalb Jahrzehnte hindurch unbewohnt. Dabei war das Haus zu der Zeit noch vollständig eingerichtet mit dem kostbaren Mobiliar aus der Dernathschen Zeit an Möbeln, Porträts und Porzellan. Heute sind nur noch schwache Reste der einstigen Herrlichkeit vorhanden.
Hasselburg ging auf Grund der Fideikommißakte zunächst über auf Walter Freiherr v. Seydlitz-Kurzbach, †1940, der 1909 hier seinen Wohnsitz nahm, aber im Jahre 1927 zugunsten seines ältesten Sohnes Herbert auf das Fideikommiß verzichtete. Gleichzeitig wurde das Fideikommiß nach den Vorschriften der preußischen Gesetzgebung aufgelöst. Wegen der Erbabfindungen an die Verwandten konnte Hasselburg nicht länger gehalten werden, 1930 wurde es an die Schleswig-Holsteinische Höfebank in Kiel verkauft. Diese letztere erwog den Gedanken der Aufsiedelung des Gutes, sah sich aber in ihren

Alte Scheune mit Jahreszahl 1761, heute „Konzertscheune"

Entschlüssen gehemmt durch das stattliche Herrenhaus, für das eine Verwendung nur schwer zu finden war.
Jetzt ergriff die Lehnsgräfin Louise v. Scheel-Plessen auf Sierhagen, † 1939, die Initiative. Kurz entschlossen verkaufte sie die zu Sierhagen gehörenden Dörfer Plunkau und Kassau und erwarb dafür im Jahre 1932 das adelige Gut Hasselburg. Wie so oft in der Geschichte der beiden Güter waren sie jetzt wieder in einer Hand vereinigt.
1938 übernahm der älteste Sohn Carl, später Lehnsgraf v. Scheel-Plessen, † 1948, Hasselburg und zog in das neu hergerichtete Haus ein. Dessen ältester Sohn, gleichfalls Carl mit Namen, erbte Sierhagen Hasselburg war einem der beiden Brüder bestimmt gewesen, aber beide fielen im Zweiten Weltkrieg, Gustav Baron v. Plessen 1940, Wulf 1941. Hasselburg ging nach dem Tode des Vaters auf die einzige Tochter Elisabeth, * 1919, über, die mit dem Grafen Franz zu Stolberg-Stolberg vermählt gewesen war.
Die Größe von Hasselburg ohne Kniephagen hatte 1268 ha betragen. Die Dörfer Altenkrempe, Sibstin, Klaushorst mit der Hasselburger Mühle sowie der Meierhof Krummbek wurden bei dem Verkauf der Familie v. Seydlitz-Kurzbach im Jahre 1930 vom Gut getrennt und gingen in freies Eigentum über. Gegenwärtig gehören zum Gut der Haupthof mit 320 ha, Waldflächen von 80 ha, insgesamt 400 ha.
Seit 1974 hat sich die Besitzerin von Hasselburg, die Gräfin Elisabeth Stolberg, mit Eifer und Erfolg um eine Umstrukturierung des Betriebes bemüht. Der zum Gute bis dahin gehörende Hof Stolpe wurde verkauft, um finanziell bessere Beweglichkeit zu erhalten. Der landwirtschaftliche Betrieb wurde langfristig an einen bewährten Landwirt verpachtet, dem die großzügig geschnittene Wohnung im Obergeschoß des Torhauses als Wohnung angewiesen werden konnte. 1977 entschloß sich die Gräfin, das Herrenhaus zu verlassen ; es war für eine einzelne Dame viel zu groß und zu schwer zu bewirtschaften und zu erhalten. Sie zog in das Kavalierhaus auf der linken Seite des Ehrenhofes und begnügte sich hier mit der Hälfte dieses Gebäudes.
Gleichzeitig fand sie einen hervorragend geeigneten Pächter für das Herrenhaus, die übrigen Gebäude auf dem Ehrenhof, die große Scheune auf dem Gutshof und den Park in der Person des Dr. Andreas Beurmann aus Hamburg. Dr. Beurmann hat sein Leben der Musik verschrieben, er ist Musikwissenschaftler und seit 1977 Dozent an der Universität Hamburg und ist gegenwärtig im Schallplattengeschäft tätig. Er besitzt das Gespür für die Erhaltung eines so wertvollen alten Besitzes,

insbesondere die große Halle im Hauptbau hat sein musikalisches Engagement beflügelt. Er hat es verstanden, in den letzten Jahren das Herrenhaus weitgehend instandzusetzen, insbesondere bedurfte die Galerie einer ausgiebigen Erneuerung. Dazu kamen die übrigen Nebenarbeiten, vor allem aber eine sorgfältige Restaurierung des Glanzstückes von Hasselburg, der großen barocken Eingangshalle. Die umlaufende, eichenholzgeschnitzte Galerie war bereits baupolizeilich gesperrt und wurde hydraulich wieder in die richtige Höhe gebracht und durch unsichtbar zwischen den alten Eichenbalken eingefügte Doppel-T-Träger aufgefangen und statisch gefestigt. Die Wand- und Deckenstukkaturen wurden sorgfältig gereinigt. Manche verlorengegangenen Einzelheiten traten wieder zutage, wie etwa ein nun deutlich lesbares Notenblatt. Die Wände wurden nach Originalbefund mit organischen Farben restauriert. Ebenso wurden die kunstvoll geschnitzten Türen nach den durch das Landesdenkmalsamt in Kiel erforschten Originalfarben wieder hergestellt. Alle diese Maßnahmen kamen in enger Zusammenarbeit zwischen Dr. Beurmann und dem Landesamt für Denkmalspflege zustande.

Als Ziel schwebte Dr. Beurmann vor, auch die große Scheune auf dem Wirtschaftshof für die Aufführung von barocken Opern zu nutzen. Die Scheune trägt die Jahreszahl 1761, ist aber wahrscheinlich erheblich älter und soll früher auf einem anderen Gutshof gestanden haben und erst in diesem Jahre nach Hasselburg versetzt worden sein. Mittlerweile restauriert, wird sie seit 1986 für sommerliche Konzerte, insbesondere im Rahmen des Schleswig-Holstein-Musik-Festivals genutzt.

Das Haus ist nach wie vor ein Privathaus und wird von Dr. Beurmann und seiner Frau bewohnt. Es wird daher nicht allgemein öffentlich gezeigt, wohl aber besteht die Möglichkeit, es bei Gelegenheit der vielen Konzerte kennenzulernen, die hier stattfinden. Im Haus befindet sich eine der größten Sammlungen historischer Tasteninstrumente aus fünf Jahrhunderten an Spinetten, Cembali, Orgeln, Tafelklavieren und Hammerflügeln, die alle in spielfähigem Zustand gehalten werden.

Dr. Beurmann öffnet das Haus gelegentlich für Treffen von in der Öffentlichkeit stehenden Persönlichkeiten und für allgemeine kulturelle Zwecke. Er hat eine Fülle hervorragender Künstler aus dem In- und Ausland bis nach China und Japan hin in diese Halle eingeladen zu viel beachteten Konzerten. Er selber ist der Meinung, daß der Barocksaal mit seiner bezaubernden Akustik nichts Vergleichbares im Lande hat und daß es wert ist, trotz der erheblichen Kosten dieses Haus zu erhalten.

Adeliges Gut Hasselburg

Besitzer: Elisabeth Gräfin zu Stolberg-Stolberg geb. Gräfin v. Plessen

Besitzer

Mittelalter	v. Buchwaldt
bis 1515	dann v. Ahlefeldt
1518–1647	v. Ritzerau dann v. Rantzau und v. Ahlefeldt
1647–1816	v. Buchwaldt dann Grafen v. Dernath
1816–1930	Niemeyer dann v. Ernst und Frhr. v. Seydlitz-Kurzbach
seit 1932	Grafen v. Plessen
seit 1948	Grafen zu Stolberg-Stolberg

Gut und Bauten

16. Jahrh.	Wasserburg
nach 1710	Erster Umbau, Einbau der Halle
1718–1732	Ausmalung der Halle
1761	Bau der nördlichen Scheune
1763	Bau des Torhauses
1804	Zweiter Umbau des Herrenhauses
1826	Bau der südlichen Scheune
1924	Brand und Wiederaufbau der Scheune
1974	Verkauf des Hofes Stolpe und Verpachtung des landwirtschaftlichen Betriebes
1977	Verpachtung von Herrenhaus und Nebengebäuden an Dr. Andreas Beurmann

35 Sierhagen

Kirchspiel Altenkrempe   Kreis Ostholstein

Erstmalig im Jahre 1304 wird Sierhagen genannt, Volrad und seine Brüder, hier von Syra oder Zyra genannt, verkaufen dem Kloster Cismar das Dorf Wendisch Postyn, das heutige Dorf Hobstin. Das Wort Syra ist wendischen Ursprungs und wird mit Weide oder Futterplatz erklärt, später ist das Wort germanisiert worden und hieraus der heutige Name Sierhagen entstanden.

Zu welchem Geschlecht diese Herren von Syra gehört haben, ist nicht ganz deutlich. Aber ein Jahrhundert später kommt der Ritter Detlev von Syra vor, anders geheten von Bockwoldt. Und da im Mittelalter der Name Volrad bei den Buchwaldt häufig ist, ist der Schluß erlaubt, daß es

sich auch bei Volrad und seinen Brüdern um Herren von Buchwaldt gehandelt hat. Es kommt hierbei die Überlegung hinzu, daß gerade in dieser Gegend, in dem Raum um Neustadt bis nach Lübeck hin, die Buchwaldt das eindeutig vorherrschende Geschlecht waren.
Freilich tritt gerade im Falle von Sierhagen eine Unterbrechung ein. Graf Gerhard der Große erhält bei der Landesteilung zwischen den verschiedenen Linien der Schauenburger Grafen im Jahre 1316 einen Anteil in Wagrien und zwar Teile der Kirchspiele Grömitz und Altenkrempe. Sein getreuer Vasall Marquard von Westensee wird hier anscheinend mit diesem gesamten Besitz belehnt, darunter auch Sierhagen. Später gerät Marquard von Westensee in scharfen Gegensatz zum regierenden Grafen. Als dieser mit der Stadt Lübeck einen Bund zur Bekämpfung der Westensee schließt, wird die Syrave als eine zu zerstörende Westenseeische Feste genannt. Tatsächlich soll sie im Jahre 1347 geschleift worden sein. Wenige Jahre später wird Marquard von Westensee, wenn es sich um den gleichen Marquard handelt, auf Lübecker Stadtgebiet erschlagen aufgefunden. Anscheinend ist die Tat mit Wissen des Rats der Stadt Lübeck geschehen, denn das Sühnegeld, das die Stadt zahlen muß, ist ungewöhnlich hoch und die Nebenbestimmungen äußerst hart:

> Der ganze Rat und hundert Bürger sollen sich eidlich vom Totschlag sühnen. Man soll auf der Stelle, wo man die vor Lübeck gebrachte Leiche zuerst niedersetzte, ein Kreuz errichten zu Marquards Gedächtnis. Man soll ihm Messen lesen lassen nach Lübischem Brauch in allen Pfarrkirchen. Man soll drei ewige Messen neu stiften zu Reinfeld, zur Burg und bei den Franziskanern in Lübeck. Sie sollen ihm einen Leichenstein herrichten. Sie sollen für seiner Seelen Heil einen Pilger ins Gelobte Land senden, nach Rom, nach San Jago de Compostella, nach weiteren drei Pilgerstätten. Endlich sollen sie eintausend Mark Wehrgeld an Marquards Sohn bezahlen.

Es ist überflüssig zu sagen, daß die Stadt Lübeck sich beeilte, alle diese Bedingungen zu erfüllen.
Man muß sich bei diesen Vorgängen vor Augen halten, daß die Herren von Westensee bereits lange als führendes adeliges Geschlecht im Lande saßen, bevor im 12. Jahrhundert die Schauenburger Grafen als die neuen Landesherren einzogen. Kein Wunder daher, wenn sich Machtkämpfe entspannen zwischen diesen beiden Gruppen, die hin und her gingen zwischen Annäherung und tödlicher Feindschaft. Man gewinnt den

Eindruck, daß Graf Gerhard der Große angesichts der Ermordung Marquards von Westensee allen alten Groll vergessen hat und den Anverwandten des Erschlagenen jegliche nur mögliche Sühne hat zuteil werden lassen.

Die Burg Syra oder Sierhagen war sicherlich eine echte Adelsburg, noch bis in das 19. Jahrhundert hinein gab es Reste eines Turmes, und heute noch sind die stattlichen Kellergewölbe erhalten, die unter dem größten Teil des Herrenhauses stehen. Gleichwohl erhält sich hartnäckig die Überlieferung oder besser gesagt die Sage, daß hier ursprünglich ein Kloster der Cistercienser Mönche von St. Johann in Lübeck oder ein Strafkloster der Benediktiner von Cismar gelegen habe. Es soll hier ein Prior mit sechs Mönchen gewirkt haben, in den Gewölben der heutigen Bibliothek im Erdgeschoß will man die Amtsstube des Priors erkennen, der vom Herrenhause räumlich weit getrennte Pferdestall, der in der Tat bis in das 19. Jahrhundert hinein eingewölbt war und noch heute saalartig wirkt, soll die Klosterkirche gewesen sein, der anschließende Turm der ursprüngliche Glockenturm.

Nachforschungen im Zentralarchiv der Cistercienser, das unweit ihrer Begründungsstätte Citeaux in Dijon in Südfrankreich liegt, haben zu keinen Resultaten geführt. Auch Versuche, durch die vatikanischen Archive zu einer Klärung der Frage zu gelangen, sind fehlgeschlagen. Aber auch allgemeine Überlegungen sprechen gegen die Annahme einer Klostergründung. Sowohl die Benediktiner als auch die Cistercienser beobachteten ein stets wiederkehrendes gleichmäßiges Schema der baulichen Gestaltung. Bei ihren Klostergründungen befand sich stets die Kirche im Norden, unmittelbar anstoßend die Klausur mit ihren drei Flügeln, die den Innenhof umschließen, niemals Glockentürme, stets alles in unmittelbarem baulichem Gefüge. Noch heute bewahren die Klosterkirchen von Preetz, von St. Johannis vor Schleswig und von Lügumkloster diesen Typus der Kirchen mit kleinen Dachreitern.

Alles was in Sierhagen erhalten oder erkennbar ist, spricht gegen diese Lösung. Es erscheint auch fraglich, ob die Keller wirklich mittelalterlich sind oder nicht eher dem 16. Jahrhundert zuzuweisen sind.

Bald nach dem Ende der Westensee scheinen die Herren v. Buchwaldt wieder ihren Einzug auf Sierhagen gehalten zu haben, die Stammreihe beginnt mit Detlev v. Buchwaldt, Snote genannt, was wohl nicht Schnauze heißen soll, sondern lange Nase. Unter diesem Spottnamen kommt nicht nur er selber, sondern kommen auch seine Söhne vor. Er wird zwischen 1356 und 1410 erwähnt und war Sohn eines Volrad v.

Neugotischer Kachelofen im Eßzimmer

Buchwaldt. Von seinen drei Söhnen besaß Detlev die Güter Sierhagen und Hasselburg und wird 1413 als wohnhaft auf Sierhagen genannt. Er wird beerbt von seinem gleichnamigen Sohne Detlev, „de Olde" genannt, zwischen 1429 und 1488, ein Mann, der in wichtigen öffentlichen Ämtern hervortritt, Amtmann von Segeberg, kgl. Rat und Beauftragter des Königs in vielen Streitigkeiten, so mit Hamburg, mit Schweden, mit Lübeck, mit Fehmarn. Er besaß außer Sierhagen noch Borstel, während Hasselburg auf seinen Bruder Claus v. Buchwaldt überging.

Seit 1460 gehörte ihm auch das große Gebiet nördlich des Bungsberges, aus dem später die adeligen Güter Testorf und Mönchneverstorf entstanden sind. Dieses Gebiet war ursprünglich geistlicher Besitz gewesen und hatte dem St. Johanniskloster in Lübeck gehört. Seit der Gründung des Benediktinerklosters in Cismar war es diesem Kloster beigelegt worden. Jetzt kam ein großer Landtausch zustande, Detlev v. Buchwaldt trat seine Besitzungen von Grube und Dahme an das Kloster in Cismar ab und erhielt dafür die weiten Landstriche am Bungsberg.

Damit war er zu einem der größten Grundbesitzer im östlichen Holstein geworden. Sierhagen erscheint zu seiner Zeit unter dem Namen: Tzirave, der Name wird sogar noch dekliniert, von Detlev heißt es: wanafftícht tor Tzirave, wohnhaft auf Sierhagen.
Auf Detlev „de Olde" folgt der Sohn Detlev „de Jong", der im Jahre 1500 bei Hemmingstedt gefallen ist. Bei seinem Tode war der Erbe Marquard v. Buchwaldt noch ein Kind, daher wurden ihm die Güter erst bei seiner Volljährigkeit übergeben. Er scheint mit besonderer Gewissenhaftigkeit seine Untertanen behandelt zu haben, noch zu Lebzeiten erhielt er den Beinamen: „der Gerechte". Der Reformation trat er zögerlich entgegen, noch 1530 schreibt er, daß er allen denen die Köpfe abschlagen wolle, die Maria abschwörten. Aber im Jahre 1542 erlaubt er unter dem Druck der Verhältnisse evangelische Predigten in Hansühn und Schönwalde.
Nach seinem Tode im Jahre 1545 erhob sich ein heftiger und wie es scheint sinnloser Streit zwischen den Söhnen um die väterliche Verlassenschaft. Sie war wahrlich groß genug, um alle Ansprüche zu befriedigen, alleine der Sohn Jasper v. Buchwaldt erbte Sierhagen, dazu noch Jersbek und Borstel und führt das Landregister als einer der größten mit einem Besitz von über 100 Pflügen an. Und trotzdem führten alle Brüder Prozeß um Prozeß miteinander, Detlev gegen Mutter, Brüder und Schwestern, Claus gegen Detlev, Jasper gegen den Schwager Jürgen Schwabe und den Bruder Detlev. Das Ende vom Liede war, daß wenige Jahrzehnte später der ganze große Buchwaldtsche Besitz nördlich des Bungsberges zusammenbrach und der Familie verlorenging.
Sierhagen ging nach Jaspers Tode auf seinen ältesten Sohn Heinrich über, † 1616, der gleichfalls ein streitbarer Mann war. Erst gab es Prozesse mit Mutter und Brüdern, im Jahre 1591 überfielen ihn diese sogar mit bewaffneter Macht auf seinem Hofe. Aber auch sonst hatte er Streit mit fast jedermann, 1612 heißt es von ihm, er sei ein unruhiger Mann, 1613 ist er alt und schwach. Die Brüder hatten die anderen Güter geerbt, Borstel und Jersbek, er selber hatte noch viele Güter hinzugekauft, aber nicht behalten dürfen, nachdem er sich geweigert hatte, einen Knecht der Gerichtsbarkeit auszuliefern, der sich eines Totschlags schuldig gemacht hatte, an dem er selber nicht schuldlos gewesen war.
Sierhagen mit Mühlenkamp ging noch zweimal in seiner Familie weiter, erst auf den Sohn Caspar, † 1624, dann auf den Enkel Paul, † 1658, dem es 1647 gelang, Hasselburg wieder mit Sierhagen zu vereinigen. Paul

war gottorpischer Hofrat, verarmte aber unter dem Schwedenkrieg und nahm Schaden an seinem Verstand, wie es in einer alten Chronik heißt. Seine Witwe Ida Clarelia geb. v. Ahlefeldt konnte die Güter nicht länger halten und verkaufte sie am 20. Februar 1666 an den Grafen Gerhard v. Dernath, kaiserlichen Feldmarschall, sächsischen Generalleutnant und Oberfalkoniermeister. Mit ihm zog ein Geschlecht ein, das aus Holland stammte und zunächst noch und für lange Zeit den holländischen Namen führte: van der Nath. Ihm verdankt unser Land eine Reihe von führenden Persönlichkeiten auf dem Felde der großen Politik. Da der Hauptsitz der Familie Hasselburg wurde, sollen hier nur die wesentlichen Fakten wiederholt werden, soweit sie Sierhagen betreffen. Seltsam erscheint der Titel eines Falkenmeisters. Aber er gewinnt Konturen, wenn man das noch erhaltene Falkenbüchlein zu Rate zieht, das im Dernathschen Privatarchiv in Kopenhagen ruht. Danach hatte Graf Gerhard v. Dernath unter sich 48 Falken und 8 Pferde für die Falknerei. Selbst das Futter für die Falken ist verzeichnet: täglich 9 Pfund Rindfleisch, ein Darmgeschlinge und einen Ochsenschwanz.

Gerhard Dernath starb 1689. Jetzt wurden die Besitzungen geteilt, Hasselburg ging über auf den zweiten Sohn, Gerhard Dernath II, während Sierhagen mit Mühlenkamp dem älteren Sohne Johann Georg Dernath, † 1739, verblieb. Aus seiner Besitzzeit hat sich ein reizendes Tagebuch seines Sekretärs erhalten, in dem sich Eintragungen von 1710 an befinden. In der Hauptsache sind es Berichte über jagdliche Erlebnisse, Besucher auf Sierhagen, eigene Besuche auf den Nachbargütern, darunter mehrfach Besuche beim Bruder in Hasselburg, die stets mit der Bemerkung abschließen:

„des Abends in Hasselburg gesauft".

Sehr viel Wert wurde auf Park und Garten gelegt, die Kinder fuhren mit ihren Ponywagen 300 Fuder Sand auf die neuen Gartenwege, an den befreundeten Kardinal Friedrich Carl von Schönborn in Würzburg wurden im Jahre 1717 Ananas und „indianische Gewächse" gesandt, 1726 wurden italienische Gärtner erwartet. Aus dem Tagebuch des Sekretärs ist die Rede vom Aussetzen von Orangenbäumen, vom Umsetzen von Aurikeln (wörtlich 409 Pötter), von Einbringen von Bollenzwiebeln (wohl = Knollenzwiebeln) in die Erde.

Vielleicht war es dieses allzu aufwendige Leben, im Jahre 1730 machte Johann Georg Dernath Konkurs und seine Güter mußten versteigert werden, Sierhagen mit Mühlenkamp, Altona, Wintershagen, und

Speisesaal mit Bildnis Christian IX., von August Schiøtt

Oevelgönne, dazu sein gesamter persönlicher Besitz an Möbeln und Bildern, sogar der Brautschatz der Gemahlin Dorothea geb. Blome im Wert von 30000 Rthlr.

Aus dem Konkurs heraus erwarb Wulf Brockdorff auf Noer die beiden Güter Sierhagen und Mühlenkamp. Damit zogen für zwei Generationen die Brockdorff ein, erst der Vater Wulf, † 1732, dann dessen Sohn Joachim, † 1763. Beide waren hoch angesehene Männer, Wulf Großkreuz vom Dannebrog und Geheimer Conferenzrath, Joachim gleichfalls Inhaber derselben Ehrungen, außerdem Ehrenmitglied der Gesellschaft für Wissenschaft und Ritter des Ordens de l'Union Parfaite. Joachim ist der Erbauer des heutigen königlichen Palais von Amalienborg in Kopenhagen.

Für Sierhagen dürften beide Brockdorff nicht allzu viel bedeutet haben, ihr Hauptwohnsitz blieb Noer, dazu kam noch das große adelige Gut Wensien bei Segeberg und Dänisch-Lindau, das Wulf durch seine erste Gemahlin Ida geb. v. Rumohr geerbt hatte. In Sierhagen ist zur Brockdorffschen Zeit das östliche Torhaus erbaut worden, wohl auf älteren Fundamenten. Das zweistöckige Gebäude erhebt sich unmittelbar aus dem Wasser des Hausgrabens und ruht auf großen Granitquadern. Über der breiten Torfahrt befinden sich ein gebrochener Giebel und beiderseits Sandsteintafeln, zur Hofseite hin nur mit den Brockdorffschen Wappen, umgeben mit der Kette des Dannebrog und der Inschrift: Wulff Brockt ... Anno 173 ... (Rest unleserlich). Nach der Feldseite steht ein Doppelwappen Brockdorff und Holstein und die Jahreszahl 1738. Joachim Brockdorff war mit Friederike Louise Gräfin von Holstein verheiratet, einer Tochter des Großkanzlers Ulrich Adolf Graf von Holstein.

Da Joachim Brockdorff keine Nachkommen hinterließ, entschlossen sich die Erben nach seinem Tode zum Verkauf von Sierhagen. 1764 ging das Gut über an den Kaufmann Otte, zweifellos den Bürgermeister Friedrich Wilhelm Otte aus Eckernförde. Damit kam erstmalig in den bis dahin geschlossenen Kreis des ostholsteinischen Landadels ein homo novus, ein Mann bürgerlicher Abkunft und ganz anderer Sinnesart. Dabei standen die Otte dem heimischen Grundbesitz nicht einmal so fern, zwei Brüder haben die adeligen Güter Bienebek und Krieseby erworben, Friedrich Wilhelm Otte war dazu noch vermählt gewesen mit Dorothea Charlotte Reventlow und hatte dadurch zweifellos Verbindungen zur Ritterschaft angeknüpft. Aber als er Sierhagen 1764 kaufte, war er schon Witwer und stand mit neun unmündigen Kindern allein auf der Welt da. Er hat noch ein zweites Mal geheiratet, wiederum eine adelige Dame, aber er starb schon früh, schon 1766.

Noch zu seinen Lebzeiten im Jahre 1765 entschloß er sich zum Verkauf von Sierhagen. Käufer war dieses Mal wieder ein Mann der alten Familien des Landes, gleichzeitig ein Mann von ungewöhnlichen wirtschaftlichen Fähigkeiten, Wulf Heinrich v. Thienen, † 1809. In seinen jüngeren Jahren hatte er sich dem Militär- und dem Staatsdienst gewidmet, war seit 1763 Großkreuz vom Dannebrog, seit 1765 Landrath in Holstein, seit 1773 Geheimer Conferenzrath. Das Hauptgewicht seiner Tätigkeit lag aber auf dem Erwerb von Gütern. Aus der väterlichen Erbmasse fielen ihm Grünholz in Schwansen und Güldenstein zu, das erstere gab er schon nach wenigen Jahren wieder an die Mutter ab. Schon vor 1755 hatte er Travenort und Wittmoldt erworben, 1765 kam Sierhagen hinzu, 1771 Rethwisch, bald darauf Wensien. 1782 erwarb er Godderstorf, 1791 Löhrstorff mit Klaustorf und Großenbrode. Thienen ist als der letzte Grandseigneur in Holstein bezeichnet worden, und in der Tat vermittelt sein auf Kupfer gemaltes Porträt auf Sierhagen den zwingenden Eindruck eines großen Herrn.

Der Nachlaß Thienens war riesig, da er außer den Gütern noch sehr

bedeutende Kapitalien hinterließ, insgesamt ein Vermögen von 2 Millionen Rthlr. Dementsprechend enthält sein Testament eine unglaubliche Fülle von Vermächtnissen sogar an weit entfernte Verwandte.
Wulf Heinrich v. Thienen, der aus seinen beiden Ehen keine Kinder hatte, setzte als Universalerben den Enkel seiner Schwester, den Grafen Mogens Joachim v. Scheel-Plessen, † 1853, ein. Auf diese Weise gelangte Sierhagen an die Plessen, bei denen es bis zur Gegenwart verblieben ist.
Das alte Herrenhaus in Sierhagen bestand nach der Überlieferung aus zwei getrennten Baukörpern, nur verbunden durch eine starke Mauer nach Süden hin. Die Grundrißaufnahmen des Gebäudes sprechen eindeutig für die Richtigkeit dieser Annahme. Wenn dem so ist, so dürften diese Bauten der Renaissance zuzurechnen sein und ähnlich wie auf Rantzau gestaltet gewesen sein. Noch 1822 hatte Sophie Reventlow Sierhagen in ihrem Skizzenbuch festgehalten: einen 2 geschossigen Dreiflügelbau mit dem offenbar bereits vorhandenen Mitteltrakt, das Ganze von einem voluminösen Mansarddach aus der Barockzeit überwölbt. Mogens Plessen ging ans Werk, das Herrenhaus einem gründlichen Umbau zu unterziehen. Durch Vermittlung des bei Lübeck ansässigen Kunstforschers Carl Friedrich v. Rumohr wurde sein Blick auf den jungen Architekten Alexis de Chateauneuf aus Hamburg gelenkt. Dieser, einer Emigrantenfamilie aus Paris entstammend, erhielt in der Tat als eben erst 25jähriger den Auftrag zum Um- und Ausbau des Herrenhauses. Das ganze Haus wurde um ein drittes Stockwerk erhöht und mit einem verhältnismäßig flachen Dach versehen. Der Baukörper ist einfach gestaltet, es gibt nur ganz wenige Schmuckformen an Sandsteinarbeiten, an der Hofseite ein einfaches Sandsteinportal mit einem Wappen in Giebeldreiecken, an der Südseite einen Porticus vor dem Roten Salon.
Um so interessanter ist die Gestaltung des Erdgeschosses, das in einer äußerst gelungenen Folge die Gesellschaftsräume aufnimmt. An den Speisesaal schließt sich der Gelbe Salon an, ihm folgen die beiden kleinen in Grün gehaltenen Bibliotheken, die Mitte des Hauses nimmt der Rote Salon oder Gartensaal ein, nach Osten hin schließt sich der Blaue Salon an. Alles dürfte von Chateauneuf selber geplant gewesen sein, auch hier sind im einzelnen die Schmuckformen äußerst einfach angelegt, nur der Rote Salon enthält eine Kassettendecke mit sparsamem Stuck und mit roten Wandbehängen zwischen den Spiegeln an der Fensterseite.
Soweit man feststellen kann, ist auch das Mobiliar von Chateauneuf

entworfen worden. Besonders hervorzuheben sind die Empire-Möbel im Gelben Salon, die sich durch einen guten konstruktiven Aufbau und schlichte Gestaltung auszeichnen und unter dem Namen des napoleonisch-ägyptischen Stiles durch die Literatur wandern, wohl mit Rücksicht darauf, daß die Sessel auf Löwenköpfen ruhen.
Mogens Plessen verfügte ebenso wie der Großonkel Wulf Heinrich v. Thienen über einen außerordentlich großen Grundbesitz. In Holstein gehörten dazu Sierhagen und Wahlstorf, in Dänemark weitere 6 ansehnliche Güter, dann Grünholz in Schwansen, und Harkensee in Mecklenburg. 1829 wurde er in den dänischen Lehnsgrafenstand erhoben und gleichzeitig das Gräflich Scheel-Plessensche Präcipuum gebildet, das jeweils dem Chef des Hauses zustehen sollte und das aus Fussingø in Jütland sowie aus Wahlstorf und dem für Grünholz eingerichteten Fideikommißkapital bestand.
Dieser riesige Besitz verhinderte nicht, daß Mogens Plessen in ernstliche finanzielle Schwierigkeiten geriet. Sein Vermögen wurde unter Kuratel

Gartensaal (Roter Salon) mit von A. de Chateauneuf entworfener Einrichtung, um 1825

Pferdestall mit Turm, angeblich Kirche

gestellt, aber man war so großzügig, ihm eine jährliche Apanage von 20000 Rthlr. zu belassen.
Sein ältester Sohn Wulf, † 1876, trat nach dem Tode des Vaters in die Rechte des Präcipuums ein und ging in den diplomatischen Dienst Dänemarks. Er war Gesandter in Berlin, später in Stockholm und vermählte sich hier mit der schwedischen Gräfin Augusta Lewenhaupt. Reich an Ehrungen und Orden zog er sich 1872 gänzlich nach Sierhagen zurück. Er war Geheimer Conferenzrath, Großkreuz vom Dannebrog, Ritter des höchsten dänischen Ordens, des Elephanten-Ordens, und des höchsten schwedischen Ordens, des Seraphinen-Ordens. Im Speisesaal von Sierhagen hängen die Porträts der Fürstlichkeiten, die ihm ihre Anerkennung und Dankbarkeit bezeugen wollten: die Gemälde König Christians IX. von Dänemark und des damaligen Kronprinzenpaares Prinz Friedrich und Prinzessin Louise, sämtlich gemalt von August Schiøtt. Sodann die schwedischen Porträts König Carls XV. und der Königin Louise.
In der nächsten Generation gab es mit den beiden Söhnen großen Kummer. Der ältere Magnus ertrank bei einer Ruderfahrt auf dem Ratzeburger See mit 18 Jahren, wenige Wochen nach dem Tode des Vaters. Und der zweite, Otto Plessen, entwickelte sich nicht nach dem

Wunsche der Eltern, ging nach Ostasien und kam in Hobart auf Tasmanien 1888 ums Leben.
Daher ging der Besitz, der immer noch aus dem Präcipuum sowie aus Sierhagen bestand, jetzt auf die älteste Tochter Louise, † 1939, über, die ihrerseits mit ihrem Vetter Carl Plessen vermählt war. Unter diesem Paare erlebte Sierhagen in den letzten Jahrzehnten der Kaiserzeit und auch danach eine Glanzzeit. Louise Plessen stand dem Kaiserhause sehr nahe, sie war lange Jahre Palastdame der Kaiserin Auguste Viktoria gewesen. Durch ihren ungewöhnlichen Geist und ihre vielseitigen Interessen verfügte sie über eine Fülle von Beziehungen, besonders noch aus der Zeit des Berliner Hofes. Alles, was an Talenten auftauchte, Wissenschaftler und Künstler, Forscher und Entdecker, Musiker und Schriftsteller, Inländer und Ausländer, zog sie in großzügiger Gastlichkeit nach Sierhagen, um in kleinem gewähltem Kreise Persönlichkeiten und Talente kennenzulernen. Dabei wußte sie in Hof und Wirtschaft genau Bescheid und war in des Wortes schönster Bedeutung eine Mutter ihrer Gutsangehörigen. Der Genealoge Louis Bobé hat ihre Persönlichkeit mit einer holsteinischen Edeldame des 16. und 17. Jahrhunderts verglichen, so markant war ihre beherrschende Persönlichkeit in Haus und Hof.
Als nach dem Ersten Weltkrieg die Dörfer von den Gütern getrennt werden mußten und in freies Eigentum überführt wurden, verkaufte sie die Dörfer Plunkau und Kassau und erwarb dafür das adelige Gut Hasselburg, das schon so oft mit Sierhagen verbunden gewesen war.
Zur Jahrhundertwende 1900 wollte Kaiser Wilhelm II. in seiner Eigenschaft als König von Preußen in allen Landesteilen umfangreiche Nobilitierungen und Standeserhöhungen durchführen und nahm in Aussicht, in Holstein zwei Fürstenhäuser zu schaffen. Den einen Fürstenhut bot er dem Hause Plessen Sierhagen an. Ernsthafte Erwägungen schlossen sich an, ob man diese hohe Ehrung annehmen solle. Große Planungen folgten, das an sich schon nicht kleine Herrenhaus sollte zu einem großen fürstlichen Schloß ausgebaut werden, beiderseits zweistöckige weitläufige Flügelbauten errichtet werden. Parallel zu dem östlichen Torhaus sollte ein neues westliches Torhaus entstehen, um einen würdigen cour d'honneur zu schaffen, zwischen ihm und dem neuen Schloß war eine große Reithalle vorgesehen. Lehnsgräfin Louise Scheel-Plessen war nicht abgeneigt, Rang und Titel einer Fürstin anzunehmen, ihr Gemahl riet aber ab: er sei zwar reich, aber doch nicht reich genug, einen fürstlichen Haushalt

Gartenseite, um 1850, von A. Hornemann

zu führen. So sind alle diese Planungen Entwürfe und wie man vom heutigen Standpunkt aus feststellen kann, glücklicherweise nur Entwürfe geblieben.
Der Wirtschaftshof breitet sich nördlich des Herrenhauses in ungewöhnlicher Größe und Stattlichkeit aus, rundum umflossen von breiten Hausgräben, die sich südlich des Herrenhauses zu einem See erweitern. Der besonders große Haupthof – bis zu den beiden Bodenreformen über 1000 ha, heute immer noch 800 ha – bedurfte naturgemäß umfangreicher Scheunen und Stallungen, die längst nicht mehr auf der eigentlichen Burginsel Platz fanden, sondern außerhalb erbaut werden mußten. Unter den vielen Wirtschaftsgebäuden ist eines hervorzuheben, das Küchenhaus. Auf wohl allen alten adeligen Gütern hatte es früher ein eigenes Küchenhaus gegeben, man schätzte nicht den Geruch der Küche im Wohnhaus und legte daher besondere Küchenhäuser an. Einige wenige stehen heute noch, aber längst nicht mehr in Benutzung. Das in Sierhagen hat noch bis 1965 seinen Dienst getan, 1972 ist es abgebrochen worden.
Nach dem Tode der Lehnsgräfin Louise ging Sierhagen auf den ältesten Sohn Carl, † 1948, über, von ihm auf dessen ältesten Sohn gleichfalls Carl mit Namen, † 1971. Dessen beide Brüder waren im Zweiten Weltkrieg gefallen. Der Vater Carl hat nie in Sierhagen gewohnt, erst in Wahlstorf, später in Hasselburg. Zu seiner Lebenszeit gab es den großen Kummer um Fussingø: nach dem Zweiten Weltkrieg wurde dieser alte Stammsitz, der seit 1545 erst bei den Skeel, dann bei den Plessen von der einen zur anderen Generation getreulich vererbt worden war, als Feindvermögen beschlagnahmt und vom Staate Dänemark eingezogen. Kein Plessen hatte jemals mit dem Dritten Reich paktiert, viele Mitglieder des Hauses hatten dem dänischen Staat wertvollste Dienste

geleistet, daher empfand man die Einziehung dieses Besitzes als große Härte. Alle Versuche um Rückgewinnung sind bisher gescheitert.
Vater wie Sohn dieser letzten beiden Generationen haben sich in vielfacher Weise ausgezeichnet und alle beide ein hohes persönliches Ansehen errungen. Beide waren unablässig und mit großem Erfolg um eine Verbesserung der wirtschaftlichen Situation der Betriebe bemüht, beide waren kommunalpolitisch und agrarpolitisch tätig. Vor allem der Sohn verstand es, durch seine genaue Kenntnis der dänischen und schwedischen Landwirtschaft anregend und befruchtend zu wirken und stand in den Vorständen vieler bedeutender Organisationen der Agrarpolitik an führender Stelle. Sein früher Tod hinterließ eine große Lücke. Mit ihm erlosch der Titel eines Lehnsgrafen und der Beiname Scheel. Sein Sohn und Erbe Carl, geb. 1942, führt nurmehr den Namen eines Grafen von Plessen.
Das adelige Gut Sierhagen wurde bis zum Ersten Weltkriege in einer Größe von 2690 ha ausgewiesen. Nach dem Kriege wurden die drei Dörfer Plunkau, Kassau und Stolpe abgetrennt. Durch umfangreiche Neuaufforstungen wurden die Waldflächen erheblich erweitert. Heute besteht das Gut aus dem Haupthof mit 800 ha, dem Meierhof Mühlenkamp mit 380 ha, Waldflächen von 510 ha und Gewässern in Größe von 20 ha, alles in allem 1710 ha.

Adeliges Gut Sierhagen

Besitzer: Carl Graf v. Plessen

Besitzer		*Gut und Bauten*	
1304–1666	v. Buchwaldt dazwischen in der ersten Hälfte des 14. Jahrhunderts: Marquard v. Westensee	Mittelalter	erste Burg mit Wehrtürmen
		16. Jahrh.	Doppelhaus mit getrennten Flügelbauten
		um 1700	Erweiterungsbau
1666–1730	Grafen v. Dernath	1809–1825	Umbau des Herrenhauses
1730–1763	(v.) Brockdorff		
seit 1765	v. Thienen dann Grafen bzw. Lehnsgrafen v. (Scheel)-Plessen	1876–1883	Bau der neuen Wirtschaftsgebäude außerhalb des Hofes

Namensregister

Abbildungsnachweis

Schwarzweißabbildungen

Landesamt für Denkmalpflege, Kiel: 21, 22, 23, 24, 26, 29, 32, 35, 57, 58, 64, 101, 109, 117, 123, 126, 136, 140, 157, 160, 171, 176, 180, 183, 186, 190, 193, 205, 216, 218, 222, 224, 229, 232, 251, 257, 259, 263, 272, 294, 297, 298, 306, 309, 329, 341, 347, 348, 351, 352, 355, 386, 397, 400, 404, 407, 408, 411, 415, 418, 421

Flemming, Jerk, Charlottenlund bei Kopenhagen: 39, 43, 61, 67, 68, 76, 113, 130, 133, 137, 189, 197, 200, 213, 226, 240, 243, 245, 263, 268, 271, 278, 289, 303, 315, 316, 319, 326, 332, 358, 362, 369, 372, 374, 377, 383, 384, 389, 392, 422

Hamburger Aero Lloyd GmbH, Hamburg-Fuhlsbüttel: 343 (freigeg. durch Luftamt Hamburg Nr. 204914)

Marie Gräfin Holstein-Ledreborg: 91, 94, 97

Museum Plön: 114

Nationalmuseum Stockholm: 106

Niedersächsisches Verwaltungsamt, Landesbildstelle, Hannover: 208

Foto Renard, Kiel: 15

Ferdinand Uhrbahns, Eutin: 11, 12

Otto Vollert, Kiel: 47, 148, 154, 174

C. A. v. Rumohr-Drült: 412

Trakehner Hengstbuch 1975: 165

Privatbesitz: 16, 36, 51, 52/53, 70, 73, 79, 82, 86, 87, 103, 120, 142, 145, 151, 163, 168, 178, 235, 236, 254, 260, 275, 281, 284, 301, 312, 323, 335, 338, 344, 366, 380, 394, 403

Nach Lithographien von Adolf Hornemann: 44, 63, 77, 196, 211, 320, 424

Farbtafeln

Cramers Kunstanstalt, Dortmund: 365

Flemming, Jerk, Charlottenlund bei Kopenhagen: 49, 221, 247, 265, 291

Otto Vollert, Kiel: 99

Transmedia, Kiel (Hänel): Umschlagmotiv